# 국어과 교육과정 평가

The Curriculum Evaluation of Korean Language Education

**지은이 이창수**(Lee, Chang-su)

경남 산청 시천에서 태어남.
진주교육대학교 교육대학원 석사
경상대학교 대학원 박사

현재 창원외동초등학교 교사, 진주교육대학교 강사

**국어과 교육과정 평가**



1판 1쇄 인쇄 ‖ 2010년 03월 01일
1판 1쇄 발행 ‖ 2010년 03월 10일

지은이 ‖ 이창수
펴낸이 ‖ 양정섭
책임편집 ‖ 김현아
기획·마케팅 ‖ 주재명 노경민
디자인 ‖ 김미미
경영지원 ‖ 조기호

펴낸곳 ‖ 도서출판 경진
등　록 ‖ 제25100-1999-30호(구 제10-1854호)
공급처 ‖ (주)글로벌콘텐츠출판그룹
주　소 ‖ 서울특별시 강동구 길동 349-6 정일빌딩 401호
전　화 ‖ 02-488-3280
팩　스 ‖ 02-488-3281
블로그 ‖ http://kyungjinmunhwa.tistory.com
이메일 ‖ wekorea@paran.com

값 19,000원
ISBN 978-89-5996-076-7 93370

학술
02

국어과 교육과정 평가
The Curriculum Evaluation of Korean Language Education

# 국어과 교육과정 평가

이창수 지음

세상과 소통하는 지혜로운 책 도서출판 경진

# 머리말

국어교육의 수준은 국어과 교육과정의 수준과 밀접하게 관련된다. 교육과정은 교육의 핵심적인 질문인 무엇을, 왜, 어떻게 가르칠 것인가를 제시하기 때문이다. 따라서 국어교육의 수준을 높이기 위해서는 국어과 교육과정의 수준을 높여야 한다. 국어과 교육과정의 수준을 측정하는 효과적인 방안 중의 하나가 바로 국어과 교육과정 평가이다. 국어과 교육과정 평가가 잘 이루어지면 국어과 교육과정의 수준도 높아지고, 국어교육의 질도 향상될 것이다.

그런데 아쉽게도 우리는 교육과정에 대한 평가가 충분히 이루어지지 못한 채 교육과정 개정이 거듭되어 왔음은 앞선 연구자들의 지적에서 찾아 볼 수 있다. 해방 이후 우리나라의 교육과정은 일곱 차례에 걸쳐 개정되어 왔지만, 교육 외적인 요인에 의한 개정이 되었거나, 그 전 교육과정의 미비점을 보완하는 데 그쳤을 뿐, 명확한 준거를 가지고 그 준거에 근거해 평가를 해 오지 않았다. 이런 문제는 국어과 교육과정에서도 그대로 지적될 수 있는 것이다.

그리하여 1997년 12월 30일 고시된 제7차 교육과정은 교육과정에 관한 평가를 실시할 것을 규정하고 있다. 교육과정 질 관리 차원에서 교육과정 평가 연구를 체계적으로 실시해야 할 것을 강조하고 있다. 총론의 '교육과정 평가와 질 관리' 규정에서는 "교육과정 질 관리를 위하여 국가 수준에서는 주기적으로 학생 학력 평가, 학교와 학교 교육기관 평가, 교육과정 편성·운영에 관한 평가를 실시한다"고 규정하고 있다.

이러한 반성에 터하여 학교교육과정평가편람(교육부, 1997), 초·중등 교육과정 평가 방안(김재춘 등, 1998) 등이 마련되어 기관과 학교에 대한 평가가 해마다 이루어지고 있고, 초·중등 교육과정 평가(박순경 등, 2001; 2002; 2003)가 이루어졌다.

하지만 개별 교과 교육과정에 대한 체계적 평가의 필요성을 언급하는 연구도 거의 없으며, 개별 교과 교육과정 평가와 관련한 연구도 체계적으로 이루어지지 않고 있다. 국어과에 있어서도 교육과정 개발, 운영, 성과 등 교육과정 전반에 대한 체계적이고, 종합적인 평가 준거가 마련되어 있지 않다.

이런 현실을 놓고 볼 때 국어과 교육과정 전반에 대한 평가를 할 수 있는 우리 실정에 맞는 평가 준거의 개발이 필요하다 하겠다. 이에 이 책에서는 기존의 교육과정 평가 관련 연구들을 기반으로 하여, 국어교육의 효과를 증대시키고 교육과정의 질을 관리하기 위한 국어과 교육과정 평가를 위한 종합적인 평가 준거를 마련해 보이고자 한다. 그리고 그 준거들과 관련된 실제 평가의 보기들을 보일 것이다.

이 책은 크게 2부로 나누어져 있는데 1부에서는 국어과 교육과정 평가에 적합한 평가 준거 개발과 관련된 내용을 다루고, 2부에서는 앞서 마련된 준거들과 아랑곳한 국어과 교육과정평가 실행의 보기들을 다루고 있다.

국어과 교육과정 전반에 걸친 철저한 평가가 이루어지고 그 평가 결과를 바탕으로 국어과 교육과정이 마련될 때 더 나은 국어교육을 할 수 있게 될 것이다. 이 책에서 다룬 국어과 교육과정 평가 준거들이 완벽한 것은 아니다. 끊임없이 이어지고 있는 연구 성과들을 더 모은다면 더 많은 준거들을 마련할 수 있을 것이다. 그리고 국어과 교육과정 평가 실행의 보기들도 국어과 교육과정이 교과서에 반영되는 것에 치우쳐 있는 것이 사실이다. 글쓴이뿐만 아니라 이 책을 읽는 여러분들이 함께 국어과 교육과정을 평가하는 일에 마음을 쓸 때 메울 수 있는 모자람일 것이다. 하루라도 빨리, 조금씩이라도 그 모자람이 채워졌으면 하는 바람이다.

2010년 2월, 이창수

## 제1부 국어과 교육과정 평가 준거

# 제1부 국어과 교육과정 평가 준거

제1장 뜻매김과 평가 연구의 필요성 및 방법

제2장 선행 연구 분석 및 모형 구안

제3장 준거 설정을 위한 예비적 고찰

제4장 국어과 교육과정 평가의 준거

제5장 연구의 의의와 결론 및 제언

# 제1장 뜻매김과 연구의 필요성 및 방법

## 1. 국어과 교육과정 평가 관련 용어의 뜻매김

국어과 교육과정 평가와 관련한 논의를 하기에 앞서 용어에 대한 뜻매김을 먼저 하는 것이 차례일 것이다. 논의를 하면서 다룰 '교육과정 개발 활동 범위', '교육과정 수준', '평가 모형', '평가 준거', '교육과정 평가'에 대해 살펴보기로 한다.

교육과정 평가에 대한 정의는 '교육과정', '평가'를 어떻게 보는가에 따라 학자들마다 다른 정의를 하고 있다. 하지만, '교육과정 평가'는 일반적으로 '교육과정 개발 평가', '교육과정 운영 평가', '교육과정 성과 평가'를 포함한다(김대현·김석우, 2004). 다만, 활동 범위에 대한 합의가 이루어져 있지 않아 학자들마다 그 범위를 달리하고 있다. 이 책에서는 '교육과정 개발 활동' 범위를 '교육과정 문서'를 만들어 내놓는 데까지로, '교육과정 운영 활동' 범위를 교육과정 문서가 만들어진 다음부터 '교육과정 운영의 성과'가 나오기 전까지로 한정하기로 한다.

교육과정은 그 개발의 주체 또는 의사결정의 수준에 따라 구분될 수 있다. '교육과정 수준'과 관련하여 한국교육과정학회(2002), 김대현·김석우(2004) 등 대개의 경우 '국가 수준, 지역 수준, 학교 수준'의 세 수준을 다루고 있다. 이와 달리 국립교육평가원(1996)에서는 앞의 세 수준에다 '교사 수준, 학생 수준'을 상정하기도 한다. 홍후조(2003)는 '국가 수준, 지역 수준, 학교 수준'에 '교실 수준'의 교육과정을 인정하고 있다. 현재 초등학교에서는 학교 수준의 교육과정을 바탕으로 학년교육과정, 학급교육과정을 마련하고 있으며, 중등학교에서도 각 교과별 교육과정을 마련한다. 이 책에서는 이런 현실을 감안하여 '교육과정 수준'을 '국가 수준, 지역 수준, 학교 수준, 교실 수준'의 네 수준으로 하기로 한다.

울프(Wolf, 1990)에 따르면 평가 모형이란 크게 두 가지 의미로 해석될 수 있다. 모형의 첫째 의미는 평가에 있어서의 일련의 원칙이나 평가가 어떤 방식으로 이루어져야 한다는 지침 또는 틀guiding framework을 뜻하는 것으로서, 일반적으로 처방적 모형이라고 불린다. 둘째 의미는 평가 활동의 일반적인 현상을 기술하는 것을 의미하며, 이것을 기술적 모형이라 칭한다. 이 연구에서 사용되는 평가모형은 현상에 입각한 기술적 모형보다는 처방적 평가 모형, 곧 무엇을, 어떻게 평가해야 할 것인가를 보여주는 간단명료하면서도 포괄적인 틀guiding framework의 의미로 규정하고자 한다. 더욱 구체적으로 진술하자면, 이 책에서 추구하는 평가 모형은 우리나라의 교육과정 체제 하에서 교육과정 평가를 실행하고자 할 때 주로 고려되어야 할 평가의 요소들과 방법들에 대한 지침을 제공하는 기본 틀을 의미한다(김재춘 등, 1998 : 55~56).

평가 준거에 대한 정의도 학자마다 다르게 하고 있다. 하지만, 일반적으로 평가 준거는 평가 목적이나 목표, 평가 대상을 근거로 설정되며 평가 활동과 범위를 규정하는 기능을 한다(배호순, 1992). 평가 준거는 평가 대상과 같이 '무엇을' 평가할 것인가에 관련된 문제인데 평가 대상이 좀 더 포괄적인 대상을 가리키는 것이라면 평가 준거는 좀 더 구체적인 대상을 가리키면서 그것의 속성을 함께 기술한 것이라고 할 수 있다. 이 책에서 평가 준거는 구체적인 평가 대상의 속성을 함께 기술한 것을 뜻한다.

'교육과정 평가'는 단어 형성을 두고 보면, '교육과정'과 '평가'가 더해진 말로, '교육과정', '평가'를 어떻게 정의하느냐에 따라 개념이 달라질 수 있다. 이제까지 '교육과정 평가'에 관한 선행연구들을 봐도, '교육과정 평가'의 의미가 제각각이다. 논의의 맥락에 따라 국가 교육과정 문서의 평가를 의미하는 것으로 간주되기도 했고(김재복 등, 1996; 허경철 등, 1997), 단위 학교의 교육과정 편성 운영의 적절성에 대한 평가를 의미하는 것으로 여겨지기도 했다(배호순 등, 1997). 또한 지역 교육청의 교육과정 지원의 적절성 및 효율성에 대한 평가도 종종 교육과정평가라는 이름으로 행해졌다(국립교육평가원, 1996).

하지만 김재춘 등(1998)의 연구 이후 교육과정 평가의 개념은 교육과정의 개발에서부터, 문서, 실행, 성과에 이르는 전 영역과 교육과정 요소들 간의 상호작용을 종합적으로 평가하는 활동이라는 데 동의를 하고 있다고 할 수 있다. 이만영(2003)에서도 교육과정 평가를 "학습자, 교육 내용, 교사, 환경 등의 요소가 상호작용을 통하여 학습자의 바람직한 변화를 이끌어내도록 설계된 프로그램의 계획, 실천, 결과와 관련하여 기술하거나 해석하거나 판단하는 것"으로 정의하고 있다(이만영, 2003 : 51).

여기서는 이만영(2003)의 교육과정 평가에 대한 개념 정의 방법을 준용하기로 한다. 다만, 교육과정 요소를 '학습자, 교과, 교사, 환경'으로 나누면 교육과정의 이론적 요소인 '목표, 내용, 방법, 평가'에서의 '내용'과 혼동을 일으키기 쉽다. 따라서 여기서는 교육과정의 실제적 요소인 '학습자, 교과, 교사, 환경'을 교육과정 요소로 다룬다. 그리고 이제까지 교육과정 평가 개념에서는 덜 관심을 둔 교육과정의 수준—국가 수준·지역 수준·학교 수준·교실 수준—을 교육과정 평가 개념에 포함시킬 것이다.

이 책에서 사용하는 교육과정 평가는 위에서 밝힌 교육과정 수준 등에 대한 정의를 바탕으로 정의한다. 여기서 교육과정 평가는 교육과정의 각 수준별로 개발에서부터 운영, 성과에 이르는 모든 활동과 교사, 학생, 교과, 환경 등 교육과정 요소들 간의 상호작용을 종합적으로 기술, 해석, 판단하는 활동을 뜻한다.

따라서 이 책에서는 국어과 교육과정 평가의 개념을 다음과 같이 정의한다.

"국어과 교육과정 평가는 국어과 교육과정의 각 수준별로 교육과정의 개발에서부터 운영, 성과에 이르는 모든 활동과 교사, 학생, 교과, 환경 등 교육과정 요소들 간의 상호작용을 종합적으로 기술, 해석, 판단하는 활동이다."

## 2. 국어과 교육과정 평가 준거 연구의 필요성

국어교육의 수준은 국어과 교육과정의 수준과 밀접하게 관련된다. 교육과정은 교육의 핵심적인 질문인 무엇을, 왜, 어떻게 가르칠 것인가를 제시하기 때문이다. 따라서 국어교육의 수준을 높이기 위해서는 국어과 교육과정의 수준을 높여야 한다. 국어과 교육과정의 수준을 측정하는 효과적인 방안 중의 하나가 바로 국어과 교육과정 평가이다. 국어과 교육과정 평가가 잘 이루어지면 국어과 교육과정의 수준도 높아지고, 국어교육의 질도 향상될 것이다.

그런데 우리나라의 초·중등학교 교육과정 개정과 실행 과정에서 되풀이 되어온 문제점 가운데 하나는 실행 중인 교육과정에 대한 평가가 충분히 이루어지지 못한 채 교육과정 개정이 거듭되어 온 점이다. 지금까지 수행되어 온 '현행 교육과정에 관한 분석 혹은 평가'라는 활동들은 교육과정 개정 발의 이후 새 교육과정의 연구·개발에서 모양새를 갖추는 수준에 그침으로써, 교육과정 실천 과정에서 심층적으로 이루어지는 평가가 되기는 어려웠다. 그 결과 교육과정 개정은 주기적으로 이루어졌음에도 불구하고, 실현 가능도가 높은 국가수준 교육과정을 개발하거나 교육과정 실행을 실효성 있게 지원해오지 못한 것으로 평가된다. 이것은 교육과정 개정이 거듭되었음에도 학교 현장의 교육과정 실천은 여전히 개선되지 않은 채 동일한 문제가 지속되어 온 것으로도 입증된다(박순경 등, 2002 : 1).

해방 이후 우리나라의 교육과정은 일곱 차례에 걸쳐 개정되어 왔지만 교육 외적인 요인에 의하거나 그 전 교육과정의 미비점을 보완하는 데 그쳤을 뿐, 명확한 준거를 가지고 그 준거에 근거해 평가를 해 오지 않았다. 이런 문제는 국어과 교육과정에서도 그대로 지적될 수 있는 것이다.

그리하여 1997년 12월 30일 고시된 제7차 교육과정은 '교육과정에 관한 평가'를 실시할 것을 규정하고 있다. 교육과정 질 관리 차원에서 교육과정 평가 연구를 체계적으로 실시해야 할 것을 강조하고 있다. 총론의 '교육과정 평가와 질 관리' 규정에서는 "교육과정 질 관리를 위하여 국가 수준에서는 주기적으로 학생 학력 평가, 학교와 학교 교육기관 평가, 교육과정 편성·운영에 관한 평가를 실시한다"고 규정하고 있는바, 본 연구와 밀접하게 관련된 규정은 다음과 같다(교육부, 1997 : 23).

> 교육과정 편성·운영과 지원 체제의 적절성과 실효성을 평가하기 위한 연구를 수행한다. 이 교육과정이 적용되는 첫 해부터 다양한 절차를 거쳐 해당 학교, 학년, 학생에게 적절한지를 조사하여 평가하되, 교육과정 평가 연구는 교육과정의 편제, 시간(단위)배당, 편성·운영 지침의 적절성과 그 적용 효과에 중점을 둔다.

이러한 반성에 터하여 학교교육과정평가편람(교육부, 1997), 초·중등 교육과정 평가 방안(김재춘 등, 1998) 등이 마련되어 기관과 학교에 대한 평가가 해마다 이루어지고 있고, 초·중등 교육과정 평가(박순경 등, 2001; 2002; 2003)가 이루어졌다.

하지만 개별 교과 교육과정에 대한 체계적 평가의 필요성을 언급하는 연구도 거의 없으며, 개별 교과 교육과정 평가와 관련한 연구도 체계적으로 이루어지지 않고 있다. 국어과에 있어서도 교육과정 개발, 운영, 성과 등 교육과정 전반에 대한 체계적이고, 종합적인 평가 준거가 마련되어 있지 않다.

이런 현실을 놓고 볼 때 국어과 교육과정 전반에 대한 평가를 할 수 있는 우리 실정에 맞는 평가 준거의 개발이 필요하다. 이에 이 책에서는 기존의 교육과정 평가 관련 연구들을 기반으로 하여, 국어과 교육과정 평가를 위한 종합적인 평가 준거를 구안하여 보고, 그 준거에 따른 실제 평가의 보기를 보이고자 한다.

## 3. 국어과 교육과정 평가 준거 연구 방법

이 책에서 궁극적으로 해결하고자 하는 문제는 국어과 교육과정 평가 준거를 마련하고 실제 평가를 해보는 것이다. 하지만 국어과 교육과정 평가 준거를 체계적으로 마련하기 위해서는 국어과 교육과정 평가 준거 설정의 바탕을 마련하는 것이 선행되어야 한다. 이 문제를 해결하는 데 적용한 연구 방법을 구체적으로 기술하면 다음과 같다.

### 3.1. 국어과 교육과정 평가 준거 설정의 바탕

먼저, 교육과정 평가 준거 설정의 바탕을 마련하기 위해 2단계의 절차를 거쳤다. 첫 단계는 교육과정 평가와 관련된 선행 연구를 고찰하는 과정으로 국내·외의 문헌을 통하여 본 연구와 관련이 있는 교육과정 평가 모형 및 평가 준거에 관한 연구를 개관하였다. 여기서 이미 개발되어 있는 평가 모형 및 준거들이 어떤 특징과 제한점을 갖고 있으며, 교육과정 평가 모형 구안 및 국어과 교육과정 평가 준거 설정에 어떤 시사점을 주는가를 살폈다. 이를 바탕으로 교육과정 평가 개념과 관련 변인들을 살핀 다음, 기존 모형의 장점을 살리고 단점을 보완한 국어과 교육과정 평가에 적용할 수 있는 종합적인 교육과정 평가 모형을 구안하였다.

둘째 단계는 국어과 교육과정 평가 준거 설정을 위한 예비적 고찰 과정이다. 이 단계에서는 다른 교과와 차별화 될 수 있는 국어과 교육과정 논리 및 국어과 교육과정 평가 논리를 마련하는 작업을 하였다. 또 국어교육 및 국어과 교육과정 관련 연구들을 분석하였다. 이 작업을 통해 교육과정 평가 영역 상세화의 근거를 마련하였다. 그 다음 교육과정 평가 준거와 관련된 선행 연구 및 국어교육과 국어과 교육과정 관련 선행 연구 분석 결과들을 종합하여 국어과 교육과정 평가 영역을 상세화하였다.

### 3.2. 국어과 교육과정 평가 준거 연구

국어과 교육과정 평가 준거를 설정하는 문제는 앞선 예비적 고찰을 바탕으로 수행되었다. 평가 준거 관련 선행 연구 분석은 국내 문헌을 중심으로 이루어졌다. 평가 준거를 추출한 선행 연구들로는 배호순 등(1997), 김재춘 등(1998), 박순경 등(2001; 2002; 2003), 성경희 등(2003; 2004), 이병욱(2002), 이만영(2003) 등이 있는데, 이들은 전문 교육과정 평가 기관에서 발간된 보고서와 박사논문으로 타당성을 인정받은 연구들이라 할 수 있다. 일반 교육과정 관련 평가 준거 요소는 앞서 구안한 교육과정 평가 모형에 따라 교육 과정 수준을 나누고, 교육과정 평가 활동(개발, 운영, 성과)에 따라 학습자, 교과, 교사, 환경 등의 교육과정 요소를 중심으로 분석하여 교육과정 평가에서 중요하다고 판단되는 교육 요소를 선택하는 방법으로 이루어졌다.

그와 함께 국어교육, 국어과 교육과정과 관련한 선행 연구들을 분석한 결과를 바탕으로 국어과 교육과정과 관련한 준거들을 마련하였다. 그들 연구에서 현행 교육과정 운영 실태 분석 요소로 삼은 것, 국어과 교육과정의 문제점으로 지적한 것, 바람직한 국어과 교육과정의 모습으로 제언한 것들을 뽑아 국어과 교육과정 평가 준거로 삼았다.

준거들은 교육과정 평가 활동과 관련하여 크게 개발단계, 운영단계, 성과단계의 3단계로 나누고, 준거들이 중복되어 나타나는 것을 막기 위해 교육과정 수준별로 공통적인 준거들은 함께 제시하고, 특정 준거들은 따로 나누어 제시하였다.

# 제2장 선행 연구 분석 및 모형 구안

이 장에서는 교육과정 평가 모형 및 평가 준거와 관련된 선행 연구들을 개관하면서 앞으로 연구 문제 해결에 도움을 줄 수 있는 시사점을 찾을 것이다. 그 다음 교육과정 평가 관련 변인에 대해 살펴본 뒤, 국어과 교육과정 평가에 적합한 교육과정 평가 모형을 구안해 볼 것이다. 먼저 국내·외의 교육과정 평가 모형과 관련된 연구들을 일정 기준에 따라 분류하여 고찰해 보고 국어과 교육과정 평가에 적합한 모형을 구안하는 데 도움을 줄 시사점을 찾는다. 다음으로 우리나라에서 이루어진 교육과정 평가 준거에 대한 연구를 분석하여 그들의 장·단점을 살펴봄으로써 국어과 교육과정 평가 준거 마련에 시사점을 얻는다. 그 다음 교육과정 평가 관련 변인에 대해 살펴보고, 앞에서 얻은 시사점을 바탕으로 교육과정 평가 모형을 새롭게 구안해 보고자 한다.

## 1. 교육과정 평가 모형에 관한 연구

교육과정 평가 모형과 관련하여 학자들은 여러 가지 모형과 도식을 통하여 평가의 독특한 성격을 강조하고 독자적인 기능과 평가 활동의 유형을 규정하고자 하였다(김명옥, 1988). 교육과정을 평가할 수 있는 모형은 분류의 근거에 따라 학자들마다 다양하게 분류하고 있다. 교육과정 평가의 개념 정의와 주요 목적, 교육과정 평가의 탐구 방법, 평가관의 철학적 배경에 따라(Gallegos, 1994; 권순달, 1997) 분류하기도 하고, 평가의 철학과 방법론에 따라 분류하기도 하며, 셋 이상의 기준을 가지고 종합적으로 분류하기도 한다. 이를 구분하여 제시하면 다음 표와 같다.

[표 1] 교육과정 평가 모형 분류에 관한 연구 유형

| 유형의 분류 근거 | 연구자 |
|---|---|
| 교육과정 평가의 개념 정의와 주요 목적 | Worthen & Sanders(1973), Popham(1975), Morrison & Gibson (1978), Alkin & Ellett(1990), 박도순 외(1987) |
| 교육과정 평가의 탐구 방법 | Lawton(1978), Patton(1980), Mcneil(1985), Guba(1987), 송인섭(1983), 이경섭(1987), 김인식·최호성(1991), 유봉호·정영주(1995) |
| 평가관의 철학적 배경 | House(1980), Aoki(1984), 권균(1987) |
| 탐구 방법과 철학적 배경 | 최호성(1998) |
| 종합 | 이귀윤(1997) |

첫째 분류 유형인 교육과정 평가의 개념 정의 및 주요 목적을 분류 근거로 삼는 연구 유형에서 워센과 샌더스(Worthen & Sanders, 1973)는 교육과정 평가 모형의 제 유형을 판단적 전략 모형(Cronvbach, Scriven의 탈 목표 모형, Stake의 합치-유관 모형 등), 결정-관리 전략 모형(Stufflebeam의 CIPP 모형, Alkin의 CSE 모형 등), 목표 달성도 결정-목표 전략 모형(Provus의 교육 혁신 평가 모형 등)으로 분류하고 있다. 포팸(Popham, 1975)은 교육과정 평가 모형을 크게 4가지 구분하고 있다. 첫째는 타일러Tyler의 접근 방법을 중심으로 한 목표 달성 중심 모형, 둘째는 내재적 준거 중심의 판단 모형으로서 프로그램 자체의 속성 및 기능을 준거로 프로그램의 장점과 가치를 판단하는 인정 평가 모형과 감식안 모형, 셋째는 외재적 준거 중심의 판단 모형으로서 프로그램 효과나 산출 결과의 가치를 준거 삼아 프로그램의 가치를 평가하는 스크리븐

Scriven의 탈 목표 모형과 스테이크Stake의 안모 모형, 넷째로 의사결정 촉진 모형으로 평가의 의사결정 보조 기능을 강조하는 시아이피피CIPP 모형, 시이에스CES 모형, 그리고 불일치 모형 등이 이에 포함된다(이병욱, 2002).

둘째 분류 유형인 교육과정 평가의 탐구 방법을 분류의 근거로 삼는 연구에서 로턴(Lawton, 1978)은 교육과정 평가의 모형을 농업 식물학적 모형과 비전통적 모형으로 분류하였다. 앞은 목적-수단적 입장이고, 뒤는 과정 지향적인 입장이다. 구바(Guba, 1987)는 평가 모형의 연구에서 실험적 설계를 활용하여 종속 변인과 독립 변인 또는 산출 변인과 투입 변인 간의 인과관계 분석에 초점을 두면서 통계적인 방법을 통하여 평가를 실시하는 모형들을 인습적 탐구 모형, 그리고 질적 방법론을 택하는 것을 자연주의적 탐구 모형으로 분류하였다. 맥닐(Macneil, 1985)은 크게 합의 모형과 다원주의적 모형으로 구분하였다. 합의 모형은 목적 설정, 계획, 계획 실행, 결과 평가라는 절차를 거쳐 의사결정을 하게 되기 때문에 크론백(Cronbach, 1963), 스터플빔(Stufflebeam, 1969), 스크리븐(Scriven, 1975), 포팸(Popham, 1975)의 모형이 여기에 포함된다. 다원주의 모형으로는 스테이크(Stake, 1975)의 모형과 아이스너(Eisner, 1985)의 모형이 있으며, 교육 프로그램 관련자들의 다양한 가치에 관심을 두고 학교 프로그램을 폭넓게 분석하려 한다. 한편, 유봉호·정영주(1995)는 타일러 모형과 같은 전통주의적 평가모형, 스크리븐, 스테이크, 스터플빔 등의 체제적 평가 모형, 그리고 질적 평가 모형(교육적 비평론, 조감적 평가, 양자 비교 분석 평가법, 사례 연구법)으로 포괄적인 분류를 시도하였다(이병욱, 2002).

셋째 분류 유형은 평가관의 철학적 배경을 분류의 근거로 삼은 연구들이다. 하우스(House, 1980)는 평가 모형을 평가관과 평가 목적에 따라 8개의 인식론적 범주로 분류하고 있다. 8개의 범주 모형은 체제 분석 모형, 행동 목표 모형, 의사결정 모형, 탈 목표 모형, 예술비평 모형, 자격 공인 모형, 준 배심 재판 모형, 사례 연구 접근 모형 등이다(이종승, 1986; 이병욱, 2002 재인용).

넷째 분류 유형은 평가의 철학, 방법론을 분류의 근거로 삼은 연구이다. 최호성(1998)은 평가의 철학, 방법론에 따라 객관주의 평가 모형(목표-수행 확인 모형, 의사결정-관리 모형)과 주관적인 평가 모형(전문가 판단 모형, 쌍방논쟁-재판 모형, 자연적-상호작용 모형)으로 나누고 탈 목표 모형은 중간 지점에 위치시켰다.

다섯째 분류 유형에 해당하는 이귀윤(1997)은 평가 내용에 따라 목표 지향 평가와 탈 목표 평가, 평가의 기본 개념에 따라 경영자 평가와 총괄 평가, 평가 방법에 따라 양적 평가와 질적 평가, 평가의 전문성에 따라 공식적 심의 체제, 비공식적 심의 체제, 교육 감정 및 교육 비평 등으로 분류하고 있다.

이 책에서는 최호성(1998)의 분류에 따르되, 분류된 모형들의 특징을 분석하여 국어과 교육과정 평가에 적합한 새로운 평가 모형을 구안한다. 다만 분류의 대상은 선행 연구에서 자주 인용된 국·내외 모형으로 한정한다.

## 1.1. 목표 수행-확인 모형

### 1.1.1. 타일러Tyler 모형

타일러 모형은 교육과정 평가를 '교육 목표가 교육과정 프로그램에 의하여 어느 정도 성취되었는지를 결정하는 과정'이라고 정의(Tyler, 1949)하는 데서부터 출발한다. 이 정의를 통해서 보면 교육 목표 성취도에 의하여 교육과정의 효율성이 평가되는 것을 의미한다. 교육 목표가 의도된 대로 성취되면 그 프로그램 곧 교육과정은 성공적인 것이며, 그렇지 못하면 부적합한 것으로 판단한다. 그러므로 타일러의 모형을 목표-수행 확인 모형이라고 한다.

목표-수행 확인 모형에서는 학생 중심으로 교육목표를 상세하게 진술하고 그것을 어느 정도 성취했는가를 측정하는 데 중점을 두고 있으며, 행동 목표로 진술된 교육목표와 학생의 성취 수행 결과를 비교 판단하는 과정이 중시되고 있다.

또 이 모형은 수업이나 교육과정을 개선하려는 목적으로 형성적 평가기능을 강조하여 평가결과를 피드백 하도록 하고 있으며, 이를 통하여 지속적으로 수업과 교육과정을 개선 해나가도록 하고 있다.

그러므로 이 모형은 설정된 목표를 측정하는 절차와 도구의 개발을 자극함으로써 평가방법 및 평가기술을 발전시켰고, 교육자들로 하여금 자신들의 교육 활동의 성과에 대하여 책임의식을 갖게 했으며, 교육적 산출에 관하여 보다 명료하게 진술할 수 있게 노력토록 하는 데 기여하였다.

그러나 이 모형은 다음과 같은 제한점이 있어 활용에 유의해야 한다(배호순, 1994 : 97~98).

첫째, 의도하지 않은 부수적 교육효과를 평가할 수 없다. 둘째, 실행과정 변인이나 선행조건에 관해서는 무관심하고 교육성과에만 관심을 둠으로써 부분적인 평가 결과만을 얻을 수 있다. 셋째, 경험이나 태도 및 감정 변화 등과 같은 정의적 영역에서의 교육성과와 학습과정을 평가하기 어렵다. 넷째, 누가 교육목표를 선정 및 결정하며, 선정된 목표는 어느 정도 의미가 있는가, 어떤 평가 준거와 기준을 어떻게 결정할 것인가 등에 관한 확신을 갖기 어렵다.

### 1.1.2. 멧페셀-마이클Metfessel-Michael 모형

멧페셀-마이클 모형은 변형된 타일러 모형이라고 할 수 있다. 멧페셀과 마이클(Metfessel & Michael, 1967)은 학교를 중심으로 한 교직원들이 교육목표 달성 정도를 평가하는 데 도움을 줄 목적으로 8단계의 평가 절차를 개발하여 제시하였는데, 그 구체적인 단계는 다음과 같다.

① 학교 사회의 인사들을 프로그램의 참여자, 촉진자로서 평가에 참여시킨다.
② 포괄적인 목적과 구체적인 세부 목표에 관한 위계화된 목록을 작성한다.
③ 세부 목표들을 교육과정 프로그램 활동에서 전달될 수 있고 적용할 수 있

는 형태로 변환시킨다.

④ 계획된 목표에 따른 프로그램 효과를 추론할 수 있는 다양한 측정 도구를 선정하거나 새롭게 개발한다.

⑤ 타당성이 있는 측정 도구를 이용하여 행동 변화의 정도를 주기적으로 측정한다.

⑥ 적절한 통계적 절차를 활용하여 수집된 측정 결과 자료를 분석한다.

⑦ 기대하는 성취 수준에 적합한 판단 기준과 가치를 이용하여 분석 결과 자료를 해석한다.

⑧ 프로그램 개선을 목적으로 하여 포괄적인 목적과 세부 목표를 보다 잘 실천, 개선, 개정할 수 있도록 제안 또는 권고한다.

이 모형은 타일러의 목표 지향 평가 모형의 문제점을 보완하고 있다. 곧 목표를 더욱 구체화하여 교육과정 활동에서 다양하게 나타날 수 있는 결과를 고려하고자 했으며, 학생 개개인이 교육과정으로부터 영향을 받고 있는지를 판단할 수 있는 평가 준거를 마련하고자 했다. 그러나 학생의 성취도에 의하여 교육과정의 효율성이 평가되는 과정을 통하여 교육과정이 평가됨으로써 타일러 모형의 한계를 벗어나지 못하고 있다는 비판을 받고 있다(이만영, 2003 : 10~11).

### 1.1.3. 해먼드Hammond 모형

해먼드 모형은 타일러 모형의 영향을 받고 일선 학교 수준에 입각하여 그것을 보다 개선시켜 새로운 평가적 접근 방안을 개념화한 것이다(배호순, 1999). 곧 이 모형은 교육목표 또는 수업목표가 달성되었는지 여부를 결정하는 것뿐만 아니라 교육 활동의 성패에 영향을 주는 요소를 평가에 포함시켰다. 그리하여 '평가는 목표 달성 여부를 확인하는 과업일 뿐만 아니라 왜 그 목표에 도달하지 못했는지의 성공과 실패 원인을 규명해야 한다'고 주장한다(최호성, 1998 : 72). 해먼드(Hammond, 1969)는 평가를 '현재 시행되고 있는 프로그램이 의도된 목표를 달성하는 데 효과적이었는지, 아닌지를 밝히는 과정'으로 정의하면서, 교육이 하나의 과정이듯이 평가 활동도 하나의 과정이라는 전제하에서 평가과정을 구조적으로 체계화시킨 모형을 제시하였다(민병제, 2002 : 77). 평가는 ① 평가될 교육 프로그램을 선정하고, ② 프로그램과 관련된 제도적 변인 및 교수적 변인을 밝히고, ③ 목표를 행동적 용어로 구체화시키고, ④ 목표에서 진술된 행동을 평가하고, ⑤ 목표 도달 결과를 분석하는 단계로 진행되어야 한다고 하고 있다. 그가 제시한 평가 모형은 타일러가 제시한 이원적 평가 구조에서 벗어나 3차원적 구조를 지향하고 있다(이만영, 2003 : 12).

이 모형은 평가를 할 때 목표를 구체적으로 명세화하여 진술하고 이를 기준으로 프로그램의 효율성을 확인하고 개선점을 찾기 때문에 목표 수행–확인 모형에 속한다. 그러나 학업성취도만을 준거로 해서 프로그램의 효과를 측정하지 않고 평가구조에 제시된 3차원들이 서로 교차함으로서 생기는 상호작용 효과도 미리 설정해 놓은 목표를 준거로 평가한다는 점에서 목표에 진술되어 있는 학업성취도만을 준거 변인으로 하는 타일러모형이나 목표와 실제 수행간의 격차를 확인하는 프로브스provus 모형과는 차이가 있다(민병제, 2002 : 78).

이 모형은 특정 교육 활동이 목표를 성취하는데 얼마나 효과적인지를 분석할 수 있는 값진 분석도구로서 기능할 수 있다. 평가 활동의 구성요소가 무엇이며 그것들은 어떻게 상호 관련되어 있는지를 확인시켜 준다. 동시에 교육행위의 성공과 실패의 원인을 규명해 주는 하나의 발견적 사고체계이다(최호성, 1998 : 73).

### 1.1.4. 프로버스Provus 모형

프로버스는 '평가란 프로그램의 감시자로서 기능하도록 설계된 지속적 정보관리과정으로서 건전한 의사결정을 통해 프로그램 개발의 합리적 관리가 이루어지도록 도와주는 장치이다'고 하여 의사결정 지향성을 내비치고 있다. 그러나 격차모형discrepancy model이라는 명칭에서 암시하는 바와 같이 표준(목표)의 사전 합의, 표준과 실제 수행 간의 격차 확인이라는 비교의 과정을 평가 활동으로 개념화하고 있다(최호성, 1998 : 73). 프로버스 모형은 불일치 평가 모형이라고도 하며, 평가를 체제 관리 이론과 연결시키고 있다. 이 모형은 프로그램에 관한 의사결정에 필요한 자료를 제공하여 프로그램의 개선, 유지, 종료를 결정하는 데 기여하는 것을 목적으로 한다.

이 모형의 평가 구조는 4개의 구성 요소와 5개의 평가 단계로 구성되어 있다. 4개의 구성 요소는 ① 프로그램의 기준(S: standard)을 결정하는 것, ② 프로그램의 수행 수준(P: performance)을 결정하는 것, ③ 수행 수준과 기준을 비교하는 것, ④ 수행 수준과 기준 간에 불일치(D: discrepancy)가 존재하는지의 여부를 결정하는 것 등이다. 각 단계에서 발생하게 되는 불일치 정보는 의사결정자에게 보고되고 이러한 과정이 끝나면 다음 단계로 진행하거나 앞 단계로 환류한다.

이 모형에 설정되어 있는 5단계는 설계 평가, 투입 평가, 과정 평가, 성과 평가, 비용 평가이다. 이와 같은 평가 과정에서 기준에 대한 불일치가 발견되면 적절한 판단을 위하여 의사결정자에게 보고한다. 의사결정자는 프로그램 종료, 프로그램 변경, 기준의 개정 등에 대한 결정을 한다.

이 평가 모형은 프로그램의 목표를 정의하는 단계에서부터 시작하여 프로그램의 어느 국면에서나 표준과 수행을 비교하여, 지속·수정·혁신을 결정하게 된다. 철저히 비교·확인 지향적이다. 평가체제가 간명하고 교육자로 하여금 자신의 의도를 일반적인 수준으로부터 매우 구체적이고 명료한 수준으로 끌어내려 주었다는 점에서 긍정적인 평가를 받고 있다(최호성, 1998 : 74).

한편, 이 모형은 목표 중심의 평가를 시도하고 있으며, 프로그램을 전체적으로 사정하는 동시에 진행 중인 프로그램의 개선에 초점을 두고 있고, 지속적인 평가를 통하여 피드백을 제공하는 특징을 가지고 있다.

그러나 이 모형은 진정한 의미의 평가적 요소가 빠져 있다는 비판을 받고 있다. 곧 측정이나 목표사정은 강조되지만 교육 프로그램의 가치와 장점을 판단하는 데는 이르지 못하고 있다는 지적을 들 수 있다. 또 애당초 설정되어 표준으로 기능하고 있는 목표 그 자체가 정당하고 가치 있는가를 누가 확정지어 줄 수 있느냐의 의문이 제기될 수도 있다. 그리고 미리 설정해 놓은 의도적 목표에 반영되지 않은 교육적 성과 가운데에서 중요한 측면들이 간과되어 버리기가 쉽다는 비판도 있다. 특정의 교육 활동을 평가함에 있어서 목표가 전체 방향성을 마련해 주는 이점이 있는가 하면, 그 목표에만 집착한 나머지 의식적이든 무의식적이든 목표와 합치되는 결과만을 부가시켜 버리는 '터널식 시각'을 초래할 위험이 있다(최호성, 1998 : 74~75).

## 1.2. 의사결정-관리 모형

### 1.2.1. 스터플빔Stufflebeam 모형

이 모형에 의하면, '평가란 의사결정자들로 하여금 여러 가지의 의사결정 대안들 가운데에서 정확히 판단할 수 있도록 유용한 정보를 확인, 수집, 제공하는 과정'(Stufflebeam, 1973a, 129; 최호성, 1998 : 75에서 재인용)이다. 이러한 정의를 바탕으로 설계된 모형이 시아이피피CIPP 모형이다.

스터플빔(Stufflebeam, 1971)은 평가가 의사결정과 관련된 문제를 해결하는 데 수단이 되어야 한다고 강조하면서 교육적 의사결정과 관련하여 두 가지 중요한 특성을 제시하였다. 그 하나는 의사결정 상황과 관련된 것으로 전면 개혁, 현상 유지, 점진적 변화, 혁신적 변화 등과 같은 상황에 따라 의사결정이 이루어지며, 다른 하나는 의사결정 형태와 관련된 것으로 목표를 결정할 때(계획 관련 결정), 성취한 것에 대해 판단하고 반응할 때(순환 관련 결정), 제 절차를 설계할 때(구조화 관련 결정), 제 절차를 이용하고 통제하며 세련되게 할 때(실천 관련 결정) 각기 다른 형태의 의사결정을 한다는 것이다. 스터플빔은 이러한 의사결정에 초점을 맞추어 교육과정 평가를 시도하고자 하였는데, 계획에 대한 결정을 하기 위해서는 맥락 평가가 필요하며, 구조화 결정을 하기 위해서는 투입 평가, 실천 결정을 하기 위해서는 과정 평가, 순환 결정을 하기 위해서는 산출 평가를 하여야 한다고 보았다.

이 모형의 평가 구조를 이루고 있는 맥락 평가Context evaluation, 투입 평가Input evaluation, 과정 평가Process evaluation, 산출 평가Product evaluation를 각각 구체적으로 살펴보면 다음과 같다(Stufflebeam, 1973a, 135; 최호성, 1998 : 77~78에서 재인용).

① **맥락 평가**: 맥락 평가는 교육체제의 내부요인 보다는 환경요인을 중요하게 간주하여 상황적 맥락에 부합되는 목표를 설정하기 위하여 생태학적 접근을 지향한다. 일종의 요구사정과도 흡사하여 상황적 맥락을 기술하고 사용될 시설 및 요구를 확인한다. 이 절차는 '계획'과 관련된 의사결정 유형으로 상황 속에서 당면한 문제와 요구사항을 다각적으로 분석하는 게 중요하다.

② **투입 평가**: 투입 평가는 체제의 역량을 사정하고 가용한 투입 전략과 실행 계획을 확인하는 것으로, 이용될 수 있는 인적 및 물적 자원, 문제해결 전략, 채택할 행위 전략의 적절성, 실행 가능성, 경제성 등의 절차를 기술하고 분석해 간다. 이 평가의 결과는 프로그램의 구조화 결정에 적절하다.

③ **과정 평가**: 과정 평가는 프로그램을 운영하는 절차의 계획이나 시행과정에서 나타날 수도 있는 결함을 확인, 예측하기 위한 것이다. 프로그램이 계획대로 잘 진행되고 있는가, 적용상의 문제점은 무엇이며 그 문제를 해결하기 위하여 필요한 조치는 무엇인가 등을 조사하여 프로그램의 실행 관련 의사결정을 행하게 된다.

④ **산출 평가**: 산출 평가는 최종적인 성과 정보를 프로그램의 목적 변인, 투입, 과정 정보와 관련을 지으려는 것이다. 목적에 비추어 측정 기준을 조작적으로 정의하고 이 측정 결과는 사전에 결정된 프로그램을 지속, 종결, 수정할 것인지의 결정 혹은 재순환 의사결정에 사용된다.

이 모형의 장·단점을 정리하면 다음과 같다(배호순 외, 1994 : 121~122).

[표 2] Stufflebeam의 CIPP 모형의 장·단점

| 장 점 | 단 점 |
|---|---|
| • 기존의 평가모형에 비해 보다 폭넓은 대상을 평가대상으로 포괄함.<br>• 프로그램의 여러 상황 및 국면에 대한 평가 가능.<br>• 의사결정과 평가 간의 체제적 접근 가능.<br>• 평가가 의사결정권자에게 유용하고 의사결정이 평가에서 핵심적 역할을 함.<br>• CIPP 평가와 책무성 간의 관계 정립 | • 평가자가 가치문제와 판단을 회피하고 주요 가치 판단을 의사결정권자에게 위임하여 평가자는 방법론자의 역할만을 제한적으로 수행함.<br>• 의사결정 형식과 변화 형태 등의 개념과 그와 관련된 평가개념들을 조작적으로 표현하기 어려움.<br>• 완벽하게 실천하기에는 경비가 많이 들고 복잡함. |

### 1.2.2. 알킨Alkin 모형

알킨 모형은 시에스이CSE 모형이라고도 하는데 시에스이는 알킨이 근무하고 있던 캘리포니아 대학의 평가연구센터CSE: Center for Study Of Education의 약칭이다. 알킨(Alkin, 1969)은 평가를 의사결정자가 선택할 수 있는 여러 대안 중에 최선의 방안을 선택하는 데 필요한 데이터를 요약, 정리하여 제공할 목적으로 의사결정을 내려야 할 사안 또는 영역을 확인해서 관계 정보를 선정, 수집, 분석하는 과정이라고 정의한다(이만영, 2003 : 16). 이 정의에서 보면 평가자가 프로그램의 비일관성이나 내부의 곤란성을 지적해 내어야 함을 부정하지는 않으나, 검토해야 할 평가 영역이나 성질을 결정하는 책임자는 평가자가 아니라 의사결정권자임을 알 수 있다. 그는 다음과 같이 평가 영역을 여섯 가지로 나누고, 각 영역별로 평가 대상을 설정하고 있다.

① **체제 사정**: 체제 사정은 그 체제의 바라는 성과 혹은 요구와 비교하여 현재 존재하고 있는 체제의 상태를 진술하는 과정이다(최호성, 1998 : 80). 특정 상황에 적합하거나 또는 필요한 교육 목표를 선정하기 위해 교육 목표의 폭과 깊이를 결정하는 데 있어야 할 정보를 수집한다. 학생, 지역 사회,

국가, 학계의 요구를 확인하여 교육을 통해 기대하는 요구와 체제 및 현상의 차이를 확인, 비교한다(이만영, 2003 : 16).

② **프로그램 계획 평가**: 프로그램 계획 평가는 의사결정자로 하여금 요구를 충족시켜줄 수 있는 대안적인 과정들 간에 결정을 내릴 수 있게끔 정보를 제공하는 일에 관련된다(최호성, 1998 : 80). 확인, 선정한 체제의 교육적 요구를 충족시킬 수 있는 여러 방안 중에 가장 효과적인 방안을 선택하는 데 필요한 정보를 수집한다. 특정 교육적 요구를 충족시키는 데 어떤 프로그램이 효율적인가를 사정한다(이만영, 2003 : 16).

③ **프로그램 실행 평가**: 프로그램 실행 평가는 실제로 프로그램을 운영했을 때 프로그램 계획 평가 단계에서 기대하고 결정한 사항이 어느 정도 충족되고 있는지를 확인한다(이만영, 2003 : 17).

④ **프로그램 개선 평가**: 프로그램 개선 평가는 직접적인 수정이 이루어질 수 있도록 프로그램 각 부분의 상대적 성공 정도에 관한 정보를 제공해 준다(최호성, 1998 : 80). 프로그램 실시 과정 중에 발견된 여러 가지 사실들은 물론 본래 의도하지 않았던 가치 있는 결과가 발생했을 때, 그것을 면밀히 분석하여 프로그램 수정에 반영할 수 있는 정보를 수집한다(이만영, 2003 : 17).

⑤ **프로그램 판정 평가**: 프로그램 전체의 가치를 총괄적으로 판단하며, 그러한 프로그램이 다른 상황에도 어느 정도나 적용될 수 있는지, 곧 일반화의 가능성을 판단한다(이만영, 2003 : 17).

⑥ **문서 평가**: 문서 평가는 특정의 프로그램이 광범위하게 실행되기 이전에 충분하게 문서화되어야 한다는 점에 착안하여 이루어지고 있다(Alkin, 1991 : 98; 최호성, 1998 : 80에서 재인용).

이 모형은 프로그램의 개발 단계로부터 프로그램의 투입, 프로그램의 실시 과정, 프로그램 실시 결과, 프로그램의 가치(자격 인정)까지도 순서대로 일관성 있게 평가할 수 있다는 장점이 있다. 그리고 프로그램 진행 과정의 어떤 국면에서도 필요한 경우에 평가가 가능하도록 평가체제를 구성하고 있다는 점과 체제적 접근을 중시하기 때문에 총괄적인 평가가 가능하다는 점이 장점이다. 그러나 이 모형은 다음과 같은 제한점이 있다(배호순 외, 1994 : 134~135).

첫째, 다섯 가지 평가적 접근방법에서 가치의 역할이 모호하므로 가치판단에 관한 안내와 준거 및 기준에 관한 언급이 없어 타당하고 객관적인 평가에 애로를 겪을 수 있다.

둘째, 모든 것을 의사결정권자에게 위임하여 평가자는 일종의 자료수집 및 제공자로서 절차 방법에만 관여한다는 점을 문제점으로 지적할 수 있다.

셋째, 의사결정 과정에 대한 기술이 미흡하여 평가 과정과 의사결정 간의 유기적인 관계를 조정 및 유지하기 위한 활동이 요청됨에도 불구하고 그에 관한 구체적인 안내가 없다는 것도 문제점으로 지적할 수 있다.

넷째, 모든 경우에 위와 같은 다섯 단계의 평가를 계열성 있게 실시할 것을 필수적으로 요청하고 있지는 않지만 프로그램 개발부터 그에 대한 인증까지를 포함한 평가의 경우에는 비용이 많이 소요될 가능성이 있고 평가 활동이 매우 복잡할 수 있다는 점을 또 다른 제한점으로 지적할 수 있다.

다섯째, 평가 활동에 있어 의사결정 보조 기능을 강조하다보면 잡다한 활동과 더불어 시행착오를 범하는 의사결정 과정의 보조까지도 상정해 볼 수 있는바, 그와 같은 잡다한 활동을 포괄적으로 평가 활동이라고 미화할 수 있느냐 하는 문제를 고려할 필요가 있다.

### 1.3. 자연주의적-상호작용 모형

#### 1.3.1. 스테이크Stake 모형

스테이크는 평가 활동을 우연한 관찰, 무의도적인 목표, 직관적 규범과 같은 것에 의한 비공식적 평가와 표준화 검사, 체크리스트, 체계적 관찰 등에 의존하는 공식적 평가로 구분하고 교육과정에 대한 합리적 판단을 위해서 공식적 평가를 강조한다. 공식적 평가의 주요 기능은 평가 대상에 대하여 기술[description]하고 판단[judgement]하는 것이라 하였다(유은선, 1986).

그는 평가에 필요한 자료를 기술 자료와 판단 자료로 구분하면서 자료들이 수집되는 정보원을 선행 조건, 상호 작용, 교육 결과 등으로 나누어 제시하고 있다.

선행 조건은 학습결과에 영향을 줄 수 있는 것으로서 교수·학습 상황에 우선해서 존재하는 것이다. 학생과 교사의 특성, 교육과정의 내용, 환경, 교수 자료, 물리적 설비, 학교 조직, 지역 사회의 상황 등이다. 상호 작용은 학생과 교사, 학생과 학생, 부모와 상담자 등에 의해 교육의 과정에서 이루어지는 관계의 연속선상에서 의사소통의 통로, 시간 배치, 사건의 연속, 강화계획, 사회적 분위기 등 실질적으로 교육이 이루어지는 상황 속에서의 평가이다. 결과는 교육적 경험의 결과에 대한 총괄적인 평가로서 학생의 능력, 성취도, 태도, 교사에 대한 영향, 제도적인 결과, 학습 환경의 결과, 경비부담 등을 포함한다.

정보원에 의하여 수집되는 기술 자료는 다시 의도된 자료와 관찰된 자료로 나누어진다. 기술 자료로부터는 유관성과 합치성을 기술하는 것으로 평가가 이루어지는데, 유관성은 각 정보원에 포함되어 있는 제 변인들과 다른 정보원의 제 변인들과의 관련 정도를 나타내는 것이며, 합치성은 각 정보원 자체에서 의도된 것과 관찰된 것 사이의 일치 정도를 나타내는 것이다. 이러한 기술 자료의 평가 결과는 절대적 기준과 상대적 기준에 의하여 판단하는 평가의 과정을 밟게 된다. 절대적 기준은 대개 프로그램이 갖추고 있어야 할 조건이나 상태 또는 성취하려는 목표에 관해 해당 분야의 전문가가 설정해 놓은 이상적 표준이며, 상대적 기준은 관계성·비교성의 원리에 따라 정한 표준으로서 비슷한 목표를 추구하는 다른 경쟁 프로그램들이 상대적 기준이 된다(권요한 외, 1996).

이 모형은 기술적 자료와 판단적 자료를 구분하고 그 관계를 중시하는 한편 평가에서의 판단의 역할을 강조하여 부각시켰다는 점과 판단을 위하여 절대적 기준과 상대적 기준을 구분하고 있다는 점이 중요한 특징 중의 하나이다. 그러나 평가 기준을 추출하는 방법에 대하여 구체적인 언급을 하고 있지 않으며 이와 관련하여 구체적인 지침도 제시하지 않았으며, 구체적인 판단에 임해서 가치 갈등 문제가 대두될 때 어떻게 해결할 것인가에 관련해서 뚜렷한 안내가 되어 있지 않다는 비판을 받고 있다. 또한 이 모형은 그 과정이 너무나 복잡하여 제대로 이해하고 적절하게 활용하는 데 어려움이 있을 수 있다는 비판도 받고 있다(이만영, 2003 : 20~21).

## 1.4. 탈 목표 모형

### 1.4.1. 스크리븐Scriven 모형

스크리븐(Scriven, 1967)에 따르면 평가는 어떤 프로그램의 장점, 진가, 가치 등에 대한 판단을 포함해야 하며, 이러한 판단을 통해서만 어떤 과정이나 프로그램의 개선에 대한 의사결정을 분명히 할 수 있다고 하였다(Scriven, 1967 : 40~41; 유은선, 1986 : 23에서 재인용). 종래 목표중심 평가모형에 대한 비판으로부터 출발한 탈 목표 모형은, 무엇보다도 당연시 되어 왔던 목표 그 자체를 평가하고, 목표에서 의도하지 않은 부수효과에 주목할 것을 강조한다(최호성, 1998).

스크리븐은 평가의 두 가지 모형, 곧 형성 평가와 총괄 평가를 구분하여 평가의 기능을 규정하였다. 형성 평가는 진행 중인 교육과정 개발이나 수업 설계 또는 수업 과정을 개선하기 위한 평가로 교육과정이 시행되고 있는 기관 내에 소속된 사람으로서 프로그램에 대하여 잘 알고 있으며 그것의 운영에 관여하고 있는 사람이 평가자가 되어야 한다고 한다. 그래서 형성 평가의 적임자로 교사를 지목한다.

한편 총괄 평가는 프로그램에 대하여 사심 없이, 편견이 배제된 객관적 입장에서 실시하는 평가로 그것을 평가하는 사람은 외부의 전문적인 평가자가 선정되어야 한다고 주장한다. 이 두 가지 유형의 평가는 개념상으로도 다를 뿐 아니라 평가에 필요한 자료 수집의 계획이나 자료 분석 방법도 달라야 한다고 한다.

탈 목표 평가는 평가자가 프로그램의 설정된 목표와 상관없이 평가에 임하기 때문에 의도되지 않은 부수적 결과까지 얻을 수가 있다. 그러나 이 평가는 현장 관찰을 통한 지속적이고도 주의 깊은 관찰을 요구하기 때문에 평가할 상황을 파악하는 데 많은 시간이 걸리며 실제 적용에도 어려움이 따른다(이만영, 2003 : 19~20). 또 그 어느 평가모형보다 평가자의 전문적 지식, 기술, 경험이 요구된다(민병제, 2002 : 92).

### 1.5. 종합 모형

이제 앞서 살핀 특정 모형으로 분류할 수 없는 종합 모형들에 대해서 살펴본다. 여기서 살펴볼 종합 모형들은 모두 국내에서 이루어진 교육과정 평가 모형에 관한 것들이다. 이들 모형은 앞서 분류한 특정 모형에 속한다고 단정할 수 없을 뿐만 아니라 하나 또는 둘 이상의 모형을 변형하거나 종합한 모형이기에 이렇게 이름 지었다. 이들 모형의 특징을 간단히 살펴보고 각 모형들이 어떤 제한점을 갖고 있는가를 알아본다.

#### 1.5.1. 최호성 모형

이 연구는 최호성(1993)의 박사논문으로서 교육과정평가의 모형 정립과 이에 기초한 목표의 평가 준거 설정 및 타당화를 위한 것이다. 3차원으로 된 이 모형은 '평가의 지향성'이라는 요소 외에 '교육과정 체제', '평가의 방법' 등을 모형의 구성 요소로 설정하고 있다. 이러한 모형 구성 요소들은 교육과정 평가를 '왜(X), 무엇을(Y), 어떻게(Z) 평가할 것인가'라는 질문을 중심으로 하여 도출되었다. '왜 평가를 하는가?'에 대해서는 '가치 판단을 하기 위하여($X_1$), 의사결정을 돕기 위하여($X_2$), 이해하기 위하여($X_3$)' 등 세 요소를, '무엇을 평가하는가?'에 대하여 '상황($Y_1$), 설계($Y_2$), 실행($Y_3$)' 등 세 요소를, 그리고 '어떻게 평가하는가?'에 대하여 '양적 탐구($Z_1$), 질적 탐구($Z_2$)'라는 두 요소를 제시하고 있다.

교육과정평가의 영역은 일반적인 수준에서 교육과정 상황의 평가, 교육과정 설계의 평가, 교육과정 실행의 평가, 그리고 교육과정 성과의 평가로 구분된다. 그리고 이들 평가 영역은 상호 밀접한 관계를 맺고 있고, 일종의 순환 고리를 형성하고 있다고 볼 수 있다.

이 모형의 주요 특징은 다음과 같다(김재춘 등, 1998 : 31~32).

첫째, 교육과정평가에 대한 3차원 모형을 제시하고 있으며 이러한 3차원 모형을 보다 쉽게 이해하도록 돕기 위하여 2차원 전개도로 변환하여 제시하고 있다.

둘째, 교육과정평가 영역을 구체화하기 위하여 교육과정 맥락/상황 평가, 교육과정 설계 평가, 교육과정 실행 평가, 교육과정 성과 평가의 4요소를 추출한 다음 이들의 순환성을 지적하고 있다.

이 교육과정평가 모형은 앞에서 지적한 특징을 지니고 있을 뿐만 아니라 교육과정평가 이론 및 실천의 발전에 나름대로 기여한 바가 있다. 그럼에도 불구하고 다음과 같은 제한점도 지니고 있는 것으로 생각된다(김재춘 등, 1998 : 32~34).

첫째, 교육과정평가의 3차원 모형, 교육과정평가의 개념 모형, 교육과정 평가의 순환성에 대한 설명이 일치하지 않는다. 3차원 모형에서는 교육과정 성과 평가가 빠져 있는데, 교육과정평가의 순환성에 대한 설명에서는 성과 평가가 교육과정평가의 한 영역으로 포함되어 있다.

둘째, 교육과정평가의 2차원 전개도에 나타난 각 셀이나 3차원 모형에 나타난 각 육면체의 의미 또는 이에 대한 설명이 제시되어 있지 않다. 교육과정평가의 개념 모형에 대한 설명에서 교육 평가 체제가 제1수준(교육정책 평가, 교육과정 평가, 수업 평가, 교사 평가), 제2수준(상황 평가, 설계 평가, 실행 평가, 성과 평가), 제3수준(목표의 평가, 내용의 평가, 방법의 평가, 평가의 평가)으로 나누어질 수 있다는 선언만 있을 뿐, 왜 교육평가 체제가 이런 방식으로 구체화되어야 하는지에 대한 설명이 충분히 제시되어 있지 않다.

셋째, 제시된 교육과정평가 모형이 국가, 지역, 학교 교육과정평가의 어느 수준에 해당하는지에 대한 언급 또는 고려가 전혀 없다. 국가, 지역, 학교 수준에 따라 교육과정평가의 내용이나 방법, 강조점 등이 달라질 수 있는데, 이 모형에서는 각 수준에 따른 차이를 전혀 고려하지 않고 있다.

### 1.5.2. 허형 등의 모형

이 모형은 허형 등(1996)에 의하여 개발된 것으로 주요 특징은 다음과 같다(김재춘 등, 1998 : 31~32).

첫째, 교육과정 평가 개념 모형을 교육과정 개념 모형에 근거하여 제시함으로써 논리적 일관성을 확보하고 있으며, 평가 대상(영역)과 개발, 운영, 평가의 수준을 모형 속에 종합적으로 제시하고 있다.

둘째, 교육과정 평가의 대상(영역)을 교육과정의 기본적 준거, 교육과정 개발, 교육과정 운영, 교육과정 성과의 네 영역으로, 교육과정 개발, 운영, 평가의 수준을 국가, 지역, 학교의 세 수준으로 나누어 제시하고 있다.

셋째, 교육과정 개발, 운영 및 성과와 관련되는 기본적 준거 5가지(철학적 가정, 학문적 내용, 사회적 요구, 개인적 특성, 교수·학습 이론)를 설정하고, 이 준거 자체에 대한 평가를 교육과정평가의 한 부분으로 실시할 것을 제안하고 있다.

넷째, 교육과정 평가 영역별 세부 항목과 평가의 관점 및 준거를 국가, 지역, 학교 수준별로 나누어서 비교적 상세하게 제시하고 있다. 한 마디로 말해, 우리나라 교육과정 평가에 대한 체계적인 틀과 그 틀에 의한 평가 결과를 동시에 제공하고 있다.

그런데 이 평가 모형은 여러 가지 문제를 보이고 있다(이만영, 2003

: 23~24).

첫째, 모형 체계에 일관성이 결여되어 있는 문제이다. 교육과정이 진행되는 3가지 활동에서 개발 단계, 운영 단계는 평가되어야 할 대상이 제시되고 있다. 그런데 교육과정 성과 단계에서는 구체적인 평가 대상을 제시하지 않고 이 모형에서 실시하게 되는 평가 유형과 그것의 결과 활용에 대한 내용을 제시하고 있다. 이 단계에서는 교육의 성과와 관련이 있는 학생 성취도와 같은 평가 대상이 제시되어야 할 것이다.

둘째, 제시되어 있는 평가 대상이 교육과정을 평가하기에 충분하지 않은 문제이다. 교육과정 성과 단계에서의 평가 대상이 누락된 것은 물론이거니와 개발이나 운영 단계의 평가 대상도 더 확보되어야 할 것으로 보인다.

김재춘 등(1998)은 다음과 같은 제한점을 들고 있다.

첫째, 교육과정평가의 영역 구분과 각 영역의 대표적 준거 설정에 문제의 여지가 있다.

교육과정 개발 평가 영역에 개발과정, 개발된 문서 내용(교육 목표, 내용, 운영 지침), 교과용 도서 등을 모두 포함시키고 있어 개발 과정 자체에 대한 평가와 개발된 산물인 문서에 대한 평가를 구분하지 않고 있다.

둘째, 제시된 교육과정평가의 기본 모형은 평가의 대상 또는 영역만을 나타내 줄 뿐, 평가의 관점이나 방법 등에 대해서는 아무 것도 말해주지 못한다. 곧 기본 모형이 평가의 영역을 나타내주는 '지도'로서의 기능은 수행하고 있지만, 평가 활동에 대한 추가 정보는 거의 제시해 주지 못하고 있다.

### 1.5.3. 국립교육평가원 모형

이 연구는 1996년 국립교육평가원에 의해 수행된 것으로 교육과정 수준과 교육과정 영역이라는 두 차원을 중심으로 국가 교육과정 평가 체제를 설정하고 있다.

이 모형의 주요 특징은 다음과 같다(김재춘 등, 1998 : 39).

첫째, 교육과정의 네 영역(교육목적, 상황특성, 수업실체, 학습성과)과 교육과정의 5개 수준(국가, 지역, 학교, 교사, 학생)을 두 개의 축으로 하는 이차원 교육과정평가 모형을 제시하고 있다.

둘째, 교육과정의 수준을 국가, 지역, 학교에서 더 나아가 교사가 운영하는 교육과정, 학생이 경험하는 교육과정의 5개 수준으로 세분하였다.

셋째, 교육과정의 대상 영역을 교육목적, 상황특성, 수업, 성과의 4개 영역으로 설정하고 있다. 특히, 교육과정의 성과를 학생의 학업성취로 국한하지 않고 교육과정이 지역 사회에 미친 영향까지를 포함하는 광의적이고, 다국면적인 성과를 고려한다는 점이 특징적이다. 하지만, 이 모형은 몇 가지 문제점을 보여주고 있다(이만영, 2003 : 24~25).

첫째, 두 개의 차원으로 설계된 구조가 체계성이 부족하다는 점이다. 가로 축에 제시된 교육과정 영역 중 '수업 실체'와 '학습 성과' 요소는 세로축의 교육과정 수준 가운데 '국가 수준', '지역 수준', '학교 수준' 등의 요소와는 모형상에서 아무런 관련이 없는 것으로 보인다. 이 모형 구조는 교사 수준과 학생 수준의 교육과정을 평가하는 것으로 설명될 수 있다.

둘째, 산출 평가와 관련하여 '학습 성과'만을 모형에 제시하고 있다는 것이 문제가 될 수 있다. 교육과정의 성과를 학생의 학업 성취에 국한하지 않고 광의적이고 다활동적인 성과를 고려한다는 평가 모형 개발 취지와 배치되고 있다.

또 이 모형은 교육과정의 수준을 학교 수준에서 더 나아가 교사와 학생 수준까지로 세분화하고, 교육과정의 성과를 학생의 학업성취도의 차원을 넘어서 교육 제도, 교육관계자 및 학생에게 미친 영향까지를 고려함으로써, 교육과정평가 연구가 제 의미를 찾는데 상당한 기여를 하였다. 그럼에도 불구하고, 이 모형은 다음과 같은 제한점을 지니고 있는 것으로 생각된다(김재춘 등, 1998 : 40~41).

첫째, 교육과정의 의도된, 전개된, 실현된 국면을 국가, 지역, 학교, 교사, 학생으로 구성되는 교육과정의 수준(모형의 세로축)과 동일시하고 있다. 이 모형에 의하면 의도된 교육과정은 국가 및 지역의 교육과정을, 전개된 교육과정은 교사 수준의 교육과정을, 실현된 교육과정은 학생 수준의 교육과정과 동일시하고 있다. 이러한 논리는 국가, 지역, 학교 등 각 교육과정 수준에 엄연히 존재하는 계획, 운영, 성과의 국면을 도외시한 부정확한 주장이다. 학교 수준의 교육과정의 경우 국가나 지역의 교육과정을 그대로 받아들이는 것이 아니라 단위학교의 상황과 특성을 반영한 교육과정을 개발·편성하게 되는 것이고, 이러한 활동은 전개된 교육과정이 아니라 의도된 교육과정으로 보아야 한다.

이 모형에서는 교육과정의 전개 국면(개발, 운영, 평가)을 각 수준의 교육과정과 동일시하고 있으나 실제 모형의 활용 부분에서는 이 같은 수준별 구분에 따른 교육과정이 전개 국면을 사용하지 않았다. 구체적인 실례로, 연구자는 지역 수준의 교육과정을 의도된 교육과정이라고 보고 있으나, 지역 교육과정 문서에 대한 평가뿐만 아니라 장학, 연수 등 교육과정의 실행에 관한 평가와 시·도 단위 학력평가를 통한 지역 교육과정의 성과에 관한 평가까지를 제시하고 있다.

둘째, 교육과정의 영역(모형의 가로축)을 교육목적, 상황특성, 수업실체, 학습성과의 4개로 구분한 이론적 혹은 논리적 근거가 분명하지 않다. 교육과정의 영역이 무엇으로 이루어져 있는가에 대한 논의는 다양하나 주로 교육과정의 전개과정(개발, 운영, 평가)이나 교육과정을 구성하고 있는 요소(목적, 내용, 수업, 평가 등)를 중심으로 한 구분이 논리적으로나 현실적으로 설득력을 갖는다.

셋째, 모형을 구성하고 있는 두 축의 개념이 내용면에서 독립적이지 못하고 중복되는 부분이 있어 두 축이 교차하여 만든 모형 내에 공란blank cells이 양산되고 있다. 교육과정을 5개 수준으로, 그리고 교육과정의 국면을 4개로 구분한 이 이차원 모형에서는 20개의 평가 영역이 이론적으로 가능하다. 그러나 이 연구에서 실제 설정한 평가 영역은 절반이 약간 넘는 12개에 불과하며, 나머지 영역은 평가 영역으로 설정하지 않았다. 이들 절반가량의 영역에 대한 평가가 왜 이루어질 수 없는지에 대한 논리적 근거를 제시하지 않고 있다. 결국 교육과정의 수준과 교육과정 국면을 교차시킨 이 교육과정평가 모형에서는 평가가 이루어지지 않는 공란이 양산되고 있어 본 연구에서 제시한 이차원 모형의 유용성이 매우 제한적임을 나타내고 있다.

그 밖에도 이 모형은 국가 수준 교육과정이 개발되는 과정에 대한 평가를 고려하지 않은 것이 문제점으로 지적될 수 있다.

### 1.5.4. 배호순 등의 모형

이 연구는 배호순 등(1997)에 의해 개발된 것으로서 학교의 교육과정 평가에 초점을 두고 실제적인 평가 편람을 제시하고 있다.

이 모형은 다음과 같은 특징이 있다(김재춘 등, 1998 : 43).

첫째, 학교 교육과정이 실제로 전개되는 측면(의도된, 실천된, 성취된 교육과정)과 평가 영역(학교교육과정 연구 및 개발, 학교교육과정 기본 계획, 교과 교육과정 및 학습지도, 특별 활동 및 방과 후 교육 활동, 학교교육과정 지원체제)을 교차시켜 이원분류표를 제시하고 있다.

둘째, 교차된 각 칸마다 하위 평가 영역을 설정한 후, 각 영역마다 구체적인 평가 지표를 기술하고 있다.

셋째, 교육과정이 실제로 전개되는 측면의 핵심준거(실현가능성, 충실성 등)를 제시하고 있다.

그러나 이 모형은 이런 특징에도 불구하고 구조상 여러 가지 문제점을 보이고 있다(이만영, 2003 : 24~25).

첫째, 가로축 차원과 세로축 차원의 내용이 중복되어 있는 점이 문제이다. 가로축이나 세로축에 '교육 계획'이나 '교수·학습'이 동시에 제시되고 있어 체계상 문제가 있다. 성취된 교육과정 활동에서 평가될 내용을 제대로 제시하지 못하고 있는 것은 구조상의 문제를 그대로 노출시키고 있다고 할 수 있다.

둘째, 세로축에 설정되어 있는 5가지 영역이 어디에 근거를 두고 설정되었는지 알 수가 없다. 그렇다고 5가지 요소가 서로 유관한 것도 아니며, 또한 독립적인 것도 아니다.

또 이 연구는 학교 교육과정과 관련된 모든 영역을 체계 있게 평가하기 위하여 학교의 교육과정 계획 및 실천 그리고 평가에 이르기까지의 전 과정을 포괄하는 이원분류표를 제시하고 있으나 다음과 같은 제한점을 지적할 수 있다(김재춘 등, 1998 : 45).

첫째, 교육과정평가를 학교 수준에만 국한하여 제시하고 있어 교육과정평가에 대한 개념을 잘못 전달할 수 있다. 교육과정은 학교뿐만 아니라 국가 수준에서 그리고 지역 수준에서도 존재한다. 또 우리나라의 경우 국가에서 제시되는 교육과정은 일종의 법적 구속력을 갖고 있어서 사실상 학교의 교육과정에 대한 자율적인 편성은 제한적인 범위 안에서 가능하다. 물론 학교에서의 교육과정 운영은 매우 중요하다. 그러나 학교 교육과정 계획 및 운영 이전에 이에 커다란 영향을 주는 국가 수준의 또한 지역 수준의 교육과정 계획, 문서, 지원, 성과를 제대로 평가하지 않는다면 이는 교육과정평가에 대한 포괄적 이해에 장애가 되며 심지어는 파행적인 교육과정 운영의 책임을 모두 학교 교육과정에 돌리는 우를 범할 수 있다.

### 1.5.5. 유한구 등의 모형

이 모형은 유한구 등(1997)에 의하여 개발된 것으로, 초등학교 교육과정평가에 초점을 두고, 실제로 학교에서 행해지고 있는 현상을 중심으로 교육과정평가 영역을 추출할 것을 제안하고 있다.

이 모형은 다음과 같은 특징이 있다(김재춘 등, 1998 : 46~47).

첫째, 교육과정의 영역을 교육과정 계획 및 편성, 교육과정의 운영, 교육 활동의 평가로 하고, 평가의 관점을 교육청, 학교장, 교사, 학부모와 학생의 관점으로 분류한 후에 이를 교차시켜 이원분류표로 제시하고 있다.

둘째, 교육과정평가의 관점을 교육청, 학교장, 교사, 학부모 및 학생이 현재 학교의 교육과정에 대하여 관심을 가지고 있는 사항을 중심으로 추출하고 있다. 곧 교육청의 관점과 교육과정의 계획 및 편성이 교차되는 칸에는 학교 교육과정 편성의 적법성 여부가 제시되어 있으며, 학교장의 관점과 교육과정의 운영이 교차하는 칸에는 교수·학습방법의 개선을 위한 교사의 노력(수준별 교육과정 시행여부)이 제시되어 있다. 이는 현재 학교 교육과정 계획 및 편성에 대하여 교육청이 관심을 가지고 있는 부분, 교육과정 운영에 대하여 학교장이 관심을 가지고 있다고 가정되는 부분을 그대로 평가 영역화한 것이다.

셋째, 두 축이 교차하여 만들어진 하위 영역에 일련번호를 매겨 일관성 있게 하위 영역을 제시하고 있다.

그러나 다음과 같은 여러 가지 문제점이 발견된다(이만영, 2003 : 27~28).

첫째, 교육과정 평가라고 하면 그 궁극적인 목적이 '학생의 변화'에 관련되어 있어야 한다. 그런데 이 모형에서는 그런 평가 준거를 제시하지 않고 있다. 2차원 구조에서 도출되어지는 평가 변인들을 살펴보면 대부분이 교육 행정에 관한 것이지 교육과정 본질적인 것은 아니다.

둘째, 가로축의 평가 요소 설정에 대해서도 문제를 제기할 수 있다. 교육과정 계획에는 교육과정 편성과 운영에 관한 사항들이 포함됨에도 불구하고 그것에 대한 용어 정의를 제대로 하지 못해 '교육과정 계획 및 편성'이라는 분명하지 못한 용어를 사용하고 있다.

또 이 연구는 교육과정 계획 및 편성과 운영, 교육 활동에 대한 평가와 교육청, 교장, 교사, 학부모와 학생의 관점을 교차시킨 독특한 기본 모형을 제시하고 있으나 다음과 같은 제한점을 지적할 수 있다(김재춘 등, 1998 : 47~48).

첫째, 기본 모형의 세로축 곧 평가 관점이란 동일한 사항에 대하여 교육청, 학교장, 교사, 학부모 및 학생의 관점의 차이를 나타내는 것이라 할 수 있다. 그러나 교육과정의 계획 및 편성, 운영, 교육 활동의 하위 영역을 보면 교육청, 학교장, 교사, 학부모와 학생별로 서로 다른 내용이 제시되고 있다. 관점이란 동일한 사항에 대한 서로 다른 의견을 비교하기 위한 것으로 사용된다면, 엄밀히 말하여 이 기본 모형의 관점이라는 용어는 사실상으로는 관심이라는 용어로 수정되어야 한다.

둘째, 기본 모형의 가로축은 교육 활동의 평가라는 용어로 제시되어 있으며, 하위 영역으로는 학교생활기록부의 효율적 관리, 평가 결과의 신속한 공지 여부 등이 포함되어 있다. 이는 교육과정 영역의 다른 두 영역 곧 교육과정 계획 및 편성, 교육과정의 운영 부분과 흐름이 맞지 않는다. 곧 교육과정의 계획과 편성, 운영에 대한 평가가 앞서 이루어졌다면 그 뒤에 따를 것은 계획과 운영에 의하여 얼마만큼의 성취가 이루어졌는가에 대한 교육성취에 대한 평가라고 생각된다.

그러나 이 모형에서는 교육성취에 대한 평가보다는 교육성취에 대한 관리의 평가를 더 강조하고 있다. 가로축의 근거가 교육과정 영역이라면 교육성취에 대한 관리의 측면보다는 직접적인 교육성취에 대한 평가를 하나의 영역으로 삼는 것이 더 바람직하다고 할 수 있다.

셋째, 이 연구는 초등학교 학교 교육과정평가의 하위 영역 추출에 대한 독특한 방법을 제안하고 있다. 곧 초등학교 교육과정 전체를 가능한 한 자세하고도 구체적으로 기술하여, 기술된 교육과정을 바탕으로 평가 영역을 추출하고 있다. 이러한 평가 영역의 추출은 현재의 상황을 기반으로 명확한 평가 영역을 정한다는 점에서 보다 실제적인 교육의 질 개선을 도모하려는 의지를 나타낸다. 그러나 이러한 하위 평가 영역 추출 방법은 다음과 같은 제한점을 갖는다. 교육과정평가의 하위 영역 결정의 준거로서 현재의 상황 고려도 중요하지만 바람직한 교육의 방향이라는 것도 또 다른 중요한 고려의 대상이 된다. 교육과정평가의 하위영역을 개발할 때, 개발 준거의 하나로서 현재의 상황을 고려할 수는 있으나, 현재의 상황 그대로를 평가 영역화하는 것은 이러한 바람직한 교육의 방향제시라는 측면을 간과할 수 있다.

넷째, 기본 모형에 따라 평가 영역 및 하위 영역을 추출하지 않고 기본 모형의 수정을 통하여 초점이 다른 평가 영역 및 기준이 제시되어 있다. 곧 교육청과 학부모 및 학생의 관점은 배제하고 학교장 및 교사의 관점만을 기준으로 교육과정 계획 및 편성, 운영, 평가들을 상세화하고 있는 것이다.

그 밖에 이 모형도 학교 교육과정의 개발 과정에 대한 평가를 고려하지 않은 점이 문제점으로 지적될 수 있다.

### 1.5.6. 김재춘 등의 모형

이 모형은 김재춘 등(1998)이 제7차 교육과정 평가 실행에 대비하여 개발한 모형으로 동의·확인·감정이라는 복합적인 논리를 바탕으로 설계되었다. 이 모형은 교육과정 영역, 교육과정 수준, 평가 방법 등의 요소를 3차원으로 구조화하고 있는데, 교육과정의 영역 차원에는 개발 체제, 문서, 운영, 성과 등이 평가 요소로 제시되어 있으며, 교육과정의 수준 차원에는 국가 수준 교육과정, 지역 수준 교육과정, 학교 수준 교육과정 등의 평가 요소가 제시되어 있다. 그리고 평가의 방법 차원에서는 교육과정의 가치나 장단점을 판단하는 방법으로 전문적 안목에 근거한 감정鑑定, 사전에 설정된 목표나 절차에 의한 확인, 그리고 관련 당사자들의 만족이나 동의라는 세 가지 요소가 평가 요소로 제시되어 있다.

이 모형은 교육과정 평가에 대하여 다양하게 생각해 볼 수 있는 정보를 제공할 수는 있는 장점은 있지만 다음과 같은 문제점이 제기될 수 있다(이만영, 2003 : 30~31).

첫째, '방법'의 축을 설정한 준거로 연구자, 서비스 제공자, 수혜자 등 평가자를 설정하고 그들의 기대나 식견, 안목을 통하여 '감정鑑定, 확인, 동의'라는 판단 기준을 마련하고 있는데 이러한 설정이 적합한지 의문스럽다. 예를 들면, 연구자에 해당하는 교육 평가 및 교육 과정 전문가는 '감정'이라는 방법만 사용해야 하는가, '확인'이라는 방법은 사용하지 않는가, 교육 행정가와 교원은 항상 동일하게 교육과정의 규정을 확인하는가, 만약 평가 결과가 달리 '확인'된다면 이들은 분리되어야 하는 것이 아닌가, 수혜자에는 학생이나 학부모만 해당되는가, 일반 사회인이나 기업체의 사용자는 제외되어야 하는가 등 여러 가지 문제가 제기된다.

둘째, 교육과정 평가 방법으로 꼭 동의, 확인, 감정 등 3가지만 적용해야 하는가 하는 문제가 제기될 수도 있다. 평가자의 필요에 따라서는 가치 판단이나 의사결정 등의 방법이 적용될 수도 있는 것이다.

이 모형은 '교육과정 평가'의 개념을 교육과정 개발, 운영, 성과를 아우르는 종합적 개념으로 정의한 최초의 국내 연구이며, 교육과정의 수준별로 교육과정 평가를 실시할 것을 제안하고, 각 수준의 교육과정 개발과정을 평가할 것을 제안하는 등 의의가 있다. 하지만 다음과 같은 문제도 지적할 수 있다.

첫째, 모형상에 평가 대상들이 나타나있지 않아 무엇을 평가해야 할지가 분명하지 않다. 교육과정의 실제적 요소인 학생, 교과, 교사, 환경 등의 요소에 대한 고려가 없는 것이다. 둘째, 3차원의 입체이기는 하지만, 수준별, 영역별 평가의 일관성 및 연계성을 확인할 장치가 없어 보인다.

셋째, 평가 영역을 개발체제, 문서, 운영, 성과 등으로 나눴는데, 이들 영역들이 개념적으로 동급으로 다뤄질 수 있는 것인가 하는 문제가 제기될 수 있다. 교육과정 활동은 크게 개발, 운영, 평가 활동으로 나누는데, '운영'과 '문서'가 같은 수준이 될 수는 없는 것이다.

### 1.5.7. 이만영의 모형

이 모형은 이만영(2003)이 특수학교 교육과정 평가를 위해 개발한 모형으로 확인·점검 논리와 가치 판단 논리를 바탕으로 하고 있다. 이 모형은 교육과정 요소, 교육과정 국면, 평가 기능 등 세 가지 요소로 구성되는 3차원 구조로 되어 있다. 교육과정 요소는 평가 대상이 되는 영역을 가리키는데, 학습자·교육내용·교사·환경 등이 평가 요소로 제시되었으며, 교육과정 국면은 교육과정 4요소들이 투입되고, 실천되고, 산출되는 과정으로 보았다. 평가 기능은 기술·해석·판단 등이 하위 요소로 제시되었다.

이 연구에서 수행된 특수학교 교육과정 평가 모형은 교육과정 평가를 설계하는 데 다양하게 활용될 수 있다. 교육과정의 계획 장면에서 교육과정 실제적 요소들을 평가하고, 교육과정의 실천 장면에서 교육과정 실제적 요소들을 평가하고, 교육과정의 결과 장면에서 교육과정 실제적 요소들을 평가할 수 있도록 되어 있다. 그리고 구안된 모형을 검증할 수 있는 검증도구를 마련하여 이론적 타당화를 시도하였다는 점이 특이하다.

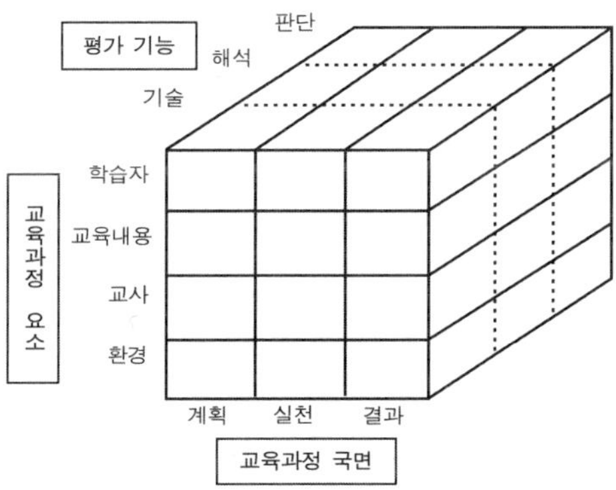


**[그림 1] 특수학교 교육과정 평가 모형**

이 모형은 기존 모형과 다른 독특하면서도 종합적인 교육과정 평가를 제공하고 있고, 모형에 대한 타당화를 시도한 장점은 있지만 다음과 같은 문제점이 제기될 수 있다.

첫째, 모형에 사용한 하위 요소들의 이름 가운데 명확하지 못한 이름을 씀으로써 모형을 이해하는 데 어려움을 준다. '교육과정 국면'이란 용어가 있다. '국면'이란 '어떤 일이 벌어진 장면이나 형편'이란 뜻이다. 따라서 '교육과정 국면'은 '교육과정 장면(형편)'이란 말이 되는데 이렇게 해서는 '계획, 실천, 결과'라는 역동적인 하위 요소들을 싸

잡을 수 없는 용어가 된다. 또 '교육과정 요소'의 하위 요소 가운데 '교육 내용'이란 것이 있다. 이 말도 국가 수준 교육과정 문서에서 흔히 말하는 '목표', '내용', '방법', '평가' 등에서의 '내용'과 구별이 쉽게 되지 않는다. 모형에 제시되어 있는 요소들의 관계와 성격을 설명하는 부분에 '교육 내용'에 '기본 교육과정'이 포함된다고 설명하고 있기에 더욱 혼란을 줄 수 있는 용어이다.

둘째, 특수학교 교육과정을 평가하면서 교육과정 수준을 무시한 문제점이 있다. 특수학교 교육과정은 국가 수준의 특수학교 교육과정을 기준으로 지역 수준 특수학교 교육과정 편성·운영 지침에 따라 마련되기 마련인데, 이런 현실을 무시하고 국가 수준, 지역 수준 특수학교 교육과정을 고려하지 않은 것은 문제점으로 지적할 수 있다.

셋째, 특수학교 교육과정 평가를 하면서, 특수학교 교육과정이 개발되는 과정에 대한 고려를 하지 않은 것은 문제이다.

넷째, 특수학교 교육과정 평가는 특수학급이라는 교실 수준의 교육과정이 마련되지 않으면 안 되는데, 개별화를 특수 교육과정 논리로 제시하면서 '교실 수준 교육과정'을 간과한 것은 문제라고 할 수 있다.

### 1.6. 교육과정 평가 모형 선행 연구 검토 결과

이제까지 여러 가지 교육과정 평가 모형에 관한 선행연구들을 몇 가지 유형별로 나눠 살펴보았다. 모형들이 모두 나름의 철학적 배경과 논리를 바탕으로 만들어진 것이어서 저마다 장점과 단점을 갖고 있었다. 그러므로 어떤 특정 모형을 그대로 국어과 교육과정 평가 모형으로 삼을 수도 없고, 그렇게 하는 것이 바람직하지도 않다. 그래서 여기서는 국어과 교육과정 평가에 적용할 수 있는 종합적인 교육과정 평가 모형을 구안하기 위해 교육과정 평가 모형과 관련한 선행연구들의 장점을 취하고 단점을 보완하는 관점을 가지기로 한다. 교육과정 평가 모형 관련 선행 연구들의 장·단점을 바탕으로 해서, 앞으로 이루어질 종합적인 교육과정 평가 모형 개발에 주는 시사점을 뽑아보면 다음과 같다.

타일러, 멧페셀과 마이클, 해먼드 모형 등 목표-수행 확인 모형에서는 학생들의 성취에 초점을 두되, 교육목표 달성도만으로 교육과정을 평가하기보다는 교육목표 달성에 영향을 미치는 교수·학습 활동이나 교육 여건도 평가되어야 한다는 시사점을 얻을 수 있다. 곧 교육과정 평가는 교육 성과에만 관심을 둘 것이 아니라 교육 실행 과정이나 선행 조건에도 관심을 가져야 한다는 것이다.

특히 해먼드의 평가구조 중 수업차원에서 제시된 하위 특성들은 평가의 1차적 대상들을 암시하고 있으며, 참여집단 차원의 특성들도 1차 대상과 관련된 2차적 평가 대상으로 주목해야 할 부분이기 때문에 평가의 대상 및 요소를 확인해 내는 데 중요한 시사를 주고 있다(최호성, 1998 : 75). 멧페셀과 마이클 모형에서 학교 사회 인사들을 프로그램의 참여자, 촉진자로서 평가에 참여시키는 단계가 있다. 해먼드 모형에서 참여 집단들을 학생, 교사, 행정가, 교육전문가, 가정, 지역사회로 나누었다. 여기서 교육과정과 관련된 다양한 집단과 그 집단의 사람들을 평가에 참여시킬 수 있도록 해야 한다는 시사점을 얻을 수 있다. 곧 교육과정 수준별로 개발, 운영 활동에 참여하는 다양한 사람들—개발자, 심의자, 학생, 학부모, 장학사, 교사 등—이 교육과정 평가에 참여할 수 있도록 해야 한다는 것이다.

스터플빔 모형과 알킨 모형 등 의사결정-관리 모형에서 시도된 체제적 접근은 교육과정이 어떤 정적인 한 활동을 중심으로 평가되는 것에 대해, 예를 들면 목표 지향 평가와 같은 평가 방법에 대하여 비판적 시사를 한다. 비록 교육과정이 학생을 변화시키는 데 목적이 있다 할지라도 그것만을 평가하는 것은 충분하지 못하다는 것을 말해 준다고 할 수 있는 것이다. 이것은 교육과정 평가가 학생의 변화에 영향을 미치는 교육과정 계획 활동, 교수·학습 과정, 교육 환경 등을 포함해야 한다는 것을 시사한다(이만영, 2003 : 33).

자연주의적-상호작용 모형에 속하는 스테이크 모형에서는 프로그램의 질이 학생 변화의 질을 좌우한다고 볼 때 프로그램의 가치를 평가하는 것은 교육과정 평가에서 매우 중요하다고 했다. 따라서 교육 프로그램 내지 교육과정 '문서' 자체에 대한 평가가 실시되어야 한다는 것을 시사한다. 또 교육과정 관련 요소들 간의 상호작용을 평가 자료로 강조했는데 이는 교육과정 요소들이 평가의 한 축이 될 수 있다는 것을 시사한다.

최호성의 모형, 허형 외의 모형, 국립교육평가원 모형, 배호순 외의 모형, 유한구 외의 모형, 배호순 외의 모형, 이만영의 모형 등에서는 교육과정 평가 영역을 주로 교육과정이 실제로 전개되는 순서로 제시하고 있다. 교육과정 수준과 관련하여 국가 수준, 지역 수준의 교육과정이 언급되고는 있으나, 교육과정평가가 대부분 학교 수준의 교육과정에 대한 평가를 의미하는 것으로 간주되고 있다(김재춘 외, 1998). 이것은 새로운 국어과 교육과정 평가 모형에서도 교육과정 전개 순서가 한 축이 될 수 있으며, 교육과정 수준의 문제와 관련하여 어느 수준까지를 다룰 것인지 명확히 해야 할 것임을 시사한다.

최호성 모형, 김재춘 등의 모형, 이만영 모형 등에서 평가 기능 관련 내용을 평가의 한 축으로 제시하고 있는데, 이는 새로운 국어과 교육과정 평가 모형에서 평가 기능에 대한 것을 한 축으로 삼을 수 있음을 시사한다.

그리고 김재춘 외의 모형, 이만영의 모형에서 '교육과정 평가'와 '특수학교 교육과정 평가'의 개념 규정을 명확히 하고 그 개념 규정에 맞는 모형을 개발하였는데, 이것은 새로운 국어과 교육과정 평가 모형도 교육과정 평가의 개념을 명확히 해야 함을 시사한다.

마지막으로 교육과정 평가 모형 관련 선행 연구들은 모두 정적인 모형이다. 그러다 보니 교육과정 평가에서 간과해서는 안 될 교육과정의 수준 간, 활동 간, 영역 간 일관성이나 연계성을 모형만 보고는 찾을 수가 없다. 이것은 새로운 국어과 교육과정 평가 모형이 이런 점을 극복할 수 있도록 설계되어야 함을 시사한다.

이제까지의 논의를 바탕으로 교육과정 평가 모형과 관련한 선행 연구들이 새로운 국어과 교육과정 평가 모형 구안에 주는 시사점을 정리하면 다음과 같다.

첫째, 국어과 교육과정 평가에서 핵심이 되어야 하는 것은 학생의 성취나 변화를 다루는 것이다.

둘째, 국어과 교육과정 평가는 교육과정의 결과만이 아닌 선행 조건, 과정, 환경을 포함해야 한다.

셋째, 국어과 교육과정 평가에서는 프로그램(문서 수준의 교육과정)의 가치와 장점을 판단해야 한다.

넷째, 국어과 교육과정 평가에는 국어과 교육과정 관련 인사, 집단들이 평가에 참여하고 그들과 관련된 항목들이 포함되어야 한다.

다섯째, 국어과 교육과정 평가에서는 국어과 교육과정 요소들이 평가 요소에 포함되어야 한다.

여섯째, 국어과 교육과정 평가에서는 교육과정이 실제로 전개되는 순서(개발, 운영, 성과)가 포함되어야 한다.

일곱째, 국어과 교육과정 평가에서는 평가 기능과 관련한 요소들이 포함되어야 한다.

여덟째, 국어과 교육과정 평가에 대한 개념 정의를 분명히 해야 한다.

아홉째, 학교 수준의 교육과정도 매우 중요하지만, 실재하는 다양한 교육과정 수준을 고려한 총체적이고 종합적인 교육과정평가 모형을 구성해야 한다.

열째, 교육과정의 수준 간, 활동 간, 영역 간 일관성이나 연계성과 관련된 평가를 모형만 보고도 찾을 수 있도록 설계해야 한다.

## 2. 교육과정 평가 준거 연구

국내의 교육과정 평가에 대한 연구는 아직 초보적인 수준을 벗어나지 못하고 있으며, 연구의 양적인 면에서도 손가락으로 꼽을 정도에 지나지 않는다. 그러므로 교육과정 평가에 대한 연구의 한 분야라고 할 수 있는 교육과정 평가 준거에 관한 연구는 매우 희소할 수밖에 없다(이만영, 2003).

지금까지 교육과정 평가 준거를 다루고 있는 연구는 「교육과정 평가의 모형 정립과 목표의 평가 기준 설정 및 타당화」(최호성, 1993), 「한국의 교육과정 평가 모형 개발 연구」(허형 등, 1996), 「초등학교 교육과정 평가 방안 연구」(유한구 외, 1997), 「초·중·고등학교 교육과정 평가 방안 및 도구 개발 연구」(배호순 외, 1996), 「유치원 교육과정 평가 기준 개발 연구」(김진규 외, 1999), 「실과 교육과정 평가의 모형과 평가 준거 개발」(정성봉·김종우, 2000), 「공업계 고등학교 학교 수준의 교육과정 평가 준거 개발 연구」(이병욱, 2002), 「특수학교 교육과정 평가 모형과 평가 준거 연구」(이만영, 2003) 등 몇 편이 있을 뿐이다. 이 가운데서 이 연구와 관련이 있는 교과 교육과정에 대한 평가 준거를 다루고 있는 연구는 「실과 교육과정 평가의 모형과 평가 준거 개발」(정성봉·김종우, 2000)뿐이고, 학교 교육과정에 대한 평가 준거를 다루고 있는 연구는 「한국의 교육과정 평가 모형 개발 연구」, 「초등학교 교육과정 평가 방안 연구」, 「초·중·고등학교 교육과정 평가 방안 및 도구 개발 연구」, 「공업계 고등학교 학교 수준의 교육과정 평가 준거 개발 연구」, 「특수학교 교육과정 평가 모형과 평가 준거 연구」 등 5편 정도에 지나지 않는다. 이들 연구에 대해 분석해 봄으로써 '국어과 교육과정 평가 준거가 어떻게 도출되어야 하며 어떤 것이 그 대상이 되어야 하는가?'라는 문제를 해결하는 데 요구되는 시사점을 얻어내고자 한다.

먼저, 「한국의 교육과정 평가 모형 개발 연구」(허형 등, 1996)에서 다룬 교육과정 평가 준거에 대하여 살펴본다. 이 연구에서는 자체적으로 개발한 '교육과정 평가의 개념 모형'이라는 평가 모형으로부터 평가 준거를 도출하고 있다. 개발, 운영, 성과라는 교육과정 활동별로 평가 대상을 설정하고 있는데, 이러한 평가 대상은 철학적 가정, 학문적 내용, 사회적 요구, 개인적 특성, 교수·학습 이론 등과 같은 준거 기준에 의하여 평가 속성을 부여받음으로써 평가 준거의 기능을 하게 된다.

하지만 교육과정 성과 평가의 세부 영역에 대하여 동의하기 어려운 부분이 있다. 교육과정 성과 평가는 교육과정을 개발하고 운영한 결과로 나타나는 성과에 대한 평가이어야 한다. 성과 평가에서 교육과정 성과만 알아보는 것이 아니라 학생 평가의 도구, 평가의 시행, 평가결과 활용 등을 성과 평가의 세부 영역으로 제시하고 있다. 학생 평가의 계획은 교육과정 계획 영역에서, 평가 실행은 교육과정 운영 영역에 포함되는 것이 더 적절해 보인다.

성과 평가의 세부 영역으로 내재적 평가, 결과적 평가, 형성적 평가, 총합적 평가, 결과 활용을 제시하고 있는데, 이는 교육과정 성과 평가의 세부 영역이라기보다는 학생 평가의 유형 또는 종류를 주로 나열한 것으로 보인다. 그리고 교육과정 성과 평가는 학생만을 대상으로 이루어지는 평가라기보다는 교육과정 개발, 운영 평가가 교사나 학교 등을 포함한 보다 광범위한 대상에 미친 영향 또는 성과에 대한 평가로 이해되어야 한다(김재춘 등, 1998).

따라서 이 연구에서는 다음과 같은 10가지 평가 대상만이 평가 준거가 될 수 있다.

- 개발 과정
- 교육 목표
- 교육 내용
- 운영 지침
- 교과용 도서
- 교원 연수
- 교수·학습 자료
- 교수·학습 활동
- 장학 활동
- 행·재정 지원

위와 같은 평가 대상들에 성과 관련 내용을 보충하면, 국어과 교육과정 평가 준거를 마련하는 데 도움이 될 수 있다.

이어서, 「초·중·고등학교 교육과정 평가 방안 및 도구 개발 연구」(배호순 외, 1996)에서 다룬 평가 준거에 대하여 알아본다. 이 연구에서는 자체적으로 개발한 '교육과정 주요 측면과 영역(요소) 간의 이원 분류표'라는 이름의 2차원 형식의 모형으로부터 평가 준거를 도출하고 있다. 평가 준거는 교육과정의 평가될 내용을 학교 교육과정 연구 및 개발, 학교 교육과정 기본 계획, 교과 교육과정 및 학습 지도, 특별 활동 및 방과 후 교육 활동, 학교 교육과정 지원 체제 등 5개의 영역으로 나누고, 이러한 영역에 속하는 평가 대상을 의도된 교육과정, 실천된 교육과정, 성취된 교육과정으로 나누어 설정하였다. 설정된 평가 대상에 실현 가능성, 충실성(계열성, 일관성, 전체성), 의도·실천의 일치성, 융통성, 목표 성취도, 미성취 유형과 원인, 구성원 참여, 교육 본위적 만족도 등과 같은 준거 속성을 부여함으로써 평가 준거의 기능을 하도록 하였다. 이렇게 하여 다음과 같은 24개의 평가 대상을 평가 준거로 설정하였다.

- 학교 교육과정 연구 및 개발 영역: 학교 교육과정 위원회의 구성·활동, 전문성 신장을 위한 연수 및 자율 장학, 학교 교육과정 개발, 개선을 위한 연구, 전문성 신장을 위한 연수 및 자기 계발, 기본 계획 평가
- 학교 교육과정 기본 계획 영역: 교육 목표의 충실성, 편제의 타당성, 학생의 과목 선택권, 편제에서의 학교별 특성화 노력, 기본 편제 실천의 충실성 및 융통성, 구성원의 학교 교육 목표 인지도 및 공감도
- 교과 교육과정 및 학습 지도 영역: 교과별 교육과정 계획의 충실성, 교과 수업의 충실성, 교과 평가 활동의 충실성, 교과 학습 성취도
- 특별 활동 및 방과 후 교육 활동 영역: 특별 활동 계획, 특별 활동 운영 실태, 방과 후 프로그램의 충실성, 특별 활동 성취도, 방과 후 프로그램 성취도
- 학교 교육과정 지원 체제 영역: 지원 계획의 적절성(예산, 시설, 인력), 교육과정 운영에 대한 학교 지원의 적절성, 학교 지원의 적절성 평가 및 개선, 지원의 적절성에 대한 평가

이 연구가 학교교육과정 평가에 관한 것이므로 위와 같은 준거들 가운데 특별 활동 및 방과 후 교육 활동 영역의 준거들을 제외한 나머지 것들은 학교 수준의 국어과 교육과정 평가 준거에 적용 가능한 준거들이라 할 수 있다.

다음으로, 「초등학교 교육과정 평가 방안 연구」(유한구 외, 1997)에서 다룬 평가 준거에 대하여 알아본다. 이 연구는 '교육과정 평가 준거 설정을 위한 이원 분류'라는 이름의 2차원 형식의 모형으로부터 평가 준거를 도출하고 있다. 곧 교육과정의 활동에 따라 교육과정의 공급자와 수요자의 관점에서 평가되어야 할 대상을 설정하고 있다.

- 교육청의 관점: 학교 교육과정 편성의 적법성 여부, 교육과정 편성 내용과 실제 운영과의 합치 여부, 학습 지도의 계획성 및 적절성, '열린 교육'의 실천 여부, 학교생활 기록부의 효율적 관리, 평가 자료의 체계적 기록, 수행 평가 추진 실적
- 학교장의 관점: 학교 교육과정 편성 및 계획의 합리성, 교수·학습 방법의 개선을 위한 교장의 노력(수준별 교육과정 시행 여부), 평가 방법의 개선 노력
- 교사의 관점: 학교 교육과정 편성 및 운영 계획의 실현 가능성, 교사의 수업 준비 노력, 교사와 수업 방법의 조화 여부, 교육 내용에 대한 교사의 숙지 여부, 학생의 인성 교육을 위한 교사의 노력, 학습 부진아 개인 지도 여부, 평가 결과의 교육적 재활용 여부, 전인적 평가를 위한 노력 여부
- 학부모와 학생의 관점: 학교 교육과정에 대한 학부모의 요구 반영 여부, 교사의 수업에 대한 성의 여부, 평가 관리의 공정성

설정된 21개의 교육과정 평가 준거를 살펴보면 두 가지 문제점이 발견된다. 첫째, 준거의 생명력이 짧은 문제가 있다. '열린 교육의 실천 여부', '수행 평가 추진 실적' 등은 연구 당시의 한 때 교육과정에만 적용할 수 있는 준거들이라 그 이전의 교육과정이나, 이후 교육과정이 개정되면 적용할 수 없는 준거가 되는 문제가 있다. 둘째, 평가 준거가 교육과정에 대한 개발이나 운영 활동에 치우쳐 있다. 그래서 평가에서 기본적으로 다루어야 할 교육과정 성과 활동의 '학생 변화'에 관련된 평가 준거들과, 학생의 요구와 관련된 준거가 누락되어 있다.

다음에는 「실과 교육과정 평가의 모형과 평가 준거 개발」(정성봉·김

종우, 2000)에서 다루는 평가 준거에 대해 알아본다. 이 연구는 '목표'와 '내용'과 관련한 준거를 추출하여 제시하고 있는데, '목표'는 여러 학자들의 목표 설정의 기초 자원을 바탕으로 추출하였고, '내용'은 '내용 선정'과 '내용 진술'로 나누어 제시하였는데, 학자들의 내용 선정 원칙 내지 원리와 내용 조직 원리를 바탕으로 추출하여 다음과 같은 준거들을 제시하고 있다.

- 목표 평가 준거(9)
  - 교육철학(2): 교육 이념과 목적에의 적합성, 목표의 타당성
  - 학문(교과)(2): 학문적 지식의 대표성, 실과의 성격 측면
  - 사회(2): 사회적 요구 반영, 사회적 유용성
  - 학습자(2): 학습자 발달 측면, 학습자의 성취 가능성
  - 의사소통(1): 목표 진술의 명료성
- 내용 선정 평가 준거(9)
  - 교육 목표(2): 교육 목표와의 일관성, 교육 목표의 달성 가능성
  - 학문(교과)(3): 학습 내용의 타당성, 넓이와 깊이의 균형성, 전이의 범위
  - 학습자(2): 학습자의 요구와 흥미, 학습자의 학습 가능성
  - 사회(2): 사회적 요구, 사회적 유용성
- 내용 조직 평가 준거(3)
  - 수직적 조직(2): 계속성, 계열성
  - 수평적 조직(1): 통합성

목표 관련 준거가 9개, 내용 선정 관련 준거가 9개, 내용 조직 관련 준거가 3개로 모두 21개의 준거를 제시하고 있다. 이 연구에서도 크게 세 가지의 문제점이 보인다. 첫째, 준거 추출 방식의 문제다. 평가 준거라는 것이 평가 모형을 바탕으로 마련되는 것이 일반적인데, 이 연구에서는 모형을 먼저 밝혀 놓고도 모형과는 전혀 상관이 없는 준거 추출 방식을 사용했다. 또 모형에서는 개발, 운영, 성과 단계를 한 축으로, 국가, 지역, 학교 등 교육과정 수준을 한 축으로, 질적 평가,

양적 평가 등 평가 방법을 한 축으로 한 3차원 모형을 제시하고도 실제 준거는 '목표'와 '내용' 관련 준거만을 마련하고 그 나머지에 대해서는 전혀 언급이 없다. 둘째, 준거 진술 방식의 문제다. 준거 진술 방식은 학자들마다 조금씩 다르긴 하지만, 평가 대상의 속성이 드러나도록 진술하는 것이 보통이다. 그런데 이 연구에서는 어떤 준거는 그렇게 해 놓고 어떤 것은 평가 대상만을 언급하는 등 준거 진술의 일관성이 없다. 셋째, 이 연구는 실과 교육과정 평가와 관련된 평가 준거들을 마련하는 것인데, 다른 교과와 독립된 실과의 특징이 드러나는 준거가 발견되지 않는다.

다음으로, 「공업계 고등학교 학교 수준의 교육과정 평가 준거 개발 연구」(이병욱, 2002)에서 다루어지고 있는 평가 준거에 대하여 알아본다. 이 연구는 '공고 학교 교육과정 평가 요소 및 항목 추출을 위한 이원분류표'라는 이름의 2차원 형식의 표로부터 평가 준거를 도출하고 있다. Stake의 체제 모형에 기초하여 교육과정을 크게 '상황', '투입', '과정', '산출'로 나눠 세로축에 두고, 교육과정 이해 관련 집단을 '국가 및 시·도 교육청', '산업체 및 지역사회', '학습자 및 학부모', '학교 및 교육 구성원'으로 나누어 가로 축에 두고 교차 지점에서 평가 요소들을 추출하고 있다. 이런 이론적 연구를 통해 구성한 평가 영역 및 평가 요소들을 전문가 집단의 판단에 의해 수정 보완하는 과정을 거쳐 최종 평가 요소 및 평가 항목들을 제시하고 있다.

- 상황 평가 관련 영역(8): 국가 요구 분석(2), 산업체 및 지역 사회 요구 분석(3), 학습자 및 학부모 요구 분석(2), 학교 구성원 요구 분석
- 투입 평가 관련 영역(42)
  - 공고 학교 교육과정 개발 영역(22): 관련 이해 집단 요구 반영(5), 목적 및 목표 개발(4), 교과 교육과정 개발(6), 교과 외 교육과정 개발(4), 교육과정 개선 노력(3)
  - 공고 학교 교육과정 개발 체제 및 지원 체제 영역(20): 학교 교육과정 개발 체제(4), 관련 이해 집단의 요구 반영 체제(5), 교사에 대한 지원(4),

교육 설비 지원(4), 행·재정적 지원(3)

- 과정 평가 관련 영역(29)
  - 공고 학교 교육과정 운영 영역(21): 체계적인 교육과정 운영 관련 영역(3), 교과 교육과정 운영(11), 교과 외 교육과정 운영(4), 평가 활동(3)
  - 산학협동 및 현장실습 관련 영역(8): 인적·물적 교류(2), 현장 실습 운영(3), 현장 실습 관리(3), 체계적인 교육과정 운영 관련 영역(3), 교과 교육과정 운영(11), 교과 외 교육과정 운영(4), 평가 활동(3)
- 산출 평가 관련 영역(14): 관련 이해 집단의 만족도(5), 학교 교육과정의 단기적 효과(4), 학교 교육과정의 장기적 효과(5)

상황 평가 관련 영역이 8개, 투입 평가 관련 영역이 42개, 과정 평가 관련 영역이 29개, 산출 평가 관련 영역이 14개로 모두 93개의 평가 항목을 제시하고 있다. 이 준거들 가운데 교과 외 교육과정 운영 관련 준거들과, 산학협동 및 현장실습 관련 영역들을 제외한 나머지 준거들은 국어과 교육과정 평가 준거 마련에 도움을 줄 있는 것들이다. 그러나 한 가지 문제점이 발견된다. 이 준거에는 개발된 문서 수준의 교육과정 평가에 대한 평가가 빠져 있다. 문서 수준에 제시되는 내용, 방법, 평가 관련 내용이 평가되지 않고 있는 것이다.

끝으로 「특수학교 교육과정 평가 모형과 평가 준거 연구」(이만영, 2003)에서 다룬 평가 준거에 대해 살펴본다. 이 연구는 교육과정 수준에 따라, 학습자, 교과, 교사, 환경 등과 같은 교육과정 요소를 하나의 차원으로 하는 평가 영역과 개발, 운영, 평가 등과 같은 교육과정 국면을 또 하나의 차원으로 하는 평가 국면을 교차시켜 그 교차된 영역으로부터 관련되는 변인을 뽑아내었다. 개발 활동에서는 교육과정의 선행 요건을 추출 대상으로 하고, 운영 활동에서는 교육과정 요소들이 상호작용하는 교수·학습 요인을 추출 대상으로 했다. 평가 활동에서는 교육과정 운영 결과로 산출되는 성과 요인을 추출 대상으로 했다. 이러한 방법으로 도출한 평가 준거들은 학습자와 관련 평가 준거 10개, 교육 내용과 관련 평가 준거 11개, 교사와 관련 평가 준거

9개, 환경 관련 평가 준거 7개로 모두 37개를 설정하고 있다.

- 학습자 관련 준거(10)
  - 개발 활동 관련(2): 특수교육 대상자 선정의 적합성, 특수교육 대상자 배치의 적절성
  - 운영 활동 관련(2): 또래 집단 활동의 역동성, 공부 기술의 숙달도
  - 평가 활동 관련(6): 교과 학습 성취도, 행동 발달 충실성, 재량 활동 성취도, 특별 활동 성취도, 치료 교육 활동 효과성, 전환 교육의 효과성
- 교육 내용 관련 준거(11)
  - 개발 활동 관련(6): 교육 목표의 일관성·적절성, 교육과정 편제 및 시간 배당의 적합성, 교과 내용의 적합성·적절성·유용성, 특별 활동 내용의 적절성·유용성, 재량 활동 내용의 적절성·유용성, 치료 교육 활동 내용의 적절성
  - 운영 활동 관련(4): 개별화 교육 프로그램의 충실성, 교육 내용 조정의 적절성, 생활 지도의 충실성, 개별화 전환 교육의 적절성,
  - 평가 활동 관련(1): 교육 내용 기여도
- 교사 관련 준거(9)
  - 개발 활동 관련(2): 교사 자질과 전문성, 교사 배치의 적합성
  - 운영 활동 관련(6): 교수 활동의 적절성, 교수 전략의 적절성, 교수 자료의 적절성, 평가의 적절성, 협력 교수의 충실성, 교사 연수의 충실성,
  - 평가 활동 관련(1): 교사 기여도
- 환경 관련 준거(7)
  - 개발 활동 관련(3): 교육과정 지원의 적절성, 교육과정 관련 조직의 적합성과 활동의 충실성, 학교 및 학급 규칙의 적절성,
  - 운영 활동 관련(3): 교육 환경 조정의 적절성, 연구·정보 자료실 운영의 충실성, 특별실 운영의 충실성,
  - 평가 활동 관련(1): 교육 환경 기여도

평가 준거들을 살펴보면 몇 가지 문제점이 발견된다.

첫째, 교육과정 계획 단계에서 교육과정 계획을 세울 때 거쳐야 할 과정들이 빠져 있고, 그 과정들에 대한 평가가 누락되었다. 보기를 들면, 학생, 교사, 학부모의 요구조사 여부와 그들 요구의 교육계획 반영 정도 등은 교육과정 개발 이론에서 기본적으로 다루는 부분이나 빠져 있다.

둘째, 문서 개발 절차에서 개발 인력 및 심의 인력 인적구성의 민주성, 심의진 운영, 심의 결과의 반영 정도 등 개발 절차와 관련된 평가 준거들이 빠져 있다.

셋째, 외국과 달리 우리나라는 국가에서 국가 수준의 교육과정을 마련하고 그것을 대부분 따르지 않을 수 없는 상황에서, 국가 수준의 교육과정과 지역교육청에서 마련한 교육과정 편성 운영지침과 학교 교육과정이 일관성 있는지 평가하는 준거가 빠져 있다.

이제까지 여섯 편의 교육과정 평가 준거 관련 연구로부터 설정된 평가 준거를 분석하여 보았다. 분석 결과, 다음과 같은 시사점을 얻을 수 있었다.

첫째, 대부분의 교육과정 평가 준거가 교육과정 평가 모형을 바탕으로 추출되었기 때문에 교육과정 평가 모형의 한계는 곧 교육과정 평가 준거의 한계가 되었다. 따라서 국어과 교육과정 평가 준거를 마련하기 위해서는 교육과정 관련 요소들을 아우르는 종합적인 교육과정 평가 모형이 먼저 만들어져야 하고, 그 모형을 바탕으로 평가 준거들이 추출되어야 종합적인 평가 준거를 마련할 수 있을 것이다.

둘째, 선행 연구 대부분이 교육과정 및 교육과정 평가 이론을 바탕으로 마련되었고, 국어과 교육과정도 교육과정 이론에 따라 마련되기 때문에 일반적인 교육과정 평가 요소들은 대부분 국어과 교육과정에 적용 가능한 것이다. 따라서 학교 교육과정 평가와 관련된 선행 연구들의 평가 대상이나 준거들 가운데 일부를 제외하고 학교 수준 국어과 교육과정 평가 준거에 포함시키도록 해야 할 것이다.

셋째, 교과 교육과정 평가 준거에는 교과만의 특징이 드러나는 준거들이 있어야 하는데 선행 연구에서는 그런 연구가 없었다. 다만, 이만영(2003)에서 특수교육 논리를 마련하여 특수학교 교육과정 평가에만 적용되는 준거들을 마련하였다. 따라서 국어과 교육과정 평가 준거는 국어교육의 특징이 드러날 수 있도록 '국어 교육과정 논리'가 마련되어야 할 것이다.

넷째, 선행 연구들이 대부분 학교 교육과정 평가와 관련되어 있어서 다른 교육과정 수준에 대한 평가 준거를 구체적으로 마련할 필요성이 제기되었다. 따라서 국어과 교육과정 평가 준거는 교육과정의 수준별로 달리 마련하여 제 역할을 다하는지 평가할 수 있도록 해야 할 것이다.

다섯째, 선행 연구들을 보면 교육과정 활동과 관련하여 특정 단계에서의 평가 대상이 누락되거나 불충분한 것도 있었다. 따라서 국어과 교육과정 평가 준거를 마련할 때는 국어과 교육과정 개발 절차 및 교육과정 활동들과 관련된 하위 영역들을 좀 더 상세화함으로써 누락되는 요소가 없도록 해야 할 것이다.

여섯째, 선행 연구들을 보면 마련된 준거들이 실제로 평가될 수 없는 것이거나, 특정 시기 교육과정에만 적용될 수 있는 제한점을 가지고 있었다. 따라서 국어과 교육과정 평가 준거들은 실현 가능성이 있으면서도, 어느 시기의 교육과정 평가에도 적용될 수 있는 생명력이 있는 준거들이 마련되도록 해야 할 것이다.

## 3. 국어과 교육과정 평가 모형 구안

앞에서 교육과정 평가 관련 선행 연구들을 살펴보았다. 이들 선행 연구에서 최종적으로 시사하는 바는 종합적인 교육과정 평가의 준거 마련을 위해서 교육과정 평가의 제 측면을 아우르는 종합적인 모형이 필요하다는 것이었다. 따라서 이 절에서는 선행 연구에서 제시된 교육과정평가 모형의 제한점을 극복하면서 국어과 교육과정 평가에 적용될 수 있는 교육과정 평가 모형을 새롭게 구안하고자 한다. 이러한 교육과정 평가의 기본 모형을 설정하는 것은 국어과 교육과정 평가 준거를 마련하기 위한 것이며, 이러한 모형을 기반으로 할 때 종합적이고 체계적인 국어과 교육과정 평가 준거가 마련될 수 있을 것이기 때문이다.

교육과정 평가 모형을 구안하기 위해 다음과 같은 절차를 따른다.

첫째 단계에서는 선행 연구를 바탕으로 교육과정 평가의 개념을 정립한다. 교육과정 평가 모형은 교육과정 평가 개념의 영향을 받는다. 교육과정의 개념이 어떻게 정의되는가에 따라 교육과정 평가 모형의 구성 요소가 달라지고 결국, 교육과정 평가 모형도 달라지게 된다.

둘째 단계에서는 교육과정 평가 관련 변인을 탐색한다. 이는 평가 목적이나 평가 주체에 따라 평가 모형이 달라지기 때문에 어떤 특정 교육과정을 평가하기 위한 모형을 설계하기 전에 평가 목적이나 평가 주체를 미리 설정해 두기 위함이다. 그리고 이 단계에서는 여러 가지 평가 관련 변인 중 어떤 변인이 평가 모형에 포함되어야 할 요소인가 하는 문제도 고려해 보아야 한다. 어떤 변인이 평가 모형의 구성 요소로 포함되는가에 따라서 그것으로부터 도출되는 평가 준거가 달라지므로 모형의 구성 요소에 관련되는 변인을 탐색하는 일은 중요하다고 할 수 있다. 이때 교육과정 이론에 충실하게 탐색함으로써 교육과정 활동으로서의 교육과정 개발, 운영, 성과 등이 누락되지 않도록 할 것이다.

셋째 단계에서는 평가 모형 구성 요소를 선정하고 구조화한다. 교육과정 평가 개념에 부합되고 평가 주체와 평가 목적에 적합한 평가 모형 구성 요소를 선정한 다음, 선정된 그것을 조직하는 작업을 한다.

## 3.1. 교육과정 평가 개념 정립

'교육과정 평가'는 단어 형성을 두고 보면 '교육과정'과 '평가'가 더해진 말로, '교육과정', '평가'를 어떻게 정의하느냐에 따라 개념이 달라질 수 있다. 이제까지 '교육과정 평가'에 관한 선행연구들을 봐도 '교육과정 평가'의 의미가 제각각이다. 논의의 맥락에 따라 국가 교육과정 문서의 평가를 의미하는 것으로 간주되기도 했고(김재복 등, 1996; 허경철 등, 1997), 단위 학교의 교육과정 편성 운영의 적절성에 대한 평가를 의미하는 것으로 여겨지기도 했다(배호순 등, 1997). 또한 지역 교육청의 교육과정 지원의 적절성 및 효율성에 대한 평가도 종종 교육과정 평가라는 이름으로 행해졌다(국립교육평가원, 1996).

하지만, 김재춘 등(1998)의 연구 이후 교육과정 평가의 개념은 교육과정의 개발에서부터, 운영, 성과에 이르는 전 영역과 교육과정 요소들 간의 상호작용을 종합적으로 평가하는 활동이라는 데 동의를 하고 있다고 할 수 있다. 이만영(2003)에서도 교육과정 평가를 '학습자, 교육 내용, 교사, 환경 등의 요소가 상호작용을 통하여 학습자의 바람직한 변화를 이끌어내도록 설계된 프로그램의 계획, 실천, 결과와 관련하여 기술하거나 해석하거나 판단하는 것'으로 정의하고 있다(이만영, 2003 : 51).

이 연구가 종합적인 국어과 교육과정 평가 준거를 마련하는데 목적이 있으므로, 종합적인 교육과정 평가 개념이 요구된다. 이를 위해 여기서는 이만영(2003)의 교육과정 평가에 대한 개념 정의 방법을 준용하기로 한다. 다만, 교육과정 요소를 '학습자, 교과, 교사, 환경'으로 나누면 교육과정의 이론적 요소인 '목표, 내용, 방법, 평가'에서의 '내용'과 혼동을 일으키기 쉽다. 따라서 여기서는 교육과정의 실제적 요소인 '학습자, 교과, 교사, 환경'을 교육과정 요소로 다룬다. 그리고 선행 연구에서 얻은 시사점 가운데 하나이면서 이제까지 교육과정 평가 개념에서는 덜 관심을 둔 교육과정의 수준—국가 수준·지역 수준·학교 수준·교실 수준—을 국어과 교육과정 평가 개념에 포함시킬 것이다.

따라서 이 연구에서는 교육과정 평가의 개념을 다음과 같이 정의한다.

'교육과정 평가는 교육과정의 각 수준별로 개발에서부터 운영, 성과에 이르는 모든 활동과 교사, 학생, 교과, 환경 등 교육과정 요소들 간의 상호작용을 종합적으로 기술, 해석, 판단하는 활동이다.'

### 3.2. 교육과정 평가 관련 변인

배호순(2000)은 교육과정 평가 관련 변인으로 교육과정 평가의 목적, 교육과정의 여러 활동, 교육과정 의사결정 수준, 교육과정 관련 자료 수집 단위, 평가 주관자, 자료 수집 절차 및 방법, 평가의 역할(기능), 평가의 시기 등을 들고 있다. 이것은 채선희(1998)가 제시한 평가 목적, 평가 주체, 평가 대상, 평가 기준, 평가 방법 등, 평가의 구성 요소와 거의 일치한다. 이러한 변인들을 채선희의 평가 구성 요소를 중심으로 정리하면, 평가 주관자는 평가의 주체와 그대로 대응이 되고, 평가 역할(기능)은 평가 목적에 따라 선정되는 요소라고 볼 수 있으므로 평가 목적에 포함되는 요소로, 교육과정의 여러 활동이나 교육과정 의사결정 수준(국가 수준·지역 수준·학교 수준·교실 수준)은 평가 대상의 요소로, 교육과정 관련 자료 수집 단위, 자료 수집 절차 및 방법, 평가의 시기와 같은 요소는 평가 방법 요소로 정리할 수 있다.

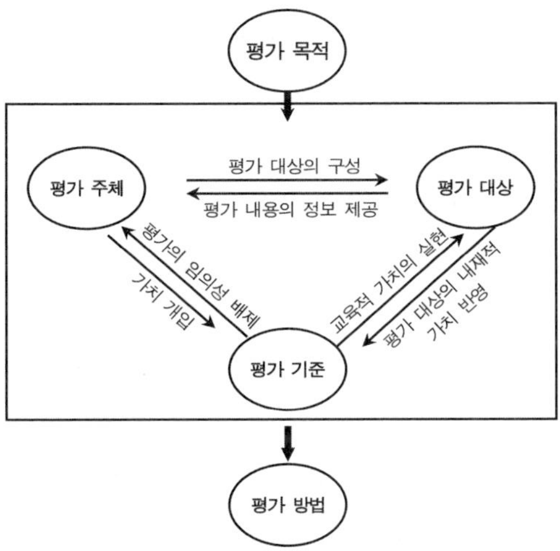


[그림 2] 평가의 구성 요소와 구조적 관계

그러므로 교육과정 평가 관련 변인에 대한 논의는 채선희가 제시한 평가 목적, 평가 주체, 평가 대상, 평가 기준, 평가 방법 등 5가지 요소를 중심으로 전개될 수 있다(이만영, 2003).

이 연구에서는 이러한 요소들 중 '평가 기준'은 '평가 준거'로 대치하되, 이유는 당해 평가 요소에 대한 논의에서 자세히 다룬다. 채선희는 이러한 5가지 요소들 중 하나라도 결여될 경우 평가 현상은 일어날 수 없다고 하면서, 그들의 구조적 관계를 [그림 2]와 같이 제시하고 있다(이만영, 2003).

[그림 2]에서 보듯이 평가 목적은 평가를 발생하게 해 주는 동시에 평가 주체, 평가 대상, 평가 기준, 평가 방법에 이르기까지 평가 전반에 걸쳐 직·간접적으로 영향을 미친다. 이와는 반대로 평가 방법은 평가 목적, 평가 주체, 평가 대상, 평가 기준 등 평가 전반에 걸쳐 영향을 받는다. 그리고 평가 요소끼리 상호작용하는 관계를 통하여 바람직한 평가가 이루어진다. 이러한 평가의 구성 요소와 구조적 관계를 바탕으로 각 평가 요소에 대한 논의를 시작한다(이만영, 2003).

### 3.2.1. 교육과정 평가 목적

교육과정 평가 목적은 '왜 교육과정 평가를 하게 되느냐'라는 근원적인 문제로서 교육과정 평가를 발생시키는 기본 요인이 된다. 평가 목적은 평가 주체에 의해 구성될 수도 있고, 외부로부터 평가 주체에게 부과될 수도 있다(채선희, 1998). 이러한 평가의 목적은 평가 주체가 누가 혹은 어느 단체가 되어야 하는가, 평가 대상은 무엇으로 할 것인가, 평가 기준은 어떻게 설정할 것인가, 평가 방법은 어떠해야 하는가 등, 평가 전반에 걸쳐 의사결정을 하는 데 영향을 미친다.

평가 목적은 평가 주체를 정하기도 하지만 평가 주체에 의하여 정해지기도 한다. 그래서 교육과정의 평가 목적에 대해 학자들마다 다른 예를 보이고 그 분류도 여러 가지로 하고 있다. 하지만 교육과정의 평가 목적은 일반적으로 교육과정의 질을 개선하기 위한 것, 더 나아가 교육의 질을 개선하기 위한 것이라고 볼 수 있다(이경섭, 1999). 이 연구에서는 국어과 교육과정 평가의 목적을 국어과 교육과정의 질을 관리하고 개선하는 데 둔다.

### 3.2.2. 교육과정 평가 주체

평가 주체는 주어진 평가 목적을 달성하기 위해 '누가 평가를 할 것이냐'의 문제와 관련되며, 이는 곧 평가의 권리와 책임이 누구에게 있느냐의 문제이기도 하다(채선희, 1998). 교육과정 평가 중에는 학생이나 교사를 평가해야 하는 경우도 있다. 이렇게 인간이 평가 대상이 되므로 교육과정 평가에 있어서 평가 주체를 결정하는 일은 매우 중요하다고 할 수 있다. 교육과정 평가 주체는 교육과정을 직접 실행하는 교사일 수도 있고, 교육과정을 관리하는 교육청, 교육부 등과 같은 교육 기관일 수도 있으며 연구 개발 기관, 인증기관과 같은 법인체일 수도 있다. 평가 주체가 어떤 개인이든지, 교육 기관이든지 다른 외부 법인체든지 간에 평가는 사람이 하는 것이다.

채선희(1998)는 평가 주체가 필수적으로 갖추어야 할 조건으로 평가 현상에 대한 이론적 지식 및 실제적 기술, 교육이란 무엇인가와 관련된 교육관 및 교육 평가 철학, 구체적인 평가 목적에 대한 분명한 이해, 평가 대상에 대한 깊은 지식과 이해, 평가가 수행되는 사회적·정치적·경제적 상황에 대한 이해 등을 제시하고 있다. 채선희(1998)는 이러한 조건을 한 개인이 모두 갖출 필요는 없다고 하면서 평가 목적에 비추어 이런 조건들의 비중을 고려하면서 집단을 조직하면 조건을 갖춘 평가 주체가 될 수 있다고 하였다(이만영, 2003).

이 연구에서는 국어과 교육과정 수준별 개발, 운영에 관련된 집단 및 인사들이 주체가 되도록 평가 모형을 설계하고자 한다. 그리고 국어과 교육과정 평가에 관심 있는 연구자도 주체가 될 수 있도록 하였다.

### 3.2.3. 교육과정 평가 대상

채선희(1998 : 218)는 평가 대상과 관련하여 다음과 같이 진술하고 있다.

> 평가 대상은 "누구의" "무엇을" 평가할 것인가와 관련된 문제인데, 누구라는 평가 객체와 그 객체의 어떤 측면을 평가할 것인가라는 평가 내용이 이에 해당된다. 따라서 여기서 말하는 평가 대상은 물리적 환경에 의해 구분되는 대상 이상을 의미한다. 평가 대상은 평가자에 의하여 규정되고 창조된다. 평가 대상은 인간일 수도 있고 조직일 수도 있고 물체일 수도 혹은 어떤 사건일 수도 있다.

채선희(1998)가 평가 대상을 인간일 수도 있고 조직일 수도 있고 물체일 수도 혹은 어떤 사건일 수도 있다고 했지만 교육과정 평가에서의 평가 대상은 이러한 모든 것이 전부 해당될 수 있다. 물론 교육과정을 어떻게 정의하는가에 따라 평가 목적이 무엇인가에 따라 그 대상이 달라질 수는 있다. 교육 과정이라는 용어는 추상적인 개념이기 때문에 사람마다 그들의 철학적 배경 또는 견해나 필요에 따라 그 정의가 다양하지만 교육의 핵심이 되는 요소로부터 그 의미를 찾아가 볼 수 있다. 우리는 일반적으로 교육의 요소를 교육의 대상(학생), 교육의 내용(교육과정), 교육하는 사람(교사) 등으로 보고 있다. 이 세 가지 요소 중에서 교육 내용만을 교육과정으로 생각할 수도 있으나 가르치고 배우는 내용이 배우는 학생이나 가르치는 교사와 무관할 수는 없다는 점에서 이들 전체를 포함하여 교육과정으로 볼 수도 있다(이만영, 2003).

평가 대상에 대해 이만영(2003)은 교육과정에 관련된 상황을 '정적인 상황'과 '동적인 상황', '수준 상황'으로 나누고 다음과 같이 설명하고 있다(이만영, 2003 : 57~58).

먼저 정적인 상황에서의 교육과정을 기능적 입장과 실제적 입장으로 나누어 살폈는데, 일반적으로 이야기하는 목표, 내용, 방법, 평가 등을 기능적 관점에서의 교육과정 영역이라고 보았고, 학생, 교과, 교사, 환경 등을 실제적 관점에서의 교육과정 요소로 보았다.

다음으로, 동적인 상황에서 교육과정은 교육과정 활동 차원에서 살폈다. 교육과정 활동을 교육이 이루어지고 있는 과정으로 보고, 이러한 교육의 과정을 개발된 교육과정이 투입되고 그것이 실행되는 과정을 거쳐서 결과를 산출하는 단계를 거치는 체제적 과정이라고 하였다. 교육과정 활동에 따른 평가는 교육과정 전체를 평가하는 경우와 전 과정 중 일부를 평가하는 경우가 있으므로 그 평가 대상은 교육과정 체제, 계획 체제, 실행 체제, 성과 체제 등이 그 대상이 될 수 있다고 하였다. 하지만, 여기서는 앞서 살핀 바와 같이 교육과정 활동과 관련해서 '개발, 운영, 성과' 영역으로 나누어 살펴볼 것이다.

끝으로, 교육과정 수준 상황에서 평가 대상이 달라질 수 있다고 했다. 일반적으로 교육과정 수준이라고 하면 국가 수준 교육과정, 지역 수준 교육과정, 학교 수준 교육과정 등을 말하지만, 앞서 살핀 바대로 교육과정 수준은 학자에 따라 다양하게 제시되고 있다. 이 글에서는 국가·지역·학교·교실 수준을 대상으로 할 것이다.

### 3.2.4. 교육과정 평가 준거

선행 연구들을 살펴보면 평가 준거, 평가 기준 등 용어 사용에 있어 혼란을 겪고 있음을 발견할 수 있다.[1)] 평가 준거에 대한 정의도 학자마다 다르게 하고 있다. 하지만 일반적으로 평가 준거는 평가 목적이나 목표, 평가 대상을 근거로 설정되며 평가 활동과 범위를 규정하는 기능을 한다(배호순, 1992). 평가 준거는 평가 대상과 같이 '무엇을' 평가할 것인가에 관련된 문제인데 평가 대상이 좀 더 포괄적인 대상을 가리키는 것이라면 평가 준거는 좀 더 구체적인 대상을 가리키면서 그것의 속성을 함께 기술한 것이라고 할 수 있다.

1) 이 문제에 대한 자세한 논의는 최호성(1993), 이만영(2003)을 참조할 것.

평가 준거는 평가 활동에서 판단의 근거가 된다. 평가 준거가 설정됨으로써 평가 목표가 더욱 구체화되고, 평가 대상이 더욱 분명해진다. 이 책에서는 국어과 교육과정을 평가하고자 할 때 활용할 수 있는 평가 준거를 개발한다.

### 3.2.5. 교육과정 평가의 방법

평가 방법은 평가 목적과 밀접한 관계가 있다. 평가 방법과 관련된 자료 수집이나 평가 도구, 평가 실행, 자료 처리 및 사용이 모두 평가 목적에 부합해야 하기 때문이다. 평가 목적에 합당한 평가 대상의 자료가 수집되고, 평가 목적에 대한 타당성과 신뢰성을 겸비한 평가 도구가 선정되거나 개발되어야 하고, 평가 실행을 위한 평가시기를 결정하는 평가 주체는 평가 목적을 고려하여 그것을 결정해야 한다. 그리고 평가의 결과 처리는 평가의 목적에 부합되게 활용되어야 한다(이만영, 2003).

평가 방법에 대한 이해를 위해서는 유형이나 평가 기법, 평가 절차 등을 살펴볼 필요가 있다. 여기서는 이들에 대해 간단히 살피는 것으로 그친다. 왜냐하면 이 연구는 평가 준거를 마련하는 것이기 때문에 이들에 관한 더 자세한 내용은 실제 평가 준거들을 활용한 평가 활동에 관련되므로 이 연구와 직접 관련이 적기 때문이다.

먼저, 평가의 유형은 관점이나 기준에 따라서 다양하게 분류되지만 방법적인 측면에서는 양적 평가, 질적 평가, 절충적 평가로 분류할 수 있다.

양적 평가는 수량화된 자료나 증거를 가지고 평가 대상을 기술하며 분석하는 평가 방법으로서 교육과정 평가와 연계시켜 보면, 학생의 학업 성취도와 관련된 각종 검사에서 찾아볼 수 있다. 양적 평가는 이렇게 학업 성취도 곧 교육의 목표에 대한 결과를 평가하기에는 적합하지만, 교육의 과정이나 맥락의 실상을 평가하기 위해서는 질적 평가의 도움을 받지 않을 수 없다.

질적 평가는 사건이나 상황이 발생하게 되는 맥락이나 역사적 상황 등에 중요한 의미를 두는 평가 방법으로 교육 현상 그 자체에 참여하는 사람들 곧 프로그램 제작자, 교사, 학생 등과 평가에 관련된 당사자들의 상호 주관적인 이해에 바탕을 두고 교육 현상을 사실적으로 기술하고 해석하는 평가 전략이다.

일반적으로 실제 평가에서는 한 가지 유형의 방법이 지배적으로 쓰이는 경우는 드물다. 교육 평가에서 이루어지는 방법론의 선택은 유용성에 기초를 두는 것이 좋으며, 평가의 실제 상황에 기초를 두고 융통성 있게 자료를 수집하는 방법을 선택하는 것이 바람직하다고 할 수 있다(이만영, 2003). 이종승(1988)은 평가 방법의 선택 문제와 관련하여 평가의 목적과 문제의 성격에 따라 그에 적합한 접근 방법을 적용해야 할 것이며, 평가 연구의 실제에 있어 양적 방법론과 질적 방법론을 상호보완적으로 사용할 것을 주장하면서 이러한 입장에서 교육 평가의 탐구 모형을 [그림 3]과 같이 제시하고 있다(이만영, 2003에서 재인용).

다음으로 평가 기법에 대하여 알아본다. 평가 기법은 평가 자료를 얻기 위한 하나의 전략으로 볼 수 있다. 그러므로 양적인 자료를 얻기 위한 전략인가, 질적인 자료를 얻기 위한 전략인가를 나누어서 접근해 볼 수 있다. 양적인 자료를 얻기 위한 평가 기법의 대표적인 것은 각종 검사이다. 성취도 검사, 지능 검사, 성격 검사 등이 바로 그

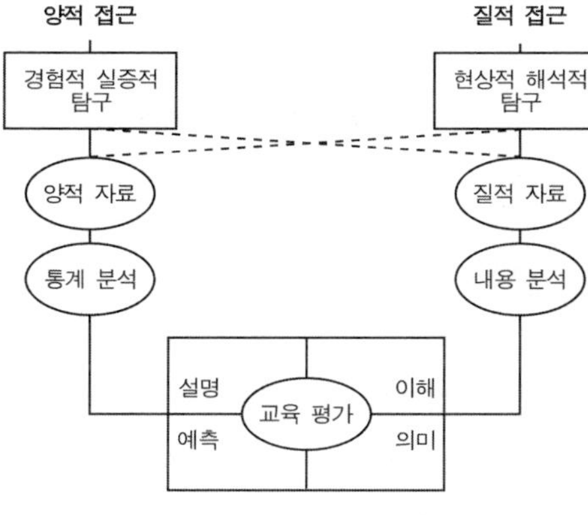


[그림 3] 교육 평가의 탐구 모형

러한 것인데 어떤 교육 현상에 대한 판단을 내릴 때에는 이런 양적인 자료만으로는 충분하지 못하는 경우가 더러 있다. 그래서 질문지, 면접, 수첩과 일지, 학급 관찰, 일화 기록, 토론 등과 같은 평가 기법을 통하여 질적 자료를 확보하게 된다(이만영, 2003).

이어서 평가 절차에 대하여 알아본다. 평가 절차는 평가의 목적, 내용, 규모, 형태, 그리고 평가 설계와 평가 모형에 따라 현저한 차이가 있을 수 있다(변창진 등, 2001). 이러한 절차를 모두 살펴보는 것이 이상적이기는 하지만 여기서는 교육과정 평가에 초점을 맞추고 개발된 일반적인 평가 절차에 대하여 알아본다. 배호순(2000)은 교육과정 평가와 관련하여 [그림 4]와 같은 절차를 제시하고 있다.

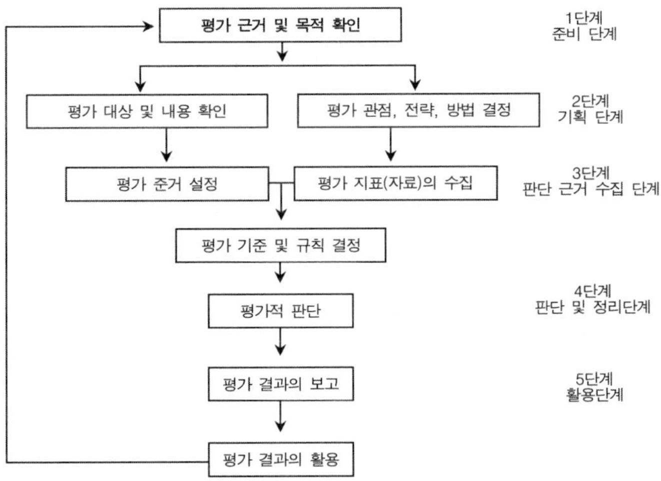


**[그림 4] 평가의 일반적 절차**

## 3.3. 교육과정 평가 모형 구안

교육과정 평가 모형을 개발하기 위해서는 먼저 교육과정 평가 모형의 구성 요소가 될 수 있는 변인을 조사하여 보고, 그러한 변인들 중 교육과정 평가 개념에 부합되는 구성 요소를 선정하여야 한다. 이렇게 선정된 요소들은 평가 주체나 평가 목적에 적합하도록 구조화되어서 평가하고자 하는 대상을 제대로 평가할 수 있어야 한다(이만영, 2003).

### 3.3.1. 평가 모형 구성 요소의 선정

교육과정 평가 모형의 구성 요소는 교육과정 평가 관련 변인들로부터 추출할 수 있다. 이러한 변인들에 대해서는 앞에서 살펴보았다. 다루어진 변인들을 살펴보면 평가 목적, 평가 주체, 평가 대상, 평가 준거, 평가 방법 등이 있다.

이러한 변인들 가운데 평가 모형에 포함되어야 하는 변인은 연구자의 관점에 따라 다를 수도 있겠으나 평가 목적이나 평가 주체, 평가 준거와 같은 변인은 평가 모형의 구성 요소로는 적합하지 않다고 볼 수 있다. 왜냐하면, 평가 목적이나 평가 주체는 평가 모형이 설계되기 전에 정해져야 하는 선행 요건에 속하기 때문이고, 평가 준거는 평가 모형을 설계한 다음 그것으로부터 도출되는 결과물이기 때문이다. 결론적으로 평가 모형의 구성 요소로는 평가 대상이나 평가 방법이 적합하다고 할 수 있다(이만영, 2003).

그런데 평가 대상이나 평가 방법은 매우 다양하기 때문에 평가 목적이나 평가 주체에 따라 평가 모형 상에서 다양하게 제시될 수 있지만 이 연구에서는 평가 목적을 '교육과정 질 관리와 개선'에 두고, 평가 주체를 교육 현장의 '교육 관계자나 연구자'에게 두고 있기 때문에 교육과정 평가 모형 구성 요소에 적합한 요소는 제한적으로 선택될 수 있다.

먼저 평가 대상 측면에서 평가 모형의 구성 요소가 될 수 있는 변인들을 살펴본다. 앞에서 논의되었듯이 교육과정 평가 대상에는 교육과정 요소, 교육과정 활동, 교육과정 수준 등이 있다. 이들에 대하여 좀 더 구체적으로 살펴보면, 교육과정 요소로는 목표, 내용, 방법, 평가 등과 같은 이론적 요소와 학습자, 교과, 교사, 환경 등과 같은 실제적 요소가 있었다. 교육과정 활동으로는 개발, 운영, 성과가 있었다. 그리고 교육과정 수준으로는 국가 수준, 지역 수준, 학교 수준, 교실 수준 등의 요소가 있었다.

교육과정 평가 모형 구성 요소가 될 수 있는 평가 대상은 이렇게 다양한데, 이 가운데서 어떤 요소가 선정될 수 있는가는 평가 모형을 설계하고자 할 때, 평가 모형의 전제가 되는 평가 개념을 어떻게 설정했는가에 따라 달라질 수 있다. 이 연구에서는 교육과정 평가 개념을 "교육과정의 각 수준별로 개발에서부터 운영, 성과에 이르는 모든 활동과 교사, 학생, 교과, 환경 등 교육과정 요소들 간의 상호작용을 종합적으로 기술, 해석, 판단하는 활동이다"라고 정의한 바 있다. 그러므로 이 연구에서 필요로 하는 교육과정 평가 모형의 구성 요소는 교육과정 평가 개념으로부터 시사받을 수 있다.

교육과정 평가 개념을 보면 '학습자, 교과, 교사, 환경'이라는 교육과정 요소를 나타내는 변인, '개발, 운영, 성과'라는 교육과정 활동을 나타내는 변인, '기술, 해석, 판단'이라는 평가 기능을 나타내는 변인 등 세 가지 유형의 변인이 포함되어 있는 것을 발견할 수 있다. 이 세 가지 유형의 변인 중 평가 대상은 교육과정 요소인 학습자, 교과, 교사, 환경 등의 변인과 교육과정 활동 요소인 개발, 운영, 성과 등의 변인이 해당된다. 그러므로 이 연구의 평가 모형 설계에서 필요로 하는 구성 요소는 학습자, 교과, 교사, 환경 등의 교육과정 요소와 개발, 운영, 성과 등의 교육과정 활동 요소이다.

이어서 평가 방법 측면에서 교육과정 평가 모형의 구성 요소가 될 수 있는 변인을 살펴본다. 평가 방법은 보통 양적 평가, 질적 평가, 절충적 평가 등으로 분류되지만, 평가의 기능적 측면을 강조하여 기술, 해석, 판단 등으로 분류되기도 한다. 이러한 평가 방법들은 평가 대상이 어떤 것인가에 따라 달라질 수 있지만 특정 방법이 선정되어질 수 있는 성질을 가진 요소는 아니라고 할 수 있다. 양적 평가가 단순히 기술하는 것으로 종결될 수도 있지만 해석이나 판단이 뒤따라야 하는 경우도 있을 수 있고, 질적 평가가 객관적인 해석을 요구하기는 하지만 판단이 개입되어야 경우도 있을 수 있다. 그러므로 이러한 평가 방법은 상보적 관계에서 기능한다고 보고, 평가 모형을 설계하는 데는 양적 평가나 질적 평가처럼 구분되는 요소를 반영하기보다는 기술, 해석, 판단과 같은 평가의 기능을 나타내는 요소를 반영하는 것이 적합하다고 본다. 이미 앞에서 다루었지만 이 연구에서 설정한 교육과정 평가 개념 속에도 '기술, 해석, 판단'이라는 평가 기능 변인이 포함되어 있는 것은 그러한 맥락에서 이유를 찾을 수 있다(이만영, 2003).

마지막으로 교육과정 수준 측면에서 교육과정 평가 모형의 구성 요소가 될 수 있는 변인을 살펴본다. 교육과정의 수준은 국가 수준 교육과정, 지역 수준 교육과정, 학교 수준 교육과정, 교실 수준의 교육과정, 등이 있었다.

이러한 구성 요소들은 앞서 교육과정 평가 관련 선행 연구 결과 얻은 시사점에서도 찾을 수 있었다.

이상에서 논의된 결과를 정리하여 보면, 국어과 교육과정 평가 모형을 설계하는 데 요구되는 구성 요소는 다음과 같다.

첫째, 학습자·교과·교사·환경 등의 교육과정 요소,

둘째, 개발·운영·성과 등의 교육과정 활동,

셋째, 기술·해석·판단 등의 평가 기능,

넷째, 국가 수준·지역 수준·학교 수준·교실 수준 등의 교육과정 수준 등.

### 3.3.2. 평가 모형 구성 요소의 구조화

어떤 내용을 구조화하기 위해서는 표 작성이나 흐름도flowchart 작성, 의미 지도 그리기 등과 같은 방법이 많이 쓰인다. 이러한 방법을 다시 차원적 관점에서 분류해 보면, 가로축과 세로축을 설정해서 구조화하는 표와 내용을 어떤 규정에 의하여 나열해 가는 흐름도, 의미 지도 등으로 나누어 볼 수 있다. 이 두 가지 유형은 전자가 2차원에서 구조화되는 반면 후자는 1차원으로 구조화된다. 많은 모형들이 표 형식이나 흐름도 형식으로 설계되지만 3차원 구조로 설계되는 모형도 많이 있다(이만영, 2003). 이 연구에서는 모형의 구성 요소를 네 가지로 하였기 때문에 3차원 구조가 교육과정 수준별로 회전하는 동적인 형식으로 교육과정 평가 모형을 설계하였다. 학습자·교과·교사·환경 등의 교육과정 요소, 개발·운영·성과 등의 교육과정 활동, 기술·해석·판단 등의 평가 기능 등 세 가지 구성 요소를 3차원으로 조직하고, 국가 수준·지역 수준·학교 수준·교실 수준 등 교육과정 수준별로 정지된 모습을 나타내면 [그림 5]와 같은 구조가 된다.

[그림 5]는 네 수준의 평가가 이루어지는 전체적 모습을 보여주기 위해 모형이 수준별로 한 순간 정지된 장면일 뿐이다. 연구자가 생각하는 실제 교육과정 평가 모형은 3차원의 기본 모형이 국가 수준, 지역 수준, 학교 수준, 교실 수준의 수준별로 움직이면서 수준 간, 활동 간, 영역 간의 일관성과 연계성을 유지할 수 있는 역동적 모형이다. 개발단계와 운영단계 평가에서는 3차원 기본 모형이 시계방향으로

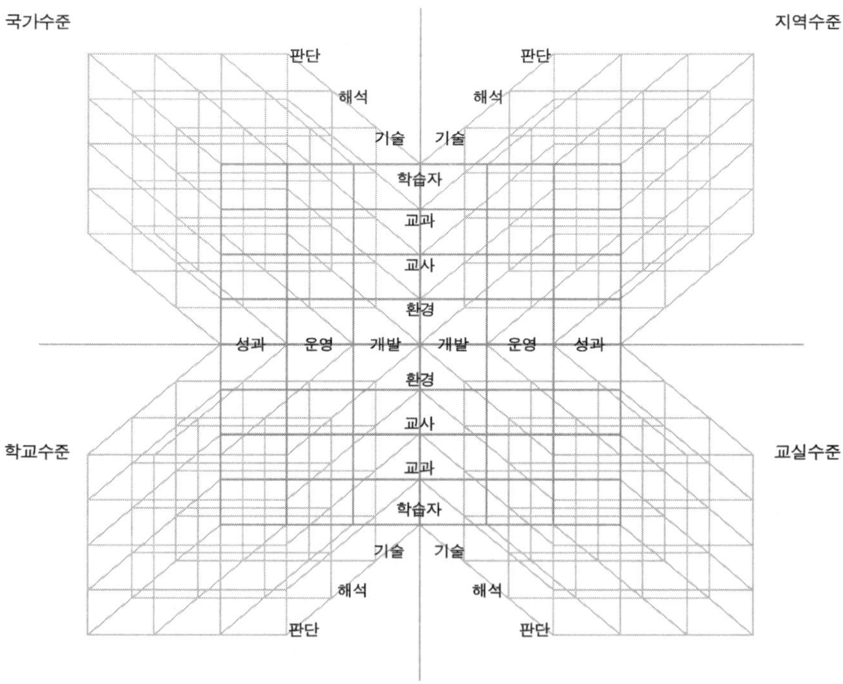


[그림 5] 교육과정 평가 모형

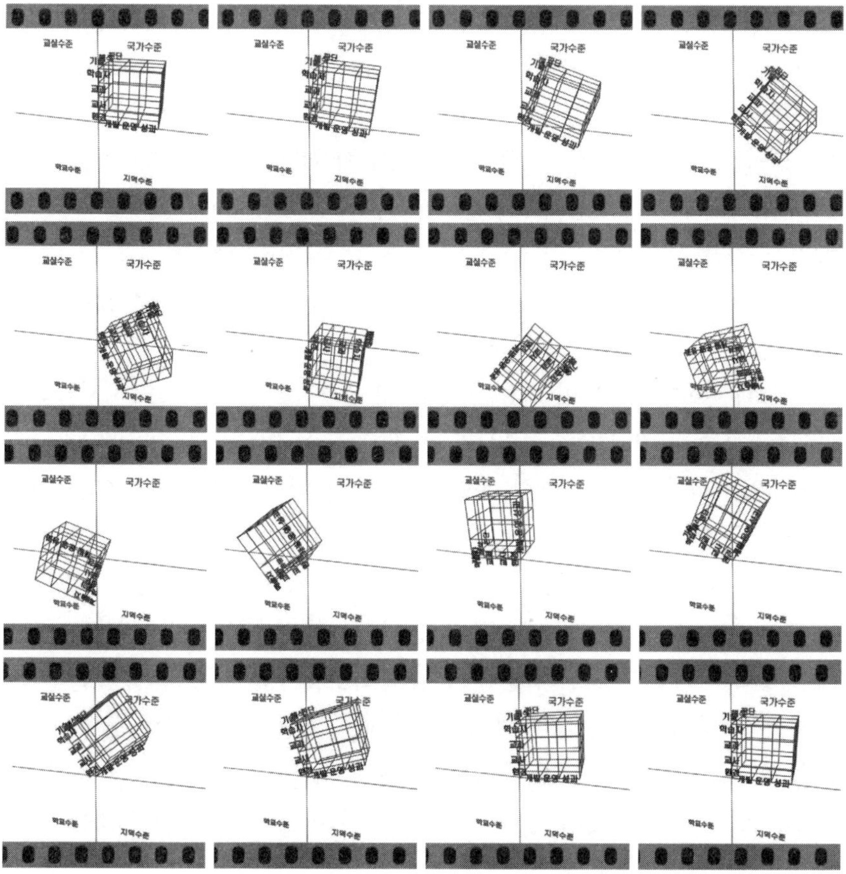

[그림 6] 교육과정 평가 모형의 움직임(시계 방향)

돌아가면서, 성과 단계 평가에서는 반시계방향으로 돌면서 일관성과 연계성을 유지할 수 있도록 설계되었다. 그 역동적인 모습은 동영상으로 보여주는 것이 가장 효과적일 것이다. 하지만 동영상을 지면에 보여줄 수가 없어 그 동적인 모습들을 동영상에 가깝게 슬라이드 형태의 연속 장면으로 보여 줌으로써 이해를 돕고자 한다. 먼저 시계방향으로 돌아가는 모습을 보이면 [그림 6]과 같다.[2)]

---

2) 실제 동영상은 http://baedalmal.kr/korean1에서 볼 수 있음.

이 모습은 교육과정 평가 모형이 시계 방향으로 움직이면서 교육과정 개발 단계나 운영단계 평가를 할 수 있는 모습들이다. 국가 수준 교육과정을 평가한 틀이 그대로 교실 수준 국어과 교육과정 평가로 이어져 수준, 활동, 영역 간 일관성과 연계성을 파악할 수 있을 것이다. 보기를 들면, 개발단계 학습자 요구 분석과 관련한 내용은 국가 수준부터 교실 수준까지 일관성 있게 평가 대상이 될 수 있고, 국가 수준 국어과 교육과정 목표와 교실 수준 목표가 일관성과 연계성이 있는지 파악할 수 있다는 것이다.

반시계 방향으로 돌아가는 모습을 보이면 [그림 7]과 같다.[3] 이 모습은 교육과정 평가 모형이 반시계 방향으로 움직이면서 교육과정 성과 단계 관련 내용들을 일관성과 연계성 있게 평가할 수 있는 모습이다. 보기를 들면, 국가 수준 교육과정 성과 가운데 하나인 학생의 인지적 성과를 해마다 평가한다는 것은 불가능하다. 하지만 교실 수준에서 학생의 인지적 성과에 대한 평가 결과를 학교 수준에서 종합하고, 학교 수준의 결과를 지역 수준에서 종합하고, 지역 수준의 결과를 국가 수준에서 종합한다면 일관성 있고 연계성 있는 평가가 될 것이다. 이 모형의 실제 동영상은 토박이말 누리집/광/두루두루 9번에서 볼 수 있고, http://baedalmal.kr/korean1, http://baedalmal.kr/korean2에서 바로 볼 수 있다.

이 모형에 제시되어 있는 요소들의 관계나 성격을 규정하면 다음과 같다.

교육과정 요소: 교육과정 요소는 평가 대상이 되는 영역을 가리키며 학습자, 교과, 교사, 환경 등으로 나눈다.

평가 대상이 되는 각 영역은 다음과 같은 내용을 다룸으로써 평가 준거가 될 수 있는 요소를 도출할 수 있게 한다.

① **학습자 영역**: 학습자 요구, 학습자 특성, 학습자의 학업 성취도 등을 다룬다.

---

3) 실제 동영상은 http://baedalmal.kr/korean2에서 볼 수 있음.

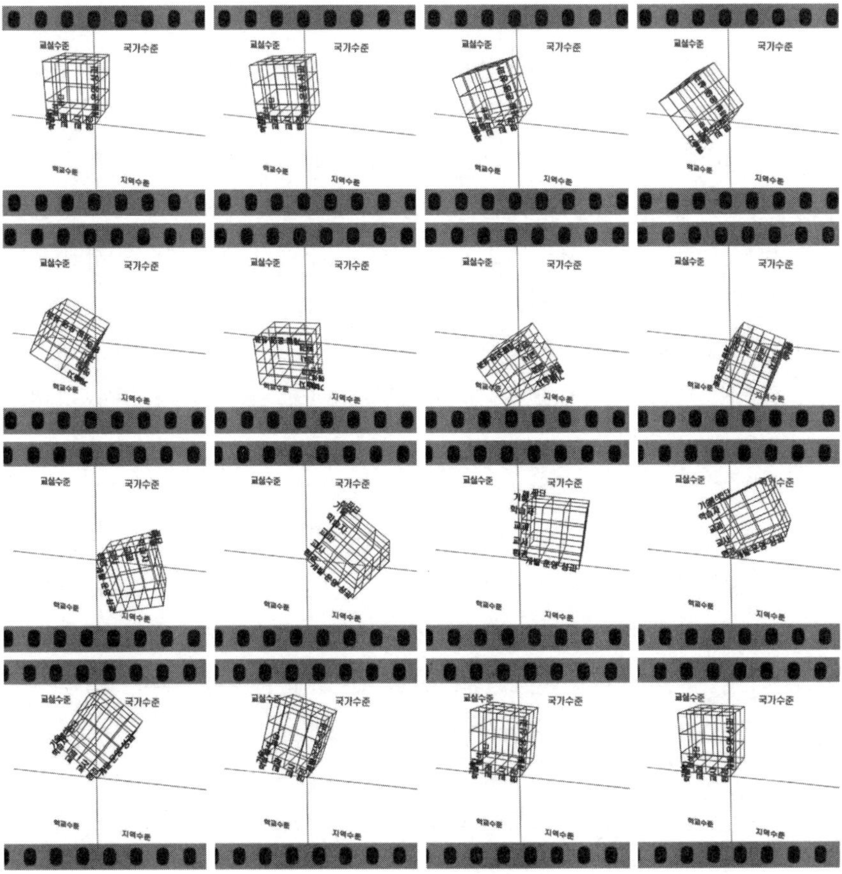


**[그림 7] 교육과정 평가 모형의 움직임(반시계 방향)**

② 교과 영역: 기본 교육과정 문서, 교과서, 교사용 지도서 등을 다룬다.

③ 교사 영역: 교사 특성, 교사 기여도, 수업 계획, 연수 등을 다룬다.

④ 환경 영역: 학교 시설·설비, 환경의 기여도 등을 다룬다.

교육과정 활동: 교육과정 활동은 평가 대상이 되는 영역들(교육과정 4요소)이 투입되고, 실천되고, 산출되는 과정을 나타낸다. 교육과정 활동은 교육과정 요소와 연계되어 평가 준거를 도출하는 기능을 하게 된다.

① 개발: 문서 수준의 교육과정이 개발되는 과정에서 학습자, 교과, 교사, 환경 등의 평가 대상이 미리 갖추고 있거나 갖추고 있어야 할 요건을 말한다. 학습자·교사·학부모의 요구 및 특성 조사, 교육과정 문서, 개발 과정, 시설·설비 등과 같은 것이 요건이 될 수 있다.

② 운영: 학습자, 교과, 교사, 환경이 상호작용하는 과정이다. 학습자의 참여, 교과서 및 교사용 지도서의 개발과 보급, 교사 연수, 장학 및 지원 등이 그 요인이 될 수 있다.

③ 성과: 학습자, 교과, 교사, 환경 등이 상호작용하여 산출된 성과의 평가를 말한다. 학습자 성과, 교과 기여도, 교사 기여도, 교사 만족도, 환경 기여도 등이 그 요인이 될 수 있다.

평가 기능: 평가 기능에는 기술, 해석, 판단 등이 있다. 이러한 기능들은 양적 평가나 질적 평가 등과 같은 방법을 통하여 평가 결과를 처리할 때 나타나는 기능이다. 평가 결과는 기술되기도 하고, 해석되기도 하며, 판단되기도 한다. 이 평가 모형에서는 세 가지 평가 기능을 다음과 같이 개념화한다(이만영, 2003).

① 기술(description): 양적 평가나 질적 평가를 통하여 나타난 결과를 숫자나 문자로 객관적으로 표시하는 것.

② 해석(interpretation): 기술 자료나 질적 자료를 논리적으로 공정하게 설명하는 것.

③ 판단(judgment): 객관적인 기술이나 공정한 해석에 교육적 의미와 가치를 개입시켜 생각을 정하는 것.

교육과정 수준: 우리나라에서 교육과정이 개발 실행 평가되는 수준을 가리키며, 국가 수준, 지역 수준, 학교 수준, 교실 수준 등으로 나눈다.

각 수준은 다음과 같은 뜻으로 사용한다.

① **국가 수준**: 일반적으로 알고 있는 국가에서 고시한 '문서' 수준의 교육과정이 아니라 개발과정, 운영, 성과까지를 포함하는 개념이다.

② **지역 수준**: 일반적으로 알고 있는 지역의 교육과정 편성 운영 지침만을 이야기하는 것이 아니라 지역 수준의 교육과정 개발과정, 운영, 성과까지를 포함하는 개념이다.

③ **학교 수준**: 일반적으로 알고 있는 문서 수준에서의 학교 교육과정만을 이야기하는 것이 아니라 학교 수준의 교육과정 개발과정, 운영, 성과까지를 포함하는 개념이다.

④ **교실 수준**: 일반적으로 알고 있는 문서 수준에서의 학년 교육과정, 학급 교육과정, 교과 교육과정만을 이야기하는 것이 아니라 교실 수준의 교육과정 개발과정, 운영, 성과까지를 포함하는 개념이다.

# 제3장 준거 설정을 위한 예비적 고찰

앞 장에서는 교육과정 평가 관련 선행 연구들을 살펴 그것들로부터 받은 시사점들을 바탕으로 국어과 교육과정 평가에 적용할 수 있는 새로운 교육과정 평가 모형을 구안하였다. 앞의 논의들은 일반적 교육과정 이론 및 교육과정 평가 이론을 바탕으로 국어과 교육과정을 평가하는 일반적인 준거 추출을 위한 것들이라 할 수 있다. 하지만, 국어과는 다른 교과와 다른 국어과만의 특징이 있다. 국어과 교육과정 평가 준거에는 여러 가지 교과 교육과정 가운데 하나인 국어과 교육과정이 가지는 공통적인 것들과 다른 교과와 다른 국어과만의 특징이 모두 평가될 수 있도록 하는 것이 바람직할 것이다. 이를 위해 이 장에서는 본격적인 국어과 교육과정 평가 준거를 마련하기 위한 예비적 단계로 다음과 같은 절차에 따라 고찰한다.

첫째 단계에서는 국어과 교육과정 논리 및 교육과정 평가 논리를 탐색한다. 이 연구에서 설계되는 평가 모형은 국어과 교육과정을 제대로 평가할 수 있어야 한다. 이러한 기능을 할 수 있도록 하기 위해서는 국어과 교육과정 평가 준거를 마련하기 전에 국어과 교육과정의 논리 및 평가 논리를 밝혀보아야 한다.

둘째 단계에서는 국어과에서만 적용될 수 있는 평가 준거들을 찾기 위해 국어교육 및 국어과 교육과정과 관련한 선행 연구들을 분석한다. 선행 연구들에서 언급한 것들 가운데 국어교육 또는 국어과 교육과정의 문제점에 대해 비판적으로 언급한 내용이나 바람직한 방향에 대해 제언한 것을 중심으로 뽑아 보았다.

셋째 단계에서는 국어과 교육과정 평가 영역을 상세화한다. 앞서 마련한 교육과정 평가 모형 영역이 광범위하고 포괄적이어서 국어과 교육과정 평가 준거를 마련하는 데 바로 도움이 되지 못한다. 따라서 마련된 교육과정 평가 모형과 국어과 교육과정 논리, 국어과 교육과정 관련 선행 연구 분석 결과를 종합하여, 국어과 교육과정 평가 영역을 상세화함으로써 국어과 교육과정 평가 준거 마련에 도움을 줄 수 있도록 한다.

## 1. 국어과 교육과정 논리 및 평가 논리

### 1.1. 프로그램 논리와 교육과정 논리

교육과정 논리를 전개하기에 앞서 해결해야 할 문제가 있다. 그 하나는 교육과정과 프로그램과의 관계 문제이고, 다른 하나는 논리를 전개하는 데 요구되는 내용에 관련된 문제이다. 앞의 것과 같은 문제가 제기되는 것은 지금까지의 각종 평가 논리들이 프로그램 평가라는 것으로부터 탄생된 것임에도 교육과정 평가 논리를 그대로 적용하기 때문이고, 뒤의 것과 같은 문제가 제기되는 것은 논리에 대한 개념이 매우 다양하기 때문이다.

먼저 교육과정과 프로그램의 관계부터 살펴보고 이 연구에서의 입장을 밝힌다. 교육과정이라는 용어와 프로그램이라는 용어는 같은 의미로 쓰일 때도 있고 다른 의미로 쓰일 때도 있다. 또 교육과정이 프로그램을 포함하는 개념으로 쓰일 때가 있는 반면 프로그램이 교육과정을 포함하는 개념으로 쓰일 때도 있다. 교육과정과 프로그램 간의 관계는 '학습 프로그램으로서의 교육과정'(Zais, 1976), '학교 교육과정은 사회 개선을 위한 프로그램'(Counts, 1932), '교육과정은 학교 교육용, 프로그램은 성인 교육용'(Niemi & Nagle, 1977), '프로그램은 교육과정과 수업을 포괄하는 개념'(Philip & Hosford, 1973), '교육과정 영역으로서의 프로그램'(Oliver, 1965), '교육과정을 프로그램의 일종으로 간주'(배호순, 2000) 등과 같이 다양하다. 이 연구에서는 교육과정에 대해 '문서'나 '계획'이라는 좁은 의미에서의 개념보다는 '실천'이나 '결과'까지를 포함하는 넓은 의미의 개념으로 접근하고 있기 때문에 교육과정을 프로그램과 같은 성격으로 간주하고 프로그램 논리에 관련되는 이론을 교육과정 논리에, 프로그램 평가 논리에 관련되는 이론을 교육과정 평가 논리에 각각 원용하고자 한다. 실제로 프로그램 평가에 관련된 모형들이 교육 평가에 그대로 적용되고, 교육과정 평가에도 그대로 적용되고 있는 것이 현실이다(이만영, 2003).

이어서 논리가 어떤 내용을 포함하여야 하는가에 대하여 살펴본다. 논리를 전개하는 데 요구되는 내용은 논리의 개념과 밀접하게 관계되어 있다. 개념이 어떻게 정의되는가에 따라 그 속에 포함되어야 할 내용이 달라질 수 있기 때문이다. 앞서 논의된 대로 프로그램 논리를 교육과정 논리에 적용할 수 있는 것으로 보고 교육과정 논리 전개에 필요한 내용이 무엇인가를 알아본다.

프로그램 논리를 전개하는 데 필요한 내용은 프로그램 논리의 개념 속에서 찾아볼 수 있다. 프로그램 논리에 대한 정의는 다양한데, 그 가운데서 이 연구를 추진하는 데 적용할 수 있는 것을 선택해 보면 다음과 같다.

프로그램 논리는 프로그램이 추구하는 철학으로 그것의 구성, 과정, 산출을 규정하는 신념, 가치, 목적들을 체계화한 것이다(Conrad & Miller, 1987). 프로그램 논리는 인과 관계를 명료화하는 동시에 프로그램 처치를 정당화하는 일련의 관계이다(Scheirer, 1987). 프로그램 논리는 일련의 가정으로서 프로그램이 추구하는 목표를 달성하는 데 적합한 구조, 기능, 절차를 개념화하는 논리와 계획이다(Rossi, Freeman, & Lipsey, 1999). 이러한 개념들을 종합해 보면 '프로그램 논리는 프로그램

처치를 정당화하는 일련의 가정으로서 프로그램의 구성, 과정, 산출 등에 관련된 철학, 신념, 가치, 목적을 체계화한 것'이다(이만영, 2003). 다음에 진술될 국어과 교육과정 논리는 이러한 종합적 개념을 기초로 하여 국어과 교육과정이 갖추어야 할 것들을 중심으로 그 논리를 전개하고자 한다.

### 1.2. 국어과 교육과정 논리

개발하고자 하는 평가 모형은 국어과 교육과정에 관한 것이다. 그러므로 개발되는 평가 모형은 국어과 교육과정을 평가하는 데 적합한 것이라야 한다. 이것은 국어과 교육과정이 담고 있어야 하는 것들을 탐색해야 한다는 것을 의미한다. 국어과는 교과로서 다른 교과와 구별되는 국어과만의 특성이 있다. 이 국어과만의 특성이 바로 국어교육, 국어과 교육과정을 떠받치는 기초가 되므로 국어과 교육과정이 갖추어야 할 요건들이 무엇인지 살펴 국어과 교육과정 논리로 삼고자 한다. 따라서 국어과 교육과정 논리는 국어과 교육과정이 담고 있어야 할 것들을 선행 연구들을 통해 찾아내어 그것들을 체계적으로 전개하는 방식으로 진술한다.

#### 1.2.1. 언어관 정립

국어교육은 '국어'를 바르게 뜻매김하는 데서 시작되어야 한다(이상태, 1994). 이를 위해서는 국어의 상위 개념인 '말'의 특징과 구실을 살펴 언어관을 먼저 정립해야 한다. 이른바 언어관이란 '말의 여러 특질 가운데서 어떤 특질을 무겁게 보느냐' 하는 것과 관련되며, 한편으로는 '말이 지닌 구실들 중에서 어떤 것을 중요하게 치는가'와도 관련된다(이상태, 1994). 국어과 교육과정을 만드는 일을 하려면, 먼저 언어관을 정립하여야 할 것이다. 국어과 교육과정 평가에 있어 국가 수준 교육과정에 '언어관'을 정립하여 드러내는지 그렇지 않은지를 평가할 필요가 있음을 알 수 있다.

### 1.2.2. '국어'의 뜻매김

언어관이 정립된 다음에 해야 할 일은 '국어'의 뜻매김이다. '국어'를 무엇으로 보느냐에 따라 '국어교육'의 성격을 규정할 수 있을 것이기 때문이다. 그러나 국어와 국어교육을 연구하는 사람들이 '국어'에 대한 뜻매김을 하지 않고 연구를 해 온 것이 사실이다. 이런 문제점을 이창수(2003)에서 확인할 수 있다. 이창수(2003)에 따르면 이제까지의 연구들 가운데 '국어' 뜻매김을 한 것은 이상태(1994), 김수업(2000) 등 몇 되지 않는다. '국어'가 무엇인지도 밝히지 않고 '국어'를 연구하고 '국어'를 가르친다는 것은 앞뒤가 맞지 않는다. 따라서 국어과 교육과정 평가를 함에 있어 국가 수준 국어과 교육과정을 마련하면서 '국어'에 대한 뜻매김을 했는지를 평가할 필요가 있음을 알 수 있다.

### 1.2.3. '국어교육'의 뜻매김(성격 규정)

'언어관'이 정립되고 '국어'에 대한 뜻매김이 되고 나면 '국어교육'의 뜻매김 내지 '성격'이 규정되어야 할 것이다. 이것은 '언어관'을 정립하고 '국어' 뜻매김이 되고 나면 저절로 될 수 있을 것이다. '국어'가 무엇인가를 먼저 밝혀 두었으니, '국어교육'이 무엇이며 국어교육을 '왜'하는가에 대한 답을 찾을 수 있도록 '국어교육'의 성격을 명확히 규정해 놓아야 그것에 따라 국어교육이 나아갈 곳인 '목표'를 정할 수 있을 것이다. 따라서 국어과 교육과정 평가에서는 국가 수준의 국어과 교육과정에 '국어교육'의 뜻과 성격이 분명히 드러나는지를 평가해야 할 필요가 있음을 알 수 있다.

### 1.2.4. 국어교육의 개별화

'개별화'는 개별 아동에 따라 학습 목표, 학습 내용, 방법, 학습 환경 등이 다르게 설정되도록 하는 것이다. 개인은 지능이 다를 뿐만 아니라 학습 능력, 정서, 학습 습관, 생활 유형도 다르다. 그러므로 똑같은 교육 내용이나 교육 방법으로는 개인의 국어 능력을 효과적으로 길러 줄 수 없다. 개인의 능력이나 심리적 특성에 맞추어서 교육 목적이 설정되고, 학습 내용이 선정되고, 학습 환경이나 학습 방법이 선택되어야 한다. 교육 현장에서는 이러한 목적을 수행하기 위해 개별화 교육 계획, 개별화 수업, 개별화된 평가를 이루려 하고 있다. 이렇게 '개별화'는 개인의 특성이나 요구를 고려한 개개인에게 적합한 교육을 추구하는 교육 원리라고 볼 수 있다. 따라서 국어과 교육 과정 평가에서도 개별 학습자에게 적합한 개별화 교육이 이루어지는지를 평가할 필요가 있음을 알 수 있다.

### 1.2.5. 국어교육의 지역화

'지역화 교육'에 관한 논의는 오래되었지만, 주로 '사회과'와 관련된 논의들이 활발했다. 국가 수준의 교육과정에서는 1992년에 고시한 제6차에서부터 지역화 교육을 해야 한다고 했다. 1997년에 고시한 제7차 교육과정에서도 지역화 교육을 해야 한다고 거듭 내세웠다. 그러나 10년이 지난 지금까지 국어교육의 지역화는 조금도 이루어지지 않았다. 제5차 교육과정 때부터 별도로 지역화 교육을 시작한 '사회과'를 빼고 나머지 교과들이 모두 같은 사정이다(김수업, 2003). 최근에 '국어과'를 포함한 다른 교과 교육 곧 '한국 교육의 지역화'에 관한 연구가 활발히 전개되었고 그 결과로 「한국교육의 지역화 연구 I, II」(경상대학교 교육연구원, 2005)가 나왔다.

'국어교육의 지역화'는 두 갈래가 있다. 그 하나는 언어 교육의 지역화요, 다른 하나는 문학 교육의 지역화이다. 일상생활에서 나날이 사용하는 지역 언어를 교육하는 것과, 지역민들의 애환이 담긴 지역 문학을 교육하는 것이 국어교육의 지역화이다. 일상의 지역 언어와 예술의 지역 언어를 교육하는 것을 싸잡아 '국어교육의 지역화'라 부르는 것이다(조규태, 2003). 이런 논의 가운데 국어교육을 지역화해야 하는 까닭에 대해 김수업(2003)에서 밝히고 있는 것을 요약하면 다음과 같다.

> 교육이란 두말할 나위도 없이 사람을 살리자는 노릇이다. 사람다운 사람은 뭐니 뭐니 해도 제 스스로 누구인가를 잘 알고 깊이 사랑해야 한다. 제 스스로의 값어치를 알고 더없이 사랑하면, 제 핏줄을 그처럼 아끼고 사랑하지 않을 수 없을뿐더러 제 핏줄을 키우고 살려온 마을과 고장을 사랑하지 않을 수 없다. 이래서 저를 깊이 알고 사랑하는 사람은 마침내 세상 모든 사람을 사랑하고, 사람을 키우는 자연의 온갖 만물을 제 몸과 마찬가지로 사랑하면서, 스스로 잘 살아갈 수 있다.
>
> 그런데 이제까지 우리의 학교교육은 제 스스로를 알고 사랑하도록 이끌지 못했다. 제 스스로를 알고 사랑하도록 이끌지 못했다기보다 오히려 저를 업신여기고 내버리도록 거꾸로 이끌었다. 고구려의 태학에서 조선의 서당에 이르기까지 1600년 동안의 왕조 시대 학교에서는 끊임없이 제 스스로를 버리고 중국을 배워서 따라가야 한다고만 했다. 왕조 시대가 무너지면서 생긴 신식 학교에서 지금까지 100년 동안에는 끊임없이 제 스스로를 버리고 일본과 서양을 배워서 따라가야 한다고만 가르치는 것이 학교교육이었다. 이런 교육으로는 사람을 살릴 수도, 떳떳하고 자랑스럽게 살아가도록 이끌 수도 없었다. 남의 사상, 철학, 예술, 문학, 정치, 경제를 아무리 죽자 살자 배우며 따라가도 저들을 앞지를 수 없다는 사실을 깨달을 수 있을 뿐이기 때문이다. 이런 학교교육 속에서 우리말을 배우고 가르치는 일은 전혀 돌보지 않았다. 특히 국어의 바탕이며 주인이며 노른자위인 토박이말을 돌보지 않았다.
>
> 이처럼 국어교육이 토박이말과 삶의 현장을 떠나 헤매는 잘못을 바로잡고자 찾아낸 길이 다름 아닌 국어교육의 지역화다. 우리말의 뿌리를 돌

보지 못했던 길을 뉘우치며 되돌려 뿌리를 북돋우고 돌보는 국어교육으로 바꾸자는 것이다. 제 스스로와 저가 몸 붙여 살아가는 고장을 교과서로 삼아 거기서 나날이 쓰는 말을 살피며 배우게 하자는 것이다. 그래서 제 스스로 지닌 자랑스러움과 부끄러움을 속속들이 알고 살아가는 사람으로 키우자는 것이다. 그러니 국어교육의 지역화는 민족자존의 정신을 일으켜 세우는 문화상의 커다란 사건이 된다고 해도 지나치지 않는다. 지방자치 시대에 맞추자거나 서양을 본뜨자거나 하는 논리들보다 훨씬 뼈아픈 우리 삶의 뉘우침에서 빚어진 목마름이다.

류성기(2004)에서는 국어교육 지역화의 가능성과 실천 방법에 대한 좋은 보기를 보이기도 했다. 이와 같은 논의를 놓고 볼 때, 국어교육 지역화 근거는 충분하다고 하겠다. 따라서 '지역화'를 또 다른 국어과 교육과정 논리로 삼고자 한다. 국어교육을 함에 있어서 '목표, 내용, 방법, 평가'를 모두 '지역의 언어 자료, 문학 자료'를 바탕으로 재구성하여 지역화하여야 할 것이다. 국어과 교육과정을 평가할 때도 지역화와 관련된 평가 준거들이 마련되어야 할 것이다.

### 1.2.6. 국어교육의 통합화

국어교육의 통합화에 대한 논의는 1990년대 초 이른바 '열린 교육'의 바람이 불 때, 통합(총체적) 언어 교육의 영향을 받아 시작되었고 할 수 있다. 통합 언어에서는 언어 교육의 실제성과 통합성을 강조한다(이재승, 1992). 언어는 기본적으로 일상적인 삶 속에서 이루어지는 것으로 실제 생활과 엄격히 분리되지 않는다는 점에 대해서는 대부분 동의할 것이다. 국어 활동을 보더라도 듣기와 말하기는 따로 떨어져 이루어질 수 없는 활동이고, 읽기도 쓰기도 실제 삶에서는 따로 떨어져 수행될 수 없는 활동이다. 이재승(1992)은 통합 언어에 대해 살펴보면서, '언어 기능의 통합적 지도 필요성', '타 교과에서의 언어 기능 교육 장치의 필요성', '실제 언어활동을 통한 언어 학습의 필요성', '국어교육의 초점을 의미에 둘 필요성' 등 네 가지 시사점을 추출하여 제시하기도 하였다.

신헌재·이재승(1997)은 국어교육에서 통합의 필요성을 다음과 같이 제시하고 있다.

- 인간은 통합을 지향하려는 속성을 지니고 있다.
- 실제적인 언어 사용 과정에서는 이들 언어 기능들이 분리되지 않는다.
- 언어 기능은 상호보완적인 기능을 한다.
- 언어는 근본적으로 상황과 관련한 것인데, 상황을 강조하기 위해서는 자연스럽게 통합을 해야 한다.
- 언어 학습은 다른 활동과 관련지을 때 보다 효과적으로 증진된다.
- 현실적인 문제로 통합을 함으로써 학습의 양을 줄일 수 있다.

이지호(1998)에서도 우리나라 초등학교 교육과정이 줄곧 통합 교육을 지향해 왔지만 통합 교육의 성과를 확인 할 수 없음을 지적하면서, 일반적인 통합 교육 원리에 따라 국어교육을 통합할 것을 제안하였다. 그런 다음, 초등학교 국어과 통합 교육의 방법으로 '국어과 영역 통합', '듣기·말하기의 통합', '읽기·쓰기의 통합' 등을 제시하였다.

그 동안 국어교육의 통합화와 관련된 연구물들이 적지 않게 나왔다. 이성은(1994)이 총체적 언어 접근법에 의한 초등학교 국어과 프로그램 개발에 관한 연구를, 전지형(1994)·조양진(2000)·최은옥(2000) 등의 총체적 언어 학습법이 각각의 국어 능력에 미치는 영향에 대한 연구, 권진아(1997)·성인모(1998)의 총체적 언어 학습 적용 방안과 관련된 연구, 최미숙(2000)의 통합 원리에 입각한 평가와 관련된 연구, 김효정(2001)의 언어활동의 통합을 위한 국어교육의 평가와 관련된 연구, 정은숙(2005)의 고등학교 국어지식 영역을 중심으로 국어 영역 통합 방안과 관련된 연구 등이 있다. 하지만, 목표의 통합화, 내용의 통합화, 교재의 통합화 등을 위한 구체적인 연구는 많지 않다. 다만, 외국인을 대상으로 한 '한국어교육'과 관련된 연구들 가운데 교재 개발

(방성원, 2000), 교수요목 설계 방안(김정숙, 2003) 등 좀 더 구체적인 방법들에 대한 연구를 참조할 수 있다.

이상의 논의를 볼 때, 국어교육의 통합화에 대한 근거도 마련되었다고 할 수 있다. 따라서 국어과 교육과정 평가에 있어서도 국어교육의 통합화와 관련된 평가 준거들이 마련될 필요가 있다. 다만, 통합화를 위한 구체적인 기준들이 마련되어 있지 않아 세세한 준거는 마련할 수 없겠지만 목표, 내용, 방법, 평가 등을 통합화하기 위한 노력들이 있는지 평가할 필요는 있는 것이다.

이제까지 논의를 정리해 보면, '국어과 교육과정'에서는 먼저 '언어'를 무엇으로 볼 것인가와 관련된 '언어관'을 정립하여야 한다. 그 다음 여러 언어 가운데 하나인 '국어'가 무엇인가 하는 '국어 뜻매김'을 해야 한다. '국어 뜻매김'에 따라 '국어교육'이 무엇인지 어떤 성격을 갖는지를 밝혀 두고 그것을 바탕으로 목표, 내용, 방법, 평가가 일관성 있게 마련되는지를 평가해 보아야 할 것이다. 그와 함께, 개별 학습자들의 흥미와 수준을 고려한 '개별화 교육', 지역의 특성을 고려한 '지역화 교육', 국어 활동의 총체성을 고려한 '통합 교육'이 제대로 이루어질 수 있도록 마련되어야 할 것이다. 그리고 국어과 교육과정이 이런 것들을 갖추고 있는가도 평가할 수 있어야 할 것이다. 논의된 내용을 바탕으로 국어과 교육과정에 담겨 있어야 할 논리들을 간추려 보면 '언어관 정립', '국어 뜻매김', '국어교육 뜻매김(성격 규정)', '개별화', '지역화', '통합화'이다.

### 1.3. 국어과 교육과정 평가 논리

평가 논리는 평가 모형의 생명과 같다. 논리가 뒷받침되지 못하는 평가 모형은 생명이 없는 것이나 다름없다. 국어과 교육과정 평가 모형은 어떤 평가 논리를 갖출 수 있을까? 먼저 개발되어 있는 평가 논리들을 비판적으로 살펴보고, 선택 기준을 정한 다음 그 기준에 의거하여 알맞은 평가 논리를 찾아내기로 한다(이만영, 2003).

평가 논리는 연구되어 있는 평가 모형의 수에 비례하여 다양할 수 있다. 배호순(2000)이 여러 학자들(Chen, 1990; Chen & Rossi, 1987; Bickman, 1995; Owen & Rogers, 1999)의 저서를 바탕으로 15가지의 '교육과정 논리에 적절한 평가 논리'를 제시한 것은 그러한 사실을 말해 주고 있다. 배호순이 제시한 15가지의 교육과정 평가 논리들이 선택의 대상이 될 수 있다. 그것을 열거해 보면 다음과 같다.

① **비교(comparison) 논리**: 평가 대상 집단의 성취를 여타의 집단과 비교함으로써, 또는 성취 수행 결과를 목적 또는 설정한 기준과 비교함으로써 교육과정의 효과를 평가하고자 하는 경우의 평가 논리를 말한다.

② **대조(contrast) 및 기술(description) 논리**: 평가 대상 교육과정이 적용되는 학교 또는 학급을 여타의 교육과정이 적용되는 학교 및 학급과 대조시킴으로써 그 특성 및 장점을 파악하도록 하여 평가 목적을 달성하고자 하는 접근 논리이다. 특정 준거 항목을 설정하여 비교하는 비교 논리와는 달리 평가 대상 교육과정에 대한 각기 다른 특성 및 장점, 또는 문제점을 사실적으로 기술 묘사함으로써 평가 목적을 달성한다.

③ **추론(inference) 및 예측(prediction) 논리**: 대규모 수준의 교육과정이 광범위하게 적용되는 경우에 표집된 일부의 학교 및 학생들의 상태를 바탕으로 한 전체 학교 및 학생의 상태를 추론하는 경우와 교육과정의 일정 기간 동안의 적용과 진행 과정을 바탕으로 하여 장기적인 추세나 경향을 예측하는 경우에 적용하는 논리를 말한다.

④ **인과론적 추론(evaluation research) 논리(실험 연구 논리)**: 특정 교육과정의 적용을 하나의 독립 변수(처치 및 원인 변수)로, 그리고 그로 인하여 기대되는 결과를 특정 종속 변수(준거)로 간주하여 독립 변수와 종속 변수간의 인과 관계를 파악하는 데 중점을 두는 논리를 바탕으로 하여 교육과정 효과 또는 영향을 파악하고자 하는 경우의 추론 방식을 말한다.

⑤ **체제 논리(system theory)**: 체제 이론에 입각하여 학교를 하나의 교육 체제로 간주하고, 체제를 구성하여 상호 관련되어 작동하고 있는 체제 구성 요소들과 그들 간의 관계를 분석함으로써 문제를 파악하고 그를 해결하기

위한 방안을 강구할 수 있다는 접근 논리를 의미한다.

⑥ **수행 평정**(performance rating; rating & grading) **논리**: 교육과정의 실천 및 운영의 효과나 영향을 파악하기 위하여 특정 준거에 입각하여 구체적인 교육 수행에 대한 평정 및 등급화 논리를 적용하는 경우를 의미한다.

⑦ **판단 및 결정 논리**(decision making theory): 교육과정에 관한 주요 결정이 필요한 경우에 그에 관한 가치 판단과 예측 논리를 적용하는 데 중점을 두는 경우를 의미한다.

⑧ **감정**(appraisal, self-appraisal) **논리**: 전문가의 전문성에 바탕을 둔 접근 논리 중에서 전문가의 감식안적 안목과 판단에 초점을 두고 교육과정에 대한 평가 목적을 달성하는 경우를 의미한다.

⑨ **비평**(art criticism & literary criticism) **논리**: 예술 비평과 문학 비평에 적용하는 논리를 도입하여 교육과정 내용 체계의 논리성 및 연계성, 장점 및 단점을 파악하고자 하는 경우에 적용하는 평가 논리를 의미한다.

⑩ **설득**(persuasion) **논리**: 교육과정에 대한 평가를 요구하거나 그 평가 결과를 활용하고자 하는 측면에서 보면 교육과정의 특성이나 장점 또는 단점, 혹은 효과 및 영향에 관한 설득력 있는 주장을 평가로 간주하는 경우에 설득이 중요한 평가 논리로 작용한다는 관점을 말한다.

⑪ **확인(확증) 및 점검**(quality assurance & monitoring) **논리**: 교육과정의 질적 특성에 관한 확인 및 점검(감독) 논리를 통하여 교육과정에 대한 평가 목적을 달성하는 경우를 의미한다.

⑫ **전문가 자문**(expert consultants) **논리**: 전문성에 바탕을 두고 교육과정에 관하여 문제점을 지적하고 그를 해결하기 위한 방안을 지도하는 데 중점을 두는 접근 논리이다.

⑬ **심의**(review) **및 심사**(audit) **논리**: 전문가(개인 및 집단)의 전문성을 중시하여 교육과정 및 교육과정 자료에 관한 특성 및 장점을 심의 및 심사한 결과를 교육과정의 개정, 선정, 폐지 등을 결정하는 데 필요한 근거 자료로 활용하는 경우의 논리를 말한다.

⑭ **재판**(jurisprudence) **논리**: 교육과정의 특성이나 장점 또는 문제점을 재판 과정의 사법적 심의 논리를 활용하여 파악하는 경우를 의미한다.

⑮ **정보 관리(management of information) 논리**: 교육과정 전반에 관한 근거 자료 및 정보를 체계적으로 수집 및 관리하여 교육과정에 관한 평가 목적으로 활용하는 경우를 말한다. (67~74쪽)

그러나 여기에 제시된 논리들 가운데 '판단 및 결정 논리'는 '의사결정 논리'와 '가치 판단 논리'로 구분하는 것이 적절하다고 본다. 왜냐하면 '의사결정 논리'와 '가치 판단 논리'는 통합되어 이해될 성질의 것이 아니기 때문이다. 이렇게 하여 교육과정 평가 논리는 16가지가 있을 수 있다(이만영, 2003).

이러한 논리들 가운데 국어과 교육과정 평가 논리로 적합한 것은 어떤 것일까? 앞에서 살펴본 바와 같이 다양한 평가 논리를 국어과 교육과정 평가 목적으로 적절하게 활용하기 위해서는 다양한 평가 모형의 논리를 정확하게 이해하는 일과 더불어 평가 모형을 적용해야 하는 상황이나 활동 등을 적절하게 선정하는 일이 중시된다. 앞의 국어과 교육과정 평가 모형은 다양한 수준, 활동, 영역별로 다양한 평가 장면이 나올 수 있고, 평가 주체 또한 수준별 주체들이 활동, 영역별로 평가를 하도록 되어 있다. 그래서 국어과 교육과정 수준, 활동, 영역, 평가 주체 등에 따라 알맞은 논리를 선택할 수 있다. 국어과 교육과정 평가의 목적이 교육과정의 질 관리라는 목적면에서 볼 때, 교육과정의 질적 속성의 평가에 초점을 맞춘 확인 및 점검 논리가 적합하다. 국어과 교육과정의 내용이나 방법에 타당성, 적절성, 실현 가능성 등 가치 판단이 개입되어야 한다는 면에서는 가치 판단 논리가 적합하다고 할 수 있다.

이상의 논의로 볼 때 국어과 교육과정을 평가하는 데는 기본적으로 확인·점검 논리와 가치 판단 논리가 적합하다고 볼 수 있다. 다만, 교육과정의 수준별, 활동별, 영역별로 적합한 논리를 다양하게 선택할 수 있다는 유연함을 잃지 않도록 해야 할 것이다.

## 2. 국어과 교육과정 관련 선행 연구 분석

여기서는 1970년 이후 나온 국어과 교육과 관련한 단행본 저서, 학위논문, 학술지 논문들 가운데 국어과 교육과정(개발, 운영, 평가)과 관련된 것들을 모아 내용을 분석하여 앞서 마련한 교육과정 평가 모형에 따라 교육과정 수준별, 활동별, 영역별로 분류할 것이다. 이런 분류를 하는 것은 앞으로 국어과 교육과정 평가 준거를 마련하는 데 시사점을 얻기 위함이다.

국어과 교육과정과 관련된 단행본과 논문들에서 국어과 교육과정을 비판적으로 보고 문제점으로 지적하거나, 문제 해결을 위해 제언한 내용들을 분석해서 비슷한 논의들을 묶어 보았다. 논의들 각각에 대해서 어떤 사람이 어떤 논의를 했고 그 논의는 어느 수준 어떤 영역과 관련되는지를 밝히는 것이 좋겠지만, 대상 연구물의 수가 많기 때문에 그렇게 하나하나 설명을 하자면 논의가 길어질 뿐만 아니라 지루해질 우려가 있다. 따라서 논의들의 분석과 분류의 보기를 몇 가지 보이고 나머지에 대해서는 분석과 분류의 결과만 보이도록 한다.

보기를 들면, 이상태(1994)에서는 국어과 교육과정을 살필 때 봐야 할 것들을 여러 가지 제시했는데 그 가운데 '언어관의 설정'을 가장 앞에 내놓았다. 이것은 '국가 수준 국어과 교육과정 개발'과 관련되며, 다시 교육과정 요소 가운데 '교과'와 관련이 되므로, '국가 수준 국어과 교육과정 개발–교과–언어관'으로 분류하였다.

다른 보기를 들면, 김주수(2000)에서는 국어과 교육과정의 듣기·말하기 영역을 사적으로 고찰하여 목표, 내용, 방법, 평가 등의 문제점을 지적하였다. 그 가운데 하나로, 평가 방법과 관련하여 '평가 도구와 평가 기준이 제시되지 않음'을 문제점으로 지적하고 차후에 개발되는 교육과정에서는 이 문제가 해결되어야 한다는 언급을 하였다. 하지만 여기서는 그것을 듣기·말하기 영역뿐만 아니라 국어과 전체 '평가'와 관련시켰으며, '평가 도구'와 '평가 기준'에 대한 논의를 다른 연구물들에서도 하고 있으므로 따로 분리하였다. 그리고 박영목(2005)

에서는 '성취 기준'에 대한 언급을 하고 있는데, '평가 기준'만 제시되거나 '성취 기준'만 제시되어서는 안 되고 둘 모두가 제시되어야 하기에 '성취 기준'에 대한 논의와 '평가 기준'에 대한 논의를 '성취 기준 및 평가 기준'으로 묶어 분류하였다.

여기서 밝혀 두고 갈 것이 있다. 국어과 교육과정과 관련하여 어떤 영역이나 항목에 대하여 깊이 파고들어 분석하고 비판한 뒤 대안을 제시한 논문도 있고, 제언의 형태로 연구될 당시 교육과정의 문제점을 지적하는 논문도 있었다. 교육과정을 비판적으로 보고 그 문제점을 지적했다는 점에서 그것들을 따져 봐야하는 '평가 준거 연구'에 도움이 되는 언급들은 모두 분석의 대상으로 삼았다.

국어교육의 개별화와 관련한 연구들은 주로 7차 교육과정이 수준별 교육을 표방한 뒤 나온 것이 대부분이다. 그래서 '국어교육의 개별화'라는 말로 연구된 연구물은 없었고, 수준별 교육과정이 개별화 교육을 위한 시도라는 점에서 국어과 수준별 교육에 관한 연구물들을 정리하여 개별화 교육과 관련한 논의로 분류하였다.

## 2.1. 국가 수준 국어과 교육과정 개발단계와 관련된 내용

### 2.1.1. 학생 영역 관련 내용

학생 영역과 관련된 내용은 하나가 있었다. 학생 요구 분석과 관련하여 이상태(1987)는 '학생이 길러주길 바라는 국어 능력에 대한 분석 여부'에 대해 언급하였다.

### 2.1.2. 교과 영역 관련 내용

국어교육의 이념과 관련한 논의는 크게 세 가지다. 이상태(1994), 김수업(2002)은 '내일의 말(있어야 할 말)에 대한 확고한 이상의 제시 여부'를, 이인제(2005)는 '국어교육의 정합성과 사회·개인의 필요와 요구를 고려한 국어교육의 지향 설정 여부'를, 박인기(2000), 김상욱(2005)은 '국어교육 이념이 드러나는가'에 대해 언급하였다.

개정 배경과 관련하여 양성구(2001)는 '국어교육 내적 요인에 의해 개정이 이루어지는가'에 대한 언급을 하였다.

편제와 관련해서 교육인적자원부(2004)는 '국어과 교육과정 편제의 적절성'을, 이성희(1991)는 '국어과 시간 배당의 적절성'에 대해 언급하였다.

구성체제와 관련하여 교육인적자원부(2004), 박영목(2005), 김경자·유은경(2002), 손영애(1986)는 '국어과 교육과정 구성 체제의 적절성'과 '국어과 교육과정 구성 체제의 체계성'을, 양성구(2001), 최순정(2003)은 '국어과 교육과정 구성 체제의 현장 효율성'을 언급하였다.

제시 형식과 관련하여 김경자·유은경(2002)은 진술 방식, 설명 분량 등 '사용자 읽기 편리성'을, 신명래(2004)는 '교사의 이해 가능성'을, 최지현(2004), 김경자·유은경(2002)은 '국어과 교육과정에서 쓰이는 교육과정 용어들에 대한 정의 여부'에 대해 언급하였다.

개발체제와 관련하여 박성익(1991), 김창원 외(2003), 김상욱(2005)은 '개발과정에 다양한 이해관계자들의 참여 여부'를, 김상욱(2005)은 '협의에서 제기된 문제를 수렴할 장치의 마련여부'에 대해 언급하였다.

언어관과 관련하여 오현숙(2001), 정혜승(2006)은 국가 수준 교육과정 문서에서 '언어관 정립 제시 여부'에 대해 언급하였다.

국어 뜻매김과 관련하여 이상태(1994), 김용석(1987), 손영애(1986), 이대규(1985)는 '국가 수준 교육과정 문서에서 국어 뜻매김 여부'에 대해 언급하였다.

국어교육의 성격과 관련하여 박영목(2005), 이인제(2005)는 '국어 교과 특성과 관련한 인식을 드러내는가'를, 김경자·유은경(2002)은 '성격 규정을 하며, 그에 대한 타당한 근거를 제시하는가(정당화 과정이 기술되는가)'와 '성격이 목표, 내용, 방법, 평가의 지침이 되고 있나'에 대해 언급하였다. 김대행(1996), 최순정(2003)은 '성격 규정의 명료성'을, 정혜승(2002; 2006)은 '성격 규정의 적합성'과 '성격의 언어관과의 일관성'

에 대해 언급하였다.

국어교육 목표와 관련하여 이상태(1994), 김수업(2006), 김은형 등(2004), 최현섭(1988), 천병식(1973), 박성익(1991), 하정애(1999) 등은 '국어교육의 목표가 국어교육에서 겨냥해야 할 것들로 짜여 있는가(국어교육 고유의 목표로 짜여 있는가)'를, 정혜승(2006)은 '목표의 언어관과의 일관성'을 언급하였다. 교육인적자원부(2004)에서는 '목표의 타당성과 적절성'을, 박인기(2000)는 '언어 경험의 폭넓은 확장 특성에 어울리게 목표 진술은 포괄적인가, 전략과 기능의 습득은 구체적 행동 목표로 초점화되는가, 삶의 성장과 언어적 경험을 상호 계열화하여 일관된 목표 형식으로 드러나는가, 표현성을 활동 자체로 중시하는 언어(문학) 교육의 목표 형식을 드러내었는가'를 고려해야 한다고 했다. 김경자·유은경(2002)은 '목표의 성격과의 일관성', '목표 체계의 구조화 여부'에 대해, 교육부(1998)는 '목표 체계의 일관성', 양성구(2001)는 '목표의 실효성과 달성 가능성'에 대해 언급하였다. 목표 진술과 관련하여 김대행(1996). 정혜승(2002)은 '형태와 수준의 적합성', 손영애(1986), 임규홍(1989)은 '체계성과 논리성', 최현섭(1988), 박성익(1991), 박광일(2002), 양성구(2001), 김주수(2000)는 '구체성'에 대해 언급하였다.

내용 선정과 관련하여 이상태(1994), 김은형 외(2004), 이지호(2000), 교육인적자원부(2004), 천경록(2005), 정혜승(2002; 2005; 2006), 교육과정평가원(2004), 교육부(1998), 이도영(2000), 이대규(1985), 이인제(2005), 서성희(2003), 김주수(2000), 하정애(1999) 등은 영역별 공통점과 차이점을 따져보고 공통적인 내용을 핵심내용으로 삼고 있는가 하는 '내용 선정 방식의 합리성', 선정한 내용의 '학습 가능성(실현 가능성)', 선정한 내용은 분야별 균형성이 있는가 하는 '균형성', '내용 선정 준거와 (기준)의 명확성', '학생의 국어사용능력 향상을 도울 수 있는 필수 학습 요소를 중심으로 정선되는가'에 대해 언급하였다. 교육과정평가원(2004), 손영애(2005), 박성익(1991), 천지연(2005) 등은 '학년별, 영역별 내용량의 적정성'에 대해 언급하였다.

내용 조직과 관련하여 이대규(1985), 이상태(1994), 정혜승(2006), 이지호(2000), 천경록(2005), 정혜승(2005), 이도영(2000), 이인제(2005), 교육과정평가원(2004), 김주수(2000) 등은 '지식 관련 내용들을 구조화하는 방식의 합리성과 위계성, 내용 범주화의 타당성과 실효성, 선정된 내용의 영역 간 횡적 연계성, 내용 영역 간의 관련성'에 대해 언급하였다. 손영애(1986)는 '내용 선정 조직에 있어 영역 간 유기적 통합성'을, 김수업(1984; 2006), 정혜승(2006), 교육인적자원부(2004), 박영목(2005), 천경록(2005), 노명완(2005), 최영환(2003), 김주환(2004), 이삼형(2005), 김상욱(2005), 김경자·유은경(2002), 김대행(1996), 서덕현(1993), 손영애(1986), 김용석(1987), 하정애(1999), 유학영(1980) 등은 '뚜렷한 논리와 근거를 바탕으로 체계적이고도, 합리적인 내용 영역 구분이 이루어지는가, 내용 영역 구분에 대한 근거나 정당성이 제시되는가, 국어과 성격, 목표와 일관된 영역 구분' 등으로 '내용 영역 구분의 합리성과 적정성'에 대해 언급하였다.

내용 진술과 관련하여 이인제 외(1997), 정혜승(2006), 서혁(2005), 김대행(2005), 박영목(2005), 천경록(2005), 이삼형(2005) 등은 '내용 진술(제시) 방식의 위계화, 계열화, 상세화'를, 정혜승(2005), 교육과정평가원(2004), 김상욱(2005), 손영애(2005) 등은 '교육과정 내용 진술에 사용하는 용어의 적절성과 일관성'에 대해 언급하였고, 임규홍(1989), 정혜승(2002), 천지연(2005)은 '내용 진술의 구체성과 명확성'에 대해 언급하였다.

방법과 관련하여 교육인적자원부(2004)는 '국어과 교육과정 방법 항목의 적절성과 타당성', 김은형 등(2004)은 '폭넓은 교수·학습 원칙, 자료에 대한 지침 제공성'에 대해 언급하였다. 김경자·유은경(2002)은 '성격, 목표, 내용과의 일관성', '적합한 교수·학습 자료의 종류, 확보와 활용 방법에 대한 안내 여부', '국어과 특유의 국어과다운 방법의 구체적 제시 여부'에 대해 언급하였다. 이성희(1991), 양성구(2001), 이남식(1991), 류덕엽(1989), 김주수(2000)는 '영역별 구체적 방법 제시 여부'에 대해, 교육부(1998), 최순정(2003), 하정애(1999), 김주수(2000)는 '방법의 실제적 유용성'에 대해, 박성익(1991), 이성희(1991), 김은영(2000)은 '영역별 특성에 맞는 다양한 교수·학습방법의 제시 여부'에 대해,

김재봉(2000), 이상태(1994)는 '영역별 관련성을 바탕으로 총체적 종합적 지도 가능 여부(통합적 지도에의 관심 여부)'에 대해 언급하였다.

평가와 관련하여 김수업(2006), 박영목(2005), 김경자·유은경(2002)은 '성취 기준의 제시 여부', 박성익(1991), 김주수(2000)는 '평가 기준 마련 여부'에 대해 언급하였다. 박임범(2002)은 '성취 기준 진술 형태와 목표와의 합치성, 성취 기준 진술에 학습 범위와 목표 수준이 분명히 드러나도록 상세한가 하는 성취 기준 진술의 상세성, 성취 기준이 요구하는 학습량의 적절성, 성취 기준이 요구하는 목표 수준의 적절성, 성취 기준의 개별학습 활동 도움성, 성취 기준과 교과서와의 연계성'에 대해 언급하였다. 교육인적자원부(2004)는 '국어과 교육과정 평가의 적절성과 타당성', 김은형 등(2004)은 '교수·학습의 일환으로서 평가 개념 확립에 기여하는 평가 지침 제공성'에 대해 언급하였다. 박영민(2006), 이성희(1991), 하정애(1999), 김주수(2000) 등은 '다양한 평가 방법을 체계화하여 평가 도구에 대한 안내를 하는가, 다양한 평가 방법을 제시하는가, 평가 도구 제작 과정을 제시하고 안내하는가, 평가 결과 해석과 처리에 대해 규정하고 안내하는가'에 대한 언급을 하였다. 김경자·유은경(2002), 김두정(1991), 김경아(2002), 이상태(1994), 김주환(2004), 김상욱(2005), 이대규(1985)는 '평가의 성격, 목표, 내용, 방법과의 유기적 일관성', 김경자·유은경(2002), 김두정(1991), 박성익(1991), 양성구(2001), 이남식(1991) 등은 '평가 방법(평가 자료)의 구체적 제시 여부', 교육부(1998), 최순정(2003)은 '평가 지침의 실제적 유용성'에 대해 언급하였다. 최미숙(1999)은 언어 능력이나 영역 관련 통합적 평가가 이루어지는가 하는 '평가의 통합성', 최은정(1993), 김은영(2000)은 '목적에 따른 평가 방법, 기준의 마련 여부'에 대해 언급하였다.

### 2.1.3. 환경 영역 관련 내용

교육과정 개발 준비와 관련하여 정회열(1986)은 '충분한 기초 연구 바탕성', 손영애(1987)는 '이해당사자 및 관련 전문가들의 개발 과정 참여 여부', 박성익(1991)은 '국가 사회의 요구 반영성', 박성익(1991), 이인제(2005)는 '교육과정 개발 기간의 충분성'에 대해 언급하였다. 그리고 양성구(2001)는 각 교육단위별로 해야 할 역할을 명확히 밝히는 '각 교육단위 역할 구명의 명확성'에 대해 언급하였다.

## 2.2. 국가 수준 국어과 교육과정 운영단계와 관련된 내용

### 2.2.1. 학생 영역 관련 내용

학생 특성과 관련해서 강한별(2001)은 '학생들의 수업에 대한 흥미성'과 '학생들의 수업 참여도'에 대해 언급하였다.

### 2.2.2. 교과 영역 관련 내용

교과서와 관련하여 이상태(1994)는 '교과서를 펴내는데 타당한 기초 마련 여부'와 '단원의 내부적 통일성'에 대해 언급하였다. 정혜승(2001; 2002), 이창수(2002), 김수업(2006), 김경희(1988), 김용석(1987), 손영애(1986), 천병식(1973), 강한별(2001), 박경순(2002), 박광일(2002), 천지연(2005), 임영주(2004), 신명래(2004), 김순래(1998), 김혜자(1994), 류덕엽(1989) 등은 교육과정의 의도(내용)를 제대로(충실히) 반영하는가 하는 '교육과정 반영성'에 대해 언급을 하였다. 김수업(2006), 정혜승(2002), 김혜자(1994)는 배우고 가르치기 알맞도록 마련이 되었는가 하는 '교수·학습 가능성'과 교과서로서의 기능을 제대로 하고 있는가 하는 '교과서 기능성'에 대해 언급하였다. 서혁(2005)은 교과서 개발에 영역 통합, 내용 축소가 이루어지는가 하는 '교육과정의 변형 정도', 김경자 외(2001), 강정한(2001), 유성호(2005)는 '교과서 분책/합본의 논리성', 김두정(1991), 강정한(2001), 이복자(2002), 이성희(1991), 김은영(2000), 정혜승(2002)은 시간 배당과 관련하여 '교과서 분량(활동량)의 적정성'에 대해 언급하였다. 이경화(2002)는 '교과서 체제의 이론적 타당성', 최현숙(1996)은 '교과서 체제의 실제 적용 가능성', 이성희(1991)는 '교과서 짜임의 교육과정과의 일관성', 김순래(1998)는 '교과서 체제상 영역 간 관련성', 김은영(2000)은 지역에 맞는 교과서인가 하는 '교과서의 지역성'에 대해 언급하였다. 이용균(2002)은 '단원별 학생의 흥미도', 김순래(1998)는 '단원별 상관성(연관성)', 정혜승(2002)은 '활동 소재나 글 제재에 대한 학생들의 흥미도', 이용균(2002)은 '난이도 및 단원 분량에 따른 시수 배정의 탄력성', 김순래(1998)는 '단원 수 및 시수 배정의 적정성'에 대해 언급하였다. 김미숙(2002)은 '교과서에 실린 글의 제재 및 주제의 교육과정 목표와 유기적 일관성', '교과서에 실린 글 제재 및 주제의 학생 발달 수준 적합성', '교과서 편찬 시 다양한 분야 전문가들의 참여 여부(심리학자, 동화작가, 청소년문제전문가, 미래학자 등)'에 대해 언급하였다.

교사용 지도서와 관련하여 이경화(2002)는 '핵심 지도 내용, 효과적 방법 안내 여부'와 ' 다양한 심화, 보충 자료 제공 여부', 정혜승(2002), 신명래(2004)는 '교육과정과 교과서의 관계에 대한 상세 정보 제공성'에 대해 언급하였다.

### 2.2.3. 교사 영역 관련 내용

교사 영역에서는 연수와 관련하여 이경화(2002), 김경자·유은경(2002)은 '교사 연수 프로그램 계획 및 운영 여부', 문선자(1987), 신명래(2004), 류덕엽(1989), 김정자(1973) 등은 '교사 연수의 충분성'에 대해 언급하였다.

### 2.2.4. 환경 영역 관련 내용

환경 영역에서는 지원체제와 관련하여 김경자·유은경(2002)은 '지원체제 구축과 지원계획의 제시 여부'와 '교사 양성, 교재 평가 체제, 교사-학생-학부모의 관계, 학부모의 협력 등에 대한 접근과 전략 제시 여부'에 대해 언급하였다.

보조교재와 관련하여 김수업(2006)은 '국어과 보조교재 개발 보급 여부'에 대해 언급하였다.

교수·학습 자료와 관련하여 김수업(2006), 양성구(2001), 김정자(1973) 등은, '시·도, 시·군 지역의 모든 학교가 반드시 다루어야 할 구체적 국어교육 자료 제공 여부'와 '교수·학습 자료 개발 보급의 원활성'에 대해 언급하였다.

국어 공부방과 관련하여 김수업(2006)은 말 공부방, 읽고 쓰기 공부방 등 '국어 공부방 마련 여부'에 대해 언급하였다.

학부모 연수와 관련하여 이경화(2002)는 '학부모 연수 교재 개발 보급 여부'에 대해 언급하였다.

## 2.3. 교실 수준 국어과 교육과정 운영단계와 관련된 내용

### 2.3.1. 학생 영역 관련 내용

학생 영역에서는 학생 특성과 관련해서 강한별(2001)은 '학생들의 국어 수업에 대한 흥미성'과 '학생들의 수업 참여도', '학생들의 수업 만족도'에 대해 언급하였다.

### 2.3.2. 교사 영역 관련 내용

교사 영역에서는 수업과 관련해서 최지현(2005)은 교사의 교수행위가 학생들이 마땅히 따라 할 만한 범례성을 갖추고 있는가 하는 '교수행위의 범례성', 교사와 학생 사이의 상징적 상호작용이 교육적 가치를 지니고 있는가 하는 '교사와 학생 간 상징적 상호작용의 교육적 가치성', 학생이 얻게 된 언어 수행력이 일상의 전체 언어 사용 맥락에서 반복적이며 지속적으로 나타나겠는가 하는 '습득한 언어 수행력의 실생활 발현성'에 대해 언급하였다. 손영애(1986), 박경순(2002), 이용균(2002), 박태연(1982)은 교수·학습이 단원별 내용별로 적합한가 하는 '교수·학습 방법의 적절성', 손영애(1986), 박경순(2002)은 '교재 교구의 효과적 활용성', '평가의 적절성'에 대해 언급하였다. 박경순(2002)은 '학생들의 실질적인 국어 능력 평가 여부', 정혜승(2002)은 실질적 국어 능력을 골고루 평가하는 '평가의 균형성', 김경아(2002)는 실제 언어 사용 장면과 유사하게 통합적으로 평가하는가 하는 '평가의 통합성'에 대해, 류성기(1996)는 '의사소통 중심의 평가'에 대해 언급하였다. 정혜승(2002)은 '교사의 교육과정 내용 이해도'에 대해, 김수업(2006)은 '교사의 국어에 관련한 지식, 기술을 갖추고 있는가, 국어교육에 대한 신념의 유무', 손영애(1986)는 내용을 여건에 맞게 재구성하여 가르치는가 하는 '내용 재구성'에 대해 언급하였다.

## 2.4. 국어교육의 개별화 관련 내용

국어교육의 개별화 관련 내용들을 따로 묶어 정리해 보도록 한다. 실제 평가 준거를 마련할 때에는 수준별, 단계별로 맞게 녹여 넣어야 할 것이다.

개발 단계와 관련하여 서혁(2005), 교육인적자원부(2004), 박영목(2005), 천경록(2005) 등은 '국가 수준 교육과정의 개별화 교육 계획의 실현 가능성, 적절성, 구체성'에 대해, 이인제(2005), 김대행(1999)은 '개별화 교육 정책방향의 명확한 제시 여부'에 대해 언급하였다.

개별화 내용과 관련하여 천경록(2005), 김상욱(2005)은 '개별화 교육 내용의 정교성', 전은주(2003), 김경자·유은경(2002), 이주섭(1999), 김대행(1999)은 '개별화 교육내용 조직의 계열성', 김지선(2005)은 '개별화 교육내용의 구체성과 명확성'에 대해 언급하였다.

개별화 교육 방법과 관련하여 전은주(2003), 서혁(2005), 강한별(2001)은 '개별화 교육을 위한 교수·학습 방법 안내 여부', 천경록(2005), 박광일(2002)은 '개별화 교육을 위한 수업 자료 제공의 충분성'에 대해 언급하였다.

개별화 교육 평가와 관련하여 전은주(2003), 서혁(2005), 이연충(2001)은 '개별화 교육의 평가 방법 안내 여부'와 '평가 방법의 구체성', '객관적이고 신뢰성 있는 평가 기준의 제시 여부'에 대해 언급하였다.

교과서와 관련하여 서혁(2005), 정혜승(2002)은 '개별화 교육 교재 구성의 적합성과 다양성', 전은주(2003), 김지선(2005)은 '개별화 교육 교재의 다양한 학습자 특성 고려 여부', 정혜승(2002)은 개별화 교육과 관련한 국가 수준의 교육과정 의도를 현장에서 충실하게 실행하는가 하는 '국가 수준 교육과정 의도의 현장 실행의 충실성', 서혁(2005)은 '개별화 교육 교재 학습량의 적정성', 김형철(2000), 이경화(2002), 최순정(2003) 등은 '개별화 교육의 실제 적용 가능성', 이주섭(1999), 김대행(1999)은 '개별화 교육 운영 방안의 효율성'에 대해 언급하였다. 이용규(2002), 조용기 등 (2004)은 '개별화 교육의 실제 실천 여부'에 대해 언급하였다.

교사와 관련하여 김지선(2005)은 '개별화 교육에 관한 교사의 이해도'와 '교사연수의 충분성'에 대해 언급하였다.

환경과 관련하여 천경록(2005), 이연충(2001)은 개별화 교육을 위한 교수·학습 여건과 관련하여 '학급당 인원수의 적절성', '교실 및 기자재 마련 여부', '교사들의 연구 여건 마련 여부'에 대해 언급하였다.

## 2.5. 기타

이상 살펴본 내용에 포함시킬 수 없는 기타 내용에 대해 알아본다.

환경 영역과 관련하여 이인제(2005)는 '교육과정 개발 기간의 충분성'에 대해 언급하였다. 이대규(1985), 이인제(2005)는 국가·지역·학교·교실 수준 등 각 수준별 교육과정이 서로 일관성과 연계성이 있는가 하는 '교육과정 수준 간 일관성과 연계성'에 대해 언급하였다.

학교 수준 운영 단계와 교사 영역과 관련하여 정혜승(2002)은 '국어 교과 협의회 운영의 활발성'에 대해 언급하였다.

## 3. 국어과 교육과정 평가 영역 상세화

앞 장에서 제시한 교육과정평가 모형은, 학습자, 교과, 교사, 환경 등의 교육과정 요소와 개발, 운영, 성과 등의 교육과정 활동 요소, 기술·해석·판단 등의 평가 기능이 교차하는 3차원 모형이다. 이 기본 모형이 다시 국가 수준, 지역 수준, 학교 수준, 교실 수준 등 교육과정 수준별로 회전하면서 작동하도록 되어 있다. 하지만 이런 평가 영역은 국어과 교육과정평가를 실제로 수행하고자 할 때 큰 도움이 되지 못한다. 왜냐하면 각각의 요소들이 너무 포괄적이고 광범위하여 교육과정평가 실행과 관련된 자세한 정보를 제공해 주지 못하기 때문이다. 따라서 기본 모형에서 제시된 교육과정평가의 영역을 좀 더 상세히 할 필요가 있는 것이다.

이 장에서는 국어과 교육과정평가 영역을 상세화해 나갈 것이다. 구체적인 맥락에서 실행될 수 있는 교육과정평가 준거를 마련하기 위한 세부 평가 영역을 추출하는 데 교육과정 관련 이론서와 선행 연구 검토 결과들을 참조하였다. 홍후조(2002), 함수곤 외(2003), 이성호(2004) 등에서 교육과정 개발, 운영, 평가 절차 및 교육과정 수준별 주체의 역할들을 참조하였다. 국어과 교육과정 수준별 평가 영역들에 대한 전반적인 선행 연구는 주로 배호순 외(1997), 김재춘 등(1998), 이병욱(2002), 이만영(2003) 등 교육과정 평가 준거 관련 선행 연구들을 참조하였다. 국어과 교육과정과 직접 관련된 평가 영역 및 평가 요소들은 앞서 살핀 국어과 교육과정 관련 선행 연구 결과들을 종합하여 상세 영역을 마련하였다.

### 3.1. 교육과정 개발 단계 평가 영역 상세화

#### 3.1.1. 학습자 영역

교육과정 관련 이론서와 교육과정 평가 관련 연구물에서 공통으로 발견할 수 있는 것은 교육과정 개발 단계에서 요구분석 또는 기초조사와 관련된 내용이다. 홍후조(2002), 함수곤 외(2003), 이성호(2004) 등에서 공통적으로 교육과정 개발단계에서 해야 할 일로 학습자의 요구분석을 들고 있고, 김재춘 외(1998), 배호순 외(1997), 유한구(1997) 등에서도 평가 영역으로 제시하였다. 이에 더하여 이병욱(2002)은 학습자의 지적, 정의적, 심동적 능력 진단을 평가 영역으로 제시하고 있다.

이상의 논의를 볼 때 교육과정 수준을 막론하고 국어과 교육과정이 개발되는 과정에서, 국어교육에 대한 학습자의 요구 분석과 학습자의 국어 능력 진단이 이루어지는 것이 바람직하다고 본다. 따라서 이 연구에서는 교육과정 수준별로 국어과 교육과정 개발단계에서 학습자 관련 평가 세부 영역으로 '학습자 요구 분석', '학습자 능력 진단'을 삼기로 한다.

이 같은 일련의 평가와 조사의 결과가 적절히 반영되었는가도 평가해야 할 것이다.

### 3.1.2. 교과 영역

교과 영역은 주로 교육과정 '문서'와 관련된 내용들이다. 문서 개발에 앞서 이뤄져야 할 기초 조사의 성격을 가진 것도 있고, 문서 자체와 관련된 것들이 있다.

먼저 기초 조사의 성격을 지닌 것을 살펴보자. 김재춘 외(1998)는 문서 개발에 앞서 기초연구로서 국가 수준에서 '외국의 동향 및 최신 이론'에 대한 분석을 평가 영역으로 제시하고 있다. 곧 다른 나라에서의 자국어교육을 어떻게 하고 있는가 하는 것과, 언어 교육과 관련하여 새로운 이론들이 있는지 분석할 필요가 있다는 것이다. 기초연구의 하나로 지역 수준에서는 국가 수준 교육과정 문서에 대한 분석을, 학교 수준에서는 지역 수준 교육과정 문서 분석을, 교실 수준에서는 학교 수준 교육과정 문서 분석이 필요한 것이다.

다음으로 교육과정 문서와 관련하여 살펴보자. 교육과정 문서와 관련한 평가는 크게 두 가지로 나누어 생각해 볼 수 있다. 첫째, 문서 체제에 대한 평가를 들 수 있고, 둘째, 문서 내용에 대한 평가를 생각할 수 있다. 일반적으로 교육과정 문서를 평가한다고 할 때는 바로 문서 체제와 문서 내용에 대한 평가를 의미한다(곽병선 외, 1996).

교육과정 문서 체제는 먼저 교육과정 사용자에게 교육과정이 의도하는 바를 효과적으로 전달할 수 있는 방식으로 구성되어야 하며, 또한 사용자가 편리하게 활용할 수 있는 형식으로 구성될 필요가 있다. 따라서 어떤 맥락에서든 교육과정평가를 수행할 때, 교육과정 문서 체제나 형식에 대한 검토를 반드시 수행할 필요가 있다.

교육과정의 문서 체제를 평가할 때에는 구성방식 외에 제시방식에 대해서도 평가할 필요가 있다. 문서의 제시방식에 대한 평가는 내용의 진술 방식 등과 같은 소프트웨어적인 측면뿐만 아니라 판형, 글자 크기, 글자 및 낱말 사이, 글줄 길이와 글줄 사이 띄기, 지질, 두께, 삽화 및 색도, 여백 처리 등과 같은 하드웨어에 대한 측면까지를 포함한다.

교육과정 문서 내용은 계획된 교육과정의 알맹이에 해당한다. 문서의 체제나 형식이 잘 되어 있다고 하더라도 그 내용이 충실하지 못하다거나 적절하지 못하다면 좋은 교육과정이라고 볼 수 없다. 따라서 교육과정 문서의 내용에 대한 평가는 교육의 내용에 대한 평가라는 점에서 무엇보다도 중요하다고 볼 수 있다. 왜냐하면 이 계획된 내용에 따라 이후의 교육과정 관련 제반 활동이 이루어지기 때문이다. 따라서 계획된 교육과정 내용의 일관성, 적절성, 충실성 등에 대한 평가가 이루어질 필요가 있다(김재춘 외, 1998).

또 앞서 국어과 교육과정 논리를 살필 때, 다른 교과와 달리 국어과에서 해야 할 것으로 '언어관 확립', '국어 뜻매김', '국어교육의 성격 규정'을 들었고, 국어과에서도 하지 않으면 안 될 것으로 '개별화', '지역화', '통합화'를 들었었다. 국어과 교육과정 문서에서 이것들을 어떻게 다루고 있는지도 평가 대상이 되어야 할 것이다.

이상의 논의를 볼 때, 교육과정 수준별로 다음과 같은 세부 영역을 설정하는 것이 바람직하다고 보고 이를 국어과 교육과정 개발 단계 세부 평가 영역으로 삼고자 한다.

국가 수준에서는 '외국의 자국어교육 동향 및 최신 언어 교육 이론', '현행 국가 수준 국어과 교육과정 문서 구성', '문서 제시 방식', '문서 내용(언어관, 국어 뜻매김, 국어교육의 성격, 목표, 내용, 방법, 평가)', '개별화', '지역화', '통합화' 평가 등이 세부 평가 영역이 될 것이다.

지역 수준에서는 현행 지역 수준 국어과 교육과정[1]의 '문서 구성', '문서 제시 방식', '문서 내용(목표, 내용, 방법, 평가)', '국가 수준 교육과정 분석', '지역화', '개별화', '통합화'와 관련된 것이 세부 평가 영역이 될 것이다.

학교 수준에서는 현행 학교 교육과정의 '문서 구성', '문서 제시 방식', '문서 내용(목표, 내용, 방법, 평가)', '지역 수준 교육과정 분석', '지역화', '개별화', '통합화' 등이 세부 평가 영역이 될 것이다.

교실 수준에서는 현행 학년(학급) 교육과정의 '문서 구성', '문서 제시 방식', '문서 내용(목표, 내용, 방법, 평가)', '학교 수준 교육과정 분석', '지역화', '개별화', '통합화' 등이 세부 평가 대상이 될 것이다.

위와 같은 일련의 평가와 조사의 결과가 적절히 반영되었는가도 평가해야 할 것이다.

### 3.1.3. 교사 영역

앞서 살펴 본 '기초조사', '요구 분석'이라는 측면에서 교사와 관련한 평가 영역이 세분화 될 수 있다. 홍후조(2002), 함수곤 외(2003), 이성호(2004) 등에서 공통적으로 교육과정 개발단계에서 해야 할 일로 교사의 요구 분석을 들고 있고, 김재춘 외(1998), 배호순 외(1997), 유한

1) 현재 우리나라는 시·도교육청에서 '교육과정 편성·운영 지침'을 개발하여 지역 교육청으로 보급해야 하고, 지역교육청은 그것을 바탕으로 '실천중심의 장학자료'를 개발하여 일선 학교에 보급하도록 되어 있다. 따라서 여기서 '지역 수준'이라는 것은 '교육과정 편성·운영 지침'과 '실천중심의 장학자료'를 싸잡는 말이다. 아래부터는 '지역 수준'이라고 함.

구(1997), 이병욱(2002) 등에서도 이를 평가 영역으로 제시하였다.

이것을 볼 때, 국어과 교육과정 개발 단계에서 교육과정 수준별로 '교사의 요구 분석'이 평가 세부 영역으로 바람직하다고 보고, 세부 평가 영역으로 삼는다. 그리고 국어 교사들이 '국어'를 어떻게 보고 있는가 하는 '교사들의 국어관'도 살펴볼 필요가 있다. 이 같은 일련의 분석의 결과가 적절히 반영되었는가도 평가해야 할 것이다. 국가 수준에서부터 교실 수준까지 국어과 교육과정의 개발단계에서 이상의 영역들이 모두 평가 영역이 될 수 있을 것이다.

### 3.1.4. 환경 영역

환경 영역에서는 기초조사와 관련된 것이 있고, 교육과정 개발 과정과 관련된 것이 있다. 먼저 기초조사와 관련하여 홍후조(2002), 함수곤 외(2003), 이성호(2004) 등에서 공통적으로 교육과정 개발단계에서 해야 할 일로 '사회 요구 분석'을 들고 있고, 김재춘 외(1998), 배호순 외(1997), 유한구(1997), 이병욱(2002) 등에서도 이를 평가 영역으로 제시하였다.

다음으로 교육과정 개발 과정과 관련한 것들을 살펴보자.

개발된 문서로서의 교육과정이 의미를 지니기 위해서는 문서의 개발과정 자체에 대한 검토가 체계적으로 이루어져야 한다. 일반적으로 교육과정은 숙고의 과정을 거친 의사결정의 산물로 이야기될 수 있다(Schwab, 1978). 의사결정은 일종의 정치적인 과정이다. 따라서 교육과정의 의사결정 과정은 민주적이어야 함은 자유 민주 사회에서의 필수 조건이라고 볼 수 있다. 여기서 민주적이라는 말은 가능한 한 많은 사람들의 의견을 수렴해야 함을 뜻한다. 왜냐하면 성숙한 민주주의란 어떤 정책의 실행의 결과 일차적으로 영향을 받는 이해관계 당사자들의 의견을 충분히 수렴해야 하는 것을 의미하기 때문이다(Sarason, 1990). 그리고 교육과정 개발과정은 공적인 과업이므로 합리적인 절차를 거쳐야 한다. 개발과정의 필요한 절차를 모두 밟아가면서, 해당 교육과정과 관련된 다양한 이해집단과 전문가 집단의 협의 및 검토 과정을 거칠 필요가 있다.

광범위한 기초조사를 기반으로 민주적이고 합리적인 개발과정을 거쳐 산출된 교육과정 시안에 대한 심의체제도 매우 중요하다. 교육과정의 심의는 개발된 교육과정을 공식화하기 위해 거치는 마지막 절차이다. 그러나 때로는 심의가 형식적으로 이루어짐으로 인하여 마땅히 검토되어야 하는 내용들이 아무런 수정이나 조정 없이 심의라는 의식을 무사히 넘기는 경우가 있다. 합리적인 심의체제는 좋은 교육과정을 산출해내기 위한 필요조건이라고 볼 수 있다. 심의진 구성은 말할 것도 없고, 심의 체제 운영 방법 자체가 평가 영역이 된다. 또 심의 결과 활용 여부를 평가해야 한다. 왜냐하면, 아무리 심의 과정이 공정하고 심의 결과가 믿을 수 있다고 하더라도 심의 결과가 제대로 활용되지 않는다면 심의 자체가 의미가 없어지지 때문이다(김재춘 외, 1998).

그 밖에도 국어교육 정책에 관한 평가도 필요하다(김대행, 1999; 이인제, 2005)

이제까지의 논의를 볼 때, 국어과 교육과정 개발 단계에서 환경 영역 평가의 세부 영역은 다음과 같이 설정하는 것이 바람직하다고 보고 세부 평가 영역으로 삼는다.

국가 수준에서는 '국어교육에 대한 국가 사회의 요구 분석', '국가 수준의 문서 개발 조직 및 절차', '문서 개발조직의 인적 구성', '개발의 실제적 과정', '심의진 구성 및 운영', '개발비', '국어 정책' 등이 평가 영역이 될 것이다.

지역 수준에서는 '국어교육에 대한 지역 사회의 요구 분석', '지역 수준 국어과 교육과정 문서 개발 조직 및 절차', '문서 개발조직의 인적 구성', '개발의 실제적 과정', '심의진 구성 및 운영', '개발 비용' 등이 평가 영역이 될 것이다.

학교 수준에서는 '국어교육에 대한 학부모의 요구 분석', '학교 수준 국어과 교육과정 문서 개발 조직 및 절차', '문서 개발조직의 인적

구성', '개발의 실제적 과정', '심의진 구성 및 운영', '개발 비용' 등이 평가 영역이 될 것이다.

교실 수준에서는 '국어교육에 대한 학부모의 요구 분석', '교실 수준 국어과 교육과정 문서 개발 절차', '개발의 실제적 과정' 등이 평가 대상이 될 수 있다. '개발 조직', '개발 조직의 인적 구성', '심의진 구성', '심의진 운영', '심의 결과 활용' 등은 현실적으로 평가 영역이 될 수 없으므로 평가 영역에서 제외하도록 한다.

이 같은 일련의 분석 결과가 수준별로 개발되는 문서에 적절히 반영되는가도 평가해야 할 것이다.

이제까지 교육과정 계획 단계 평가 영역을 상세화한 것들을 수준별로 나누어 표로 보이면 [표 3]~[표 6]과 같다.

[표 3] 교육과정 개발 단계 평가 영역 상세화(국가 수준)

| 평가 영역 \ 상세 영역 | 상세 영역 |
|---|---|
| 학습자 | • 학습자 국어 능력 진단(진단평가)<br>• 국어교육에 대한 학습자의 요구 조사 |
| 교과 | • 현행 국가 수준 국어과 교육과정 문서 평가<br>∘ 체제: 구성, 제시방식<br>∘ 내용: 언어관, 국어관, 성격, 목표, 내용, 방법, 평가<br>• 외국의 자국어교육 동향 분석<br>• 언어 교육 관련 새로운 이론 탐색<br>• 개별화<br>• 지역화<br>• 통합화 |
| 교사 | • 국어교육에 대한 교사의 요구 조사<br>• 교사의 국어관 |
| 환경 | • 국어교육에 대한 국가 사회의 요구 조사<br>• 국가 수준 국어과 교육과정 문서 개발조직 및 절차<br>• 심의진 구성 및 운영<br>• 국어교육 정책 |

[표 4] 교육과정 개발 단계 평가 영역 상세화(지역 수준)

| 상세 영역<br>평가 영역 | 상세 영역 |
|---|---|
| 학습자 | • 학습자의 국어 능력 진단(진단평가)<br>• 국어교육에 대한 학습자 요구 조사 |
| 교과 | • 현행 지역 수준 국어과 교육과정 문서 평가<br>　◦ 체제: 구성, 제시방식<br>　◦ 내용: 목표, 내용, 방법, 평가<br>• 국가 수준 국어과 교육과정 분석<br>• 개별화<br>• 지역화<br>• 통합화 |
| 교사 | • 국어교육에 대한 교사의 요구 조사<br>• 교사의 국어관 |
| 환경 | • 국어교육에 대한 지역사회 요구조사<br>• 지역 수준 국어과 교육과정 문서 개발조직 및 절차<br>• 개발조직 인적구성<br>• 심의진 구성 및 운영 |

[표 5] 교육과정 개발 단계 평가 영역 상세화(학교 수준)

| 상세 영역<br>평가 영역 | 상세 영역 |
|---|---|
| 학습자 | • 학습자의 국어 능력 진단(진단평가)<br>• 국어교육에 대한 학습자 요구 조사 |
| 교과 | • 현행 학교 수준 국어과 교육과정 문서평가<br>　◦ 체제: 구성, 제시방식<br>　◦ 내용: 목표, 내용, 방법, 평가<br>• 지역 수준 국어과 교육과정 분석<br>• 개별화<br>• 지역화<br>• 통합화 |
| 교사 | • 국어교육에 대한 교사 요구 조사<br>• 교사의 국어관 |
| 환경 | • 국어교육에 대한 지역 사회 요구 조사<br>• 학교 수준 국어과 교육과정 문서 개발조직 및 절차<br>• 개발조직 인적 구성<br>• 심의진 구성 및 운영 |

[표 6] 교육과정 개발 단계 평가 영역 상세화(교실 수준)

| 상세 영역 / 평가 영역 | 상세 영역 |
|---|---|
| 학습자 | • 학습자 국어 능력 진단(진단평가)<br>• 국어교육에 대한 학습자 요구 조사 |
| 교과 | • 현행 문서 평가<br>　∘ 체제: 구성, 제시방식<br>　∘ 내용: 목표, 내용, 방법, 평가<br>• 학교 수준 국어과 교육과정 분석<br>• 개별화<br>• 지역화<br>• 통합화 |
| 교사 | • 교사의 요구 조사<br>• 교사의 국어관 |
| 환경 | • 국어교육에 대한 학부모 요구 조사<br>• 교실 수준 국어과 교육과정 문서 개발 절차 |

## 3.2. 교육과정 운영 단계 평가 영역 상세화

교육과정 운영은 크게 준비와 실행으로 나누어질 수 있다. 문서, 곧 계획된 교육과정을 운영한다는 것은 교육과정이 요구하는 자료나 절차를 준비하고 준비가 완료되면 문서에 나타난 대로 실행하는 것을 의미한다. 따라서 교육과정 운영에 대한 평가는 준비에 대한 평가와 실행에 대한 평가로 나누어 생각해 볼 수 있다.

준비는 문서 속에 나타난 계획된 교육과정을 실행하기 위하여 필요한 자료나 절차 등을 얼마나 충실하게 준비했는가에 대한 평가를 의미한다. 준비가 충실히 이루어지지 않은 상태에서 실행이 성공하기를 기대하는 것은 무리이다. 따라서 실행을 위하여 얼마나 충실하게 준비되었는가에 대한 평가가 이루어질 필요가 있다.

실행은 문자 그대로 '실제로 행하는 것'에 대한 평가를 의미한다. 교육과정이 문서 속에서 계획으로만 남아 있다면 교육적으로 아무런 의미도 지니지 못한다. 교육적인 효과를 거두기 위해서는 문서 속에 들어 있는 계획된 교육과정이 충실하게 실행되어야 한다. 따라서 얼마나 충실하게 실행되는지, 맥락에 적절하게 실행되었는지 등에 대한 평가가 반드시 이루어질 필요가 있다(김재춘 등, 1998).

### 3.2.1. 학습자 영역

교육과정을 연구하고 개발하고 실행하는 근본적인 이유는 학생의 학습에 있다. 아무리 교육과정을 잘 만들고 교재를 잘 개발하고, 교사가 수업을 잘 해도 학생들이 학습으로 받아들이고 성취하지 못하면 아무 소용이 없기 때문이다. 뿐만 아니라 학생은 교육과정을 단지 그대로 받아들이는 수동적 존재가 아니다. 학생들은 교사와 상호작용하면서 교육과정에 관여하고 반응한다. 학생들의 교과목에 대한 인지적 이해 정도, 정서적 태도, 교사에 대한 호감정도, 수업 및 학습 태도가 교사 수준의 교육과정 실행에 중대한 영향을 미친다. 많은 교사들이 실제로 경험하는 바와 같이 학생들의 반응에 따라 수업 내용과 방법이 달라질 수 있다. 학생들이 학습 내용과 방법에 적극적이고 긍정적인 반응을 보이면 교사는 보다 많은 교육 내용을 다양한 방법을 사용하여 수업을 진행한다. 그러나 학생들이 수업에 무관심하고 소극적인 태도를 보이면 교사는 준비한 내용을 전달하는 수준에서 만족할 수밖에 없다. 학생들의 반응에 따라 교육과정이 운영되는 양상이 달라지는 것이다. 램(Lam et al., 1999)에서 도시 학교 교사들이 학생들의 수준에 따라 교육 내용을 달리한 것도 그 예라고 할 수 있다. 그 연구에서 도시 학교 교사들은 학생들의 수학 성적과 수업 태도에 따라 수업 방식, 투입하는 학습 자료와 평가 방식을 달리 하고 있다. 학생들이 교육과정에 중대한 영향을 미치고 있는 것이다(정혜승, 2002 : 177~180).

교육과정 계획 활동에서 실시한 일련의 활동들을 바탕으로 국어과 교육과정을 운영하는 과정에서 가장 중요한 것은 바로 학생들의 반응 내지는 특성일 것이다. 일련의 과정을 운영하는 가운데 아이들이 보이는 특성들을 관찰하고 분석할 필요가 있다. 국가 수준에서부터 교실 수준까지 국어과 교육과정이 운영되는 단계에서 국어과목에 대한 인지적 이해 정도, 교사에 대한 호감도 등의 학습자의 특성과 학습자 태도 등이 평가 영역이 될 수 있다.

### 3.2.2. 교과 영역

국가 수준의 경우 교육과정 운영은 주로 교과서와 지도서의 개발과 보급, 교육과정 관련 교사의 연수, 교육과정 적용 관련 장학 및 지원으로 나타난다(김재춘 등, 1998). 이 가운데 국어 교과와 관련된 것들은 교과서와 지도서 개발 준비, 교과서와 지도서의 교육과정 반영, 교과서와 지도서의 활용 용이성과 관련된 것들이 세부 평가 영역이 될 수 있을 것이다. 여기에다 국어과 교육 관련 선행 연구들에서 언급한 것들을 종합하면, 교과서 개발 계획, 지도서 개발 계획, 교과서 개발, 지도서 개발, 개별화·지역화·통합화 교육 운영과 관련한 교재 평가 등이 평가 영역이 될 수 있다.

지역의 경우, 교육과정 운영은 주로 교육과정 관련 교수·학습 자료의 개발과 관련된다(김재춘 등, 1998). 지역화 교육을 위한 교재 및 지도서의 개발에 대한 계획은 준비의 세부 평가 영역이 되며, 이에 대한 보급 및 활용지원은 실행부분이 된다. 다시 말해, 지역화 교재 및 지도서 개발 준비, 지역화 교재/지도서의 개발 등이 평가 영역이 될 수 있다.

학교의 경우 지역 수준에서 마련한 지역화 교육을 위한 교재 및 지도서를 보고 학교 실정에 맞게 재구성하거나 보충할 계획이 있는지, 실제 재구성 또는 보충을 했는가 하는 것이 평가 영역이 된다. 좀 더 구체적으로 살펴보면, 학교 수준에서 지역화 교재 및 지도서 재구성, 재구성 교재/지도서의 활용 등이 평가 영역이 될 수 있다.

교실 수준에서는 학교 수준에서 마련한 지역화 교육을 위한 교재 및 지도서를 보고, 학년 및 학급 실정에 맞게 재구성하거나 보충하는 등과 관련된 것이 평가 영역이 된다. 다시 말해, 재구성한 교재/지도서의 활용 등이 평가 영역이 될 수 있다.

### 3.2.3. 교사 영역

국어과 교육과정 관련한 국가 수준의 교원연수 계획은 준비에 대한 세부 평가 영역이 되고, 교원 연수 실시에 대한 것은 실행에 대한 세부평가 영역이 될 것이다. 지역 수준에서 해당 지역 교원들을 대상으로 한 교원 연수 계획은 준비에 대한 세부 평가 영역이 되고, 교원 연수 실시에 대한 것은 실행에 대한 세부평가 영역이 된다(김재춘 등, 1998). 학교 수준에서는 해당 학교 교원들을 대상으로 한 연구수업, 교원 연수 계획, 교원 연수 실시 등이 세부평가 영역이 된다. 교실 수준에서는 국어교육 및 국어과 교육과정 관련 선행 연구들과 조영남(2000)의 교사 자질 영역을 종합해 보면, 교사의 수업 계획, 수업 전략, 전문 능력 등이 평가 영역이 된다.

### 3.2.4. 환경 영역

국어과 교육과정 적용을 위한 장학 및 지원 계획 등은 국가 수준 교육과정 운영의 준비에 대한 세부 평가 영역이 되며, 장학 및 지원은 국가 교육과정 운영의 실행에 대한 세부 평가 영역이 된다. 국가 수준에서 국어과 교육과정 운영을 위해 국어과 교육과정 지원체제 조직·운영, 학부모 대상 국어과 교육과정 연수, 국어과 교육과정 관리, 연구 추진, 시·도교육청 교육과정 편성·운영 지원, 국어과 교수·학습 지원, 개별화·지역화·통합화 교육 운영 등이 평가 영역이 될 수 있을 것이다. 지역 수준에서는 시·도교육청의 국어과 교육과정 지원체제 조직·운영, 학부모 대상 국어과 교육과정 연수, 국어과 교육과정 편성·운영 지침 관리, 연구 추진, 각급 학교 교육과정 편성·운영 지원, 국어과 교수·학습 지원 등이 세부 평가 영역이 될 수 있다. 학교 수준에서는 교재 및 교구 지원 계획, 교재 및 교구 지원, 자료실, 어학실 운영 등이 평가 영역이 된다. 교실 수준에서는 학교에서 지원한 교구 및 자료들에 대한 활용 계획, 실제 교구 및 자료 활용, 자료실 활용, 어학실 활용 정도가 평가 영역이 된다.

이제까지 국가 수준에서 교실 수준까지 국어과 교육과정 운영 단계 평가 영역을 상세화한 것들을 표로 보이면 [표 7]~[표 10]과 같다.

[표 7] 교육과정 운영 단계 평가 영역 상세화(국가 수준)

| 상세 영역 / 평가 영역 | 상세 영역 |
|---|---|
| 학습자 | • 학생 특성<br>• 학생 반응 |
| 교과 | • 교과서 개발 준비<br>• 지도서 개발 준비<br>• 교과서 개발<br>• 지도서 개발<br>• 지역화·개별화·통합화 관련 교재 내용 |
| 교사 | • 교사 연수 계획<br>• 교사 연수 실행 |
| 환경 | • 국어과 교육과정 지원체제 조직·운영,<br>• 학부모 연수<br>• 국어과 교육과정 관리<br>• 연구 추진<br>• 시·도교육청 교육과정 편성·운영 지원<br>• 국어과 교수·학습 지원<br>• 개별화·지역화·통합화 교육 운영 |

[표 8] 교육과정 운영 단계 평가 영역 상세화(지역 수준)

| 상세 영역 / 평가 영역 | 상세 영역 |
|---|---|
| 학습자 | • 학생특성 분석<br>• 학생반응 분석 |
| 교과 | • 지역화 교재 개발 준비<br>• 지역화 교재 지도서 개발 준비<br>• 지역화 교재 개발<br>• 지역화 교재 지도서 개발 |
| 교사 | • 교사 연수 계획<br>• 교사 연수 실행 |
| 환경 | • 시·도교육청의 국어과 교육과정 지원체제 조직·운영<br>• 학부모 연수<br>• 국어과 교육과정 편성·운영 지침 관리<br>• 연구 추진<br>• 각급 학교 교육과정 편성·운영 지원<br>• 국어과 교수·학습 지원 |

[표 9] 교육과정 운영 단계 평가 영역 상세화(학교 수준)

| 상세 영역 / 평가 영역 | 상세 영역 |
|---|---|
| 학습자 | • 학생 특성 분석<br>• 학생 반응 분석 |
| 교과 | • 지역화 교재 및 지도서 재구성 준비<br>• 지역화 교재/지도서의 재구성 |
| 교사 | • 연구 수업<br>• 교내 교사 연수<br>• 국어교과 협의회 |
| 환경 | • 교재 및 교구 지원<br>• 자료실 운영<br>• 어학실 운영 |

[표 10] 교육과정 운영 단계 평가 영역 상세화(교실 수준)

| 상세 영역 / 평가 영역 | 상세 영역 |
|---|---|
| 학습자 | • 학생 특성 분석<br>• 학생 반응 분석 |
| 교과 | • 재구성한 지역화 교재 및 지도서 활용 |
| 교사 | • 수업 계획<br>• 수업 전략<br>• 전문 능력<br>• 기타 |
| 환경 | • 교재 및 교구 활용<br>• 자료실 활용<br>• 어학실 활용 |

## 3.3. 교육과정 성과단계 평가 영역 상세화

교육과정이 민주적인 절차를 거쳐 합리적으로 개발되고, 충실하게 실행되었다고 해서 반드시 그 성과가 기대만큼 나타날 것이라고 말할 수는 없다. 교육과정의 성과는 별개의 영역으로 따로 평가될 필요가 있다(Eisner, 1985). 교육과정의 성과는 교육과정 수준별, 교육과정 요소별로 나누어 살펴보아야 할 것이다.

교육과정의 성과가 나타나는 영역 중에서 가장 중요하게 간주되는 영역은 학습자라고 볼 수 있다. 학생을 교육하기 위한 목적에서 교육과정이 개발, 편성, 운영된다는 점에서 보면 교육과정 성과 평가의 일차적인 영역은 학생의 학업성취도임에 틀림없다. 그러나 교육과정 성과에 대한 평가를 오로지 학생의 학업 성취 정도에 대한 평가로 제한하는 것은 바람직하지도 않고 올바른 것도 아니다. 왜냐하면, 새로운 교육과정이 시행됨으로 나타나는 성과, 곧 교육과정의 성과에 대한 평가는 학생뿐만 아니라 교사, 더 나아가 국가, 사회 및 교육 기관 등 환경에 미친 영향까지를 평가하는 것으로 파악할 필요가 있기 때문이다.

따라서 교육과정의 성과가 나타나는 또 하나의 영역은 환경 영역이라고 볼 수 있다. 교육과정이 국가 사회, 지역 사회에 미친 영향 또는 학교를 포함한 교육기관에 미친 영향은 어떠한가 교육과정에 대한 교육 전문가, 여론 주도층 인사, 학부모 등의 만족도는 어느 정도인가 등에 대한 평가를 수행하는 것이 바람직하다.

교육과정의 성과가 나타나는 또 다른 영역은 교사라고 볼 수 있다. 교육과정 문서에 제시되어 있는 교육목표, 교육내용, 교수·학습 방법, 평가 등에 관한 지침에 의해 교사에게는 어떤 변화가 일어났는지, 그리고 이러한 교육과정에 대한 교사의 만족도는 어느 정도인지 등을 평가하는 것이 바람직하다.

### 3.3.1. 학습자 영역

학생들이 국어교육을 받은 뒤의 인지적 성과뿐만 아니라 정의적, 심동적 성과, 만족도 등이 평가 영역이 되어야 할 것이다. 국가 수준에서 이런 영역에 대해, 질적·양적 평가를 실시해야 할 것이다. 지역 수준, 학교 수준, 교실 수준에도 국어과 교육과정 운영 후 학생들의 인지적 성과뿐만 아니라 정의적, 심동적 성과, 만족도 등이 평가 영역이 되어야 할 것이다.

### 3.3.2. 교과 영역

국어과 교육과정의 교육내용이 국어과 교육과정 전반에 걸쳐 어느 정도 기여를 했는지에 대한 평가가 필요하다. 국가 수준에서 학생 변화에 대한 교육내용의 기여도에 대한 평가가 이루어져야 한다. 지역 수준, 학교 수준, 교실 수준에서도 국어과 교육과정 운영 후 학생 변화에 대한 국가 수준 교육내용과 지역화 교육내용의 기여도에 대한 평가가 이루어져야 한다.

### 3.3.3. 교사 영역

교육과정의 실행 결과를 놓고 볼 때, 국어과 교육과정을 실행하면서 교사에게 어떤 변화가 일어났는지, 교사는 어느 정도 기여를 했는지 기여도를 평가할 필요가 있다. 또 국어과 교육과정 실행 결과에 대한 교사의 만족도도 평가할 필요가 있다. 국가 수준에서 '교사의 변화, 학생 변화에 대한 교사의 기여도, 교사의 만족도' 등을 평가 영역으로 삼아야 할 것이다. 지역 수준, 학교 수준, 교실 수준에서도 국어과 교육과정 운영 후 '교사의 변화, 학생 변화에 대한 교사의 기여도, 교사의 만족도' 등을 평가 영역으로 삼아야 할 것이다.

### 3.3.4. 환경 영역

국어과 교육과정의 성과를 놓고 볼 때, 환경에 어떤 영향을 주고받았는가를 평가하는 것이 필요하다. 국어과 교육과정이 국가 사회에 미친 영향은 무엇인가, 변화는 어떠한가, 국어과 교육과정에 대한 교육 전문가, 여론 주도층 인사, 학부모 등의 만족도는 어느 정도인가, 학생 변화에 대한 국가 수준의 환경의 기여도는 어느 정도인가 등에 대한 평가를 수행하는 것이 바람직하다. 지역 수준에서 지역 수준의 국어과 교육과정이 지역 사회에 미친 영향은 무엇인가, 변화는 어떠한가, 국어과 교육과정에 대한 교육 전문가, 여론 주도층 인사, 학부모 등의 만족도는 어느 정도인가, 지역 수준의 환경 기여도는 어느 정도인가 등에 대한 평가를 수행하는 것이 바람직하다. 학교 수준에서 학교 수준의 국어과 교육과정이 지역 사회에 미친 영향은 무엇인가, 변화는 어떠한가, 학부모의 만족도는 어느 정도인가, 학교 수준의 학생 변화에 대한 환경 기여도는 어느 정도인가 등에 대한 평가를 수행하는 것이 바람직하다. 교실 수준에서도 교실 수준의 국어과 교육과정이 학부모에 미친 영향은 무엇인가, 변화는 어떠한가, 학부모의 만족도는 어느 정도인가, 교실 수준의 학생 변화에 대한 환경 기여도는 어느 정도인가 등에 대한 평가를 수행하는 것이 바람직하다.

이제까지 국가 수준에서 교실 수준까지 교육과정 성과 단계 평가 영역을 상세화한 것들을 표로 보이면 [표 11]~[표 14]와 같다.

[표 11] 교육과정 성과 단계 평가 영역 상세화(국가 수준)

| 상세 영역 / 평가 영역 | 상세 영역 | |
|---|---|---|
| 학습자 | • 인지적 성과<br>• 만족도 | • 정의적/심동적 성과 |
| 교과 | • 교육내용 기여도 | |
| 교사 | • 교사의 변화<br>• 만족도 | • 교사 기여도 |
| 환경 | • 국가 사회의 변화<br>• 국가 사회 만족도 | • 환경 기여도 |

[표 12] 교육과정 성과 단계 평가 영역 상세화(지역 수준)

| 상세 영역 / 평가 영역 | 상세 영역 | |
|---|---|---|
| 학습자 | • 인지적 성과<br>• 심동적 성과 | • 정의적 성과<br>• 만족도 |
| 교과 | • 지역화 교육내용 기여도 | |
| 교사 | • 교사의 변화<br>• 교사의 만족도 | • 교사 기여도 |
| 환경 | • 지역 사회의 변화<br>• 지역 사회 만족도 | • 환경 기여도 |

[표 13] 교육과정 성과 단계 평가 영역 상세화(학교 수준)

| 상세 영역 / 평가 영역 | 상세 영역 | |
|---|---|---|
| 학습자 | • 인지적 성과<br>• 심동적 성과 | • 정의적 성과<br>• 만족도 |
| 교과 | • 학교 교육내용 기여도 | |
| 교사 | • 교사의 변화<br>• 교사의 만족도 | • 교사 기여도 |
| 환경 | • 지역 사회(학부모)의 변화<br>• 환경 기여도<br>• 지역사회(학부모) 만족도 | |

[표 14] 교육과정 성과 단계 평가 영역 상세화(교실 수준)

| 상세 영역 / 평가 영역 | 상세 영역 | |
|---|---|---|
| 학습자 | • 인지적 성과<br>• 심동적 성과 | • 정의적 성과<br>• 만족도 |
| 교과 | • 학급 교육내용 기여도 | |
| 교사 | • 교사의 변화<br>• 교사의 만족도 | • 교사 기여도 |
| 환경 | • 학부모의 변화<br>• 학부모 만족도 | • 환경 기여도 |

# 제4장 국어과 교육과정 평가의 준거

평가 준거가 평가 대상의 내용에 그것의 속성을 부여한 것을 의미하므로 평가 준거를 설정하는 일은 평가 대상의 내용과 그것의 속성을 정하는 일이라 할 수 있다. 여기서 평가 대상이라 함은 이미 앞에서 살펴보았듯이 교육과정의 요소인 학습자, 교과, 교사, 환경 등과 교육과정 활동인 개발, 운영, 성과 등이다. 여기서는 앞 장에서 살펴본 국어과 교육과정 평가 영역 상세화 내용을 바탕으로 교육과정 평가 준거에 관한 선행 연구와 1970년 이후 국어과 교육과정과 국어교육 관련 학위논문과 학술지 게재논문 등을 분석한 결과를 바탕으로 국어과 교육과정 평가 준거들을 하나하나 찾아보도록 하겠다. 평가 준거는 앞서 국어과 교육과정 평가 영역을 상세화할 때처럼 국어과 교육과정 개발단계, 운영단계, 성과단계로 나누어 추출하도록 한다. 왜냐하면 실제 국어과 교육과정을 평가할 때는 수준별로 이루어질 경우가 많겠지만, 준거의 특성상 동일한 준거를 수준을 달리해서 평가해야 할 것이 있고, 그렇게 되면 중복되는 내용이 많아 읽기 불편하기 때문이다.

# 1. 국어과 교육과정 개발단계 평가 준거

국어과 교육과정 평가 영역 상세화에서 살펴본 것을 토대로 국어과 교육과정 개발단계에서 학습자, 교과, 교사, 환경 등 교육과정 요소들과 관련한 평가 준거들을 교육과정 수준별로 나누어 알아본다. 국가 수준, 지역 수준, 학교 수준, 교실 수준 등 다양한 수준에 적용 가능한 평가 준거들은 모든 수준에 적용 가능함을 밝히고, 수준별로 특징적인 준거들은 따로 수준을 나누어 살펴보도록 한다.

## 1.1. 학습자 관련 준거

앞서 국어과 교육과정 평가 영역 상세화의 개발 단계에서 학습자와 관련하여 국어교육에 대한 학생들의 요구 조사와 학생들의 능력(인지적, 정의적, 심동적) 진단을 세부 영역으로 제시한 바 있다. 여기서는 좀 더 구체적으로 살펴본다. 먼저, 학생들의 요구 조사와 관련하여 학생이 길러주길 바라는 국어 능력에 대한 분석이 있는가를 따져봐야 한다(이상태, 1994). 진단 평가를 통하여 개별 학생들의 인지적, 정의적, 심동적 능력을 반드시 파악해야 한다(이병욱, 2002).

위와 같은 논의를 바탕으로 국어과 교육과정 평가를 위한 교육과정 개발 단계에서 학습자 관련 평가 준거를 나타내면 다음과 같다. 이 준거들은 지역, 학교, 교실 수준에도 모두 적용 가능한 준거들이 될 것이다.

1. 학습자 관련 준거
   1.1 학습자 요구
      1.1.1 학습자가 길러 주길 바라는 국어 능력 조사 여부
      1.1.2 학습자가 길러 주길 바라는 국어 능력 조사 결과 반영도
   1.2 학습자의 국어 능력 진단
      1.2.1 학습자의 인지적, 정의적, 심동적 국어 능력 진단 여부

1.2.2 학습자의 인지적, 정의적, 심동적 국어 능력 진단 결과 반영도

## 1.2. 교과 관련 준거

앞서 국어과 교육과정 평가 영역 상세화의 국어과 교육과정의 개발 단계에서 교과와 관련하여 다음과 같은 평가 영역을 제시한 바 있다. 먼저, 모든 수준에 걸쳐서 국어과 교육과정 문서 평가와 관련하여 '문서 체제'에 있어 '구성'과 '제시 방식'을 들었다. 그리고 '문서 내용'과 관련하여, '목표', '지도 내용', '방법', '평가', '개별화', '지역화', '통합화' 등을 들었다. 국가 수준 문서 평가와 관련하여 '언어관 확립', '국어관 확립', '성격 규정'을 들었고, 그 다음 기초 연구와 관련하여 국가 수준에서는 '외국의 자국어교육 동향 분석', '언어 교육 관련 새로운 이론 탐색'을, 지역 수준에서는 '국가 수준 교육과정 분석'을, 학교 수준에서는 '지역 수준 교육과정 분석'을, 교실 수준에서는 '학교 수준 교육과정 분석'을 들었다. 아래에서 하나하나 자세히 살펴보기로 한다. 먼저 국가 수준 국어과 교육과정의 교과 관련 평가 준거들을 살펴보고 지역 수준, 학교 수준, 교실 수준에서의 특정 평가 준거들은 따로 나누어 살펴본다.

### 1.2.1. 국가 수준

(1) 문서 체제

먼저 문서 체제와 관련하여 고려해야 할 것들을 살펴본다.

① 구성

먼저 '문서 체제'의 '구성'과 관련하여 '국어과 교육과정 구성 체제의 적절성' 또는 '국어과 교육과정 구성요소들 간의 연계성'을 살펴야 한다(교육인적자원부, 2004; 박영목, 2005; 김경자·유은경, 2002). 또 '국어과 교육과정 구성 체제의 체계성'을 살펴야 한다(손영애, 1986). 이 준거들은

지역, 학교, 교실 수준에도 모두 적용 가능한 준거들이 될 것이다.

② 제시 방식

문서의 '제시 방식'과 관련하여, 진술 방식, 설명 분량 등이 사용자가 읽기에 편리한가 하는 '읽기 용이성'을 고려해야 한다(김경자·유은경, 2002). 그리고 교사가 이해할 수 있는가 하는 '이해 가능성'도 고려해야 한다(신명래, 2004). 또 국어과 교육과정에서 쓰이는 교육과정 용어들에 대한 정의를 하고 있는가 하는 '사용 용어 뜻매김 여부'도 따져봐야 한다(김경자·유은경, 2002). 마지막 준거를 제외한 나머지 준거들은 지역, 학교, 교실 수준에도 모두 적용 가능한 준거들이 될 것이다.

(2) 문서 내용

이제 '문서 내용'과 관련하여 고려해야 할 것들을 차례로 살펴본다.

① 언어관

'언어관'과 관련하여 국가 수준 국어과 교육과정 문서에 언어관을 설정하여 드러내는가 하는 '언어관 설정 여부'를 살펴야 한다(이상태, 1994; 정혜승, 2006). 또 교육과정에 올바른 언어관이 정립되었는가 하는 '언어관의 적절성'을 따져 봐야 한다(오현숙, 2001).

② 국어 뜻매김

'국어 뜻매김'과 관련하여 국가 수준 교육과정 문서에서 국어 뜻넓이를 확정하는가 하는 '국어 뜻매김 여부'도 고려해야 한다(이대규, 1985; 손영애, 1986; 김용석, 1987; 이상태, 1994). 또 그 뜻매김이 적절한가도 고려해야 할 것이다.

③ 성격

'성격'과 관련하여 국어 교과 특성과 관련한 인식을 드러내는 성격 규정을 하는가 하는 '성격 규정 여부'를 고려해야 한다(김경자·유은경,

2002; 박영목, 2005; 이인제, 2005). 그리고 그 성격 규정이 타당한가 하는 '성격 규정의 적합성'도 고려해야 한다(김경자·유은경, 2002; 정혜승, 2002). 성격 규정이 명확한가 하는 '성격 규정의 명확성'도 생각해야 한다(김대행, 1996; 최순정, 2003). 또 그 성격이 목표, 내용, 방법, 평가의 지침이 되고 있나 하는 '성격의 지침성'도 고려해야 한다(김경자·유은경, 2002). 그 성격이 언어관과 일관성이 있는가 하는 '언어관과의 일관성'도 따져야 한다(정혜승, 2002).

①, ②, ③은 국가 수준 국어과 교육과정에만 적용 가능한 것들이다.

④ 목표

'목표'와 관련한 준거들을 살펴보자. 무엇보다 국어교육의 목표가 국어교육에서 겨냥해야 할 것들로 짜여 있는가, 국어교육 고유의 목표로 짜여 있는가 하는 '국어교육 목표의 고유성'을 따져야 한다(천병식, 1973; 최현섭, 1988; 박성익, 1991; 이상태, 1994; 하정애, 1999; 김은형 등, 2004; 김수업, 2006). 국어교육 목표가 언어관과 일관성이 있는가 하는 '언어관과의 일관성'을 고려해야 한다(정혜승, 2006). 국어교육의 성격과 일관성이 있는가 하는 '성격과의 일관성'도 고려해야 한다(김경자·유은경, 2002). '목표 체계'와 관련하여 목표 체계가 구조화되어 있는가 하는 '목표 체계의 구조화 여부'를 따져 봐야 하고(김경자·유은경, 2002), 목표 체계가 일관성이 있는가 하는 '목표 체계의 일관성'을 따져 봐야 한다(교육부, 1998). '목표 진술'과 관련하여 목표 진술형태가 적합한가 하는 '목표 진술형태의 적합성'과, 목표 진술 수준이 적합한가 하는 '목표 진술 수준의 적합성'을 따져 봐야 한다(김대행, 1996; 정혜승, 2002). 목표 진술이 체계적이며 논리적인가 하는 '목표 진술의 체계성'과 '목표 진술의 논리성'도 따져야 한다(손영애, 1986; 임규홍, 1989). 또 목표 진술이 구체적인가 하는 '목표 진술의 구체성'도 따져야 한다(최현섭, 1988; 박성익, 1991; 양성구, 2001; 김주수, 2000; 박광일, 2002). 그리고 목표는 실효성 있고, 달성 가능한가 하는 '목표의 실효성'과 '목표의 달성 가능성'을 따져야 한다(양성구, 2001). 이 밖에 최호성(1993)에서 제시한 '목표 평가 준거'를 포함해서 '국가 수준 국어과 교육과정 목표 평가 준거'로 삼아야 할 것이다. 최호성(1993)은 심리적 준거, 사회적 준거, 철학적 준거, 의사소통적 준거라는 유목을 만들고 그 하위 준거들을 제시하였다. 그것들을 보이면 다음과 같다.

1. 심리적 준거
  1.1 학습자에의 적절성
    1.1.1 학습자 요구의 반영성
    1.1.2 학습자 흥미의 반영성
    1.1.3 학습자의 심신 발달 특성에의 적절성
    1.1.4 목표의 성취 가능성
  1.2 학습의 방향성
    1.2.1 학습자의 동기 유발성
    1.2.2 자기학습의 지침성
    1.2.3 후속학습 촉진성

2. 사회적 준거
  2.1 사회적 현실에의 적합성
    2.1.1 준법성
    2.1.2 목표의 실천 가능성
    2.1.3 학교에 대한 사회의 요구 및 기대의 반영성
  2.2 목표의 유용성
    2.2.1 사회유지, 보존에의 기여성
    2.2.2 사회개선에의 기여성
    2.2.3 미래사회에의 활용가능성
  2.3 보편문화의 반영성
    2.3.1 정치적 중립성
    2.3.2 종교적 중립성
    2.3.3 사회계층별 평등성

3. 철학적 준거

3.1 교육이념에의 합치성

3.1.1 국가이념에의 합치성

3.1.2 교육기관 가치관(기본철학)에의 부합성

3.2 목표의 체계성

3.2.1 목표내용의 일관성

3.2.2 목표내용의 위계성

3.3 목표의 타당성

3.3.1 목표의 교과내용과의 관련성

3.3.2 목표의 중요성

3.3.3 목표의 전인 발달영역의 포괄성

4. 의사소통 준거

4.1 목표 진술의 명확성

4.1.1 교육 관련 인사들의 이해(내면화)가능성

4.1.2 목표의 적확성

4.1.3 목표 진술 요건(내용+행동)의 충족성

4.2 목표 진술의 적정성

4.2.1 목표 수준별 활용용어의 적절성

4.2.2 목표 항목수의 적정성

4.2.3 목표 진술의 위계성

위에서 보듯이 심리적 준거 7개, 사회적 준거 9개, 철학적 준거 7개, 의사소통 준거 6개 모두 29개의 준거를 마련하여 제시하고 있다. 하지만 최호성(1993)에서 다루는 목표는 '학교 교육' 전반의 '목표'이기 때문에 '국어교육'이라는 '교과 교육 목표'와 차원이 다르다고 할 수 있다. 따라서 '국어교육 목표' 평가 준거로 그대로 적용하기에는 무리가 있는 요소들이 있다. 그러한 것들을 제외하고 국어교육 관련 선행 연구들에서 추출한 국어교육 목표 준거들을 종합할 필요가 있다. 최호성(1993)에서 말하는 '심리적 준거'들은 거의 다 국어교육에도 적용 가능한 것들이라 할 수 있다. '사회적 준거'들 가운데 '목표의 유용성'의 하위 준거들로 '사회 유지, 보존에의 유용성', '사회개선에의 기여성', '미래사회에의 활용가능성'을 들고 있는데, 이런 준거들은 '국어교육'과 직접 관련이 없다고 할 수 있다. 왜냐하면, 국어교육을 통해서만 사회가 유지, 보존되고, 사회 개선이 이루어지는 것은 아니기 때문이다. 이런 것들은 국어교육의 간접 목적이나 간접 효과라고 할 수 있다. '사회'라는 말을 '국어'라는 말로 바꾸면 국어교육과 관련을 시킬 수 있을 것이다. 그래서 '국어 유지 보존에의 기여성', '국어교육 개선에의 기여성'으로 하고 '미래사회에의 활용 가능성'은 빼도록 하겠다. 또 '철학적 준거' 가운데 '목표의 교육이념에의 합치성'의 하위 준거로 '국가 이념에의 합치성'을 들고 있는데, 이를 국어교육과 관련 시키면 위에서 살핀 '국어교육 이념', '언어관', '국어관', '국어교육의 성격과의 합치성'으로 바꿀 수 있다. 그리고 '목표 타당성' 관련 하위 준거로 '목표의 전인적 발달 영역의 포괄성'을 두었는데, 이것도 국어교육과는 좀 거리가 있다. 그래서 '목표의 국어교육 전 영역의 포괄성'으로 바꾸도록 한다.

⑤ 내용

'내용'과 관련한 준거들을 살펴보자. 내용은 다시 '영역 설정', '내용 선정', '내용 조직', '내용 진술' 네 가지 하위 영역으로 세분할 수 있다. '영역 설정'은 이른바 '국어교육의 쟁점'이라고 할 만큼 논쟁거리였고, 이에 대해서는 많은 사람들이 '영역 설정의 적절성', '영역 구분의 합리성' 등으로 언급을 하였다(유학영, 1980; 김수업, 1984; 손영애, 1986; 김용석, 1987; 서덕현, 1993; 김대행, 1996; 하정애, 1999; 김경자·유은경, 2002; 최영환, 2003; 김주환, 2004; 교육인적자원부, 2004; 이삼형, 2005; 김상욱, 2005; 박영목, 2005; 천경록, 2005; 노명완, 2005; 김수업, 2006; 정혜승, 2006). 영역 설정이 뚜렷한 논리와 근거를 바탕으로 체계적이고도, 합리적으로 이루어지는가와 국어과 성격, 목표와 일관성이 있는가를 따져 봐야 할 것이다.

따라서 '영역 설정의 논리성', '영역 설정의 체계성', '성격과의 일관성', '목표와의 일관성'을 준거로 삼아야 할 것이다.

'내용 선정'과 관련해서는 내용 영역별 공통점과 차이점을 따져보고 공통적인 내용을 핵심내용으로 삼고 있는가, 내용 선정 방식은 합리적인가 하는 '내용 선정의 합리성'을 따져야 한다(이상태, 1994; 하정애, 1999; 김주수, 2000; 이지호, 2000; 서성희, 2003; 김은형 외, 2004; 교육인적자원부, 2004; 이인제, 2005; 천경록, 2005; 정혜승, 2006). 내용 선정 기준이 명확한가 하는 '내용 선정 기준의 명확성'(이대규, 1985; 이도영, 2000)과 선정한 내용이 학습 가능성(실현 가능성)이 있는가 하는 '내용의 학습 가능성'과 선정한 내용은 분야별 균형성이 있는가 하는 '내용의 영역별 균형성'을 따져야 한다(교육부, 1998; 정혜승, 2002; 교육과정평가원, 2004; 정혜승, 2005). 그리고 학년별, 영역별 내용의 양은 적정한가 하는 '내용량의 적정성'을 따져야 한다(박성익, 1991; 교육과정평가원, 2004; 손영애, 2005; 천지연, 2005).

'내용 조직'과 관련해서는 내용들을 구조화하는 방식은 합리적이며, 위계적인가 하는 '내용 구조화의 합리성과 위계성'(이대규, 1985; 이상태, 1994; 정혜승, 2006), 선정된 내용의 범주화 타당성이 있으며 실효성이 있는가 하는 '내용 범주화의 타당성과 실효성'(이도영, 2000; 이지호, 2000; 이인제, 2005; 정혜승, 2005; 천경록, 2005), 선정된 내용이 영역 간 횡적 연계성이 있는가 하는 '내용 영역간의 횡적 연계성'을 따져야 한다(김주수, 2000; 교육과정평가원, 2004). 그리고 내용 선정 조직에 있어 영역 간 유기적 통합이 이루어지는가 하는 '내용 조직의 영역 통합성'을 따져야 한다(손영애, 1986).

'내용 진술'과 관련해서는 내용 진술(제시) 방식이 위계화, 계열화, 상세화되었나 하는 '내용 진술의 위계성, 계열성, 상세성'(이인제 외, 1997; 김대행, 2005; 박영목, 2005; 서혁, 2005; 이삼형, 2005; 천경록, 2005; 정혜승, 2006)을, 내용 진술이 구체적으로 명확하게 진술되나 하는 '내용 진술의 구체성, 명확성'(임규홍, 1989; 정혜승, 2002; 천지연, 2005)을 따져야 한다. 그리고 교육과정 내용 진술에 사용하는 용어가 적절하면서 일관성이 있는가 하는 '진술 용어의 적절성과 일관성'을 따져야 한다(교육과정평가원, 2004; 김상욱, 2005; 손영애, 2005; 정혜승, 2005). 앞서 국어과 교육과정 논리에서 밝힌 '개별화', '지역화'를 위한 내용이 제시되는가 하는 '내용의 지역화', '내용의 개별화'도 평가되어야 할 것이다.

⑥ 방법

'방법'과 관련한 준거들을 살펴보자. 국어과 교육과정의 방법 항목이 적절성과 타당성을 갖는가 하는 '방법의 적절성과 타당성'을 따져봐야 한다(교육인적자원부, 2004). 폭넓은 교수·학습 원칙을 제공하는가 하는 '교수·학습 원칙 제공 여부'(김은형 등, 2004)와, 적합한 교수·학습 자료의 종류, 확보와 활용 방법에 대한 안내가 있는가 하는 '자료에 대한 안내 여부'를 따져 보아야 한다(김경자·유은경, 2002; 김은형 등, 2004). 방법이 성격, 목표, 내용과 일관성이 있는가 하는 '성격과의 일관성', '목표와의 일관성', '내용과의 일관성'과 국어과 특유의 국어과다운 방법을 구체적으로 제시하는가 하는 '방법의 고유성'을 따져 봐야 한다(김경자·유은경, 2002). 영역별로 적용 가능한 구체적인 방법이 제시되는가 하는 '방법의 구체성'(류덕엽, 1989; 이남식, 1991; 이성희, 1991; 김주수, 2000; 양성구, 2001), 영역별 특성에 맞는 다양한 교수·학습 방법이 제시되는가 하는 '방법의 다양성'(박성익, 1991; 이성희, 1991; 김은영, 2000)이 평가되어야 한다. 그리고 제시된 방법이 실제적으로 유용한가 하는 '방법의 실제적 유용성'(교육부, 1998; 하정애, 1999; 김주수, 2000; 최순정, 2003)과 영역별 관련성을 바탕으로 총체적 통합적 지도 방법이 제시되는가 하는 '방법의 통합성'(이상태, 1994; 김재봉, 2000)을 평가해야 한다. 앞서 국어과 교육과정 논리에서 밝힌 '개별화', '지역화'를 위한 방법이 제시되는가 하는 '방법의 지역성', '방법의 개별성'도 평가되어야 할 것이다.

⑦ 평가

'평가'와 관련한 준거들을 살펴보자. 가장 먼저 성취 기준이 마련되었는가 하는 '성취 기준 제시 여부'를 봐야 한다(김경자·유은경, 2002; 박영목, 2005; 김수업, 2006). 성취 기준과 관련해서 성취 기준의 진술 형태는 목표에 맞게 적절한가 하는 '성취 기준 진술의 목표와의 일관성', 성취 기준 문장 진술에 학습 범위와 목표 수준이 분명히 드러나도록 상세히 진술하는가 하는 '성취 기준 진술의 상세성', 성취 기준이 요구하는 학습량은 적절한가 하는 '성취 기준 요구 학습량의 적절성', 성취 기준이 요구하는 목표 수준은 적절한가 하는 '성취 기준 수준의 적절성', 성취 기준이 개별학습 활동에 도움이 되는가 하는 '성취 기준의 개별성'을 평가해야 한다(박임범, 2002). 여기에다 평가 기준이 마련되었는가 하는 '평가 기준 제시 여부'도 따져 봐야 한다(박성익, 1991; 김주수, 2000). 국어과 교육과정의 평가 항목이 적절성과 타당성을 갖는가 하는 '평가의 적절성과 타당성'을 평가해야 한다(교육인적자원부, 2004). 교수·학습의 일환으로서 평가 개념 확립에 기여하는 평가 지침을 제공하는가 하는 '평가 개념 확립에의 기여성'을 평가해야 한다. '평가의 방법'과 관련하여 다양한 평가 방법을 체계화하여 제시하는가 하는 '평가 방법의 구체성과 다양성'을 평가해야 한다(김두정, 1991; 이성희, 1991; 김경자·유은경, 2002; 박영민, 2006). 또 평가 도구와 관련하여 평가 도구에 대한 안내를 하는가 하는 '평가 도구 안내 여부'(이성희, 1991; 박영민, 2006)와 평가 도구 제작 과정을 제시하고 안내하는가 하는 '평가 도구 제작 과정 제시 여부'(하정애, 1999; 김주수, 2000), 평가 도구를 구체적으로 제시하는가 하는 '평가 도구의 구체성'(박성익, 1991; 이남식, 1991; 양성구, 2001)을 평가해야 한다. 평가 결과 해석과 처리에 대해 규정하고 안내를 하는가 하는 '평가 결과 해석과 처리에 대한 안내 여부'도 평가해야 한다(이성희, 1991; 박영민, 2006). 그리고 평가가 성격, 목표, 내용, 방법과 일관성이 있는가 하는 '평가의 성격과의 일관성', '평가의 목표와의 일관성', '평가의 내용과의 일관성', '평가의 방법과의 일관성'을 평가해야 한다(김두정, 1991; 김경자·유은경, 2002; 김경아, 2002). 또 평가 지침이 실제적으로 유용한가 하는 '평가의 실제적 유용성'(교육부, 1998; 최순정, 2003)과 통합(언어 능력, 영역)적 평가가 이루어지는가 하는 '평가의 통합성'(최미숙, 1999)도 평가해야 한다. 앞서 국어과 교육과정 논리에서 밝힌 '개별화'와 '지역화'와 관련하여 '평가의 개별성', '평가의 지역성'도 평가되어야 할 것이다.

⑧ 개별화, 지역화, 통합화 관련

국어과 교육과정 개별화와 관련한 연구는 열린교육 바람이 불 때, 반짝하다가 7차 교육과정에서 학습자 특성에 맞추도록 하는 개별화 교육의 일환으로 '수준별 교육과정'을 도입하면서부터 활성화 되었다. 따라서 국어과 선행 연구들을 살펴보아도 '개별화'라는 용어로 연구되지 않고 '수준별 교육과정'이라는 용어로 된 연구들이 대부분이다. 그렇지만 '수준별 교육과정'이 '개별화 교육'의 일환으로 도입되었기에 여기서는 수준별 교육과정과 관련된 선행연구들을 '개별화' 관련 연구들로 보고 선행 연구들에서 지적한 수준별 교육과정의 문제점과 개선 방안들을 '개별화' 관련 준거로 삼았다. 또 '지역화', '통합화' 관련 연구들이 많지 않아 '지역화', '통합화' 관련 준거들을 선행 연구들에서 찾기가 힘들었다. 그래서 '개별화' 관련 준거들 가운데 지역화, 통합화와 관련시킬 수 있는 것들을 '개별화, 통합화' 관련 준거로 삼았음을 밝혀둔다.

먼저 개별화 교육 계획과 관련하여 국가 수준 교육과정의 개별화 교육 계획이 적절한가, 구체적인가, 실현 가능한가 하는 개별화 교육 계획의 '적절성', '구체성', '실현 가능성'(교육인적자원부, 2004; 박영목, 2005; 서혁, 2005; 천경록, 2005)을 평가할 수 있다. 이 준거들도 '지역화'와 '통합화'의 준거로도 삼을 수 있을 것이다.

개별화 교육 내용과 관련하여 개별화 교육내용이 구체적이고 명확한가 하는 '개별화 교육 내용의 구체성과 명확성'(김상욱, 2005; 김지선, 2005; 천경록, 2005), 개별화 교육내용이 계열성 있게 조직되는가 하는 '개별화 교육 내용 조직의 계열성'(김대행, 1999; 이주섭, 1999; 김경자·유은경, 2002; 전은주, 2003)을 평가할 수 있다. 이 준거들도 지역화, 통합화 준거로도 삼을 수 있을 것이다.

개별화 교육 방법과 관련하여 개별화 교육을 위한 교수·학습 방법을 안내하는가 하는 '개별화 교수·학습 방법 안내 여부'(강한별, 2001; 전은주, 2003; 서혁, 2005)를 평가해야 할 것이다. 개별화 교육을 위한 수업 자료에 대한 안내를 하는가 하는 '개별화 수업 자료 안내 여부'와 운영 단계에서 개별화 교육을 위한 수업 자료를 충분히 제공하는가 하는 '개별화 수업 자료 제공 여부, 수업 자료의 충분성'(박광일, 2002; 천경록, 2005)을 평가할 수 있을 것이다. 이 준거들도 지역화, 통합화 준거로도 삼을 수 있을 것이다.

개별화 교육 평가와 관련하여 개별화 교육의 평가 방법을 안내하는가 하는 '개별화 평가 방법 안내 여부'(전은주, 2003; 서혁, 2005), 개별화 평가 방법을 구체적으로 제시하는가 하는 '평가 방법의 구체성'과 객관적이고 신뢰성 있는 평가 기준을 제시하는가 하는 '개별화 평가 기준 제시 여부'(이연충, 2001)를 평가할 수 있을 것이다. 이 준거들도 지역화, 통합화 준거로도 삼을 수 있을 것이다.

⑨ 기초 연구

'기초연구'와 관련하여 충분한 기초 연구를 바탕으로 하는가 하는 '기초 연구의 충분성'(정회열, 1986)을 평가해야 한다. 국가 수준에서는 외국의 자국어교육 동향에 대한 분석을 충분히 하였나 하는 '외국의 자국어교육 동향 분석 여부 및 충분성', 언어 교육 관련 새로운 이론 탐색이 이루어졌나 하는 '언어 교육 관련 새로운 이론 탐색 여부 및 충분성'을 평가해야 한다. 지역 수준에서는 국가 수준 교육과정 문서에 대한 분석이 이루어졌나 하는 '국가 수준 교육과정 분석 여부 및 충분성'을, 학교 수준에서는 '지역 수준 교육과정 분석 여부 및 충분성'을, 교실 수준에서는 '학교 수준 교육과정 분석 여부 및 충분성'을 평가해야 한다.

⑩ 그 밖

그 밖에 국가 수준 국어과 교육과정 문서와 관련해서 평가해야 할 것들을 살펴보자. 문서상에 나타나는 국어과 성격, 목표, 내용, 방법, 평가에 유기적인 일관성이 있는가 하는 '유기적 일관성'에 대한 평가를 해야 한다(이대규, 1985; 이상태, 1994; 김경자·유은경, 2002; 김주환, 2004; 김상욱, 2005).

이제까지 살펴본 것 가운데 가), 나), 다), 자)를 제외한 나머지 준거들은 일부 진술을 바꾸는 것 외에는 국가 수준에서 교실 수준까지 공통적으로 적용 가능한 것들이다.

위와 같은 논의를 바탕으로 국어과 교육과정 평가를 위한 교육과정 개발 단계에서 교과 관련 평가 준거를 나타내면 다음과 같다.

2. 교과 관련 준거
  2-1. 국가 수준
    2-1.1 문서체제
      2-1.1.1 구성
        2-1.1.1.1 국어과 교육과정 구성 체제의 적절성
        2-1.1.1.2 국어과 교육과정 구성요소들 간의 연계성
        2-1.1.1.3 국어과 교육과정 구성 체제의 체계성
      2-1.1.2 제시 방식
        2-1.1.2.1 국어과 교육과정의 읽기 용이성
        2-1.1.2.2 국어과 교육과정의 이해 가능성
        2-1.1.2.3 국어과 교육과정에서 사용한 용어 뜻매김 여부[1)]

    2-1.2 문서 내용
      2-1.2.1 언어관
        2-1.2.1.1 언어관 설정 여부
        2-1.2.1.2 언어관의 적절성
      2-1.2.2 국어 뜻매김

1) 이 준거는 국가 수준에만 해당하는 준거이다.

2-1.2.2.1 국어 뜻매김 여부

2-1.2.2.2 국어 뜻매김의 적절성

2-1.2.3 성격

2-1.2.3.1 국어과 성격 규정 여부

2-1.2.3.2 국어과 성격 규정의 명확성 및 적합성

2-1.2.3.3 국어과 성격의 지침성

2-1.2.3.4 언어관과의 일관성

2-1.2.4 목표

2-1.2.4.1. 심리적 준거

2-1.2.4.1.1 학습자에의 적절성

2-1.2.4.1.1.1 학습자의 국어교육에 대한 요구의 반영성

2-1.2.4.1.1.2 학습자의 국어교육에 대한 흥미의 반영성

2-1.2.4.1.1.3 학습자의 언어 발달 특성에의 적절성

2-1.2.4.1.1.4 국어교육 목표의 성취 가능성

2-1.2.4.1.2 학습의 방향성

2-1.2.4.1.2.1 학습자의 국어 학습 동기 유발성

2-1.2.4.1.2.2 국어 자기학습의 지침성

2-1.2.4.1.2.3 국어 후속학습 촉진성

2-1.2.4.2. 사회적 준거

2-1.2.4.2.1 사회적 현실에의 적합성

2-1.2.4.2.1.1 국어교육 목표의 준법성

2-1.2.4.2.1.2 국어교육 목표의 실천 가능성

2-1.2.4.2.1.3 국어교육에 대한 사회의 요구 및 기대의 반영성

2-1.2.4.2.2 목표의 유용성

2-1.2.4.2.2.1 국어 유지, 보존에의 기여성

2-1.2.4.2.2.2 국어교육 개선에의 기여성

2-1.2.4.2.3 보편문화의 반영성

2-1.2.4.2.3.1 국어교육 목표의 정치적 중립성

2-1.2.4.2.3.2 국어교육 목표의 종교적 중립성

2-1.2.4.2.3.3 국어교육 목표의 사회 계층별 평등성

2-1.2.4.3. 철학적 준거

2-1.2.4.3.1 이념에의 합치성

2-1.2.4.3.1.1 국가 이념에의 합치성

2-1.2.4.3.1.2 국어교육 이념과의 합치성

2-1.2.4.3.2 국어교육 목표의 일관성

2-1.2.4.3.2.1 언어관과의 일관성

2-1.2.4.3.2.2 국어관과의 일관성

2-1.2.4.3.2.3 국어교육 성격과의 일관성

2-1.2.4.3.3 국어교육 목표의 체계성

2-1.2.4.3.3.1 국어교육 목표 체계의 일관성

2-1.2.4.3.3.2 국어교육 목표 체계의 구조화

2-1.2.4.3.3.3 국어교육 목표 내용의 위계성

2-1.2.4.3.4 목표의 타당성

2-1.2.4.3.3.1 국어교육 목표의 국어과 내용과의 관련성(고유성)

2-1.2.4.3.3.2 국어교육 목표의 전 영역 통합성(포괄성)

2-1.2.4.4. 의사소통 준거

2-1.2.4.4.1 국어교육 목표 진술의 명확성

2-1.2.4.4.1.1 국어교육 관련 인사들의 이해(내면화)가능성

2-1.2.4.4.1.2 국어교육 목표의 구체성

2-1.2.4.4.1.3 국어교육 목표 진술요건(내용+행동)의 충족성

2-1.2.4.4.2 국어교육 목표 진술의 적정성

2-1.2.4.4.2.1 국어교육 목표 수준별 활용 용어의 적절성

2-1.2.4.4.2.2 국어교육 목표 항목 수의 적정성

2-1.2.4.4.2.3 국어교육 목표 진술의 위계성

2-1.2.4.4.2.4 국어교육 목표 진술의 논리성

2-1.2.5 내용

2-1.2.5.1 영역 설정

2-1.2.5.1.1 국어교육 영역 설정의 논리성

2-1.2.5.1.2 국어교육 영역 설정의 체계성

2-1.2.5.1.3 국어교육 성격과의 일관성

2-1.2.5.1.4 국어교육 목표와의 일관성

2-1.2.5.2 내용 선정

2-1.2.5.2.1 국어교육 내용 선정 방식 및 기준의 합리성과 명확성

2-1.2.5.2.2 국어교육 내용의 학습 가능성

2-1.2.5.2.3 국어교육 내용의 영역별 균형성

2-1.2.5.2.4 국어교육 내용량의 적정성

2-1.2.5.3 내용 조직

2-1.2.5.3.1 국어교육 내용 구조화의 합리성과 위계성

2-1.2.5.3.2 국어교육 내용 범주화의 타당성과 실효성

2-1.2.5.3.3 국어교육 내용 영역 간의 횡적 연계성

2-1.2.5.3.4 국어교육 내용 조직의 영역 통합성

2-1.2.5.4 내용 진술

2-1.2.5.4.1 국어교육 내용 진술의 위계성 및 계열성

2-1.2.5.4.2 국어교육 내용 진술의 상세성(구체성)

2-1.2.5.4.3 국어교육 내용 진술의 명확성

2-1.2.5.4.4 국어교육 내용 진술 용어의 적절성 및 일관성

2-1.2.6 방법

2-1.2.6.1 국어교육 방법의 적절성

2-1.2.6.2 국어교육 방법의 타당성

2-1.2.6.3 국어교육 방법의 교수·학습 원칙 제공성

2-1.2.6.4 국어교육 방법의 자료에 대한 안내 여부

2-1.2.6.5 방법의 일관성

2-1.2.6.5.1 국어교육 성격과의 일관성

2-1.2.6.5.2 국어교육 목표와의 일관성

2-1.2.6.5.3 국어교육 내용과의 일관성

2-1.2.6.6 국어교육 방법의 고유성

2-1.2.6.7 국어교육 방법의 구체성

2-1.2.6.8 국어교육 방법의 다양성

2-1.2.6.9 국어교육 방법의 실제적 유용성

2-1.2.7 평가

2-1.2.7.1 성취 기준

2-1.2.7.1.1 국어교육 성취 기준 제시 여부

2-1.2.7.1.2 성취 기준의 진술

2-1.2.7.1.2.1 국어교육 성취 기준 진술의 목표와의 일관성

2-1.2.7.1.2.2 국어교육 성취 기준 진술의 상세성

2-1.2.7.1.3 국어교육 성취 기준 요구 학습량의 적절성

2-1.2.7.1.4 국어교육 성취 기준 수준의 적절성

2-1.2.7.1.5 국어교육 성취 기준의 개별성

2-1.2.7.2 평가 기준

2-1.2.7.2.1 국어교육 평가 기준 제시 여부

2-1.2.7.2.1 국어교육 평가 기준의 적절성

2-1.2.7.3 국어교육 평가의 적절성

2-1.2.7.4 국어교육 평가의 타당성

2-1.2.7.5 국어교육 평가의 평가 개념 확립에의 기여성

2-1.2.7.6 평가 방법

2-1.2.7.6.1 국어교육 평가 방법의 구체성

2-1.2.7.6.2 국어교육 평가 방법의 다양성

2-1.2.7.7 평가 도구

2-1.2.7.7.1 국어교육 평가 도구 안내 여부

2-1.2.7.7.2 국어교육 평가 도구 제작 과정 제시 여부

2-1.2.7.7.3 국어교육 평가 도구의 구체성

2-1.2.7.8 국어교육 평가 결과 해석과 처리 안내 여부

2-1.2.7.9 평가의 일관성

2-1.2.7.9.1 국어교육 평가와 국어교육 성격과의 일관성

2-1.2.7.9.2 국어교육 평가와 국어교육 목표와의 일관성

2-1.2.7.9.3 국어교육 평가와 국어교육 내용과의 일관성

2-1.2.7.9.4 국어교육 평가와 국어교육 방법과의 일관성

2-1.2.7.10 국어교육 평가의 실제적 유용성

2-1.2.8 개별화, 지역화, 통합화 교육

2-1.2.8.1 국어교육의 개별화, 지역화, 통합화 계획

2-1.2.8.1.1 국어교육의 개별화, 지역화, 통합화 계획의 적절성

2-1.2.8.1.2 국어교육의 개별화, 지역화, 통합화 계획의 구체성

2-1.2.8.1.3 국어교육의 개별화, 지역화, 통합화 계획의 실현 가능성

2-1.2.8.2 국어교육의 개별화, 지역화, 통합화 교육 내용

2-1.2.8.2.1 국어교육의 개별화, 지역화, 통합화 교육 내용의 구체성

2-1.2.8.2.2 국어교육의 개별화, 지역화, 통합화 교육 내용의 명확성

2-1.2.8.2.3 국어교육의 개별화, 지역화, 통합화 교육 내용 조직의 계열성

2-1.2.8.3 국어교육의 개별화, 지역화, 통합화 교육 방법

2-1.2.8.3.1 국어교육의 개별화, 지역화, 통합화 교수·학습 방법 안내 여부

2-1.2.8.3.2 국어교육의 개별화, 지역화, 통합화 수업 자료 안내 여부

2-1.2.8.3.3 국어교육의 개별화, 지역화, 통합화 수업 자료 제공 여부

2-1.2.8.3.4 국어교육의 개별화, 지역화, 통합화 수업 자료의 충분성

2-1.2.8.4 국어교육의 개별화, 지역화, 통합화 평가

2-1.2.8.4.1 국어교육의 개별화, 지역화, 통합화 평가 방법 안내 여부

2-1.2.8.4.2 국어교육의 개별화, 지역화, 통합화 평가 방법의 구체성

2-1.2.8.4.3 국어교육의 개별화, 지역화, 통합화 평가 기준 제시 여부

2-1.2.9 기초 연구[2)]

2-1.2.9.1 국어교육 관련 기초 연구 여부

2-1.2.9.2 국어교육 관련 기초 연구의 충분성

2-1.2.10 그 밖

2-1.2.10.1 국어과 교육과정의 유기적 일관성

2-1.2.10.2 국어과 교육과정의 구체성

2-1.2.10.3 국어과 교육과정의 실현 가능성

### 1.2.2. 지역 수준, 학교 수준, 교실 수준

국어과 교육과정 개발단계 국가 수준 이하 수준에서 국가 수준에서와 달리 평가 준거로 삼아야 할 것들이 있어 따로 살펴본다.

(1) 문서 내용

'문서 내용'과 관련하여 고려해야 할 것들을 차례로 살펴본다.

① 목표

'목표'와 관련한 준거들을 살펴보자. 성경희 등(2003)은 7차 교육과정 현장 실태 분석에서 국어과 목표와 관련한 운영 실태를 다음과 같이 요약하고 있다(성경희 등, 2003 : 74~75).

요약하면 3개 시·도의 편성·운영 지침에서는 국가 수준 국어과 교육과정이 '성격'과 '목표'를 일부 발췌하거나 조합하여 진술하고 있었고, 단위

2) 국가 수준에서는 외국의 자국어교육 동향 분석 여부와 충분성, 언어 교육 관련 이론 탐색 여부와 충분성 네 가지 준거가 나올 수 있지만, 지역 수준에서는 국가 수준 국어과 교육과정 분석 여부와 충분성, 학교 수준에서는 지역 수준 국어과 교육과정 분석 여부와 충분성, 교실 수준에서는 학교 수준 국어과 교육과정 분석 여부와 충분성 등 각각 두 가지 준거가 나올 수 있다.

학교 교육과정에서는 국어과의 성격에 대한 진술은 거의 다루지 않았다. 국어과 목표는 국가 수준의 국어과 교육과정이나 시·도 편성·운영 지침에 제시된 일부를 발췌하거나 보충·추가 진술하였으며 국어과목표와 학년 목표로 나누어 진술하기도 하였다. 그러나 단위학교 나름대로의 특색 있는 성격이나 목표를 제시하는 경우는 거의 없었으며 내용상에 지도 중점을 두어 학교의 실정을 반영하는 정도였다.

국가 수준의 교육과정과 시·도 지침에 근거하여 편성·운영되는 단위학교의 국어과 교육과정은 학습자의 구체적인 국어교육 프로그램의 계획을 의미하는 실천적, 구체적 내용으로 만들어져야 한다. 그런데 단위 학교의 국어과 교육과정은 학교 나름대로의 특징 있는 국어교육 목표를 설정하고, 그 목표를 구현하기 위해 구체적인 국어교육 활동 프로그램이 구성되어야 하는데 이러한 과정을 거쳐 개발한 단위학교의 국어과 교육과정은 찾아보기가 어려웠다.

시·도 교육과정 편성 운영 지침 작성과 관련하여 안내를 하는 어떤 자료도 찾아 볼 수 없는 실정에서 '시·도 교육과정 편성 운영 지침'에서 국어과 관련 목표 진술을 어떻게 할 것인지 간접적으로 알려주는 대목이 있다. 바로 "단위 학교의 국어과 교육과정은 학교 나름대로의 특징 있는 국어교육 목표를 설정하고, 그 목표를 구현하기 위해 구체적인 국어교육 활동 프로그램이 구성되어야 하는……"라는 부분이다. 단위학교에서 그러해야 한다면, 시·도 교육청 수준에서도 그러해야 한다고 볼 수 있다. 다시 말해, 지역 수준, 학교 수준 국어과 교육과정 개발 시 목표를 마련할 때 국가 수준 목표를 지역 실정에 맞게 재구성하는 것이 중요함을 알 수 있다.

따라서 지역 수준 및 학교 수준 국어과 교육과정을 평가할 때 '목표와 관련한 평가 준거'로 국가 수준의 목표를 재구성하여 지역 나름대로의 특징 있는 목표를 설정하는가 하는 '목표의 지역성'을 이라는 준거를 중심에 두고, 국가 수준 국어과 교육과정 개발단계 '목표' 관련 평가 준거로 설정된 것들 가운데, 지역 수준에 적용 가능하도록 수정해서 '지역 수준 국어과 교육과정 목표 평가 준거로 삼아야 할 것이다. 이때 상위 수준 교육과정 목표와 연계성이 있는가도 평가해야 할 것이다. 교실 수준에서는 학급 특성이 반영되는가 하는 '학급 특성 반영성'을 평가하면 될 것이다.

② 내용

'내용'과 관련한 준거들을 살펴보자. 성경희 등(2003)은 7차 교육과정 현장 실태 분석에서 '내용' 관련 운영 실태를 다음과 같이 요약하고 있다(성경희 등, 2003 : 74).

> 시·도 교육과정 편성·운영 지침에서는 국가 수준에서 진술된 '내용'중 일부를 선별·발췌하거나 지역적 특성과 관련지어 지도 중점으로 구체화하였다. 단위학교에서는 국어과 교육내용을 '지도 중점'과 '재구성 내용'으로 구분하여 진술하였다. 재구성한 내용을 살펴보면 학교가 처한 제반 여건을 고려하여 지역적 특성을 반영한 내용이 제시되어 있어 바람직하였으며 많은 학교에서 적극적으로 수용할 필요가 있다고 보았다. 그러나 단위학교 수준에서 '재구성 내용'으로 제시되어 있는 내용들이 교육과정의 체제와 관련하여 재구성 내용으로 분류될 수 있는 지에 대한 검토가 필요하며, 재구성 내용이 '새로운 내용 추가'중심의 제한적 범위에서 제시되고 있다는 점에서 무엇보다도 교육과정 재구성의 전문가적 자질을 기르기 위한 연수의 기회가 확대될 필요가 있는 것으로 보인다.

여기서도 국가 수준 이하 국어과 교육과정 내용 평가와 관련하여 시사받을 수 있는 것이 있다. 바로 '지역적 특성과 관련지어 지도 중점을 구체화한 것'과 '내용 재구성에 있어 국가 수준 교육과정 체제와 연계성을 두어야 한다는 것'이다. 지도 중점에 지역적 특성을 관련시키는 것은 지역화 교육과 관련하여 바람직할 것이다. 그리고 교육과정 재구성에 있어서 국가 수준 교육과정 체제와 무관하게 추가한다거나, 아무런 근거도 없이 축소, 확대, 삭제하는 일은 국가 수준 교육과정과의 연계성 측면에서 바람직하지 않다. 따라서 '내용의 지역성'과 '상위 수준 교육과정과의 연계성'을 중심에 두고, 국가 수준 국어과 교육과정 평가 내용 평가 관련 준거들을 각 수준에 맞게 수정하여 해당 수준 국어과 교육과정 '내용' 관련 평가 준거로 삼는 것이 바람직하다. 이때 상위 수준 교육과정 내용과 연계성이 있는가도 평가해야 할 것이다. 교실 수준에서는 '학급 특성 반영성'을 평가하면 된다.

③ 방법

'방법'과 관련한 준거들을 살펴보자. 성경희 등(2003)은 7차 국어과 교육과정 현장 운영 실태 분석에서 '방법' 관련 운영 실태를 다음과 같이 요약하고 있다(성경희 등, 2003 : 75)

> 3개 시·도의 교육과정 편성·운영 지침에서는 전체적으로 국가 수준에서 진술된 일반 교수·학습 방법을 거의 따르고 있었다. 단위학교의 교수·학습 방법에서는 학교마다 강조점은 다르지만, 대체로 국가 수준 국어과 교육과정 '방법'에 제시된 내용을 토대로 하여 재구성한 예가 많았다. 특히 학교 실정과 학생의 능력, 자료의 준비성 등을 고려하여 교육과정을 재구성한 항목을 많이 제시하고 있었다. 서울시 단위학교에서는 국어과 교수·학습 방법을 학년별 연간 지도 계획에 구체적으로 제시하는 등 학생과 학교의 실정, 지역사회의 여건 등을 고려하여 재구성하고 있었다.

여기서도 국가 수준 이하 국어과 교육과정 평가 '방법'과 관련하여 시사받을 수 있는 것이 있다. 바로 단위학교에서 '학교 실정과 학생의 능력, 자료의 준비성 등을 고려하여 재구성한 것'이다. 단위학교처럼 지역 수준 국어과 교육과정에 해당 시·도의 지역적 특성과 관련지어 교수·학습 방법을 재구성하여 진술하는 것이 '국어교육의 지역화'와 관련하여 바람직할 것이다. 따라서 '방법의 지역화'를 중심에 두고, 국가 수준 국어과 교육과정 평가 '방법' 관련 준거들을 각 수준에 적용 가능하도록 수정하여 '방법' 관련 평가 준거로 삼는다. 이때 국가 수준 교육과정 방법과 연계성이 있는가도 평가해야 할 것이다. 교실 수준에서는 '학급 특성 반영성'을 평가하면 된다.

④ 평가

'평가'와 관련한 준거들을 살펴보자. 성경희 등(2003)에서 '평가' 관련 운영 실태를 다음과 같이 요약하고 있다(성경희 등, 2003 : 76)

> 3개 시·도 초등학교 교육과정 편성·운영 지침에서는 평가 영역과 평가 방법 등을 구체적으로 제시하고 있었다. 단위학교에서 국어과 평가는 국가 수준의 교육과정과 시·도 수준에서 진술한 내용을 선별적으로 추출하거나 재구성하여 제시하며 아울러 대부분의 학교에서 평가 기준 설정, 다양한 평가 계획 수립, 평가 시기, 평가 결과의 활용 계획 등으로 상세하게 평가 계획을 수립하고 있었다. 대부분의 학교에서는 학기별 수행 평가 기준표를 제시하거나, 평가 영역별로 구체적인 평가 과제가 제시되어 평가에 대한 상세한 계획과 평가 결과의 활용 등에 대한 구체적인 설계가 이루어졌음을 알 수 있다.

여기서도 국가 수준 이하 국어과 교육과정 개발 단계 평가 준거 마련 시 '평가'와 관련된 실태에서 시사받을 수 있는 것이 있다. 바로 '평가와 관련한 상세하고도 구체적인 계획이 수립되어 있는가?' 하는 것을 평가해야 한다는 것이다. 평가를 위한 '평가 기준', '평가 시기', '평가 결과의 활용'등에 대해 상세히 구체적인 계획을 수립하여 평가를 실시하는 것이 바람직할 것이다. 따라서 앞서 살핀 '목표, 내용, 방법'의 지역화에 걸맞은 상세한 평가 계획이 수립되었는가에 중심을 둔 '평가의 지역성'을 중심에 두고, 국가 수준 국어과 교육과정 평가 '평가' 관련 준거들을 각 수준에 적용 가능하도록 수정하여 평가 준거로 삼는다. 이때 상위 수준 교육과정 평가와 연계성이 있는가도 평가해야 할 것이다. 교실 수준에서는 '학급 특성 반영성'을 평가해야 한다.

이제까지 논의한 것을 바탕으로 국어과 교육과정 개발단계 국가 수준 이하에서 평가 준거로 삼아야 할 것들을 보이면 다음과 같다.

2. 교과 관련 준거
  2-2 국가 수준 이하
    2-2.1 목표
      2-2.1.1 국어교육 목표의 재구성
        2-2.1.1.1 국어교육 목표의 지역성(학급 특성 반영성)
        2-2.1.1.2 상위 수준 교육과정 국어교육 목표와의 연계성
    2-2.2 내용
      2-2.2.1 내용의 재구성
        2-2.2.1.1 국어교육 내용의 지역성(학급 특성 반영성)
        2-2.2.1.2 상위 수준 교육과정 국어교육 내용과의 연계성
    2-2.3 방법
      2-2.3.1 방법의 재구성
        2-2.3.1.1 국어교육 방법의 지역성(학급 특성 반영성)
        2-2.3.1.2 상위 수준 교육과정 국어교육 방법과의 연계성
    2-2.4 평가
      2-2.4.1 평가의 재구성
        2-2.4.1.1 국어교육 평가의 지역성(학급 특성 반영성)
        2-2.4.1.2 상위 수준 교육과정 국어교육 평가와의 연계성

## 1.3. 교사 관련 준거

앞서 국어과 교육과정 평가 영역 상세화에서 국어과 교육과정의 개발 단계에서 교사와 관련하여 국어교육에 대한 교사들의 요구 조사와 교사의 국어관을 세부 영역으로 제시한 바 있다. 여기서는 좀 더 구체적으로 살펴본다. 교사들의 요구 조사와 관련하여 교사들이 국어교육에 바라는 것들에 대한 분석이 있는가 하는 '교사들의 요구

조사 여부'(김재춘 외, 1998)를 따져 봐야 한다. 조사결과가 얼마나 반영되는가 하는 '조사 결과 반영도'(이병욱, 2002)도 따져 봐야 한다. 교사들이 국어를 어떻게 보고 있는가 하는 '교사들의 국어관'에 대한 분석도 필요하다. 분석 결과가 얼마나 반영되는가 하는 '분석 결과 반영도'도 따져 봐야 한다.

위와 같은 논의를 바탕으로 국어과 교육과정 평가를 위한 교육과정 개발 단계에서 교사 관련 평가 준거를 나타내면 다음과 같다. 이 준거들은 국가 수준에서 교실 수준까지 적용 가능하다.

3. 교사 관련 준거
  3.1 교사 요구
    3.1.1 국어 교사들의 요구 조사 여부
    3.1.2 국어 교사들의 요구 조사 결과 반영도
  3.2 교사의 국어관
    3.2.1 교사의 국어관 분석 여부
    3.2.2 교사의 국어관 분석 결과 반영도

## 1.4. 환경 관련 준거

앞서 국어과 교육과정 평가 영역 상세화의 국어과 교육과정의 개발 단계에서 환경과 관련하여 다음과 같은 평가 영역을 제시한 바 있다. 모든 수준에서 국어교육에 대한 사회의 요구 조사, 문서 개발조직 및 절차, 국가 수준부터 학교 수준까지 공통적으로 심의진 구성 및 운영을, 국가 수준에서 국어교육 정책 등이다. 여기서는 좀 더 구체적으로 살펴본다. 국어교육에 대한 사회의 요구 조사 관련하여 수준별 사회가 국어교육에 요구하는 것들에 대한 분석이 있는가 하는 '사회 요구 분석 여부'를 따져 봐야 한다. 그리고 분석 결과가 반영되었는가 하는 '국가 사회 요구 반영성'도 따져 봐야 한다(박성익, 1991). 국가 수준에서는 국가사회의 요구를, 지역 수준과 학교 수준에서는 지역사회의 요구를, 교실 수준에서는 학부모의 요구에 대한 분석이 이루어져야 할 것이다. 국어과 교육과정 문서 개발조직 및 절차와 관련하여 '개발 조직 및 개발진 구성의 민주성', '개발절차의 합리성', '개발의 실제적 과정의 개방성 및 합리성' 등이 평가의 준거가 된다. 개발조직의 인적구성과 관련하여 국어교육 이해당사자 및 관련 전문가들이 개발 과정에 참여하는가 하는 '개발 조직 인적 구성의 균형성'이 평가 준거가 된다(손영애(1987). 이 준거들은 국가 수준부터 교실 수준까지 공통적으로 적용 가능한 준거들이다. 심의진과 관련하여 심의진을 구성하였는가 하는 '심의진 구성 여부', 심의진 구성을 민주적으로 했나 하는 '심의진 구성의 민주성', 심의진 인적 구성원들이 국어과 이해 관련 집단 사람들로 골고루 구성되었나 하는 '심의진 인적 구성의 균형성', 규정된 심의 절차를 지켰나 하는 '심의 절차 준수 여부', 심의한 결과를 어느 정도 반영하는가 하는 '심의 결과 활용도' 등이 평가 준거가 된다. 이 준거들은 국가 수준부터 학교 수준까지 공통적으로 적용 가능한 준거들이다. 교실 수준 교육과정 문서 개발에 있어 심의진을 두기는 현실적으로 불가능하기 때문이다. 그리고 교육과정 개발 기간이 충분한가 하는 '개발 기간의 충분성'(박성익, 1991; 이인제, 2005)도 평가해야 할 것이다. 이 준거들도 모든 수준에 공통적으로 적용 가능한 준거들이다. 또 국가 수준에서는 각 교육단위—국가, 지역, 학교, 교실—의 역할을 똑똑히 밝히는가 하는 '교육단위 역할 구명성'(양성구, 2000)도 평가해야 할 것이다. 국어교육 정책과 관련하여, 개별화 교육 정책방향이 분명히 제시되는가 하는 '개별화 교육 정책 방향의 명확성'(김대행, 1999; 이인제, 2005)을 평가할 수 있다. 이 준거는 '지역화', '통합화'의 준거로도 삼을 수 있을 것이다.

위와 같은 논의를 바탕으로 국가 수준의 국어과 교육과정 평가를 위한 교육과정 개발 단계에서 환경 관련 평가 준거를 나타내면 다음과 같다.

4. 환경 관련 준거

4.1 사회 요구

4.1.1 국어교육에 대한 사회 요구 분석 여부

4.1.2 국어교육에 대한 사회 요구 분석 결과 반영도

4.2 국어과 교육과정 문서 개발조직 및 절차

4.2.1 개발 조직(개발진 구성)의 민주성 및 균형성

4.2.2 개발절차의 합리성

4.2.3 실제적 개발 과정의 개방성

4.2.4 개발 과정의 합리성

4.3 국어과 교육과정 문서 심의진[3]

4.3.1 심의진 구성 여부

4.3.2 심의진 구성의 민주성 및 균형성

4.3.3 심의 절차 준수 여부

4.3.4 심의 결과 활용도

4.4 국어과 교육과정 기초 연구 바탕성

4.5 국어과 교육과정 개발 기간의 충분성

4.6 국어교육 단위 역할 구명성

4.7 국어교육 정책[4]

4.7.1 국어교육 개별화 정책 방향의 명확성

4.7.2 국어교육 지역화 정책 방향의 명확성

4.7.3 국어교육 통합화 정책 방향의 명확성

## 2. 국어과 교육과정 운영단계 평가 준거

국어과 교육과정 평가 영역 상세화에서 살펴본 것을 토대로 국어

3) 교실 수준에는 해당 안 됨.

4) 국가 수준에만 해당됨.

과 교육과정 운영단계에서 학습자, 교과, 교사, 환경 등 교육과정 요소들과 관련한 평가 준거들을 교육과정 수준별로 나누어 알아본다.

### 2.1. 학습자 관련 준거

앞서 국어과 교육과정 평가 영역 상세화에서 국어과 교육과정의 운영 단계에서 학습자와 관련하여 '학습자의 특성과 반응'을 세부 영역으로 제시한 바 있다. 여기서는 좀 더 구체적으로 살펴본다. 앞에서 학생들의 교과목에 대한 인지적 이해 정도, 정서적 태도, 교사에 대한 호감정도, 수업 및 학습 태도가 교실 수준의 교육과정 실행에 중대한 영향을 미친다고 했다. 그렇지만 이런 것들은 교실 수준에서 평가하고 그칠 것이 아니라, 국가 수준에서 지역별로 어떤 공통점과 차이점이 있는지를 확인해서 교육과정을 개선하는 자료로 삼을 필요가 있는 것이다. 따라서 국가 수준에서 전국 학습자들의 국어 학습 시 보이는 반응들과 특성들을 종합하는 차원에서 평가해야 할 것이다. 교육과정을 개정할 때만 실시하는 '국어과 교육과정 현장 운영 실태 분석'이 아니라, 해마다 '국어과 교육과정 운영 평가'를 하는 차원이 바람직하다는 것이다. 평가 준거로는 학생들이 국어 수업에 대한 흥미는 있는가 하는 '수업 흥미도'와 학생들의 국어 수업 참여도는 높은가 하는 '수업 참여도'(강한별, 2001)를 평가 준거로 삼는다.

위와 같은 논의를 바탕으로 국어과 교육과정 평가를 위한 교육과정 운영 단계에서 학습자 관련 평가 준거를 나타내면 다음과 같다. 이 준거들은 모든 수준에서 공통적으로 적용 가능한 준거들이다.

1. 학습자 관련 준거
   - 1.1 국어과에 대한 인지적 이해 정도
   - 1.2 국어 교사에 대한 호감도
   - 1.3 학습자 태도
     - 1.3.1 국어 학습자의 정서적 태도

1.3.2 국어 수업 흥미도

1.3.3 학습자의 국어 수업 참여도

## 2.2. 교과 관련 준거

교과 관련 준거는 국가 수준부터 지역 수준까지 평가 준거들이 각각 다르게 추출될 수 있다. 여기서는 수준별로 나누어 살펴보기로 한다.

### 2.2.1. 국가 수준

앞서 국어과 교육과정 평가 영역 상세화에서 국어과 교육과정의 운영 단계에서 교과와 관련하여 국가 수준에서는 교과서와 지도서 개발 준비, 교과서와 지도서 개발, 지역화·개별화·통합화 관련 교재 내용 등을 세부 영역으로 제시하였다. 여기서 좀 구체적으로 살펴본다. 국가 수준 국어과 교육과정 운영에 있어 과연 교과서 및 지도서 개발이 적절하게 그리고 체계적으로 준비되고 있는가 하는 '교과서 및 지도서 개발 계획의 체계성', '교과서 및 지도서 개발 계획의 적절성' 등이 준비의 주된 평가 준거가 될 수 있다. 실행에 있어서는 그러한 준비가 체계적으로, 충실하게 그리고 융통성 있게 실행되고 있는가와 관련하여 '교과서 및 지도서 개발의 충실성', '교과서 및 지도서 개발의 융통성', 등이 주된 평가 준거가 될 수 있다(김재춘 등, 1998). 여기에다 국어과 교육 관련 선행 연구들에서 다음과 같은 내용들이 평가될 필요가 있음을 시사받았다.

교과서와 관련된 것부터 살펴보자. 교과서 편찬 시 심리학자, 작가, 청소년문제전문가, 미래학자 등 다양한 분야 전문가들이 참여하는가 하는 '교과서 편찬 참여자의 다양성'(김미숙, 2002)을 평가해야 한다. 교과서 형태와 관련하여 합리적 논리에 따라 분책 또는 합본하는가 하는 '교과서 형태의 합리성'을 평가해야 한다(강정한, 2001; 김경자 외, 2001; 유성호, 2005). 교과서 체제와 관련하여 교과서 체제는 이론적으로 타당한가 하는 '교과서 체제의 타당성'(이경화, 2002), 교과서 체제는 실제 적용 가능성이 높은가 하는 '교과서 체제의 실제 적용 가능성'(최현숙, 1996), 교과서 짜임은 교육과정과 일관성이 있는가 하는 '교육과정과의 일관성'(이성희, 1991), 교과서 체제상 영역 간 관련성이 있는가 하는 '영역 간 관련성'(김순래, 1998)을 평가해야 한다. 교과서 내용과 관련하여 교육과정의 의도(내용)를 제대로(충실히) 반영하는가 하는 '교과서 내용의 교육과정 내용 반영성'(천병식, 1973; 손영애, 1986; 김용석, 1987; 김경희, 1988; 정혜승, 2001; 강한별, 2001; 박광일, 2002; 박경순. 2002; 이창수, 2002; 정혜승, 2002; 김수업, 2006), 통합, 내용 축소 등이 이루어지는가 하는 '교과서의 교육과정 내용 변형성(서혁, 2005)', 배우고 가르치기 알맞도록 마련이 되었는가 하는 '교과서 내용의 난이도'(정혜승, 2002; 김수업, 2006)를 평가해야 한다. 교과서 단원과 관련하여 단원 수 및 시수 배정은 알맞은가 하는 '단원수의 적정성'과 '시수 배정의 적정성'과 단원별 상관성(연관성)은 있는가 하는 '단원별 연관성'을 평가해야 한다(김순래, 1998). 난이도 및 단원 분량에 따른 시수 배정은 탄력적인가 하는 '시수 배정의 탄력성'과 단원별 학생의 흥미도가 높은가 하는 '단원별 학생의 흥미도'도 평가해야 한다(이용균, 2002). 단원의 내부적 통일성이 있는가 하는 '단원의 내부적 통일성'도 평가해야 한다(이상태, 1994). 시간 배당과 관련해서 교과서 분량(활동량)은 적당한가 하는 '교과서 분량의 적정성'도 평가해야 한다(김두정, 1991; 이성희, 1991; 김은영, 2000; 강정한, 2001; 이복자, 2002; 정혜승, 2002). 교과서에 실린 글과 관련하여 활동 소재나 글 제재가 학생들의 흥미를 끄는가 하는 '학생의 흥미성'(정혜승, 2002), 교과서에 실린 글의 제재 및 주제는 교육과정 목표와 유기적 관련(일관성)이 있는가 하는 '교육과정 목표와의 일관성', 교과서에 설린 글의 제재 및 주제는 학생 발달 수준에 맞는가 하는 '발달 수준에의 적합성'(김미숙, 2002)을 평가해야 한다. 그 밖에 교과서가 교과서의 기능을 제대로 하고 있는가 하는 '교과서로서의 기능성'을 평가해야 한다(김혜자, 1994).

교사용 지도서와 관련된 것을 살펴보자. 교사용 지도서가 교육과정과 교과서의 관계에 대한 정보를 상세히 제공하는가 하는 '교과서와 교육과정과의 관계 정보 제공성'을 평가해야 한다(정혜승, 2002; 신명래, 2004). 그리고 핵심 지도 내용, 효과적 방법을 안내하는가 하는 '핵심 지도 내용 안내 여부', '효과적 방법 안내 여부'와 다양한 심화, 보충 자료를 제공하는가 하는 '다양한 자료 제공 여부'를 평가해야 한다(이경화, 2002).

개별화 교육의 운영과 관련하여 살펴보자. 개별화 교육 교재와 관련하여 다양한 학습자의 특성을 고려하여 구성하는가 하는 '개별화 교재의 학습자 특성 반영성'(전은주, 2003; 김지선, 2005), 개별화 교육 교재 구성은 적합한가 하는 '개별화 교재 구성의 적합성'(김지선, 2005), 다양한 교재를 마련하는가 하는 '개별화 교재의 다양성'(서혁, 2005; 정혜승, 2002), 개별화 교육 교재의 학습량은 적정한가 하는 '개별화 교재 학습량의 적정성'(서혁, 2005)을 평가해야 할 것이다. 개별화 교육과 관련한 국가 수준의 교육과정 의도를 현장에서 충실하게 실행하는가 하는 '개별화 교육 실행의 충실성'(정혜승, 2002), 개별화 교육 운영 방안은 효율적인가 하는 '개별화 교육 운영 방안의 효율성'(김대행, 1999; 이주섭, 1999), 개별화 교육은 실제 적용 가능한가 하는 '개별화 교육의 실제 적용 가능성'(김형철, 2000; 이경화, 2002; 최순정, 2003)을 평가해야 할 것이다.

위와 같은 논의를 바탕으로 국가 수준의 국어과 교육과정 평가를 위한 교육과정 운영 단계에서 교과 관련 평가 준거를 나타내면 다음과 같다.

2. 교과 관련 준거
  2-1 국가 수준
    2-1.1 준비
      2-1.1.1 국어 교과서 개발 준비
        2-1.1.1.1 국어 교과서 개발 계획 여부
        2-1.1.1.2 국어 교과서 개발 계획의 체계성

2-1.1.1.3 국어 교과서 개발 계획의 적절성

2-1.1.2 국어과 교사용 지도서 개발 준비

2-1.1.2.1 국어과 교사용 지도서 개발 계획 여부

2-1.1.2.2 국어과 교사용 지도서 개발 계획의 체계성

2-1.1.2.3 국어과 교사용 지도서 개발 계획의 적절성

2-1.2. 실행

2-1.2.1 국어 교과서 개발

2-1.2.1.1 국어 교과서 개발의 충실성

2-1.2.1.2 국어 교과서 개발의 융통성

2-1.2.1.3 국어 교과서 개발 참여자의 다양성

2-1.2.1.4.국어 교과서 형태의 합리성

2-1.2.1.5 국어 교과서 체제

2-1.2.1.5.1 국어 교과서 체제의 타당성

2-1.2.1.5.2 국어 교과서 체제의 실제 적용 가능성

2-1.2.1.5.3 국어과 교육과정과의 일관성

2-1.2.1.5.4 국어 교과서의 영역 간 관련성

2-1.2.1.6 국어 교과서 내용

2-1.2.1.6.1 국어과 교육과정 내용 반영성

2-1.2.1.6.2 국어과 교육과정 내용 변형성

2-1.2.1.6.3 국어 교과서 내용의 난이도

2-1.2.1.6.4 국어 교과서 분량의 적정성

2-1.2.1.7 국어 교과서 단원

2-1.2.1.7.1 국어 교과서 단원 수의 적정성

2-1.2.1.7.2 국어 교과서 단원별 시수 배정의 적정성 및 탄력성

2-1.2.1.7.3 국어 교과서 단원별 연관성 및 학생의 흥미도

2-1.2.1.7.4 국어 교과서 단원의 내부적 통일성

2-1.2.1.8 국어 교과서 단원에 실린 글

2-1.2.1.8.1 학생의 흥미성

2-1.2.1.8.2 국어과 교육과정 목표와의 일관성

2-1.2.1.8.3 국어 발달 수준에의 적합성

2-1.2.1.9 교과서로서의 기능성

2-1.2.2 국어과 교사용 지도서 개발

2-1.2.2.1 국어과 교사용 지도서 개발의 충실성 및 융통성

2-1.2.2.2 국어과 교사용 지도서 개발 참여자의 다양성

2-1.2.2.3 국어 교과서와 국어과 교육과정과의 관계 정보 제공성

2-1.2.2.4 국어과 핵심 지도 내용, 효과적 방법, 다양한 자료 안내 여부

2-1.2.3 개별화, 지역화, 통합화 교육 운영

2-1.2.3.1 교육 관련 교재

2-1.2.3.1.1 국어교육의 개별화, 지역화, 통합화 관련 교재의 학습자 특성 반영성

2-1.2.3.1.2 국어교육의 개별화, 지역화, 통합화 관련 교재 구성의 적합성

2-1.2.3.1.3 국어교육의 개별화, 지역화, 통합화 관련 교재의 다양성

2-1.2.3.1.4 국어교육의 개별화, 지역화, 통합화 관련 교재 학습량의 적정성

### 2.2.2. 지역 수준

앞서 국어과 교육과정 평가 영역 상세화의 지역 수준 국어과 교육과정의 운영 단계에서 교과와 관련하여 지역화 교재 및 지도서 개발 준비, 지역화 교재/지도서의 교육과정 편성 운영 지침 반영, 교재/지도서의 활용 용이성, 지역화 교재 및 지도서 보급 및 활용 지원 등을 세부 영역으로 제시한 바 있다. 여기서 좀 더 구체적으로 살펴본다. 지역 수준 국어과 교육과정 운영에 있어 과연 국가 수준의 교과서를 지역 실정에 맞게 재구성한 지역화 교육 교재 및 지도서 개발이 적절하게 그리고 체계적으로 준비되고 있는가 하는 '지역화 교재 및 지도

서 개발 계획의 체계성', '지역화 교재 및 지도서 개발 계획의 적절성' 등이 준비의 주된 평가 준거가 될 수 있다. 실행에 있어서는 그러한 준비가 체계적으로, 충실하게 그리고 융통성 있게 실행되고 있는가와 관련하여 '지역화 교재 및 지도서 개발의 충실성', '지역화 교재 및 지도서 개발의 융통성' 등이 주된 평가 준거가 될 수 있다. 여기에다 국가 수준 국어과 교육 관련 선행 연구들을 통해 국가 수준 국어과 교육과정 운영 단계에서 평가 요소가 된 것들 가운데 지역 수준 국어과 교육과정 운영 단계 평가 요소로 삼을 만한 내용들을 살펴보면 다음과 같다.

먼저, 지역화 교재와 관련된 것부터 살펴보자. 교재를 만들 때 지역 문학가, 예술가, 교수 등 다양한 분야 전문가들이 참여하는가 하는 '지역화 교재 편찬 참여자의 다양성'을 평가할 수 있을 것이다. 교재 형태와 관련하여 합리적 논리에 따라 분책 또는 합본하는가 하는 '교재 형태의 합리성', 교재 체제와 관련하여 교재 체제는 이론적으로 타당한가 하는 '교재 체제의 타당성', 교재 체제는 실제 적용 가능성이 높은가 하는 '교재 체제의 실제 적용 가능성', 교재 짜임은 국가, 지역 수준 교육과정과 일관성이 있는가 하는 '국가, 지역 수준 교육과정과의 일관성'을 평가할 수 있을 것이다. 교재 내용과 관련하여 지역 수준 교육과정의 의도(내용)를 제대로(충실히) 반영하는가 하는 '교재 내용의 지역 수준 교육과정 내용 반영성', 통합, 내용 축소 등이 이루어지는가 하는 '교재의 교육과정 내용 변형성', 배우고 가르치기 알맞도록 마련이 되었는가 하는 '교재 내용의 난이도'를 평가할 수 있을 것이다. 교재 단원과 관련하여 단원 수 및 시수 배정은 알맞은가 하는 '단원수의 적정성'과 '시수 배정의 적정성, 난이도 및 단원 분량에 따른 시수 배정은 탄력적인가 하는 '시수 배정의 탄력성'과 단원별 학생의 흥미도가 높은가 하는 '단원별 학생의 흥미도'도 평가할 수 있을 것이다. 단원의 내부적 통일성이 있는가 하는 '단원의 내부적 통일성', 시간 배당과 관련해서 교과서 분량(활동량)은 적당한가 하는 '교재 분량의 적정성'도 평가할 수 있을 것이다. 교재에 실린 글과 관련하여 활동 소재나 글 제재가 학생들의 흥미를 끄는가 하는 '학생의 흥미성', 교과서에 실린 글의 제재 및 주제는 지역 수준 교육과정 목표와 유기적 관련(일관성)이 있는가 하는 '지역 수준 교육과정 목표와의 일관성', 교재에 실린 글의 제재 및 주제는 학생 발달 수준에 맞는가 하는 '발단 수준에의 적합성'도 평가할 수 있을 것이다.

교사용 지도서와 관련된 것을 살펴보자. 교사용 지도서가 지역 수준 교육과정과 지역화 교재와의 관계에 대한 정보를 상세히 제공하는가 하는 '교재와 교육과정과의 관계 정보 제공성'을 평가할 수 있다. 그리고 핵심 지도 내용, 효과적 방법을 안내하는가 하는 '핵심 지도 내용 안내 여부', '효과적 방법 안내 여부'와 다양한 심화, 보충 자료를 제공하는가 하는 '다양한 자료 제공 여부'도 평가할 수 있을 것이다.

위와 같은 논의를 바탕으로 지역 수준의 국어과 교육과정 평가를 위한 교육과정 운영 단계에서 교과 관련 평가 준거를 나타내면 다음과 같다.

2-2. 지역 수준

2-2.1 준비

2-2.1.1 국어교육 지역화 교재 및 지도서 개발 준비

2-2.1.1.1 국어교육 지역화 교재 및 지도서 개발 계획 수립 여부

2-2.1.1.2 국어교육 지역화 교재 및 지도서 개발 계획의 체계성

2-2.1.1.3 국어교육 지역화 교재 및 지도서 개발 계획의 적절성

2-2.2. 실행

2-2.2.1 국어교육 지역화 교재 개발

2-2.2.1.1 국어교육 지역화 교재 개발의 충실성

2-2.2.1.2 국어교육 지역화 교재 개발의 융통성

2-2.2.1.3 국어교육 지역화 교재 개발 참여자의 다양성

2-2.2.1.4. 국어교육 지역화 교재 형태의 합리성

2-2.2.1.5 국어교육 지역화 교재 체제

2-2.2.1.5.1 국어교육 지역화 교재 체제의 타당성

2-2.2.1.5.2 국어교육 지역화 교재 체제의 실제 적용 가능성

2-2.2.1.5.3 국가 수준 국어과 교육과정과의 일관성

2-2.2.1.5.4 국어교육 영역 간 관련성

2-2.2.1.6 국어교육 지역화 교재 내용

2-2.2.1.6.1 지역 수준 국어과 교육과정 내용 반영성

2-2.2.1.6.2 국어교육 지역화 교재 내용 난이도의 적정성

2-2.2.1.6.3 국어교육 지역화 교재 분량의 적정성

2-2.2.1.7 국어교육 지역화 교재 단원

2-2.2.1.7.1 국어교육 지역화 교재 단원수의 적정성

2-2.2.1.7.2 국어교육 지역화 교재 시수 배정의 적정성 및 탄력성

2-2.2.1.7.3 국어교육 지역화 교재 단원별 연관성

2-2.2.1.7.4 국어교육 지역화 교재 단원의 내부적 통일성

2-2.2.1.8 국어교육 지역화 교재에 실린 글

2-2.2.1.7.1 학생의 흥미성

2-2.2.1.7.2 지역 수준 국어과 교육과정 목표와의 일관성

2-2.2.1.7.3 국어 발달 수준에의 적합성

2-2.2.2 국어교육 지역화 교재 지도서 개발

2-2.2.2.1 국어교육 지역화 교재 지도서 개발의 충실성 및 융통성

2-2.2.2.2 국어교육 지역화 교재 지도서 개발 참여자의 다양성

2-2.2.2.3 국어교육 지역화 교재와 지역 수준 교육과정과의 관계 정보 제공성

2-2.2.2.4 국어교육 핵심 지도 내용, 효과적 방법, 다양한 자료 안내 여부

### 2.2.3. 학교 수준

앞서 국어과 교육과정 평가 영역 상세화에서 학교 수준 국어과 교육과정의 운영 단계에서 교과와 관련하여 지역화 교재 및 지도서 재

구성 준비, 지역화 교재 및 지도서 재구성 등을 세부 영역으로 제시한 바 있다. 여기서 좀 구체적으로 살펴본다. 학교 수준 국어과 교육과정 운영에 있어 과연 지역 수준에서 마련한 지역화 교재를 학교 실정에 맞게 재구성할 준비가 체계적으로 적절하게 되고 있는가 하는 '지역화 교재 및 지도서 재구성 계획의 체계성', '지역화 교재 및 지도서 재구성 계획의 적절성' 등이 준비의 주된 평가 준거가 될 수 있다. 실행에 있어서는 그러한 준비가 체계적으로, 충실하게 그리고 융통성 있게 실행되고 있는가와 관련하여 '지역화 교재 및 지도서 재구성의 충실성', '지역화 교재 및 지도서 재구성의 융통성' 등이 주된 평가 준거가 될 수 있다. 여기에다 지역 수준 국어과 교육과정 운영 단계에서 교과 관련 평가 요소가 된 것들 가운데 학교 수준 국어과 교육과정 운영 단계 평가 요소로 삼을 만한 내용들을 살펴보면 다음과 같다.

지역화 교재와 관련된 것부터 살펴보자. 교재를 재구성할 때 학교 특성이 반영되는가 하는 '지역화 교재 재구성의 학교 특성 반영도'를 평가할 수 있을 것이다. 재구성한 내용의 실제 적용 가능성이 높은가 하는 '재구성 내용의 실제 적용 가능성', 재구성한 내용이 국가, 지역 수준 교육과정과 일관성이 있는가 하는 '국가, 지역 수준 교육과정과의 일관성'을 평가할 수 있을 것이다. 통합, 내용 축소 등이 이루어지는가 하는 '교재의 교육과정 내용 변형성', 배우고 가르치기 알맞도록 마련이 되었는가 하는 '교재 내용의 난이도'를 평가할 수 있을 것이다. 재구성의 양은 적당한가 하는 '재구성 양의 적정성'과 내용에 대한 학생의 흥미도가 높은가 하는 '내용에 대한 학생의 흥미도'도 평가할 수 있을 것이다. 재구성한 내용이 학생 발달 수준에 맞는가 하는 '발달 수준에의 적합성'도 평가할 수 있을 것이다.

교사용 지도서와 관련된 것을 살펴보자. 교사용 지도서가 학교 수준 교육과정과 재구성한 지역화 교재와의 관계에 대한 정보를 상세히 제공하는가 하는 '재구성 교재와 교육과정과의 관계 정보 제공성'을 평가할 수 있다. 그리고 핵심 지도 내용, 효과적 방법을 안내하는가 하는 '핵심 지도 내용 안내 여부', '효과적 방법 안내 여부'와 다양한 심화, 보충 자료를 제공하는가 하는 '다양한 자료 제공 여부'도 평가할 수 있을 것이다.

위와 같은 논의를 바탕으로 학교 수준의 국어과 교육과정 평가를 위한 교육과정 운영 단계에서 교과 관련 평가 준거를 나타내면 다음과 같다.

2-3. 학교 수준
- 2-3.1 준비
  - 2-3.1.1 국어교육 지역화 교재 및 지도서 재구성 준비
    - 2-3.1.1.1 국어교육 지역화 교재 및 지도서 재구성 계획 여부
    - 2-3.1.1.2 국어교육 지역화 교재 및 지도서 재구성 계획의 체계성
    - 2-3.1.1.3 국어교육 지역화 교재 및 지도서 재구성 계획의 적절성
- 2-3.2. 실행
  - 2-3.2.1 국어교육 지역화 교재 재구성
    - 2-3.2.1.1 국어교육 지역화 교재 재구성의 충실성 및 융통성
    - 2-3.2.1.2 국어교육 지역화 교재 재구성 시 학교 특성 반영도
    - 2-3.2.1.3 국어교육 지역화 교재 재구성 내용의 실제 적용 가능성
    - 2-3.2.1.4. 국가, 지역 수준 국어과 교육과정과의 일관성
    - 2-3.2.1.5 국어교육 지역화 교재 재구성 내용
      - 2-3.2.1.5.1 학교 수준 국어과 교육과정 내용 반영성(변형 정도)
      - 2-3.2.1.5.2 국어교육 지역화 교재 재구성 내용의 난이도 및 양의 적정성
      - 2-3.2.1.5.3 국어교육 지역화 교재 재구성 내용에 대한 학생의 흥미도
      - 2-3.2.1.5.4 국어교육 지역화 교재 재구성 내용의 발달 수준에의 적합성
  - 2-3.2.2 국어교육 지역화 교재 지도서 재구성
    - 2-3.2.2.1 국어교육 지역화 교재 지도서 재구성 충실성
    - 2-3.2.2.2 국어교육 지역화 교재 지도서 재구성 융통성

2-3.2.2.3 재구성한 지역화 교재와 학교 수준 교육과정과의 관계 정보 제공성

2-3.2.2.4 핵심 지도 내용, 효과적 방법, 다양한 자료 안내 여부

### 2.2.4. 교실 수준

앞서 국어과 교육과정 평가 영역 상세화에서 교실 수준 국어과 교육과정의 운영 단계에서 교과와 관련하여 재구성한 지역화 교재 및 지도서의 활용을 세부 영역으로 제시한 바 있다. 구체적으로 살펴보면, 교실 수준 국어과 교육과정 운영에 있어 과연 학교 수준에서 재구성한 지역화 교재 및 지도서를 효과적으로 잘 활용하고 있는가 하는 '재구성한 지역화 교재 및 지도서의 활용성'을 평가해야 할 것이다.

위와 같은 논의를 바탕으로 교실 수준의 국어과 교육과정 평가를 위한 교육과정 운영 단계에서 교과 관련 평가 준거를 나타내면 다음과 같다.

2-4. 교실 수준

2-4.1 재구성한 국어교육 지역화 교재 및 지도서의 활용성

2-4.1.1 재구성한 국어교육 지역화 교재의 활용성

2-4.1.2 재구성한 국어교육 지역화 지도서의 활용성

## 2.3. 교사 관련 준거

교사 관련 준거들도 수준에 따라 다르게 설정될 수 있다. 국가 수준과 지역 수준에서는 교사와 관련된 영역들이 교사 연수 계획과 연수 실행에 대한 것들이므로 공통적인 준거들이 마련될 수 있고, 학교 수준 및 교실 수준에서는 관련 영역이 다르므로 따로 나누어 살펴본다.

### 2.3.1. 국가 수준 및 지역 수준

앞서 국어과 교육과정 평가 영역 상세화에서 국가 수준과 지역 수준 국어과 교육과정의 운영 단계에서 교사와 관련하여 교사 연수 계획과 교사 연수 실행을 세부 영역으로 제시한 바 있다. 여기서는 좀 더 자세히 살펴본다. 교사 연수는 차질 없이 체계적으로 또는 적절하게 준비되고 있는가 하는 '교사 연수 계획의 체계성', '교사 연수 계획의 적절성' 등이 준비의 주된 평가 준거가 될 수 있다. 실행에 있어서는 그러한 준비가 체계적으로, 충실하게 그리고 융통성 있게 실행되고 있는가와 '연수의 충실성', '연수의 융통성' 등이 주된 평가 준거가 될 수 있다(김재춘 등, 1998). 여기에다 국어과 교육 관련 선행 연구들에서 다음과 같은 내용들이 평가될 필요가 있음을 시사 받았다. 연수와 관련하여 국가 수준의 국어과 교사 연수 프로그램이 계획 운영되는가 하는 '교사 연수 계획 유무'와 '교사 연수 운영 여부'를 평가해야 한다(김경자·유은경, 2002; 이경화, 2002). 그리고 교사 연수를 충분히 하는가 하는 '교사 연수의 충분성'을 평가해야 한다(문선자, 1987; 류덕엽, 1989; 신명래, 2004). 이런 모든 연수 계획, 실행은 개별화, 지역화, 통합화 교육과 관련지어 평가해야 할 것이다.

위와 같은 논의를 바탕으로 국가 수준 및 지역 수준의 국어과 교육과정 평가를 위한 교육과정 운영 단계에서 교사 관련 평가 준거를 나타내면 다음과 같다.

3. 교사 관련 준거
  3-1 국가 수준 및 지역 수준
    3-1.1 준비
      3-1.1.1 국어 교사 연수 계획
        3-1.1.1.1 국어교육의 개별화, 지역화, 통합화 관련 교사 연수 계획 여부
        3-1.1.1.2 국어교육의 개별화, 지역화, 통합화 관련 교사 연수 계획

의 체계성

3-1.1.1.3 국어교육의 개별화, 지역화, 통합화 관련 교사 연수 계획의 적절성

3-1.2 실행

3-1.2.1 국어 교사 연수 실행

3-1.2.1.1 국어교육의 개별화, 지역화, 통합화 관련 교사 연수 실행 여부

3-1.2.1.2 국어교육의 개별화, 지역화, 통합화 관련 교사 연수의 충분성

### 2.3.2. 학교 수준

앞서 국어과 교육과정 평가 영역 상세화의 학교 수준 국어과 교육과정의 운영 단계에서 교사와 관련하여 해당 학교 교사들을 대상으로 한 연구 수업, 교원 연수 계획, 교원 연수 실시, 국어 교과 협의회 등을 세부 영역으로 제시한 바 있다. 준비에 있어 해당 학교 교사들을 대상으로 한 교내 연구 수업 계획이 적절하게 준비되고 있는가 하는 '교내 연구 수업 계획의 체계성', '교내 연구 수업의 적절성', 학교 수준에서 교사 연수는 차질 없이 체계적으로 또는 적절하게 준비되고 있는가 하는 '교내 교사 연수 계획의 체계성', '교내 교사 연수 계획의 적절성' 등이 준비의 주된 평가 준거가 될 수 있다. 실행에 있어서는 그러한 준비가 체계적으로, 충실하게 그리고 융통성 있게 실행되고 있는가와 관련된 '교내 연구 수업의 충실성', '교내 연수의 충실성', 등이 주된 평가 준거가 될 수 있다. 연수와 관련하여 학교 수준 국어과 교사 연수 프로그램이 계획 운영되는가 하는 '교내 교사 연수 계획 유무'와 '교내 교사 연수 운영 여부'를 평가해야 한다. 교내 교사 연수를 충분히 하는가 하는 '교내 교사 연수의 충분성'을 평가해야 한다. '국어 교과 협의회'와 관련하여 국어 교과 협의회가 구성되어 있는가 하는 '국어 교과 협의회 구성 여부'와 국어 교과 협의회가 실질

적으로 충실하게 운영되는가 하는 '국어 교과 협의회 운영의 충실성'이 평가되어야 한다.

위와 같은 논의를 바탕으로 학교 수준의 국어과 교육과정 평가를 위한 교육과정 운영 단계에서 교사 관련 평가 준거를 나타내면 다음과 같다.

3. 교사 관련 준거
  3-2. 학교 수준
    3-2.1 준비
      3-2.1.1 교내 국어 수업 연구 계획
        3-2.1.1.1 교내 국어 수업 연구 계획 여부
        3-2.1.1.2 교내 국어 수업 연구 계획의 체계성
        3-2.1.1.3 교내 국어 수업 연구 계획의 적절성
      3-2.1.2 교내 국어 교사 연수 계획
        3-2.1.2.1 교내 국어 교사 연수 계획 여부
        3-2.1.2.2 교내 국어 교사 연수 계획의 체계성
        3-2.1.2.3 교내 국어 교사 연수 계획의 적절성
    3-2.2 실행
      3-2.2.1 교내 국어 수업 연구 실행
        3-2.2.1.1 교내 국어 수업 연구 실행 여부
        3-2.2.1.2 교내 국어 수업 연구의 충분성
      3-2.2.2 교내 국어 교사 연수 실행
        3-2.2.2.1 교내 국어 교사 연수 실행 여부
        3-2.2.2.2 교내 국어교사 연수의 충분성
    3-2.3. 국어 교과 협의회
      3-2.3.1 국어 교과 협의회 구성 여부
      3-2.3.2 국어 교과 협의회 운영의 충실성

### 2.3.3. 교실 수준

앞서 국어과 교육과정 평가 영역 상세화에서 교실 수준 국어과 교육과정의 운영 단계에서 교사와 관련하여 교사의 수업 계획, 실제 수업 과정, 전문적 능력 등을 세부 영역으로 제시한 바 있다. 국어교육 및 국어과 교육과정 선행 연구에 따르면 다음과 같은 것들이 평가되어야 한다. 교사의 수업 준비와 관련하여, 수업 계획을 세웠는가 하는 '수업 계획 여부', 수업 목표를 적절히 설정했는가 하는 '수업 목표의 적절성', 지역화를 위한 고려가 있는가 하는 '지역화 고려 여부', 개별화를 위한 고려가 있는가 하는 '개별화 고려 여부', 통합화를 위한 고려가 있는가 하는 '통합화 고려 여부', 자료 및 교구 활용 계획의 적절성'을 평가해야 할 것이다. 그리고 실제 수업 과정과 관련하여 수업 내용에 적절한 동기 유발을 하는가 하는 '동기 유발의 적절성', 실제 지역화 교육이 이루어지는가 하는 '지역화 교육의 실천 여부'(이용규, 2002; 조용기 등, 2004), 개별화 교육이 이루어지는가 하는 '개별화 교육의 실천 여부', 통합화 교육이 이루어지는가 하는 '통합화 교육의 실천 여부'를 평가해야 한다. 또 교사와 학생의 상호작용이 적절하게 이루어지나 하는 '교사와 학생의 상호작용의 적절성'(최지현, 2005), 적절한 교수·학습 방법을 사용하는가 하는 '교수·학습 방법의 적절성'과 알맞은 자료 및 교구를 사용하는가 하는 '자료 및 교구의 적절성'(손영애, 1986; 박경순, 2002)을 평가해야 한다. 학생들의 실질적 국어능력을 평가하는가 하는 '실질적 국어능력 평가 여부'(박경순, 2002)도 평가해야 한다. 연구 수업과 교사 연수에 적극 참여하는가 하는 '연구 수업 참여도', '교사 연수 참여도'도 평가될 수 있을 것이다. 국어에 관련한 지식을 갖추고 있는가 하는 '국어지식 갖춤도', 국어교육과 관련한 기술을 갖추고 있는가 하는 '국어교육 기술 갖춤도', 국어교육에 대한 신념이 있는가 하는 '국어교육에 대한 신념'도 평가해야 한다(김수업, 2006). 그 밖에 '교육과정에 대한 신념 및 태도', '교육과정에 대한 이해와 해석방식', '교과서·교재 이용 방식' 등도 평가해야 한다(정혜승, 2002). 또 교사의 교육과정에 대한 관심도와 실행 수준을 평가하여 그에 알맞은 지원을 할 수 있는 근거를 마련해야 한다(Shirley M. Hord 외, 1987; 김경자 역, 1993).

한편, 조영남(2000)은 교사 자질 선정 및 평가 준거에 관한 기초 연구에서 교사 자질의 주요 영역으로 [표 15]와 같은 것을 제시하였다.

[표 15] 교사 자질의 주요 영역

| 주요 영역 | 하위 영역 | 세부 요소 | 비고 |
|---|---|---|---|
| 수업 계획 | 단원 내용 확인 | 단원목표 설정, 내용요소와 구조 파악, 계획 수립시 학생 참여, 교수요목 결정, 교육과정 내용 검토 | |
| | 학습자 진단 및 평가 준비 | 요구 및 흥미 진단, 개인차 진단, 과제 수행 평가, 학업 성취도 평가 | |
| | 학습지도안 작성 | 수업 목표 진술, 학습 활동 계획, 교수·학습 원리 적용, 개인차 반영 | |
| | 학습자료 준비 | 자료 준비, 매체 선정 | |
| 수업 전략 | 동기유발 | 지적 호기심 자극, 도전감 수용, 능동적 활동 격려, 직접 흥미 유발, 노력에 대한 강화, 학생 요구의 수용, 반응에 대한 칭찬 및 보상, 의견 발표 격려, 장단점 격려, 인지과정 격려, 생활과의 관련 | |
| | 수업기법 | 내용제시와 설명, 학생과의 대화, 학습 속도 조절, 과제 제시·활용, 학생 아이디어 활용, 목표와의 관련, 개별화 지도, 요구·흥미·경험의 활용, 학습 및 작업 습관 지도, 시간 활용 | |
| | 학습자 참여 유도 | 수업에 대한 반응, 토의, 창의적 표현, 리더십 발휘, 독립적, 협동적 활동, 학급 응집력 강화 | |
| | 자료 및 자원 활용 | 자료 활용, 자원 활용, 설비 및 시설 활용 | |
| | 수업의 계열화 | | |
| | 평가 | 목표와 실제 활동과의 관련, 다양한 평가 방법의 활용, 평가 테크닉의 활용 | |
| | 긍정적 학습 풍토 | | |
| | 긍정적 자아 개념 형성 | | |

| | | | |
|---|---|---|---|
| | 언어적, 비언어적 의사소통 | | |
| | 수렴적, 확산적 질문 | | |
| | 연습 기회 제공 | | |
| | 음성 | | |
| | 평가 결과 피드백 | | |
| | 초점 강조 | | |
| | 매체 활용 | | |
| | 래포 형성 | | |
| | 자료, 자원 조직 | | |
| | 평가도구 개발 능력 | | |
| 전문적 능력 | 지식습득 | 교과, 교재에 대한 지식, 교육과정에 대한 지식, 학습, 성장, 발달에 대한 지식, 훈육에 대한 지식 | |
| | 자기발전 | 연수, 진학, 연구 | |
| | 품위유지(교육자로서의 행신) | 교직윤리 준수, 교육개선에의 참여·지지, 교직 단체 활동에의 참여·지지 | |
| | 학생 이해 능력 | | |
| | 학교 정책 개발 참여 | | |
| 인성적 요인 | 자신감, 책임감, 인내심, 안정성, 공정성 | | |
| 대인관계 | 학생, 교직원, 학부모, 지역사회, 행정당국 | | |
| 학급관리 | 학생 관리, 물적 관리 | | |
| 사무처리 | 학급 사무처리, 학교 업무처리 | | |

이들 가운데 국어과 교육과정 평가와 관련하여 국어 교사를 평가하는 준거가 될 만한 것은 '수업 설계', '수업 전략', '전문 능력' 등에 관한 것들이다. 나머지 것들은 국어 교사로서 또는 국어 교사만 갖추어야 할 능력들이라고 볼 수 없다. 그리고 수업계획 관련 단원 내용 확인영역의 하위 요소 가운데 하나인 '단원 목표 설정'은 현실적으로 단원 목표가 대개 정해져서 주어지지 개별 교사가 재설정하는 것이 아니므로 평가 준거에서 빼도록 한다. 또 동기 유발과 관련하여 '능동적 활동 격려', '노력에 대한 강화', '의견 발표 격려', '장단점 격려',

'인지 과정 격려' 등은 모두 동기 유발 과정에서 학생들의 반응과 관련된 것이므로 '학생 반응에 대한 칭찬 및 보상'으로 묶어 하나의 준거로 만들었다. '수업 기법'과 관련한 요소들 가운데 관련성이 높은 것들—학습 속도 조절과 시간 활용 등—은 하나로 묶어 비슷한 준거가 되풀이 되지 않도록 하였다. 전문적 능력 가운데서도 '학생 이해 능력'은 평가 가능한 영역이 아니라고 보았고, 학교 정책 개발도 국어 교사와 직접 관련이 없다고 보고 제외하도록 한다. 이상의 것들을 종합하여 교실 수준의 국어과 교육과정 평가 운영단계 교사 관련 준거로 수정하여 제시하면 다음과 같다

3. 교사 관련 준거
  3-3 교실 수준
    3-3.1 준비
      3-3.1.1 국어 수업 계획
        3-3.1.1.1 국어 수업 계획 여부
        3-3.1.1.2 국어 수업 목표의 적절성
        3-3.1.1.3 국어교육 지역화, 개별화, 통합화 고려 여부
        3-3.1.1.4 국어교육 자료 및 교구 활용 계획의 적절성
        3-3.1.1.5 국어교육 단원 내용 확인
          3-3.1.1.5.1 국어교육 내용 요소와 구조 파악의 충분성
          3-3.1.1.5.2 국어 수업 계획 수립 시 학생 참여의 충분성
          3-3.1.1.5.3 국어 수업 교수요목 결정의 적절성
          3-3.1.1.5.4 국어과 교육과정 내용 검토의 충분성
        3-3.1.1.6 국어 학습자 진단 및 평가 준비
          3-3.1.1.6.1 국어 수업에 대한 요구 및 흥미 진단의 적절성
          3-3.1.1.6.2 국어 능력 개인차 진단의 적절성
          3-3.1.1.6.3 국어 과제 수행 평가의 적절성
          3-3.1.1.6.4 국어 학업 성취도 평가의 적절성
        3-3.1.1.7 국어과 학습지도안 작성

3-3.1.1.7.1 국어 수업 목표 진술의 적절성

3-3.1.1.7.2 국어 학습 활동 계획의 적절성

3-3.1.1.7.3 국어 교수·학습 원리 적용의 적절성

3-3.1.1.7.4 국어 능력 개인차 반영의 적절성

3-3.1.1.8 국어 학습자료 준비

3-3.1.1.8.1 국어 학습 자료 준비의 적절성

3-3.1.1.8.2 국어 학습 매체 선정의 적절성

3-3.2 실행

3-3.2.1 수업 전략

3-3.2.1.1 동기 유발

3-3.2.1.1.1 국어 수업 관련 지적 호기심 자극 및 직접 흥미 유발 여부

3-3.2.1.1.2 국어 수업 관련 도전감 및 학생 요구의 수용 여부

3-3.2.1.1.3 국어 수업 관련 반응에 대한 칭찬 및 보상 여부

3-3.2.1.1.4 국어 수업 동기 유발과 생활과의 관련 여부

3-3.2.1.2 국어 수업기법

3-3.2.1.2.1 국어 수업에서 내용제시와 설명의 적절성

3-3.2.1.2.2 국어 수업에서 학생과의 대화 및 상호 작용의 적절성

3-3.2.1.2.3 국어 수업에서 학습 속도 조절 및 시간 활용의 적절성

3-3.2.1.2.4 국어 수업에서 과제 제시, 활용의 적절성

3-3.2.1.2.5 국어 수업에서 학생 아이디어, 요구, 흥미, 경험 활용 여부

3-3.2.1.2.6 국어 수업에서 수업 기법과 목표와의 관련성

3-3.2.1.2.7 국어 학습 및 국어사용 습관 지도 여부

3-3.2.1.2.8 국어교육의 지역화, 개별화, 통합화 실천 여부

3-3.2.1.3 국어 수업에서 학습자 참여 유도

3-3.2.1.3.1 국어 수업에 대한 반응 점검 여부

3-3.2.1.3.2 국어 수업에서 토의 및 창의적 표현 유도의 적절성

3-3.2.1.3.3 국어 수업에서 독립적, 협동적 활동의 적절성

3-3.2.1.3.4 국어 수업에서 학급 응집력 강화 노력의 적절성

3-3.2.1.4 국어 수업에서 자료 및 자원 조직·활용

3-3.2.1.4.1 국어 수업에서 자료 및 자원 조직의 적절성

3-3.2.1.4.2 국어 수업에서 자료 및 교구 활용의 적절성

3-3.2.1.4.3 국어 수업에서 자원 활용의 적절성

3-3.2.1.4.4 국어 수업에서 설비 및 시설 활용의 적절성

3-3.2.1.5 국어 수업의 계열성

3-3.2.1.6 국어 수업에서의 평가

3-3.2.1.6.1 국어 수업 목표와 실제 활동과의 관련성

3-3.2.1.6.2 국어 수업에서 다양한 평가 방법 활용성

3-3.2.1.6.3 국어 수업에서 평가 기술 활용의 적절성

3-3.2.1.6.4 실질적 국어능력 평가 여부

3-3.2.1.6.5 국어 평가도구 개발 능력의 유무

3-3.2.1.6.6 국어 수업에서 평가 결과 피드백의 적절성

3-3.2.1.7 국어 수업에서 긍정적 학습 풍토 조성을 위한 노력의 적절성

3-3.2.1.8 국어 수업에서 긍정적 자아 개념 형성을 위한 노력의 적절성

3-3.2.1.9 국어 수업에서 수렴적, 확산적 질문의 적절성

3-3.2.1.10 국어 수업에서 연습 기회 제공의 적절성

3-3.2.1.11 국어 교사 음성의 적절성

3-3.2.1.12 국어 수업에서 초점 강조의 적절성

3-3.2.1.13 국어 수업에서 매체 활용의 적절성

3-3.2.1.14 국어 수업에서 래포 형성을 위한 노력의 적절성

3-3.2.2 전문적 능력

3-3.2.2.1 지식습득

3-3.2.2.1.1 국어 교과, 교재에 대한 지식의 충분성

3-3.2.2.1.2 국어과 교육과정에 대한 지식의 충분성(개별화, 지역화, 통합화 관련)

3-3.2.2.1.3 국어 교사의 학습, 성장, 발달에 대한 지식의 충분성

3-3.2.2.1.4 국어 교사의 훈육에 대한 지식의 충분성

3-3.2.2.2 국어 교사의 자기발전

3-3.2.2.2.1 국어 교사의 연수, 진학, 연구의 활발성

3-3.2.2.2.2 국어교육 개선에의 의지 유무 및 참여도

3-3.2.2.3 국어교육에 대한 기술의 충분성

3-3.3 기타

3-3.3.1 국어과 교육과정에 대한 신념 및 태도

3-3.3.2 국어과 교육과정에 대한 이해와 해석방식

3-3.3.3 국어 교과서·교재 이용 방식

3-3.3.4 국어과 교육과정에 대한 관심도

3-3.3.5 국어과 교육과정 실행 수준

## 2.4. 환경 관련 준거

환경 관련 준거들도 국가 수준과 지역 수준의 평가 영역들이 동일하여 공통적인 평가 준거들이 나왔다. 학교 수준과 교실 수준에서는 다른 영역들이 마련되어 있어서 따로 나누어 살펴본다.

### 2.4.1. 국가 수준 및 지역 수준

앞서 국어과 교육과정 평가 영역 상세화의 국가 수준과 지역 수준 국어과 교육과정의 운영 단계에서 환경과 관련하여 시·도교육청의 국어과 교육과정 지원체제 조직·운영, 학부모 연수, 국어과 교육과정 편성·운영 지침 관리, 연구 추진, 각급 학교 교육과정 편성·운영 지원, 국어과 교수·학습 지원 등을 세부 영역으로 제시한 바 있다. 여기서는 좀 더 자세히 살펴본다.

최호성(2002)은 국가 수준 교육과정 운영을 위한 교육인적자원부의 지원 방안은 크게 교육과정 편성·운영의 지원, 교원 수급, 시설 확충,

기타 지원 방안 등으로 요약하여 제시하였다. 그 가운데 국어과 교육과정 평가에 적용할 수 있는 것들 뽑아보면 다음과 같다.

교육과정 편성·운영 지원과 관련하여 교육과정 해설서 발간 보급, 교육과정 시행 대비 후속 연구 추진, 교원 연수 실시, 교육과정 연구학교 운영, 제1종 교과용 도서 편찬 및 제2종 도서 검증 등을 제시하고 있다. 이 가운데, '연수'는 '교사' 관련 내용으로, '교과서'는 '교과'와 관련한 내용으로 돌리고, 나머지 것들은 환경 관련 내용으로 분류할 수 있다.

교원수급과 관련하여 교과 교원 정원 확보, 교육시설 확충과 관련하여 교과교실, 교과 연구실 마련을 위한 지원을, 기타 지원 방안으로 교육과정 홍보, 교육과정 적용에 대한 모니터링 등을 제시하고 있다. 하지만 교과별로 구체적인 지원 활동들에 대한 안내는 어디에서도 하고 있지 않다. 따라서 여기서는 국가 수준의 지원 활동들이 교과별로 이루어져야 바람직하다고 보고, 교육인적자원부(2006)에서 마련한 시·도 교육청 자체 평가보고서 편람의 내용 가운데 국가 수준에서 국어과 교육과정 운영 지원을 위해 해야 할 활동들을 마련해 보았다.

국어과 교육과정 해설서 발간 보급과 관련해서는 국어과 교육과정 해설서를 발간했는가 하는 '국어과 교육과정 해설서 발간 여부'와 해설서가 국어교육 관련자들이 이해할 수 있는가 하는 '해설서의 이해 가능성', 해설서가 국어교육 관련자들에게 실제 활용될 가능성이 있는가 하는 '해설서의 실제 활용 가능성' 등을 평가할 수 있을 것이다.

교육과정 운영과 관련하여 국가 수준의 국어과 교육과정 지원 장학협의단 운영을 하고 있는가 하는 '국어과 교육과정 지원 장학협의단 운영 여부', 이 협의단 구성원들이 국가 수준에서 주관하는 행사 및 자료 개발 등에 연수 강사나 연수 자료, 교재 개발 등에 활발히 참여하는가 하는 '국어과 교육과정 지원 장학협의단 활동의 활발성'을 평가할 수 있을 것이다. 국어과 교육과정 지원을 위한 별도의 인적 체제 구성·운영과 관련해서는 국가 수준의 국어과 교육과정 위원회가 조직 되었는가 하는 '국어과 교육과정 위원회 조직 여부', 국어과 교육과정 위원회의 인적구성에 교원, 학부모, 교육전문가 등이 골고루 참여하는가 하는 '국어과 교육과정 위원회 인적 구성의 균형성', 이 위원회 활동을 위한 예산 지원을 적절히 하는가 하는 '국어과 교육과정 위원회 예산의 적정성', 이 위원회가 충실한 협의 활동을 했는가 하는 '국어과 교육과정 위원회 활동의 충실성', 그리고 이 위원회 협의 결과가 얼마나 반영되었는가 하는 '국어과 교육과정 위원회 협의 결과 반영성'을 평가할 수 있다.

교육과정 연수와 관련하여 학부모를 대상으로 하는 연수는 국어과 독립으로 실시하기는 현실적으로 불가능하므로 학부모 대상의 연수에 국어과 내용이 들어 있는가 하는 '학부모 대상 교육과정 연수에 국어과 관련 내용 포함 여부'와 그 내용이 적절한가 하는 '학부모 대상 교육과정 연수에 국어과 관련 내용의 적절성'을 평가할 수 있을 것이다. 그리고 다양한 매체를 통한 국어과 교육과정 장학·홍보 자료를 개발·보급하는가 하는 '다양한 국어과 교육과정 장학·홍보 자료 개발 보급 여부'를 평가할 수 있을 것이다.

교육과정 운영 모니터링과 관련하여 학교급별 국어과 교육과정의 수정·보완을 위한 의견을 수렴하는가 하는 '학교급별 국어과 교육과정 수정·보완을 위한 의견 수렴 여부', 수렴한 의견을 어떻게 반영했는가 하는 '학교급별 국어과 교육과정 편성운영지침 수정·보완을 위한 의견 수렴 결과 반영성'을 평가할 수 있을 것이다.

연구학교와 관련하여 국어과 교육과정 관련 연구학교 운영이 적절한가 하는 '국어과 교육과정 관련 연구학교 운영의 적절성', 국어과 교육과정 관련 연구학교 운영이 충실한가 하는 '국어과 교육과정 관련 연구학교 운영의 충실성'을 평가할 수 있을 것이다. 연구학교 운영 결과 일반화 가능성이 있는가 하는 '국어과 교육과정 관련 연구학교 운영 결과의 일반화 가능성', 연구학교 운영 지원비는 적절한가 하는 '국어과 교육과정 연구학교 운영 지원비의 적절성'을 평가할 수 있을 것이다.

교육과정 평가 및 환류와 관련하여서는 각 시·도 교육청의 학교급별 국어과 교육과정 운영 실태 평가를 실시하는가 하는 '시·도 교육청의 학교급별 국어과 교육과정 운영 실태 평가 여부', 학교급별 국어과 교육과정 편성·운영 실태 평가가 적절하게 이루어지는가 하는 '학교급별 국어과 교육과정 편성·운영 실태 평가의 적절성'을 평가할 수 있을 것이다. 시·도교육청의 학교급별 국어과 교육과정 편성·운영 실태 분석 결과를 특별지도나 우수사례 홍보, 행·재정적 지원 등으로 환류시키는가 하는 '학교급별 국어과 교육과정 편성·운영 실태 평가 환류 여부'도 평가할 수 있을 것이다.

교육과정 편성·운영을 위한 자료 지원 활동과 관련해서는 학교급별로 국어과 교육과정 교수·학습 및 장학자료의 개발 계획을 수립했는가 하는 '학교급별 국어과 교육과정 교수·학습 및 장학 자료 개발 계획 수립 여부', 학교급별 국어과 교육과정 교수·학습 및 장학자료를 개발하는가 하는 '학교급별 국어과 교육과정 교수·학습 및 장학자료 개발 여부', '학교급별 개발된 국어과 교육과정 교수·학습 및 장학자료 적절성', '실제 적용 가능성'을 평가할 수 있을 것이다. 그리고 그런 자료가 다양하게 만들어졌는가 하는 '다양성'도 평가할 수 있을 것이다.

교육과정 편성·운영을 위한 각종 지원 활동과 관련해서는 학교급별로 국어과 교육과정 편성·운영을 위한 인적, 물적, 제도적 지원 계획을 세우는가 하는 '학교급별 국어과 교육과정 편성·운영을 위한 인적, 물적, 제도적 지원 계획 수립 여부', 실제 지원을 적절히 하는가 하는 '학교급별 국어과 교육과정 편성·운영을 위한 인적, 물적, 제도적 지원 활동의 적절성'을 평가할 수 있을 것이다.

교수·학습방법 개선을 위한 자료와 관련하여 교수·학습방법 개선을 위한 자료 개발 계획이 적절히 수립되었는가 하는 '교수·학습 방법 개선 지원 자료 개발 계획 수립 여부'와 '적절성', 교수·학습 방법 개선을 위한 예산을 적절히 배정했는가 하는 '교수·학습 방법 개선을 위한 예산 배정 여부' 및 '적절성', 교수·학습 방법 개선을 위해 개발한 자료들이 현장에 활용 가능한가 하는 '교수·학습 자료의 현장 활용 가능성', 그 자료들이 실제 현장에서 얼마나 활용되는가 하는 '교수·학습 자료의 현장 활용도'를 평가할 수 있을 것이다. 이런 교수·학습 관련 지원들을 국어교육의 개별화, 지역화, 통합화와 관련하여 평가해야 할 것이다. 교원의 연구 활동 지원과 관련해서는 교원의 자발적 연구 활동 지원을 위해 노력하고 있는가 하는 '교원의 자발적 연구 활동 지원 노력의 적절성', 그들 연구 결과물을 공유하고 확산하려는 노력을 적절히 했는가 하는 '교원의 자발적 연구 결과물 공유 노력의 적절성'을 평가할 수 있을 것이다. 그리고 이런 교수·학습 지원을 위한 노력들이 국가, 지역 간 체계성이 있게 운영되는가 하는 '교수·학습 지원 활동의 체계성'을 평가할 수 있을 것이다.

그 밖에 국어과 교육과정 시행 대비한 후속 연구들의 적정성, 국어 교사 정원 확보 노력 여부 등을 평가할 수 있을 것이다. 이런 준거들은 지역 수준에는 해당되지 않는 것이다.

위와 같은 논의를 바탕으로 국가 수준의 국어과 교육과정 평가를 위한 교육과정 운영 단계에서 환경 관련 평가 준거를 나타내면 다음과 같다.

4-1. 국가 수준 및 지역 수준 환경 관련 준거
  4-1.1. 교육과정 운영
    4-1.1.1 교육과정 지원체제 조직·운영
      4-1.1.1.1 국어과 교육과정 지원 장학 협의단 운영
        4-1.1.1.1.1 국어과 교육과정 지원 장학협의단 운영 여부
        4-1.1.1.1.2 국어과 교육과정 지원 장학 협의단 활동의 활발성
    4-1.1.2 국어과 교육과정 위원회
      4-1.1.2.1 국어과 교육과정 위원회 조직 여부 및 인적 구성의 균형성
      4-1.1.2.2 국어과 교육과정 위원회 예산의 적정성
      4-1.1.2.3 국어과 교육과정 위원회 활동의 충실성
      4-1.1.2.4 국어과 교육과정 위원회 협의 결과 반영성
  4-1.2 교육과정 연수

4-1.2.1 학부모 대상 교육과정 연수에 국어과 관련 내용 포함 여부

4-1.2.2 학부모 대상 교육과정 연수에 국어과 관련 내용의 적절성

4-1.2.3 다양한 국어과 교육과정 장학·홍보 자료 개발 보급 여부

4-1.3 교육과정 관리

4-1.3.1 학교급별 국어과 교육과정 수정·보완을 위한 의견 수렴 여부

4-1.3.2 학교급별 국어과 교육과정 수정·보완을 위한 의견 수렴 결과 반영성

4-1.4 연구 추진

4-1.4.1 국어과 교육과정 관련 연구학교 운영의 적절성

4-1.4.2 국어과 교육과정 관련 연구학교 운영의 충실성

4-1.4.3 국어과 교육과정 관련 연구학교 운영 결과의 일반화 가능성

4-1.4.4 국어과 교육과정 연구학교 운영 지원비의 적절성

4-1.5 교육과정 편성·운영을 위한 각종 지원 활동

4-1.5.1 국어과 교육과정 편성·운영을 위한 인적, 물적, 제도적 지원 계획 수립 여부

4-1.5.2 국어과 교육과정 편성·운영을 위한 인적, 물적, 제도적 지원 활동의 적절성

4-1.6 교수·학습 지원

4-1.6.1 국어과 교수·학습 방법 개선 지원 자료 개발 계획 수립 여부 및 적절성

4-1.6.2 국어과 교수·학습 방법 개선을 위한 예산 배정 여부 및 적절성

4-1.6.3 국어과 교수·학습 방법 개선 지원 자료 개발 계획의 적절성

4-1.6.4 국어과 교수·학습 자료의 현장 활용도

4-1.6.5 국어과 교수·학습 지원 활동의 체계성

4-1.7 교사의 연구 활동 지원

4-1.7.1 국어교사의 자발적 연구 활동 지원 노력의 적절성

4-1.7.2 국어교사의 자발적 연구 결과물 공유 노력의 적절성

4-1.8 국어과 교육과정 시행 대비 후속 연구들의 적정성

4-1.9 국어 교사 정원 확보 노력 여부

4-1.10 국어 교실(어학실) 마련을 위한 지원의 적절성

4-1.11 국어 연구실 마련을 위한 지원의 적절성

### 2.4.2. 학교 수준

앞서 국어과 교육과정 평가 영역 상세화의 학교 수준 국어과 교육과정의 운영 단계에서 환경과 관련하여 학교 수준에서의 교수·학습 자료 및 교구 지원, 자료실 운영, 어학실 운영 등을 세부 영역으로 제시한 바 있다. 학교 수준에서 국어과 교수·학습 자료 및 교구 지원 계획이 체계적으로 적절하게 수립되었는가 하는 '교수·학습 자료 및 교구 지원 계획 수립 여부'와 '교수·학습 자료 및 교구 지원 계획의 체계성, 적절성'을 평가해야 할 것이다. 그리고 장학 및 지원이 실제적으로 충분히 이루어지는가 하는 '장학 및 지원 실행 여부'와 '장학 및 지원의 충분성'을 평가해야 할 것이다. 이때 학교 수준에서 국어과 교육과정이 충실하게 운영될 수 있도록 돕는 변화 지원자를 두고 있는가 하는 '변화 지원자 배정 여부'와 변화 지원자가 맡은 역할을 충실히 수행하고 있는가 하는 '변화 지원자 활동의 충실성'(Shirley M. Hord 외, 1987; 김경자 역, 1993)을 평가해야 할 것이다. 자료실 운영과 관련하여 자료실을 확보하고 있는가 하는 '자료실 확보 여부'와 자료실이 실제 효율적인가 하는 '자료실의 효율성'을 평가하고, 국어 어학실 운영과 관련하여 국어 어학실을 확보하고 있는가 하는 '국어 어학실 확보 여부'와 국어 어학실이 실제 효율적인가 하는 '국어 어학실의 효율성'도 평가해야 할 것이다. 또 개별화, 지역화, 통합화 교육을 위한 교수·학습 여건은 마련되었는가(천경록, 2005)를 평가해야 하는데, 구체적으로 살펴보면 학급당 인원수는 적절한가 하는 '학급당 인원수의 적절성', 교실 및 기자재 마련이 되는가 하는 '교실 및 기자재 마련 여부', 교사들의 연구 여건은 마련되는가 하는 '교사 연구실 마련 여부'(이연충, 2001)를 평가해야 할 것이다.

위와 같은 논의를 바탕으로 학교 수준의 국어과 교육과정 평가를

위한 교육과정 운영 단계에서 환경 관련 평가 준거를 나타내면 다음과 같다.

4-2. 학교 수준 환경 관련 준거
4-2.1 준비
4-2.1.1 교수·학습 자료 및 교구 지원 계획
4-2.1.1.1 국어 교수·학습 자료 및 교구 지원 계획 여부
4-2.1.1.2 국어 교수·학습 자료 및 교구 지원 계획의 체계성
4-2.1.1.3 국어 교수·학습 자료 및 교구 지원 계획의 적절성
4-2.2 실행
4-2.2.1 교수·학습 자료 및 교구 지원 실행
4-2.2.1.1 국어 교수·학습 자료 및 교구 지원 실행 여부
4-2.2.1.2 국어 교재 및 교구 지원의 충분성
4-2.2.2 국어교육 변화 지원자
4-2.2.2.1 국어교육 변화 지원자 배정 여부
4-2.2.2.2 국어교육 변화 지원자 활동의 충실성
4-2.3 자료실 운영
4-2.3.1 국어 자료실 확보 여부
4-2.3.2 국어 자료실의 효율성
4-2.4. 국어 어학실습실 운영
4-2.4.1 국어 어학실습실 확보 여부
4-2.4.2 국어 어학실습실의 효율성
4-2.5 학급당 국어교육 인원수의 적정성
4-2.6 국어교육에 활용 가능한 기자재 확보 여부
4-2.7 국어 교사 연구실 확보 여부

### 2.4.3. 교실 수준

앞서 국어과 교육과정 평가 영역 상세화의 교실 수준 국어과 교육

과정의 운영 단계에서 환경과 관련하여 교재 및 교구 활용, 자료실 활용, 어학실 활용 등을 세부 영역으로 제시한 바 있다. 교실 수준에서 국어과 교재 및 교구를 적절하게 활용하는가 하는 '교재 및 교구 활용 계획 수립 여부'와 '교재 및 교구 활용의 적절성'을 평가해야 할 것이다. 자료실 활용과 관련하여 자료실을 얼마나 잘 활용하는가 하는 '자료실 활용도', 어학실 활용과 관련하여 어학실을 얼마나 잘 활용하는가 하는 '어학실 활용도'도 평가해야 할 것이다.

위와 같은 논의를 바탕으로 교실 수준의 국어과 교육과정 평가를 위한 교육과정 운영 단계에서 환경 관련 평가 준거를 나타내면 다음과 같다.

4-3 교실 수준 환경 관련 준거
- 4-3.1 준비
  - 4-3.1.1 교재 및 교구 활용 계획
    - 4-3.1.1.1 국어 교재 및 교구 활용 계획 여부
    - 4-3.1.1.2 국어 교재 및 교구 활용 계획의 체계성
    - 4-3.1.1.3 국어 교재 및 교구 활용 계획의 적절성
- 4-3.2 실행
  - 4-3.2.1 교재 및 교구 활용
    - 4-3.2.1.1 국어 교재 및 교구 활용의 적절성
    - 4-3.2.1.2 국어 교재 및 교구 활용의 효율성
- 4-3.3 국어 자료실 활용성
- 4-3.4. 국어 어학실습실 활용성

## 3. 국어과 교육과정 성과단계 평가 준거

여기서는 국어과 교육과정 평가 영역 상세화에서 살펴본 것을 토대로 국어과 교육과정 성과단계에서 학습자, 교과, 교사, 환경 등 교

육과정 요소들과 관련한 평가 준거들을 교육과정 수준별로 나누어 알아본다.

### 3.1. 학습자 관련 준거

앞서 국어과 교육과정 평가 영역 상세화에서 국가 수준부터 교실 수준까지 국어과 교육과정의 성과 단계에서 학습자와 관련하여 '학습자의 인지적, 정의적, 심동적 성과, 만족도' 등을 세부 영역으로 제시한 바 있다. 여기서는 좀 더 구체적으로 살펴본다. 앞서, 학생들이 국어과 교육과정에 따라 학습한 결과가 의도했던 국어과 목표에 어느 정도 도달했는지를 평가해야 한다. 먼저 국어과 영역별 인지적 목표에 어느 정도 도달했는가 하는 '국어과 영영별 인지적 성과'와 국어과 영역별 정의적 목표에 어느 정도 도달했는가 하는 '정의적 성과'와 국어과 영역별 심동적 목표에 어느 정도 도달했는가 하는 '심동적 성과'를 평가해야 한다. 이 평가는 실질적인 평가가 되도록 질적·양적 평가 방법을 함께 적용하되, 인지적 성과들은 양적인 평가를 통해 확인할 수 있을 것이고, 정의적, 심동적 성과들은 질적인 평가를 통해 실질적 성과를 확인 할 수 있도록 해야 할 것이다. 이때 국어과 평가 기준 및 성취 기준에 따라 평가가 이루어졌는가 하는 것도 평가해야 할 것이다. 그리고 학습자들이 국어 학습 후 느끼는 수업에 대한 만족도, 자신들의 학업 성과에 대한 만족도가 평가되어야 할 것이다. 이런 평가를 통해 국어과 교육과정 운영의 문제점을 파악해서 개선함으로써 국어과 교육과정의 질 관리에 도움이 될 것이다.

위와 같은 논의를 바탕으로 국어과 교육과정 평가를 위한 교육과정 성과 단계에서 학습자 관련 평가 준거를 나타내면 다음과 같다.

1. 학습자 관련 준거
   1.1 학습자의 성과
      1.1.1 국어과 영역별 인지적 성과

1.1.2 국어과 영역별 정의적 성과

1.1.3 국어과 영역별 심동적 성과

1.1.4 국어과 성취 기준 평가 기준 적용도

1.2 학습자 만족도

1.2.1 국어 수업에 대한 만족도

1.2.2 국어 학습 성과에 대한 만족도

## 3.2. 교과 관련 준거

앞서 국어과 교육과정 평가 영역 상세화의 국가 수준부터 교실 수준까지 국어과 교육과정의 성과 단계에서 교과와 관련하여 '교육 내용의 기여도'를 세부 영역으로 제시한 바 있다. 좀 더 구체적으로 말하면, 국어과 교육과정의 교육내용이 국어과 교육과정 전반에 걸쳐 어느 정도 기여를 했는지에 대한 평가가 필요하다. 특히, 학습자의 변화에 영향을 미친 교육 내용을 확인하는 일이 필요하다는 것이다. 따라서 국가 수준의 국어과 교육과정 내용 가운데 학습자의 변화에 영향을 미친 내용이 무엇인가 하는 '교과 내용의 학습자 변화에의 기여도'를 평가해야 한다. 지역 수준에서는 '지역화 교육내용의 기여도'를, 학교 수준, 교실 수준에서도 교육내용의 기여도를 평가해야 한다.

위와 같은 논의를 바탕으로 국어과 교육과정 평가를 위한 교육과정 성과 단계에서 교과 관련 평가 준거를 나타내면 다음과 같다.

2. 교과 관련 준거

2.1 국어교육 내용의 학습자 변화에의 기여도

## 3.3. 교사 관련 준거

앞서 국어과 교육과정 평가 영역 상세화의 국가 수준부터 교실 수준까지 국어과 교육과정의 성과 단계에서 교사와 관련하여 '교사의 변화', '교사의 기여도', '교사의 만족도' 등을 세부 평가 영역으로 제시한 바 있다. 여기서는 좀 더 구체적으로 살펴본다. '교사의 변화'와 관련하여 교육과정을 운영하면서 교과관, 교수법, 교재관 등의 변화가 있었는지 평가해야 한다(이병욱, 2002). '교사의 기여도'와 관련하여 교사의 어떤 면이 학생들의 변화에 영향을 주었는지 하는 '교사의 학습자 변화에의 기여도'를 평가해야 한다(이만영, 2003). '교사의 만족도'와 관련하여 국어과 교육과정을 운영한 결과 '수업 만족도', '학생 성과에 대한 만족도' 등을 평가해야 한다.

위와 같은 논의를 바탕으로 국어과 교육과정 평가를 위한 교육과정 성과 단계에서 교과 관련 평가 준거를 나타내면 다음과 같다.

3. 교사 관련 준거
  3.1 교사의 변화
    3.1.1 국어 교과관의 변화
    3.1.2 국어 교수법의 변화
    3.1.3 국어 교재관의 변화
  3.2 교사의 기여도
    3.2.1 국어 교사의 학생 변화에의 기여도
  3.3 교사의 만족도
    3.3.1 국어 수업 만족도
    3.3.2 학생의 국어 학습 성과에 대한 만족도

### 3.4. 환경 관련 준거

앞서 국어과 교육과정 평가 영역 상세화의 국가 수준 국어과 교육과정의 성과 단계에서 환경과 관련하여 '국가 사회의 변화', '환경의 기여도', '국가 사회의 만족도' 등을 세부 평가 영역으로 제시한 바 있다. 지역 수준 및 학교 수준에서는 '지역 사회의 변화', '환경 기여도', '지역 사회 만족도'를, 교실 수준에서는 '학부모의 변화', '환경 기여도', '학부모 만족도' 등을 든 바 있다. 여기서는 좀 더 구체적으로 살펴본다. '국가 사회의 변화'와 관련하여 국어과 교육과정 운영의 결과 국가 사회의 국어관 등이 변화했나 하는 '국가 사회의 국어관 변화'를 평가해야 한다. '환경의 기여도'와 관련하여 환경의 어떤 요소가 학생들의 변화에 영향을 끼쳤는가 하는 '환경의 학생 변화에의 기여도'를 평가해야 한다. '국가 사회의 만족도'와 관련하여 국어과 교육과정 운영의 결과 학생 성과에 대해 국가 사회는 얼마나 만족하는가 하는 '국가 사회의 만족도'를 평가해야 한다. 다만 국가 수준의 환경과 관련한 성과는 단기간에 나타나는 것이 아니므로 몇 년 동안 운영 후에 평가하는 것이 바람직할 것이다.

지역 수준과 학교 수준에서도 국가 수준 국어과 교육과정 성과 단계 평가 준거와 크게 다르지 않다. 수준이 '국가'에서 '지역'으로 축소되었을 뿐이다. 교실 수준에서도 국가사회, 지역사회가 '학부모'로 바뀐 것 외에 다를 것이 없다.

위와 같은 논의를 바탕으로 국어과 교육과정 평가를 위한 교육과정 성과 단계에서 교과 관련 평가 준거를 나타내면 다음과 같다.

4. 환경 관련 준거
   4.1 사회(학부모)의 변화
      4.1.1 사회의 국어관 변화
   4.2 환경의 기여도
      4.2.1 환경의 학생 국어 능력 변화에의 기여도
   4.3 사회(학부모)의 만족도
      4.3.1 학생의 국어 학습 성과에 대한 만족도

# 제5장 연구의 의의와 결론 및 제언

## 1. 국어과 교육과정 평가 준거 연구의 의의

이 연구는 두 가지 연구 문제를 해결하고자 하였다. 하나는 국어과 교육과정 평가 준거 마련을 위한 바탕에 관한 것이고, 다른 하나는 국어과 교육과정 평가 준거 설정에 관한 것이다. 앞의 것이 국어과 교육과정 평가 준거를 마련하기 위한 바탕을 모색하는 것이므로 결국 국어과 교육과정 평가 준거 설정이라는 하나의 문제를 해결하는 데 초점이 맞춰진 연구이다. 그러므로 여기에서는 두 문제를 연속선상에 두고 전개할 것이다.

논의될 문제는 본 연구 결과와 선행 연구 결과와의 관계, 본 연구 결과의 유용성에 관련된 것이다. 이들 문제에 대하여 논의해 봄으로써 이 연구의 특징과 가치를 드러낼 수 있을 것이다.

먼저, 본 연구 결과와 선행 연구 결과에 관련된 문제에 대해 논의해 보면 다음과 같다. 교육과정 평가와 관련된 선행 연구를 고찰한 결과, 국어과 교육과정 평가에 대한 체계적인 연구가 거의 이루어지지 않았음이 밝혀졌다. 이 연구가 국어과 교육과정에 초점이 맞춰짐으로써 그와 관련된 선행 연구의 부족 때문에 연구 문제를 해결하는 데 여러 가지로 어려움을 겪었다. 이 분야에 대한 연구가 제대로 이루어지지 않은 이유는 전반적으로 교과 교육과정 평가에 대한 학문적인 관심이 제대로 조성되지 않았다는 데에서 찾을 수도 있지만, 국어과 교육과정 평가를 국가에서 마련한 '문서'에 대한 평가라는 인식에서 벗어나지 못하고 있기 때문이라고도 할 수 있다. 현행의 학교교육과정 평가 준거로는 '교과 교육과정에 대한 평가'가 제대로 이루어질 수 없도록 되어 있다. 평가 준거들이 개별 교과와 관련한 준거 수준으로 마련되어 있지 않기 때문이다. 이 문제를 해결하기 위하여 이 연구에서 시도한 것은 교육과정 평가 관련 선행 연구 결과들과 국어과 교육과정 관련 선행 연구 분석 결과들을 종합해서 수정 보완하는 방법을 썼다.

국어과 교육과정 평가를 위한 교육과정 평가 모형 설계에는 교육과정 평가 모형과 관련한 선행 연구 결과가 시사점을 주었다. 여러 가지 평가 모형의 분석을 통하여 얻어진 모형의 특징, 장점과 단점 등을 참고하여 기존 모형들의 장점을 살리고 단점을 보완하는 종합적인 교육과정 평가 모형을 마련할 수 있었다. 그렇지만 이 연구를 통하여 개발된 교육과정 평가 모형은 선행 연구가 보여주는 그런 모형과는 다른 특징이 있다.

이 연구에서 개발한 교육과정 평가 모형의 가장 큰 특징은 선행 연구에서 제시된 평가 모형들과는 달리 다양한 수준의 국어과 교육과정을 평가할 수 있도록 설계되었다는 점이다. 그 특징은 두 가지로 요약할 수 있다. 그 하나는, 선행 연구들이 평가 대상으로 국가 수준 교육과정, 지역 수준 교육과정, 학교 수준 교육과정까지를 포괄하거나 주로 '학교 수준 교육과정'에 제한하여 설정하였으나 이 연구에서는 교육과정의 최종 단계인 '교실 수준 교육과정'을 대상에 포함시켰다는 점이다. 이렇게 접근하면 교육과정의 질을 수준별로 관리할 수 있도록 해 줄 것이다.

다른 하나는, 이제까지 교육과정 평가 모형들은 대부분 정적인 모형이었으나 이 연구에서는 기본 모형이 국가·지역·학교·교실 수준으로 돌아가면서 수준 간, 활동 간, 영역 간 일관성과 연계성이 유지

되는 역동적인 모형이라는 점이다.

다음으로 평가 모형과 연계되어 추출된 평가 준거와 관련하여 선행 연구 결과와 이 연구의 결과를 중심으로 논의하여 본다. 교육과정 평가 준거와 관련된 선행 연구는 국어과 교육과정을 대상으로 한 것이 없었으며, 교과 교육과정과 관련된 연구는 실과 교육과정과 관련된 것 하나뿐이었다. 하지만 내용이 '목표'와 '내용' 관련 준거들뿐이었다. 그래서 이 연구에서 추구한 종합적인 국어과 교육과정 평가 준거 마련이 쉽지 않았다. 물론 교육이라는 큰 테두리에서 보면 공통적으로 적용되는 교육 이론이 있고, 교육 요소에 공통 변인이 있기 때문에 평가 준거 또한 공통되는 것이 있을 수 있다. 공통으로 적용할 수 있는 평가 준거는 선행 연구 결과로부터 얻어진 교육과정 평가 준거를 참조할 수 있으나, 국어과 교육과정에 초점을 둔 국어과 교육과정 평가 준거는 국어교육 및 국어과 교육과정 관련 문헌과 연구들을 통하여 추출해야 할 필요가 있었다. 그래서 국어교육 및 국어과 교육과정 관련 선행 연구들을 광범위하게 분석하여 종합적인 국어과 교육과정 평가 준거들을 마련할 수 있었다.

이상의 평가 모형과 평가 준거에 관련된 선행 연구 결과와 이 연구의 결과에 대한 논의를 종합적으로 정리하여 보면, 국어과 교육과정을 평가하기 위해서는 국어과에만 적용할 수 있는 모형은 아니더라도 교육과정을 평가하는데 도움을 줄 수 있는 종합적인 평가 모형이 필요했으며, 포괄적이고 광범위한 평가 모형을 실제 평가 장면에 도입할 수 있도록 상세화할 필요가 있었다. 그런 평가 모형과 모형의 상세화를 바탕으로 해서 종합적인 국어과 교육과정 평가 준거가 마련될 수 있었다.

둘째, 본 연구 결과의 유용성 문제에 관하여 논의해 보면 다음과 같다. 이는 마련된 평가 모형이나 평가 준거가 국어과 교육과정 평가와 연관된 문제를 해결하는 데 어떻게 기여할 수 있는가에 관련된 것이다. 연구의 유용성은 크게 두 가지로 구분된다. 하나는 학술적인 차원에서의 유용성이고, 다른 하나는 교육 현장에서의 유용성이다.

먼저 이 연구의 학술적인 차원에서의 유용성은 국내에서 처음으로 국어과 교육과정 평가 문제를 본격적으로 다루었다는 데 있다. 이 연구의 제한점과 더불어 결과에 대한 비판이 제기될 수 있겠지만, 국어과 교육과정 평가 문제를 학술적으로 해결해 보고자 시도한 것 자체가 가치가 있다고 할 수 있는 것이다. 앞으로 나오게 될 이 연구 결과에 대한 비판은 국어과 교육과정 평가의 질을 높이는 데 도움을 줄 수 있을 것이다. 특히 국가 수준, 지역 수준, 학교 수준, 교실 수준 등 국어과 교육과정의 다양한 수준의 개발, 운영, 성과 등 모든 활동 과정에 대한 평가 모형 및 평가 준거를 마련한 점은 앞으로 다른 교과 교육과정 평가 관련 연구에도 시사점을 제공하게 될 것이다.

또 교육과정 개정체제가 주기적 개정체제에서 상시 개정체제로 바뀌면서 교과별 교육과정평가방법을 정립시키고 그를 바탕으로 교육과정의 강점과 약점을 파악하고 그에 따른 개선방향을 정립시켜 나가는 종합적인 교육과정 평가체제 구축의 필요성이 대두된 시점에서 종합적인 국어과 교육과정 평가체제 구축에 도움을 줄 수 있을 것이다.

교육 현장에서의 유용성은 이 준거들을 실제 국어과 교육과정 평가 장면에 투입한 뒤에나 논할 수 있을 것이므로 여기서는 논하지 않기로 한다.

## 2. 국어과 교육과정 평가 연구 결론

이제까지 논의한 것들을 간단히 요약하는 것으로 결론을 대신하고자 한다.

지금까지 일곱 차례 교육과정이 개정되었지만, 명확한 준거를 가지고 그 준거에 근거해서 평가를 실시해 오지 않은 현실에서 국어과 교육과정 전반을 평가할 수 있는 종합적인 평가 준거의 필요성 때문에 이 연구를 수행하게 되었다.

이 연구는 국어교육의 효과를 증대시키고 국어과 교육과정의 질을 관리하기 위한 교육과정 평가에 적합한 평가 준거를 개발하는 것을 목적으로 다음과 같은 연구 문제를 설정하였다.

첫째, 국어과 교육과정 평가 준거 마련을 위한 바탕은 무엇인가?

둘째, 국어과 교육과정 평가 준거들로 어떤 것들이 될 수 있을까?

두 문제를 해결하기 위하여 먼저 선행 연구를 탐색하여 국어과 교육과정 평가에 적합한 교육과정 평가 모형과 평가 준거가 어떤 관점에서 개발되어야 하는가에 대한 시사점을 찾아보았다. 교육과정 평가 모형 관련 선행 연구를 통해 다음과 같은 시사점을 얻을 수 있었다.

첫째, 교육과정 평가에서 핵심이 되어야 하는 것은 학생의 성취나 변화를 다루는 것이다. 둘째, 교육과정 평가는 교육과정의 결과만이 아닌 선행 조건, 과정, 환경을 포함해야 한다.

셋째, 교육과정 평가에서는 프로그램(문서 수준의 교육과정)의 가치와 장점을 판단해야 한다.

넷째, 교육과정 평가에는 교육과정 관련 인사, 집단들이 평가에 참여하고 그들과 관련된 항목들이 포함되어야 한다.

다섯째, 교육과정 평가에서는 교육과정 요소들이 평가 요소에 포함되어야 한다.

여섯째, 교육과정 평가에서는 교육과정이 실제로 전개되는 순서(개발, 운영, 성과)가 포함되어야 한다.

일곱째, 교육과정 평가에서는 평가 기능과 관련한 요소들이 포함되어야 한다.

여덟째, 교육과정 평가에 대한 개념 정의를 분명히 해야 한다.

아홉째, 학교 수준의 교육과정도 매우 중요하지만, 실재하는 다양한 교육과정 수준을 고려한 총체적이고 종합적인 교육과정평가 모형을 구성해야 한다.

열째, 교육과정의 수준 간, 활동 간, 영역 간 일관성이나 연계성과 관련된 평가를 모형만 보고도 찾을 수 있도록 설계해야 한다.

그 다음으로 교육과정 평가 준거 관련 연구로부터 설정된 평가 준거를 분석하여 보았다. 분석 결과, 다음과 같은 시사점을 얻을 수 있었다.

첫째, 국어과 교육과정 평가 준거를 마련하기 위해서는 교육과정 관련 요소들을 아우르는 종합적인 교육과정 평가 모형이 먼저 만들어져야 하고, 그 모형을 바탕으로 평가 준거들이 추출되어야 할 것이다.

둘째, 선행 연구들의 평가 대상이나 준거들 가운데 일부를 제외하면 학교 수준 국어과 교육과정 평가 준거로 삼을 수 있다.

셋째, 국어과 교육과정 평가 준거는 국어교육의 특징이 드러날 수 있도록 '국어 교육과정 논리'가 마련되어야 할 것이다.

넷째, 국어과 교육과정 평가 준거는 교육과정의 수준별로 달리 마련하여 교육과정의 수준별로 제 역할을 다하는지 평가할 수 있도록 해야 할 것이다.

다섯째, 국어과 교육과정 개발 절차 및 교육과정 활동들과 관련된 하위 영역들을 좀 더 상세화함으로써 누락되는 요소가 없도록 해야 할 것이다.

여섯째, 국어과 교육과정 평가 준거들은 실현 가능성이 있으면서도, 어느 시기의 교육과정 평가에도 적용될 수 있는 생명력이 있는 준거들이 마련되도록 해야 할 것이다.

선행 연구를 탐색하고 난 다음 얻어진 시사점을 바탕으로 국어과 교육과정 평가에 적용할 수 있는 종합적인 교육과정 평가 모형을 구안하였다. 교육과정 평가의 개념을 정립하고 교육과정 평가 관련 변인들을 살핀 다음 평가 모형을 구성하게 될 요소를 선정하여 구조화하였다.

교육과정 평가 모형은 교육과정 요소, 교육과정 활동, 평가 기능 등 세 가지 요소로 구성되는 3차원 구조가 교육과정 수준별로 회전하는 동적인 모형이다. 교육과정 요소는 평가 대상이 되는 영역을 가리키며 학습자·교과·교사·환경 등으로 구분된다. 교육과정 활동은 평가 대상이 되는 영역들(교육과정 4요소)이 투입되고, 실천되고, 산출되는 과정을 나타낸다. 평가 기능은 기술·해석·판단 등의 하위 요소를 갖는다. 교육과정 수준은 국가 수준, 지역 수준, 학교 수준, 교실 수준으로 나누었다. 이런 동적인 모형으로 교육과정 수준 간, 활동 간, 영역 간, 일관성과 연계성을 유지할 수 있도록 하였다.

이 모형만으로 국어과 교육과정 평가 준거를 마련할 수가 없었다. 그래서 국어과 교육과정 평가 준거 설정을 위한 예비적 고찰 단계를 거쳤다. 모두 세 단계의 절차를 거쳐서 수행되었다. 첫째 단계는 국어과 교육과정 논리 및 평가 논리를 탐색하였고, 둘째 단계는 교육과정 평가 준거 관련 선행 연구 결과와 국어교육 및 국어과 교육과정과 관련한 선행 연구 분석 결과들을 종합하여 교육과정 평가 모형을 상세화하였다. 마지막으로 위 두 단계를 바탕으로 종합적인 국어과 교육과정 평가 준거를 마련하였다.

국어과 교육과정 평가 준거는 크게 개발 단계, 운영 단계, 성과 단계로 나누고, 다시 국가 수준, 지역 수준, 학교 수준, 교실 수준으로 나눈 다음 수준별 공통준거는 되풀이하여 제시하지 않고 수준별 특정준거들만 따로 제시하여, 총 373개 항목으로 설정되었다. 그것을 표로 보이면 [표 16]과 같다.

개발단계 국어과 교육과정 평가 준거는 모두 145개가 설정되었다. 학습자 관련 4개, 교과 관련 121개, 교사 관련 4개, 환경 관련 16개다. 이 가운데 학습자 관련 준거와 교사 관련 준거는 국가 수준부터 교실 수준까지 공통적으로 적용 가능한 공통 준거이다. 교과 관련 준거 121개는 국가 수준부터 학교 수준까지 공통적으로 적용 가능한 공통 준거 112개와 국가 수준에만 적용되는 준거 1개, 지역 수준부터 교실 수준의 공통 준거 8개가 더해진 것이다. 환경 관련 준거 16개도 국가 수준부터 학교 수준까지의 공통 준거 13개와 국가 수준에만 적용되는 준거 3개가 더해진 것이고, 심의진 관련 준거 5개는 교실 수준에는 적용할 수 없는 준거이다.

운영단계 국어과 교육과정 평가 준거는 모두 212개가 설정되었다. 이 가운데 학습자 관련 준거는 국가 수준부터 교실 수준까지 공통적으로 적용 가능한 공통 준거이다. 교과 관련 준거는 76개는 국가 수

[표 16] 국어과 교육과정 평가 준거 수

| 단 계 | 중영역 | 평가 준거 수 |
|---|---|---|
| 개 발 | 학습자 | 4 |
| | 교 과 | 121 |
| | 교 사 | 4 |
| | 환 경 | 16 |
| | 소 계 | 145 |
| 운 영 | 학습자 | 5 |
| | 교 과 | 76 |
| | 교 사 | 82 |
| | 환 경 | 49 |
| | 소 계 | 212 |
| 성과 | 학습자 | 6 |
| | 교 과 | 1 |
| | 교 사 | 6 |
| | 환 경 | 3 |
| | 소 계 | 16 |
| 총 계 | | 373 |

준 준거 34개, 지역 수준 준거 25개, 학교 수준 준거 15개, 교실 수준 준거 2개가 더해진 것이다. 교사 관련 준거 82개는 국가 수준 및 지역 수준 준거 5개, 학교 수준 준거 12개, 교실 수준 준거 65개가 더해진 것이다. 환경 관련 준거 49개도 국가 수준 및 지역 수준 준거 28개, 학교 수준 준거 14개, 교실 수준 준거 7개가 더해진 것이다.

성과단계 국어과 교육과정 평가 준거는 모두 16개가 설정되었다. 학습자 관련 6개, 교과 관련 1개, 교사 관련 6개, 환경 관련 3개로 모두 16개가 설정되었다.

이와 같은 평가 준거의 타당성은 실제 평가를 해봄으로써 검증하기로 하고, 후속 연구 과제로 남겼다.

이 연구를 통하여 개발된 교육과정 평가 모형과 국어과 교육과정 평가 준거들은 국어교육 현장에서 국어과 교육과정을 평가하는 데 참고자료가 될 수 있을 것이다. 하지만 본 연구의 결과를 현장에서 활용하기 위해서는 평가 준거에 대한 좀 더 구체적인 연구가 요구된다. 그것은 학교급별 국어과 교육과정의 제반 여건이 조금씩 다르기 때문이다. 학교급별 여건에 맞는 전문적이고 더 상세한 평가 준거들을 찾아야 하고, 그것들을 평가할 수 있는 지표와 기준을 마련하는 일이 남았다. 이렇게 학교급별 더욱 전문화되고, 상세한 국어과 교육과정 평가 준거가 설정됨으로써 국어과 교육과정에 대한 평가의 타당성은 제고될 수 있을 것이다.

## 3. 국어과 교육과정 평가를 위한 제언

이 논문의 출발점은 국어과 교육과정 평가를 제대로 해서 국어교육의 질을 높이자는 것이었다. 이 연구를 통해 국어과 교육과정 평가와 국어교육의 질을 높이기 위한 제언을 하면 다음과 같다.

첫째, 이 연구를 통해 마련된 국어과 교육과정 평가 준거가 국어교육 현장에서 활용되기 위해서는 무엇보다 먼저 국어교육 관련자를 중심으로 국어과 교육과정 평가의 필요성에 대한 인식과 국어과 교육과정 평가에 대한 전반적인 이해를 위한 체계적이고 지속적인 교육이 요구된다. 그리고 각 사범대학 및 교육대학교에 국어과 교육과정 평가 관련 과목이 개설되고 국어교육 현장과의 연계성을 유지하면서 국어과 교육과정 평가 작업을 실질적으로 적용하기 위한 노력이 필요하다.

둘째, 시·도 교육청에 국어과 전담 전문직을 두도록 제도화할 필요가 있다. 실정을 보면 시·도 교육청에 국어교육 전공자 출신의 전문직들이 있긴 하지만 그 수는 얼마 되지 않는다. 그래서 현장에 장학 지도를 나가더라도 교과별 장학이 될 수 없도록 되어 있다. 현실적으로 당장 하기 힘들면 연차적으로라도 전문직 수를 늘려, 교과별 전문 장학이 이루어질 수 있도록 해야 할 것이다.

셋째, 국어 교사 가운데 교육과정 전문가 연수를 시켜서라도 각급 학교에 국어과 교육과정 도우미 배치를 제도화할 필요가 있다. 그래서 그 도우미를 중심으로 학교 수준의 국어과 교육과정이 개발, 운영, 평가 될 수 있도록 하고, 교실 수준 국어과 교육과정을 개발, 운영, 평가하는 데 도움을 줄 수 있도록 해야 할 것이다. 현실적으로 초등은 학교교육과정을 개발할 때 교과별 교육과정 위원회가 따로 없다. 중등도 중등 국어 교사들의 말에 따르면, 국어 교사들이 교과 협의회가 있긴 하지만, 연간 진도표를 만들고, 수행 평가 계획 만드는 것 이상으로 하는 학교가 별로 없다고 한다. 교과서 진도 나가기 바쁘지, 국가 수준, 지역 수준 국어과 교육과정을 분석하여 재구성하고, 지역화 한다는 것은 생각도 못한다고 한다. 이론적으로만 있을 뿐이고 실제 현장에서 실행되지 않는 교육과정은 제대로 평가될 수도 없는 것이다.

넷째, 초등학교 교사들에게 저마다 관심이 있고, 특기가 있는 교과를 '연구 교과'로 선택하게 해서, 교과별 연구 교사 모임을 제도화 할 필요가 있다. '국어과'를 놓고 보았을 때, '국어과 연구 교사'들이 연수도 하고, 학교 수준 국어과 교육과정 개발, 운영, 평가하는 가운데, 저마다 가진 수업 아이디어나 자료들을 서로 나눌 수 있도록 하면 좋을 것이다. 현재의 상태로는 초등학교에서 국어과 교육과정 위원회를 따로 만들어 학교 수준 국어과 교육과정의 질을 관리할 수 없도록 되어 있다. 현재 각 지역에서 국어교육에 관심 있는 사람들이 모여 전국 단위의 모임을 만들고 방학 때마다 연수를 열고, 계간지를 만들어 서로 정보를 나누는 일을 하고 있다. 하지만 이런 자율적인 모임으로는 한계가 있다

다섯째, 교육 예산 배분, 교육 예산 책정, 집행을 교과단위로 하도록 의무화할 필요가 있다. 국가 수준 교육과정을 개발하는 데 국어과에 얼마의 예산을 들여 어떻게 쓰는지 알 수 있도록 해야 할 것이며, 지역 수준에서도 지역 수준 국어과 교육과정을 개발하는 데 얼마가 들고, 해마다 얼마의 예산 배정을 해서 쓰도록 해야 할 것이고, 학교 수준에서도 학교 국어교사들이 한 해 동안 국어과 교육과정을 개발, 운영, 평가하는 데 쓸 예산을 수립하고 그것을 배정 받아 집행하는

구조가 될 때, 좀 더 국어교육의 질 관리가 될 것이다. 현재 현실은 그렇지 못하다. 학교 수준을 봐도 국어 교사가 국어과 수업을 지역화하여 수업에 필요한 자료를 제작하려고 할 때 쓸 예산이 따로 마련되어 있지 않으니, 개인 돈을 쓰거나 아예 자료 제작을 포기하고 마는 현실이다.

여섯째, 실질적으로 국어교육을 알차게 하는 교사들에게 보상을 줄 수 있는 보상체계가 마련되어야 할 것이다. 한 시간 수업 연구해서 겨루는 수업연구대회 말고, 교실 수준 국어과 교육과정을 개발, 운영, 평가한 내용을 현장 연구 논문의 형태, 내지는 사례 발표 형태로 발표하도록 해서, 지역화 우수 사례, 개별화 우수 사례, 통합화 우수 사례 등 세부 분야별로 보상(이동 가산점 등)을 주는 방법을 쓰면 좋겠다. 그것이 자동적으로 교실 수준 국어과 교육과정의 평가가 되므로, 학교단위에서 그런 자료를 종합 분석하면 학교 수준 국어과 평가가 될 것이고, 지역 수준에서 그런 학교별 결과를 종합하면 지역 수준 국어과 교육과정 평가가 될 것이고, 국가 수준에서 지역별 결과를 종합하면 국가 수준 국어과 교육과정 평가가 될 것이다.

일곱째, 교육과학기술부, 시·도교육청, 학교평가 및 학교교육과정을 평가할 때, 교과 활동과 관련된 항목을 자세하게 더 늘리고, 교과 교육과정 개발, 운영, 평가와 관련된 부분에 배점을 높일 필요가 있다. 시·도교육청 평가, 학교평가, 학교교육과정 평가 항목들을 살펴보면 교과 활동 밖의 여러 항목들을 정해놓았는데 그것들이 교과 활동과 관련한 항목에 비해 항목수가 많다. 시·도교육청 평가, 학교평가의 경우 그것들의 배점이 교과 활동과 관련한 항목에 비해 배점도 높다. 시·도교육청은 학교 교육 활동의 지원을 위해 있는 기관이다. 학교에서 이루어지는 교육 활동들의 대부분은 교과와 관련된 활동이다(초등 1학년은 2/25, 6학년의 경우 3/32 만이 교과 외 활동이다). 이런 현실을 놓고 볼 때, 학교평가 항목은 주로 교과 활동과 관련되는 것이 많아야 하고, 시·도교육청 평가도 교과 교육 활동과 관련된 항목들이 많아야 하는 것이다.

# 제2부 국어과 교육과정 평가의 실제

제1장 국어과 교육과정이 교과서에 반영되는 유형 1

제2장 국어과 교육과정이 교과서에 반영되는 유형 2

제3장 국어과 교육과정이 교과서에 반영되는 유형 3

제4장 국어과 교육과정이 교과서에 반영되는 유형 4

제5장 7차 초등학교 국어과 교육과정 평가 연구

# 제1장
# 국어과 교육과정이 교과서에 반영되는 유형 1*

## 1. 연구의 필요성 및 목적

거의 모든 사물은 저마다의 구실을 갖고 있기 마련이다. '망치'는 망치의 구실이 있고, '노루발'은 노루발의 구실이 있음은 누구나 잘 알고 있을 것이다. 누구나 쉽게 알아차릴 수 없는 사물에 대해서는 그 쓰임새와 구실을 따로 설명을 해 놓는다.

'교육과정'도 제가 가진 구실이 있다. 다만 사람에 따라서 그것의 구실과 쓰임새를 다르게 보는 경우가 적지 않으므로 교육과정과 관련한 말이나 글을 쓸 때는 그 뜻매김을 똑똑히 해 놓는다.

제7차 교육과정 해설에 보면 다음과 같은 설명이 있다(교육부, 1999 : 6).

> 교육 과정을 어떤 관점에서 보든지 간에, 교육 과정은 '학습자의 학습 경험을 선정하고 조직하여 교육 경험의 질을 구체적으로 관리하는 교육의 기본 설계도'라는 것은 기본적인 관점이라고 할 수 있다. 따라서 교육 과정은 의도된 학교 교육에서 '왜, 무엇을, 어떻게, 어느 수준과 범위로 가르치고 평가하느냐'를 문서로 계획한 교육 설계도이기 때문에, 교육 과정

* 이 내용은 이창수(2005), 「국어과 교육과정이 교과서에 반영되는 유형에 관한 연구」, 『우리말글교육』 7, 우리말글교육학회, 139~175쪽에 실린 것임.

을 단순한 교육 내용으로만 볼 것이 아니라 교육 목표, 내용, 방법이나 운영 방식, 평가를 포괄하는 폭넓은 개념으로 보아야 할 것은 분명하다고 할 수 있다.

여기서 보면, 교육과정을 개발한 사람들은 교육과정을 '설계도'라는 관점에서 보고 있음을 알 수 있다. '설계도'의 뜻과 구실을 밝히면 '교육과정'의 뜻과 구실도 뚜렷해질 것이라 생각한다. 사전에서는 '설계도'를 다음과 같이 풀이하고 있다(국립국어연구원, 1999 : 3426).

「명」「1」 설계한 구조, 형상, 치수 따위를 일정한 규약에 따라서 그린 도면. 「2」 앞으로 이룩할 일에 대한 계획.

'설계'라는 말은 다음과 같이 풀이하고 있다.

「명」「1」 계획을 세움. 또는 그 계획. 「2」 건축·토목·기계 제작 따위에서, 그 목적에 따라 실제적인 계획을 세워 도면 따위로 명시하는 일.

설계도 풀이 「1」, 설계 풀이 「2」를 놓고 생각해 보기로 하자. 일반적으로 집을 지을 때, 집을 짓는 사람들은 설계도를 보고 설계도대로 지을 수 있어야 전문가로서 건축업자 대접을 받는다. 집을 설계도대로 잘 지었는지 그렇지 않은지를 판단하는 사람도 '설계도'대로 집을 짓지 않았으면 준공허가를 내주지 않게 되고, 그 집은 불법 건축물이 되고 만다. 또, 설계도대로 만들어지지 않은 기계나 공작물은 제대로 작동을 하지 않거나, 불량품이 되고 만다.

설계도 풀이 「2」, 설계 풀이 「1」을 놓고 생각해 보자. 일에 대한 계획을 세웠으면 그 계획대로 일을 잘 추진해 가야 성공할 가능성이 많은 것이다. 성공했다면 문제가 없지만, 실패를 했다면 실패의 원인을 찾기 위해 계획대로 일을 잘 해왔는가를 되짚어 보는 것은 기본임은 두 말할 나위가 없다.

건축, 토목, 기계공작 분야에서와 같이 엄격하지는 않더라도, '설계도'가 갖는 일반적인 구실을 생각해 보면, 교육과정을 만든 사람들이 '설계도'의 관점에서 보는 '교육과정'의 구실을 미루어 짐작해 볼 수 있는 것이다. '설계도'가 그것을 보고 일하는 사람이 꼼꼼히 보지 않으면 일을 제대로 할 수 없는 것이라 할 때, 설계도의 관점 아래 있는 교육과정도 꼼꼼히 봐야 교육과정이 계획한 대로 제대로 실행될 수 있다는 결론이 나온다.

교육과정을 설계도 관점으로 볼 때, 과연 교육과정이라는 설계도를 보고 만든 교과서가 얼마나 설계도에 충실했는지를 따져 보지 않을 수 없다. 7차 교육과정에서는 교육의 질 관리를 위해 교육과정 평가를 실시할 것을 분명히 밝혀 놓고 있기도 하다.

따라서, 이 글에서는 국어과 교육과정 평가의 차원에서, 설계도인 교육과정을 교과서가 어떻게 반영했는지 반영 유형을 살펴보고자 한다. 1학년부터 6학년까지를 꿰뚫는 연구가 더 의미 있겠지만 우선, 6학년 것을 대상으로 분석한 결과를 바탕으로 다른 학년에 대한 분석으로 이어갈 것이다.

현재 교육과정 개정에 관한 논의가 진행되고 있는 시점에서 늦은 감이 없진 않지만, 새롭게 교육과정이 마련되고 교과서를 만들 때 교육과정과 교과서 각각의 구실을 정할 때, 상호 관계를 설정할 때 도움 자료를 제공하는 데 이 글의 목적이 있다.

## 2. 선행연구 분석

교육과정과 교과서에 관한 연구는 적지 않지만, 7차 교육과정과 관련하여 이 글에서 참고할 만한 선행연구로는 송현정(2002), 이창수(2002), 정혜승(2002) 등이 있다.

송현정(2001)은 7차 교육과정 초등학교 국어과 국어지식 영역의 교과서 제시 방식을 분석하였다. 초등학교 국어과 교육과정과 교과서에 주목을 했다는 점에서 이 글과 관련하여 의의가 있지만, '국어지식'영역에 한정되었다는 점에서, 그리고 교육과정 내용의 교과서 제시 방식에 관한 분석에 그쳤다는 점에서 한계가 있다.

이창수(2002)는 7차 초등학교 국어과 교육과정과 교과서를 견주는데 목적을 두었다는 점에서 이 글과 통하는 부분이 있다. 하지만 교육과정과 교과서 내용 가운데 음운 관련 내용만을 연구 대상으로 삼았다는 한계가 있다.

정혜승(2002)은 국어과 교육과정이 교과서에 반영되는 방식을 중학교 국어과 교육과정을 중심으로 연구하였다. 국어과 교육과정이 교과서에 반영되는 방식에 주목을 했다는 점에서 이 글에 많은 시사점을 주었다. 하지만 중학교 교육과정을 중심으로 한 연구라는 점에서 한계가 있다.

그리고 7차 중등 교육과정 내용이 모두 교과서에 빠짐없이 반영되었다는 점에서 초등과 반영 양상이 다르다. 또, 내용 반영 정도와 관련하여 내용 변형 유형을 확장, 축소, 추가, 삭제 네 가지로 분석했으나, 교육과정 내용 1개가 교과서에 어느 수준으로 반영되어야 한다는 기준이 없는 상태에서 '확장'이나 '축소'를 판단할 수 없는데 그런 용어로 범주화하여 분석을 했다는 점에서 한계가 있다고 하겠다.

이처럼 선행연구들은 초등학교 교육과정과 교과서에 주목을 했지만, 분석 영역이 제한적이고, 제시 방식에만 관심을 가졌거나, 교육과정의 교과서 반영 방식에 관심을 가졌지만, 중학교 중심으로 분석한 것이다.

따라서 초등학교 국어과 교육과정이 교과서에 얼마나 충실하게 잘 반영되어 있는지에 대한 반영 정도, 방식, 수준과 변형 방식 등 여러 유형과 관련한 자세한 분석이 필요하다 하겠다.

## 3. 국어과 교육과정과 교과서 분석

### 3.1. 국어과 교육과정이 교과서에 반영되는 유형 범주화

이 글은 7차 국어과 교육과정이 어떻게 교과서에 반영되는지를 알아보기 위해, 7차 국어과 교육과정 해설과 교과서를 놓고, 하나하나 대조 분석하였다.

분석 결과 다음과 같은 유형으로 범주화할 수 있었다.

#### 3.1.1. 반영 정도: 반영/미반영

교육과정의 영역별 내용이 교과서에 반영되는 방식을 살펴본 결과, 교과서에 반영된 것이 있었고 반영되지 않은 것이 있었다. 교육과정 내용이 교과서에 반영된 것은 '반영'으로, 반영되지 않은 것은 '미반영'으로 범주화 할 수 있다.

아래에 이어질 분석표에 반영되지 않은 것은 비고란에 '미반영'이라고 표시하였다. 반영된 내용은 어느 교과서 어느 마당 어느 대단원 어느 소단원 어느 차시에 반영되었는지를 기호로 표시하였다. 보기를 들어, 듣기 영역 첫 번째 내용이 말하기·듣기·쓰기 교과서 6학년 1학기 첫째마당 1대단원 1소단원에 반영되어 있으면 '말·듣·쓰-6-1-1-1'로 표시하였다.

#### 3.1.2. 반영 방식: 직접/간접

반영된 교육과정도 내용 반영 방식에 있어 뚜렷한 차이를 보였다. 교육과정 내용이 교과서에 반영될 때, 교과서 대단원 활동 목표(주제), 차시 활동 목표(주제)로 반영된 것이 있고, 그렇지 않으면서 반영되어 있는 것이 있다. 교육과정 내용이 대단원 활동 목표(주제)나 차시 활동 목표(주제)에 언급이 되면서 반영 된 것은 '직접' 반영된 것으로 분류를 했고, 그렇지 않으면서 반영된 것은 '간접' 반영된 것으로 분류하여 분석표에 표시하였다.

#### 3.1.3. 반영 수준: 대단원(2)/대단원(1)/소단원/차시

직접, 간접으로 교과서에 반영된 것들도 반영 수준에 있어 상당한 차이를 보였다. 하나의 교육과정 내용이 2개의 대단원에 반영된 것도 있고, 1개의 대단원에 반영된 것도 있었다. 또 소단원 수준에 반영된 것, 차시 수준으로 반영된 것들이 있었다. 그래서 반영 수준에 따라 2개의 대단원 수준으로 반영된 것은 '대단원(2)', 1개의 대단원 수준은 '대단원(1)', 소단원 수준은 '소단원', 차시 수준은 '차시'로 분류하여 분석표에 표시하였다.

#### 3.1.4. 내용 변형 방식: 거의 같음/진술 바꿈/ 진술, 내용 바꿈

교육과정 내용이 교과서에 반영된 것들도 자세히 보면, 교육과정과 똑같이 교과서에 반영되는 경우는 없었다. 한 마디로 약간 변형이 되어 교과서에 반영되더라는 것이다. 이런 변형에도 몇 가지 다른 양상이 있었다. 교육과정 내용 진술과 교과서에 반영된 내용 진술이 거의 같은 경우가 있고, 진술이 약간 바뀐 경우, 진술도 바뀌고 교육과정에서 의도한 내용과 교과서에 반영된 내용이 상당한 차이를 보이는 경우가 있었다. 진술이 거의 바뀌지 않은 것은 '거의 같음'으로, 진술만 약간 바뀐 것은 '진술 바꿈'으로, 진술과 내용이 모두 바뀐 경우는 '진술·내용 바꿈'으로 분석표에 나타내었다.

### 3.2. 교육과정이 교과서에 반영되는 유형에 따른 분석

여기서는 위에서 살펴 본 반영 유형에 따라 7차 교육과정 내용 가운데 6학년 내용이 교과서에 반영되는 정도를 영역별로 분석해 보기로 하겠다.

분석 방법은 교육과정해설서에 나타난 지도 내용 설정 의도 내지 취지와 내용과 관련한 학습 활동, 학습 계획에 대한 안내를 보고, 그것이 반영된 관련 교과서 내용을 찾아 서로 비교하여 반영 정도, 방식, 반영 수준, 내용 변형 방식을 분석하였다. 분석한 결과를 영역별로 살펴보기로 하겠다.

### 3.2.1. 6학년 듣기 영역 분석

6학년 듣기 영역을 분석한 결과를 표로 보이면 [표 1]과 같다.

[표 1] 6학년 듣기 영역 분석표

| 교육과정 내용 | 교과서 내용 | 비고 |
|---|---|---|
| (1) 듣기가 의미 형성 과정임을 안다. | 말·듣·쓰<br>-6-1-1-1 | 간접<br>차시 |
| (2) 여러 가지 표현의 의미를 알아보며 듣는다. | | 미반영 |
| (3) 말하는 이의 의도나 목적을 파악하며 듣는다. | | 미반영 |
| (4) 말하는 이가 사용한 표현이 적절한지 판단하며 듣는다. | | 미반영 |
| (5) 여러 가지 매체에서 관심 있는 내용을 찾아 듣는 태도를 지닌다. | | 미반영 |

6학년 듣기 지도 내용 5개 가운데 1개(20%)가 교과서에 반영되었고, 나머지 4개(80%)가 반영되지 않았다. 반영 수준을 보면 차시 수준으로 반영된 것뿐이다. 좀 자세히 살펴보면,

(1)의 경우 말·듣·쓰-6-1-1-1에 간접적으로 차시 수준으로 반영되었다고 할 수 있다. 교과서 내용과 교육과정의 내용 설정 취지나 의도와 비교해 보면 알 수 있다. 교육과정해설에서는 이 내용이 듣기의 본질은 들려오는 소리를 지각하는 것이 아니라, 여기다가 자신의 배경 지식을 통합하여 의미를 형성하는 것임을 중시하여 설정되었다고 했다. 그리고 듣기의 개념, 듣기와 들리기, 말하는 사람과 듣는 사람의 상호 작용성, 배경 지식의 중요성 등에 대한 학습 활동을 의도하

고 있다고 했다(교육부, 1998 : 118).

그런데 교과서에는 대단원 목표를 "생각이나 느낌을 다양하고 자유롭게 표현할 수 있다"라고 진술하고 있다. 이를 놓고 보면 이 교육과정 내용이 교과서에 직접 반영되었다고 할 수 없다. 하지만 1소단원 1차시를 보면 "이해한 내용이 사람마다 다른 까닭을 알아봅시다"라는 내용을 다루고 있는데, 이것이 이 내용과 관련이 있는 내용이라 할 수 있다. 이해한 내용이 사람마다 다른 까닭은 듣는 사람이 가지고 있는 지식이나 경험이 다르기 때문이라는 것을 지도하도록 되어 있는 내용이다.

(2)의 경우 교과서에 반영되지 않았다. 교과서 내용을 자세히 살펴보면 속담, 관용 표현을 써서 말하기와 쓰기 활동은 있는데, 듣기 활동은 교과서에 없음을 알 수 있다.

(4)의 경우도 교과서에 반영되지 않았다. 교과서 어디에도 이 내용과 관련한 내용이 없다.

(5)의 경우 듣기 '태도'와 관련된 내용이다. 교과서 내용을 자세히 살펴보면 여러 가지 매체에서 필요한 정보를 찾는 활동 가운데 듣기와 관련된 내용이 있긴 하지만 듣기 '태도' 기르기와는 거리가 먼 내용들이다. 따라서 이 내용은 교과서에 반영되지 않았다고 하겠다.

### 3.2.2. 6학년 말하기 영역 분석

6학년 말하기 영역을 분석한 결과를 표로 보이면 [표 2]와 같다.

6학년 말하기 지도 내용 6개 가운데 5개(83.3%)가 교과서에 반영이 되었고, 1개(16.7%)가 반영되지 않았다. 반영 방식을 보면 5개 가운데 4개(80%)가 직접 반영되었고, 1개(20%)가 간접 반영되었다. 반영 수준을 보면 4개(80%)가 차시 수준으로, 1개(20%)가 소단원 수준으로 반영되었다. 내용 변형 방식을 보면, 직접 반영된 것 4개(100%)가 모두 진술과 내용이 바뀌어서 교과서에 반영되었다. 좀 자세히 살펴보면,

(1)의 경우 교과서 대단원 목표와 내용으로 봐서 이 내용과 관련된

[표 2] 6학년 말하기 영역 분석표

| 교육과정 내용 | 교과서 내용 | 비고 |
|---|---|---|
| (1) 말하기가 의미 형성 과정임을 안다. | | 미반영 |
| (2) 면담을 통하여 내용을 선정해 말한다. | 말·듣·쓰 -6-2-2-1 | 직접 진술·내용바꿈 소단원 |
| (3) 타당하고 설득력 있는 근거를 제시하며 의견을 제시한다. | 말·듣·쓰 -6-1-4-1-1 | 직접 진술·내용 바꿈 차시 |
| (4) 문제와 해결의 짜임으로 내용을 전개하여 말한다. | 말·듣·쓰 -6-2-4-1-2 | 직접 진술·내용 바꿈 차시 |
| (5) 여러 가지 표현을 사용하여 말한다. | 말·듣·쓰 -6-1-5-2-2 | 직접 진술·내용 바꿈 차시 |
| (6) 여러 가지 말하기 규칙을 지키며 말하는 태도를 지닌다. | 말·듣·쓰 -6-1-4-2-1 | 간접 차시 |

내용이 없다. 교과서에 반영되지 않았음을 알 수 있다.

(2)의 경우 말·듣·쓰-6-2-2에 직접, 진술과 내용이 바뀌어 소단원 수준으로 반영되어 있다. 교육과정에는 "면담을 통하여 내용을 선정하여 말한다"라고 진술하고 있지만 교과서 대단원 목표에는 "면담을 통하여 알게 된 내용을 정리하여 표현할 수 있다"라고 진술하고 있다. 대단원 목표를 보면 표현 영역인 말하기와 쓰기가 통합되었음을 알 수 있다. 내용에 있어서 교육과정에서는 '내용 선정 방법의 하나로서의 면담' 중심으로 진술하고 있는데 교과서는 '면담을 통해 알게 된 내용 정리해서 표현하기'에 중심을 두고 있다. 교육과정에서 보여준 보기 활동과 교과서 활동을 비교해 보면 더 뚜렷한 차이를 알 수 있다. 교육과정에서는 '면담을 통해 상대를 설득하는 데 필요한 내용을 선정해 말하기'와 '면담을 통해 사건이나 사물에 대한 정보를 찾아 말하기'를 기본 활동의 보기로, '효과적인 면담법 알기'를 심화 활동의 보기로 보였다(교육부, 1998 : 121~122).

하지만, 교과서에서는 1소단원에서 '면담이 필요한 경우 알아보기',

'면담할 때 주의할 점 알아보기', '친구를 면담하고 면담 내용 말하기'를 각각 1차시에 지도하도록 되어 있다. '면담을 통한 내용 말하기'라는 면에서 보면 이 교육과정 내용과 교과서 내용은 관련이 있다고 할 수 있다. 교육과정에서 이 내용을 지도 내용으로 삼은 까닭을 뚜렷이 밝혀 놓지는 않았지만 기본, 심화 활동 보기와 교과서 내용을 비교해 보면 상당히 다른 내용이 되었다.

따라서 이 내용은 진술과 내용이 바뀌어 소단원 수준으로 반영되었다고 할 수 있다.

(3)의 경우 말·듣·쓰-6-1-4에 직접, 진술과 내용이 바뀌어 차시 수준으로 반영되어 있다고 할 수 있다. "토의에서 알맞은 근거를 들어 자신의 주장을 분명하게 말할 수 있다"는 대단원 목표와 관련성이 있어 보인다. 1소단원 첫째 시간에 '알맞은 근거를 들어 내 주장을 분명하게 말하기', 2소단원 토의 관련 내용에도 1차시에 토의할 때 주의할 점 가운데 하나로 '알맞은 근거를 구체적으로 들어 가며 주장 말하기'를 지도하도록 되어 있다.

그러나 교육과정에서 보인 보기와 교과서 내용 사이에는 많은 차이가 있다. 교육과정해설에서는 설득하는 말하기에서 주장을 뒷받침하는 근거를 제시해야 하는데, 근거가 설득력을 갖추려면 근거가 주장을 보장해 줄 수 있어야 한다고 하면서 설득력 있는 근거의 요건을 지도하도록 안내하고 있다(교육부, 1998 : 122).[1] 그러나 교과서에는 근거를 들어 말하는 활동만을 차시 수준에서 다루고 있다.

(4)의 경우 말·듣·쓰-6-2-4-1-2에 직접 진술과 내용이 바뀌어 차시 수준으로 반영되어 있다. 교육과정에 이 내용이 설정된 목적이나 의도가 뚜렷하게 제시되어 있지 않다. 다만 이 내용이 내용조직하기 계열의 학습 내용이며 [5-말-(3)]과 관련하여 지도하기, 이 방법이 현재 상황이나 상태, 제도나 정책 등에 문제가 있어 이를 지적하고 해결하

---

1) 교육과정 해설서, 122쪽에 다음과 같은 보기를 들고 있다.
'철수가 반장이 되어야 한다'는 주장을 뒷받침하기 위해 '철수는 성실하다'는 근거를 사용할 경우, '반장은 성실한 사람이 되어야 한다'는 보장이 있어야 한다.

는 방안을 제시하는 말을 할 때 사용한다는 것, 문제와 해결 짜임은 문제를 진단하는 부분과 해결책을 논의하는 부분으로 나뉜다는 것을 안내하고 있다.

하지만 교육과정에서 의도한 것과 교과서 내용은 비슷한 것 같지만 내용을 보면 아주 다른 것이다. 교육과정해설을 보면 현재의 문제를 지적하고 해결하는 방안을 제시하는 말하기를 지도하는 것이다. 그래서 기본 활동의 보기도 '학교에서 발생하는 여러 가지 문제에 대하여 그 원인을 분석하고, 해결 방안을 마련하여 선생님께 건의한다'라는 내용을 보였다(교육부, 1998 : 122~123).

교과서에는 "문제에 대한 해결 방안을 말하여 봅시다"를 차시 목표로 하여 광고를 보고 광고에서 제기하는 문제에 대한 해결방안을 생각하여 말하는 활동을 하도록 되어 있다. 글쓴이가 판단할 때, 교육과정에서는 문제를 지적하고 해결방안을 제시하는 말하기 내용 조직하기에 관한 방법을 배워 실제 말할 수 있도록 지도하기를 의도했다고 본다. 그런데 교과서에서는 그것이 아니라 문제 해결 방안만을 말하는 것으로 되어 있다.

(5)의 경우 말·듣·쓰-6-1-5-2-2에 직접 진술과 내용이 바뀌어서 차시 수준으로 반영되었다. 교육과정에서 의도한 내용과 교과서 활동이 조금 다르다. 교육과정해설에서는 말하고자 하는 내용과 딱 들어맞는 속담이나 격언을 사용할 줄 안다는 것은 매우 세련된 말하기 능력이라는 점을 중시하여 이 내용이 설정되었다고 하였다. 그리고 먼저 말하고자 하는 내용을 잘 정리한 후 그에 적절한 속담이나 격언을 고르도록 지도하라고 안내하고 있다(교육부, 1998 : 123).

그런데 교과서에는 "속담이나 관용 표현을 써서 상황에 맞게 말하여 봅시다"라고 해 놓고, 그 아래 활동들은 '그림을 보고 상황 말하기', '상황에서 쓸 수 있는 속담이나 관용표현 찾아 쓰기', '상황에서 쓸 수 있는 속담 관용 표현 더 조사하기'로 되어 있다. 말하기와 관련된 활동은 '그림 보고 상황 말하기'뿐이다. 교육과정에서 의도한 내용과 교과서 내용은 상당히 다름을 잘 알 수 있다.

(6)의 경우 간접적으로 차시 수준으로 반영되었다. 교육과정에서는 이 내용이 설정된 까닭에 대해 뚜렷이 밝히지 않고 있지만 '회의나 토론과 같이 공적인 말하기에서 규칙을 잘 지켜야 의사결정을 효율적으로 할 수 있고, 모든 사람의 의견을 제대로 반영할 수 있다'는 점을 밝히고 있다. '여러 가지 말하기 규칙을 지키며 말하는 태도'와 관련된 내용을 지도하도록 안내하고 있다. 곧, 토론, 토의, 회의 등 공적인 대화에서 지켜야 할 규칙들을 지도하고 실제 규칙에 맞게 이야기를 하도록 지도하라고 되어 있다(교육부, 1998 : 123~124).

그러나 관련성이 있어 보이는 교과서를 보면 해당 대단원 목표나 차시 활동 목표에는 이 내용과 관련된 것이 없다. 다만 해당 차시에 여러 가지 말하기 가운데 '토의'와 관련하여 토의할 때 주의할 점을 1차시에 지도하도록 되어 있다. 따라서 이 내용이 말하기 규칙을 지키며 말하는 태도를 기르는 내용임을 감안할 때, 교과서 내용은 목표를 달성하기에는 많이 모자라다고 할 수 있다.

### 3.2.3. 6학년 읽기 영역 분석

6학년 말하기 영역을 분석한 결과를 표로 보이면 [표 3]과 같다.

6학년 읽기 지도 내용 7개 가운데 5개(71.4%)가 교과서에 반영이 되었고, 2개(28.6%)가 반영되지 않았다. 반영 방식을 보면 5개 가운데 모두(100%)가 직접 반영되었다. 반영 수준을 보면 3개(60%)가 대단원 수준으로, 1개(20%)가 소단원 수준으로, 1개(20%)가 대단원 2개 수준으로 반영되었다. 내용 변형 방식을 보면, 직접 반영된 것 5개 가운데 2개(40%)가 진술이나 내용 바뀜 없이 거의 같고, 2개(40%)가 진술이나 내용이 바뀌었고, 1개(20%)가 진술만 바뀌어서 교과서에 반영되었다. 좀 자세히 살펴보면,

(1)의 경우 교과서에 반영되지 않았다. 교과서 대단원 목표와 내용을 자세히 살펴보면 이 내용과 관련된 내용이 없음을 알 수 있다.

(2)의 경우도 위의 (1)과 똑같은 경우다. 교과서 대단원 목표, 내용,

[표 3] 6학년 읽기 영역 분석표

| 교육과정 내용 | 교과서 내용 | 비고 |
|---|---|---|
| (1) 읽기가 의미 형성 과정임을 안다. | | 미반영 |
| (2) 다양한 표현의 의미를 알아보며 읽는다. | | 미반영 |
| (3) 글을 읽고, 전체의 내용을 요약한다. | 읽-6-2-2 | 직접<br>진술·내용<br>바꿈<br>대단원 |
| (4) 주장에 대한 근거의 적절성을 판단하며 글을 읽는다. | 읽-6-1-4 | 직접<br>대단원 |
| (5) 문제 해결 방안의 적절성을 판단한다. | 읽-6-2-5 | 직접<br>대단원 |
| (6) 글에 나오는 표현의 적절성을 판단한다. | 읽-6-1-3-2 | 직접<br>진술·내용<br>바꿈<br>소단원 |
| (7) 다양한 읽을거리를 찾아 읽는 태도를 지닌다. | 읽-6-1-5<br>읽-6-2-5 | 직접<br>진술 바꿈<br>대단원(2)<br>학년 내 되풀이 |

교수·학습 계획 어디에도 이 내용을 지도하도록 배려한 내용이 없다.

(3)의 경우 읽-6-2-2에 직접, 진술과 내용이 조금 바뀌어 대단원 수준으로 반영되었다. 교육과정해설에서는 이 내용이 글의 내용을 요약하는 것이 체계적인 독서 지도에서 가장 핵심적인 기능이라는 점을 중시하여 설정되었다고 했다. 또, '문장 수준에서 요약하기, 문단 수준에서 요약하기, 글 수준에서 요약하기 등의 단계적 학습 요소를 담고 있다고 했다. 또 글을 읽고 대강의 내용 파악하기, 문장을 읽고 요약하기, 문단의 핵심어나 중심 내용 파악하기, 글 전체 짜임 파악하기, 문단의 중심 내용을 연결하여 글 전체 내용 요약하기 등을 학습 활동의 보기로 보였다. 그리고 기본 활동으로 문단의 중심 내용을 연결하여 글 전체의 내용을 요약하는 활동을 보기로 보였다(교육부, 1998 : 125~126).

그런데 교과서에서는 '글의 짜임과 읽는 목적에 따라 글 요약하기'

를 대단원 목표로 하여 1소단원에서는 '글의 짜임에 따라 요약하기'를 2소단원에서는 '읽는 목적에 따라 글 요약하기'를 할 수 있도록 되어 있다.

(4)의 경우 읽-6-1-4에 직접, 대단원 수준으로 반영되었다. 대단원 목표로 진술된 내용도 마지막에 '읽는다'를 '읽을 수 있다'로 바꾼 것 외에는 똑같다. 또 교육과정에서 의도한 것과 교과서 내용이 거의 같다. 교육과정해설에는 이 내용이 비판적인 읽기 기능을 길러 주기 위한 목적으로 설정되었다고 했다. 글쓴이의 주장 찾기, 글쓴이의 주장과 근거 찾기, 주장에 대한 근거가 적절한지 판단하기 등을 학습 요소로 안내하였다(교육부, 1998 : 126).

교과서에 이 내용이 모두 반영이 되었고, 교육과정에 더해서 '주장에 대한 근거의 적절성을 판단하는 방법'까지도 지도하고 있다. 이는 교육과정의 모자람을 교과서가 채운 보기라고 할 수 있다.

(5)의 경우 읽-6-2-4에 직접, 대단원 수준으로 반영되었다. 대단원 목표로 진술된 내용도 마지막에 '판단한다'를 '판단하며 글을 읽을 수 있다'로 바꾼 것 외에는 똑같다. 또 교육과정에서 의도한 것과 교과서 내용이 거의 같다. 교육과정해설에서 이 내용은 '문제와 해결' 구조의 개념과 특성을 알려 주고, 읽기에서 제시한 문제 해결 방안의 적절성을 판단하며 읽는 독해력을 기르기 위한 목적으로 설정되었다고 했다. 글에서 문제와 해결 구조의 개념과 특성 알려주고, 문제가 제시된 글에서 해결 방안으로 제시한 내용이 적절한지 평가하는 활동을 기본 활동으로 안내했다(교육부, 1998 : 126~127).

교과서에 이 내용이 모두 반영이 되었고, 교육과정에 더해서 '문제에 대한 해결 방안의 적절성을 판단하는 방법'까지도 지도하고 있다. 이는 교육과정의 모자람을 교과서가 채운 또 다른 보기라 할 수 있다.

(6)의 경우 읽-6-1-3-2에 직접, 진술과 내용이 바뀌어 소단원 수준으로 반영되었다. 교육과정에서 의도한 내용과 교과서 내용은 조금 차이가 있다. 교육과정해설에서는 이 내용이 글을 비판적으로 이해하기 위해서는 글에 제시된 표현의 적절성을 평가하며 읽어야 한다는

점을 중시하여 설정되었다고 했다. 글에서 여러 가지 표현 방법으로 사용된 표현을 찾기, 여러 가지 표현의 적절성 여부 판단하기, 생각이나 느낌이 효과적으로 표현된 부분 찾기, 그 표현의 특징과 표현의 효과 알기 등을 학습 요소로 제시하였다. 또 글에서 여러 가지 표현 방법을 사용하여 표현한 부분 찾기, 글의 앞뒤 문맥을 통해 여러 가지 표현의 적절성 여부를 판단하기, 글쓴이의 생각이나 느낌이 효과적으로 표현된 부분의 의미와 특징, 효과를 파악하기, 여러 가지 표현 방법을 익히기 등을 학습 활동의 보기로 제시하였다. 그리고 기본 활동의 보기로 '글에서 적절하지 못한 표현을 찾아 적절한 표현으로 바꾸기'를 보였다(교육부, 1998 : 127).

그런데 교과서에서는 효과적인 표현의 특징, 효과적으로 표현한 부분을 찾아 읽기를 학습 활동으로 제시하였다. 교육과정에서는 '적절성 판단하기'를 중시하였는데, 교과서에서는 '효과적 표현'에 중점을 두고 있음을 알 수 있다. 다시 말해 교육과정에서는 '표현의 적절성 평가하며 읽기'를 의도하였으나 교과서에서는 '효과적인 표현'을 지도하도록 되어 있어, 교육과정 의도를 제대로 반영하지 못했다고 하겠다.

(7)의 경우 읽-6-1-5와 읽-6-2-5에 직접, 되풀이 반영되어 있다. 교육과정해설에는 이 내용이 교과서 이외의 각종 다양한 자료를 스스로 찾아 읽는 습관을 길러야 한다는 점을 중시하여 설정되었다고 했다. 그리고 기본 활동으로 '다양한 읽기에 관심을 가지고 찾아 읽기'를 들어 놓고, 최근에 읽은 책의 목록 만들기, 책을 빌려 볼 수 있는 방법 말하기 등의 활동을 통해 학생들이 다양한 읽을거리에 관심을 가지고, 독서하는 습관을 기르도록 분위기를 조성하는 데 지도의 중점이 있음을 안내하고 있다(교육부, 1998 : 128).

교과서를 보면 읽-6-1-5는 '다양한 읽을거리를 찾아 즐겨 읽을 수 있다'라는 대단원 목표 아래 대단원 수준에서 이 내용을 다루도록 되어 있다. 1소단원에서는 옛글을 읽으면 좋은 점과 옛글 찾아 읽기를 지도하도록 되어 있고, 2소단원에는 외국 작품을 읽으면 좋은 점과,

나의 경험과 비교하며 외국 작품 읽기를 지도하도록 되어 있다.

읽-6-2-5는 대단원이 하나의 소단원으로 이루어져 있다. '여러 가지 읽을거리를 찾아 읽을 수 있다'는 대단원 목표 아래, 1차시에 여러 가지 읽을거리를 찾아 읽는 것이 중요한 까닭 알기를, 2~3차시에 인물의 행동을 생각하며 극본 읽기를 지도하도록 되어 있다.

따라서 이 내용은 학년 내에서 1~2학기에 직접, 되풀이 반영되면서 2개의 대단원에 3개의 소단원에서 지도하도록 반영되었다. 아주 특이한 경우라고 할 수 있다.

### 3.2.4. 6학년 쓰기 영역 분석

6학년 쓰기 영역을 분석한 결과를 표로 보이면 [표 4]와 같다.

6학년 쓰기 지도 내용 7개 가운데 5개(71.4%)가 교과서에 반영이 되었고, 2개(28.6%)가 반영되지 않았다. 반영 방식을 보면 5개 가운데 4개(80%)가 직접, 1개(20%)가 간접 반영되었다. 반영 수준을 보면 1개

[표 4] 6학년 쓰기 영역 분석표

| 교육과정 내용 | 교과서 내용 | 비고 |
|---|---|---|
| (1) 쓰기가 의미 형성 과정임을 안다. | 말·듣·쓰 -6-1-1-1-3 | 간접 차시 |
| (2) 면담을 통하여 내용을 선정해 글을 쓴다. | 말·듣·쓰 -6-2-2 | 직접 진술 바꿈 소단원 |
| (3) 주장을 뒷받침하기에 알맞은 근거를 제시하며 글을 쓴다. | 말·듣·쓰 -6-1-4-1-3 | 직접 진술 바꿈 차시 |
| (4) 문제와 해결의 짜임으로 내용을 전개하여 글을 쓴다. | 말·듣·쓰 -6-2-4 | 직접 진술 바꿈 대단원 |
| (5) 사물의 모습이 생생하게 드러나게 글을 쓴다. | 말·듣·쓰 -6-1-2-2 | 직접 진술 바꿈 소단원 |
| (6) 표현의 효과를 고려하여 문장을 고쳐 쓴다. | | 미반영 |
| (7) 쓰기의 방법을 활용하려는 태도를 지닌다. | | 미반영 |

(20%)가 대단원 수준으로, 2개(40%)가 소단원 수준으로, 2개(40%)가 차시 수준으로 반영되었다. 내용 변형 방식을 보면, 직접 반영된 것 4개 모두(100%)가 진술만 바뀌어서 교과서에 반영되었다. 좀 자세히 살펴보면,

(1)의 경우 말·듣·쓰-6-1-1-1-3에 간접적으로, 차시 수준에서 반영되었다. 교육과정해설에는 쓰기가 의미 형성 과정임을 아는 학생들이 쓰기를 활용하여 자기 자신의 사고력을 신장시킬 수 있다는 점을 중시하여 이 내용을 설정했다고 했다. 그리고 의미 형성 과정이란 무엇인지 알기, 의미 형성 과정으로서의 쓰기의 특징 알기, 쓰기와 의미와의 관계 알기 등에 대한 학습을 의도하고 있으며, 쓰기가 머릿속에서 의미가 형성된 것을 글로 옮기는 것만이 아니라 그 자체가 의미를 만들어 가는 과정임을 알 수 있도록 학습 활동을 계획하라고 되어 있다(교육부, 1998 : 128).

그런데 교과서에는 '생각이나 느낌을 다양하고 자유롭게 표현할 수 있다'는 대단원 목표 아래 1소단원 1차시에 '이해한 내용이 사람마다 다른 까닭을 알아보기', 2차시에 '이야기 듣고 내 생각 자유롭게 말하기'를 학습하도록 되어 있다. 그리고 3차시에는 '시를 읽고 느낌을 자유롭게 써 보기'를 통해 쓴 내용이 서로 다른 까닭을 알게 함으로써 쓰기가 의미 형성 과정임을 알도록 하고 있다.

(2)의 경우 말·듣·쓰-6-2-2에 직접, 진술이 바뀌어 소단원 수준으로 반영되었다. 교육과정해설에서는 이 내용이 면담을 통하여 내용을 선정해 글을 쓰는 학생들이 신빙성 있고 신뢰할 만한 글을 쓸 수 있다는 점을 중시하여 설정되었다고 했다. 또 면담의 개념 알기, 면담의 방법 알기, 내용을 선정할 때 면담이 필요함을 알기, 이러한 지식을 바탕으로 면담을 통하여 내용 선정하여 글쓰기 등에 대한 학습을 의도하고 있으며 내용을 선정할 때 다른 사람과의 면담이 필요함과 구체적인 면담 방법을 알고 면담을 통하여 내용을 선정해 글을 쓰도록 학습 활동을 계획하라고 안내하고 있다(교육부, 1998 : 129).

하지만 교과서에는 "면담을 통하여 알게 된 내용을 정리하여 표현

할 수 있다"는 대단원 목표 아래, 말·듣·쓰-6-2-2 2소단원에 4차시에 알고 싶은 내용 정해 면담 준비하기, 5~6차시에 '면담한 내용을 정리하여 발표하기 활동이 있다. 교육과정에는 "면담을 통해 알게 된 내용을 정리하여 표현할 수 있다"라고 진술한 것과 비교하면 진술이 조금 바뀌었음을 알 수 있다. 따라서 한 소단원이 이 내용을 반영한 활동이라 하겠다.

(3)의 경우 말·듣·쓰-6-1-4-1-3에 직접, 진술이 바뀌어 차시 수준으로 반영되었다. 교육과정에서는 "주장을 뒷받침하기에 알맞은 근거를 제시하며 글을 쓴다"라고 했는데, 교과서에서는 "주장과 근거가 분명하게 드러나도록 글을 써 보자"라고 하여 진술이 조금 다르다. 교육과정해설에서는 이 내용이 주장을 뒷받침하기에 알맞은 근거를 제시하며 글을 쓰는 학생들이 논리적이고 설득적인 글을 쓸 수 있다는 점을 중시하여 설정되었다고 했다. 그리고 주장과 근거의 개념 알기, 주장과 근거의 관계 알기, 근거의 종류 알기, 주장과 근거의 관계를 활용한 내용 조직 방법 알기, 이런 지식을 바탕으로 주장하는 글쓰기 등에 대한 학습을 의도하고 있으며, 타당한 근거를 들어 설득력 있게 주장하는 글을 쓸 수 있도록 학습 활동을 계획하라고 안내하고 있다(교육부, 1998 : 129).

하지만 교과서에서는 2~3차시를 연속차시로 운영할 수 있도록 되어 있어, 2차시에는 주장과 근거를 분명하게 말하기 활동을 하고, 3차시에는 주장과 근거가 분명하게 드러나도록 글쓰기 활동을 하는데, 차시 활동 내용을 쓰기 중심으로 진술하였다. 이것을 볼 때 이 내용은 차시수준으로 반영되었음을 알 수 있다.

(4)의 경우 말·듣·쓰-6-2-4에 직접, 진술이 바뀌어 거의 대단원 수준으로 반영되었다. 교육과정해설에서는 이 내용이 문제와 해결 짜임으로 내용을 전개하여 글을 쓸 수 있는 학생들이 현실적으로 실현 가능한 구체적인 글을 잘 쓸 수 있다는 점을 중시하여 설정되었다고 했다. 그리고 문제와 해결의 개념 알기, 문제와 해결의 상호 관련성 알기, 문제와 해결의 짜임을 이용한 내용 조직 방법 알기, 이런 지식

을 바탕으로 문제와 해결 짜임이 잘 드러나게 글쓰기 등에 대한 학습을 의도하고 있으며 '문제—해결' 구조의 특성을 이용하여 쓸 내용을 선정·조직·표현할 수 있도록 학습 활동을 계획하라고 안내하고 있다(교육부, 1998 : 130).

하지만 교과서를 보면 이 내용과 관련하여 1소단원 1차시 '문제와 해결의 짜임으로 글을 쓰는 방법에 대하여 알아보기'와, 3차시 '문제의 원인과 해결 방안을 글로 써 보기'가 있다. 또 2 소단원 전체가 이 내용과 관련이 있는 내용이다. 대단원 목표가 "문제와 해결의 짜임으로 내용을 전개하여 표현할 수 있다"인데, 교과서 내용은 사실상 1차시 양만 말하기와 관련되고 나머지는 쓰기와 관련된 내용이다. 따라서 대단원 수준으로 반영되었다고 할 수 있다.

(5)의 경우 말·듣·쓰-6-1-2-2에 직접, 진술이 바뀌어 소단원 수준으로 반영되었다. 교육과정에는 "사물의 모습이 생생하게 드러나게 글을 쓴다"고 하였는데, 교과서 대단원 목표에는 "묘사의 방법으로 글을 쓸 수 있다"라고 진술을 바꾸었다. 교육과정해설에서는 이 내용이 사물의 모습이 생생하게 드러나게 글을 쓸 수 있는 학생들이 개성적이고 독창적인 글을 잘 쓸 수 있다는 점을 중시하여 설정되었다고 했다. 그리고 묘사의 개념 알기, 묘사의 종류 알기, 묘사의 방법 알기, 묘사의 필요성 알기, 이런 지식을 바탕으로 묘사의 방법으로 글쓰기 등에 대한 학습을 의도하고 있다고 했다(교육부, 1998 : 131).

교과서를 보면, "묘사의 방법으로 글을 쓸 수 있다"라는 대단원 목표 아래 2소단원 1차시에 묘사 방법 알기, 2~3차시에 묘사 방법으로 글쓰기 활동을 하도록 되어 있다. 이것을 보면, 이 내용이 진술만 바뀌고 소단원 수준으로 반영되었음을 알 수 있다.

(6)의 경우 교과서 내용을 살펴보면 반영되어 있지 않았음을 알 수 있다.

(7)의 경우도 교과서 내용을 살펴보면 반영되어 있지 않음을 알 수 있다.

### 3.2.5. 6학년 국어지식 영역 분석

6학년 국어지식 영역을 분석한 결과를 표로 보이면 [표 5]와 같다.

6학년 국어지식 지도 내용 6개 가운데 1개(16.7%)가 교과서에 반영되었고, 나머지 5개(83.3%)가 반영되지 않았다. 반영된 1개는 직접 소단원 수준으로, 진술과 내용이 바뀌어 반영되었다. 좀 자세히 살펴보면,

(1)의 경우 교과서 내용을 살펴보면 반영되지 않았음을 알 수 있다.

(2)의 경우도 교과서에 반영되지 않았다.

(3)의 경우 말·듣·쓰-6-1-5-1에 직접, 진술과 내용이 바뀌어 소단원 수준으로 반영되었다. 교육과정에서는 "고유어, 한자어, 외래어의 개념을 안다"라고 하였는데, 교과서 대단원 목표에서는 "고유어, 한자어, 외래어, 외국어를 구별하여 사용할 수 있다"라고 하였다. 교육과정해설에서는 고유어, 한자어, 외국어, 외래어의 개념 및 관계 알기 등을 의도했으며, 우리말의 어휘 분포와 언어 사용의 실태를 알고, 국어를 사용할 때 될 수 있으면 고유어를 쓸 수 있도록 학습 활동을 계획하도록 안내하고 있다(교육부, 1998 : 134).

그런데 교과서를 보면 고유어, 한자어, 외국어, 외래어의 뜻을 알고 그것들을 가려 보는 활동을 하고 고유어로 바꾸어 보는 활동을 하도록 되어 있다. 교육과정에서 의도한 개념을 아는 수준을 넘어 더

[표 5] 6학년 국어지식 영역 분석표

| 교육과정 내용 | 교과서 내용 | 비고 |
|---|---|---|
| (1) 언어에는 규칙이 있음을 안다. | | 미반영 |
| (2) 언어가 기호임을 안다. | | 미반영 |
| (3) 고유어, 한자어, 외래어, 외국어의 개념을 안다. | 말·듣·쓰-6-1-5-1 | 직접<br>진술·내용<br>바꿈<br>소단원 |
| (4) 문장과 문장 사이의 연결 관계를 안다. | | 미반영 |
| (5) 표준 발음법에 맞게 발음한다. | | 미반영 |
| (6) 상황에 따라 표준 발음으로 말하려는 태도를 지닌다. | | 미반영 |

많은 활동을 할 수 있도록 교과서가 마련되어 있다.

(4)의 경우도 교과서 단원 목표와 차시 내용을 살펴보면 반영되어 있지 않음을 알 수 있다.

(5)의 경우도 교과서 단원 목표와 차시 내용을 살펴보면 반영되어 있지 않음을 알 수 있다.

(6)의 경우도 교과서 단원 목표와 차시 내용을 살펴보면 반영되어 있지 않음을 알 수 있다.

### 3.2.6. 6학년 문학 영역 분석

6학년 문학 영역을 분석한 결과를 표로 보이면 [표 6]과 같다.

6학년 문학 지도 내용 7개 가운데 5개(71.4%)가 교과서에 반영이 되었고, 2개(28.6%)가 반영되지 않았다. 반영 방식을 보면 5개 가운데 모

[표 6] 6학년 문학 영역 분석표

| 교육과정 내용 | 교과서 내용 | 비고 |
|---|---|---|
| (1) 문학의 갈래를 안다. | | 미반영 |
| (2) 작품에서 사건의 전개와 배경의 관계를 파악한다. | 읽-6-1-1 | 직접<br>진술 바꿈<br>대단원 |
| (3) 작품에 나오는 여러 가지 감각적 표현을 음미한다. | 읽-6-1-3-1 | 직접<br>진술 바꿈<br>소단원 |
| (4) 작품에 창의적으로 반응한다. | 읽-6-2-1 | 직접<br>진술 바꿈<br>대단원 |
| (5) 작품에 반영된 가치나 문화를 이해한다. | 읽-6-2-3 | 직접<br>진술 바꿈<br>대단원 |
| (6) 작품을 다른 갈래로 표현한다. | 말·듣·쓰-6-1-3<br>말·듣·쓰-6-2-3 | 직접<br>진술 바꿈<br>대단원(2)<br>학년내 되풀이 |
| (7) 가치 있는 작품이나 영상 자료 등을 선별하여 읽는 태도를 지닌다. | | 미반영 |

두(100%)가 직접 반영되었다. 반영 수준을 보면 3개(60%)가 대단원 수준으로, 1개(20%)가 소단원 수준으로, 1개(20%)가 대단원 2개 수준으로 반영되었다. 내용 변형 방식을 보면, 직접 반영된 것 5개 가운데 모두(100%)가 진술만 바뀌어서 교과서에 반영되었다. 좀 자세히 살펴보면,

(1)의 경우 교과서에 반영되지 않았다.

(2)의 경우 읽-6-1-1에 직접, 진술이 바뀌어 대단원 수준으로 반영되었다. 교육과정해설에서는 이 내용이 작품을 보다 잘 감상하기 위해서는 사건의 전개와 배경의 관계를 파악해야 한다는 점을 중시하여 설정하였다고 했다. 그리고 작품에서 사건의 전개 과정 파악하기, 작품의 배경 파악하기, 작품에 등장하는 인물의 성격 파악하기, 작품의 줄거리 파악하기, 사건의 전개 과정과 배경과의 관계 파악하기 등에 대한 학습을 의도하고 있다고 안내하고 있다. 기본 활동으로 사건의 전개 과정과 배경의 관계 말하기를, 심화 활동으로 배경이 달라진다면 사건의 전개 과정이 어떻게 달라질지 상상하여 말하기 활동을 보기로 들고 있다(교육부, 1998 : 137).

그러나 교과서를 보면, 교육과정에서 "작품에서 사건의 전개와 배경의 관계를 파악한다"라고 진술하고 있는데, 교과서 대단원 목표에는 "사건과 배경의 관계를 파악하며 이야기를 읽을 수 있다"라고 진술하고 있는 것을 보면 진술이 약간 달라진 걸 알 수 있다. 그리고 1소단원 1차시에 사건과 배경 알아보기, 2~3차시에 이야기 읽고 사건 배경 정리하기를 배우도록 되어 있고, 2소단원 1차시에 사건과 배경의 관계 알기, 2~3차시에 사건과 배경 파악하며 이야기 읽기를 배우도록 되어 있다. 이것을 보면 이 내용은 진술만 바뀌어서 대단원 수준으로 반영되었음을 알 수 있다.

(3)의 경우 읽-6-1-3-1에 직접, 진술이 바뀌어 소단원 수준으로 반영되었다. 교육과정해설에서는 이 내용이 작품에 나오는 여러 가지 감각적인 표현을 찾아보고, 음미해야 작품을 보다 충분하게 감상할 수 있다는 점을 중시하여 설정하였다고 했다. 그리고 작품에서 여러 가지 감각적 표현 찾기, 작품에서 감각적 표현 특징 파악하기, 감각적

표현 드러난 부분 찾기, 감각적 표현이 어떤 특징 드러내는지 말하기, 감각적 표현이 어떤 효과를 주는지 말하기, 감각적 표현을 살려서 작품 낭독하기 등의 학습 활동을 안내하고 있다. 기본 활동으로 시에서 감각적 표현 찾아 느낌 말하기를, 심화 활동으로 감각적 표현의 느낌과 효과 토의하기 활동을 보기로 들고 있다(교육부, 1998 : 138).

교과서를 보면, 교육과정에서 "작품에 나오는 여러 가지 감각적 표현을 음미한다"라고 진술하고 있는데, 대단원 목표에 "여러 가지 감각적 표현을 음미하며 시를 읽을 수 있다"라고 진술하는 것으로 봐서 진술이 바뀌었지 내용이 크게 달라지지 않았음을 알 수 있다. 1소단원 1차시에 감각적 표현의 특징 알기, 2~3차시에 감각적 표현에 주의하며 시 읽기를 하도록 되어 있는 것으로 보아, 소단원 수준으로 반영되었음을 알 수 있다.

(4)의 경우 읽-6-2-1에 직접, 진술이 바뀌어 대단원 수준으로 반영되었다. 교육과정해설에서는 이 내용이 동일한 작품이라도 읽는 이에 따라 다르게 반응할 수 있음을 인식시키기 위한 목적으로 설정되었다고 했다. 그리고 기본 활동으로 작품에 대한 자신의 생각 느낌 말하기를, 심화 활동으로 작품에 대한 여러 사람의 수용 양상을 알고, 자신의 작품 수용에 활용하는 활동을 보기로 들고 있다(교육부, 1998 : 138).

읽-6-2-1의 대단원 학습 목표가 "시나 이야기를 창의적으로 읽을 수 있다"이다. 그리고 1소단원에서 시를 창의적으로 읽는 방법 알기, 시를 읽고 생각 느낌 주고받기 활동을 하도록 되어 있고, 2소단원에서 이야기를 창의적으로 읽는 방법 알기, 이야기를 읽고 서로의 생각, 느낌 주고받기 활동을 하도록 되어 있다. 이 부분이 이 내용을 직접 반영하는 것으로 볼 수 있다. 이를 보면 교육과정에서 "작품에 창의적으로 반영한다"라는 진술이 바뀌었지, 내용은 오히려 교육과정 안내보다 교과서 내용이 훨씬 풍부하다.

(5)의 경우 읽-6-2-3에 직접, 진술이 바뀌어 대단원 수준으로 반영되었다. 교육과정해설에서는 이 내용이 작품에는 작품의 배경이 되는

시대의 사람들이 추구하는 가치와 문화가 반영되어 있음을 이해시키기 위한 목적으로 설정되었다고 하였다. 또 작품의 배경 파악하기, 등장인물의 삶의 모습 파악하기, 작품에서 인물들이 추구했던 가치나 신념 등을 파악하기 등에 대한 학습을 의도하고 있으며, 작품에서 사건의 전개 과정을 파악하여 말하기, 작품에 드러난 시대적, 공간적 배경을 파악하여 말하기, 작품에 등장인물의 말이나 생각, 행동을 통하여 등장인물의 삶의 모습을 파악하기, 작품의 배경과 등장인물의 말이나 행동 등을 통해 등장인물들이 추구했던 가치, 신념 등이 무엇인지 파악하는 학습 활동이 가능하다고 안내하고 있다(교육부, 1998 : 139).

그런데 정작 왜 작품에 반영된 가치와 문화를 파악해야 하는지에 대해 알게 하는 활동이 없다. 하지만 교과서에 이야기를 읽을 때 인물이 추구했던 삶이나 이야기에 반영된 문화를 이해하는 것이 왜 중요한지 알게 하는 활동을 하도록 마련되어 있다. 이는 교육과정의 모자람을 교과서가 채우고 있는 부분이라 하겠다.

(6)의 경우 말·듣·쓰-6-1-3, 말·듣·쓰-6-2-3에 직접, 진술이 바뀌어 2개의 대단원 수준으로 반영되었다. 교육과정해설에서는 이 내용이 작품을 다른 갈래로 바꾸어 써 보는 창작 능력을 기르기 위한 목적으로 설정되었다고 했다. 기본 활동으로 동화나 소설의 일부분을 극본으로, 또는 극본의 일부분을 동화나 소설로 바꾸어 쓰기를, 심화 활동으로 동화나 소설의 일부분을 시로, 또는 시를 동화나 소설로 바꾸어 쓰는 활동을 보기로 들고 있다(교육부, 1998 : 139). 말·듣·쓰-6-1-3을 보면, "작품을 읽거나 듣고, 다른 형식의 글로 바꾸어 쓸 수 있다"라는 대단원 목표 아래, 1소단원 1차시에 시와 이야기의 다른 점 알기, 2차시에 시를 이야기로 바꾸어 쓰기, 3차시에 이야기를 다른 형식(노랫말)으로 바꿔 쓰기를 하도록 되어 있다. 2소단원 1차시에 극본을 이야기로, 이야기를 극본으로 바꾸는 방법 알기, 2~3차시에 극본을 이야기로, 이야기를 극본으로 바꿔 쓰기를 배우도록 되어 있다.

말·듣·쓰-6-2-3을 보면, "작품에 대한 생각이나 느낌을 살려 다른 갈래의 글로 바꾸어 쓸 수 있다"라는 대단원 목표 아래, 1소단원 1차시에 작품을 다른 갈래로 바꾸어 쓸 때 주의할 점 알기, 2차시에 시에서 말하는 이가 겪은 일을 이야기로 쓰기, 3차시에 판소리를 이야기로 바꿔 쓰기를 하도록 되어 있다. 2소단원 1차시에 이야기를 듣고 인물의 생각을 시로 표현하기, 2차시에 이야기를 극본으로 바꾸기, 3차시에 극본 완성하고 연극하기 활동을 하도록 되어 있다. 이것을 보면 둘 다 진술만 바뀌었지 교육과정과 관련된 내용이 대단원 수준으로 반영되었음을 알 수 있다.

이처럼 학년 내에서 한 학기에 대단원 하나씩 이 내용을 되풀이 하여 반영하고 있는 것은 [6-읽-(7)]과 같이 아주 특별한 경우다.

(7)의 경우도 교과서 내용을 자세히 보면 이 내용은 교과서에 반영되지 않았음을 알 수 있다.

## 4. 분석 결과 및 제언

### 4.1. 분석 결과 종합

초등학교 국어과 교육과정은 초등 국어교육의 '설계도'이다. 교과서는 이 설계도를 바탕으로 만든 자료이다. 학자들마다 교육과정을, 교과서를 보는 시각이 다른 것은 분명하다. 그렇지만 교육과정에서 '교육과정'을 '설계도'의 관점으로 본다고 한 이상, 교육과정은 설계도로 대우해 주어야 한다. 이 글에서 7차 초등학교 국어과 교육과정이 교과서에 반영되는 유형을 분석한 결과를 종합하면 다음과 같다.

#### 4.1.1. 반영 정도 분석 결과

먼저, 6학년 내용의 반영 정도를 영역별로 분석한 결과를 표로 보이면 [표 7]과 같다.

제7차 6학년 국어과 교육과정 내용 38개 가운데, 22개(57.9%)가 교

[표 7] 6학년 내용 반영 정도 분석 결과표

| 영역 / 반영 정도 | 듣기 (%) | 말하기 (%) | 읽기 (%) | 쓰기 (%) | 국·지 (%) | 문학 (%) | 합계 (%) |
|---|---|---|---|---|---|---|---|
| 미반영 | 4 (80) | 1 (16.7) | 2 (28.6) | 2 (28.6) | 5 (83.3) | 2 (28.6) | 16 (42.1) |
| 반영 | 1 (20) | 5 (83.3) | 5 (71.4) | 5 (71.4) | 1 (16.7) | 5 (71.4) | 22 (57.9) |
| 합계 | 5 (100) | 6 (100) | 7 (100) | 7 (100) | 6 (100) | 7 (100) | 38 (100) |

과서에 반영되었고, 16개(42.1%)가 반영되지 않았다. 영역별로 반영률을 살펴보면, 말하기가 6개 가운데 5개로 83.3%이고, 읽기, 쓰기, 문학이 모두 7개 가운데 5개로 71.4%이고, 듣기가 5개 가운데 1개로 20%, 국어지식이 6개 가운데 1개로 16,7%이다. 말하기 영역의 반영률이 가장 높고, 국어지식 영역의 반영률이 가장 낮다.

### 4.1.2. 반영 방식 분석 결과

다음으로, 6학년 내용의 반영 방식을 분석한 결과를 표로 보이면 [표 8]과 같다.

제7차 6학년 국어과 교육과정 내용 가운데 교과서에 반영된 것들은 모두 22개인데, 그 가운데 3개(13.6%)가 간접 반영되었고, 19개(86.4%)가 직접 반영되었다. 직접 반영 비율이 높음을 알 수 있다.

영역별로 살펴보면, 듣기 영역에서 교과서에 반영된 내용은 1개인

[표 8] 6학년 내용 반영 방식 분석 결과표

| 영역 / 반영 방식 | 듣기 (%) | 말하기 (%) | 읽기 (%) | 쓰기 (%) | 국·지 (%) | 문학 (%) | 합계 (%) |
|---|---|---|---|---|---|---|---|
| 간접 반영 | 1 (100) | 1 (25) | 0 (0) | 1 (25) | 0 (0) | 0 (0) | 3 (13.6) |
| 직접 반영 | 0 (0) | 4 (75) | 5 (100) | 4 (75) | 1 (100) | 5 (100) | 19 (86.4) |
| 합계 | 1 (100) | 5 (100) | 5 (100) | 5 (100) | 1 (100) | 5 (100) | 22 (100) |

데 간접 반영(100%)되었고, 말하기와 쓰기 영역은 반영된 5개 가운데 1개(25%)가 간접 반영되었고, 4개(75%)가 직접 반영되었다. 읽기와 문학 영역은 반영된 5개(100%)가 모두 직접 반영되었고, 국어지식 영역은 반영된 1개(100%)가 모두 직접 반영되었다.

직접 반영률을 따지면 듣기 영역은 0%로 가장 낮고 읽기, 국어지식, 문학 영역은 100%로 가장 높음을 알 수 있다.

### 4.1.3. 반영 수준 분석 결과

다음은 반영된 내용의 반영 수준을 분석한 결과를 살펴보자. 분석 결과를 표로 보이면 [표 9]와 같다.

제7차 6학년 국어과 교육과정 내용 가운데 모두 19개가 직접 반영되었는데, 그 가운데 2개(10.5%)가 대단원 2개 수준으로, 7개가 (36.8%)가 대단원 수준으로(10.5%), 5개(26.3%)가 소단원 수준으로, 5개(26.3%)가 차시 수준으로 반영되었다. 대단원 수준으로 반영된 비율이 가장 높음을 알 수 있다.

영역별로 살펴보면, 듣기 영역에는 직접 반영된 내용이 없고, 말하기 영역은 직접 반영된 4개 가운데 대단원 2개, 대단원 수준으로 반영된 것은 없고, 1개(25%)가 소단원 수준으로, 3개(75%)가 차시 수준으

[표 9] 6학년 내용 직접 반영 수준 분석표

| 영역 / 반영 수준 | 듣기 (%) | 말하기 (%) | 읽기 (%) | 쓰기 (%) | 국·지 (%) | 문학 (%) | 합계 (%) |
|---|---|---|---|---|---|---|---|
| 대단원 (2) | | | 1 (20) | | | 1 (20) | 2 (10.5) |
| 대단원 (1) | | | 3 (60) | 1 (25) | | 3 (60) | 7 (36.8) |
| 소단원 | | 1 (25) | 1 (20) | 1 (25) | 1 (100) | 1 (20) | 5 (26.3) |
| 차시 | | 3 (75) | | 2 (50) | | | 5 (26.3) |
| 합계 | 0 (0) | 4 (100) | 5 (100) | 4 (100) | 1 (100) | 5 (100) | 19 (100) |

[표 10] 6학년 내용 간접 반영 수준 분석표

| 반영 수준 \ 영역 | 듣기 (%) | 말하기 (%) | 읽기 (%) | 쓰기 (%) | 국·지 (%) | 문학 (%) | 합계 (%) |
|---|---|---|---|---|---|---|---|
| 차시 | 1 (100) | 1 (100) | · | 1 (100) | · | · | 3 (100) |
| 합계 | 1 (0) | 1 (100) | · | 1 (100) | · | · | 3 (100) |

로 반영되었다. 읽기와 문학 영역은 직접 반영된 5개 가운데1개(20%)가 대단원 2개 수준으로, 3개(60%)가 대단원 수준으로, 1개(20%)가 소단원 수준으로 반영되었다. 쓰기 영역은 직접 반영된 4개 가운데 1개(25%)가 대단원 수준으로, 1개(25%)가 소단원 수준으로, 2개(50%)가 차시 수준으로 반영되었다. 국어지식 영역은 1개가 직접 반영되었는데 차시 수준으로 반영되었다.

상대적으로 말하기와 쓰기 영역은 대단원 수준 이상으로 반영된 것이 적고, 읽기와 문학 영역은 대단원 수준 이상으로 반영된 것이 많음을 알 수 있다.

간접 반영된 내용들의 반영 수준을 분석한 결과는 [표 10]과 같다.

제7차 6학년 내용 가운데 교과서에 간접 반영된 것은 듣기 영역 1개, 말하기 영역 1개, 쓰기 영역 1개로 모두 3개인데, 3개가 모두 차시 수준으로 반영되었음을 알 수 있다.

### 4.1.4. 변형 방식 분석 결과

다음은 직접 반영된 내용의 변형 방식을 분석한 결과를 살펴보자. 분석 결과를 표로 보이면 [표 11]과 같다.

제7차 6학년 국어과 교육과정 내용 가운데 모두 19개가 직접 반영되었다. 그 가운데 2개(10.5%)가 교육과정 내용과 거의 같은 상태로 반영되었고, 10개(52.6%)가 진술이 바뀌어서 반영되었고, 7개(36.8%)가 진술과 내용이 바뀌어서 반영되었다. 진술이 바뀌어서 반영된 비율

[표 11] 6학년 내용 변형 방식 분석표

| 영역 / 반영 방식 | 듣기 (%) | 말하기 (%) | 읽기 (%) | 쓰기 (%) | 국·지 (%) | 문학 (%) | 합계 (%) |
|---|---|---|---|---|---|---|---|
| 거의 같음 | | | 2 (40) | | | | 2 (10.5) |
| 진술 바꿈 | | | 1 (20) | 4 (100) | | 5 (100) | 10 (52.6) |
| 진술·내용 바꿈 | | 4 (100) | 2 (40) | | 1 (100) | | 7 (36.8) |
| 합계 | 0 (0) | 4 (100) | 5 (100) | 4 (100) | 1 (100) | 5 (100) | 19 (100) |

이 가장 높음을 알 수 있다.

영역별로 살펴보면, 듣기 영역에는 직접 반영된 내용이 없고, 말하기와 국어지식 영역은 각각 직접 반영된 4개, 1개가 모두 진술과 내용이 바뀌어서 반영되었고, 쓰기와 문학 영역은 각각 직접 반영된 4개, 5개가 모두 진술이 바뀌어서 반영되었다. 읽기 영역은 직접 반영된 5개 가운데 2개(40%)가 진술과 내용이 거의 바뀌지 않고 그대로 반영되었고, 1개(20%)가 진술이 바뀌어서 반영되었고, 2개(40%)가 진술과 내용이 바뀌어서 반영되었다.

## 4.2. 제 언

이제까지의 분석 결과를 보고, 느끼고 생각한 것을 말해 보면서 글을 맺고자 한다.

교육과정에 제시된 내용을 보면 겉으로 보기에 차이가 없다. 영역에 따라 중요도의 차이가 있는 것도 아니고, 내용상 중요도 차이도 드러나지 않는다. 그리고 반영 정도, 방식, 수준에 대한 기준이 있는 것도 아니다.

그런데 분석 결과, 반영 정도, 반영 방식, 반영 수준, 변형 방식 등에 있어 영역별 내용별로 크게 차이가 났다. 이처럼 반영 정도, 방식과 수준에 관한 지침이나 규정이 있는 것도 아닌데, 영역별 내용별 심한 차이를 보이는 것은 문제가 있다고 본다.

앞으로 개정될 교육과정도 큰 이변이 없는 한 국가 수준에서 교육과정을 만들고 있고, 교과서도 국가 수준에서 만들어 전국적으로 같은 책을 갖고 초등국어교육을 하게 될 것이다. 교육과정을 '설계도'로 본다면 설계도답게 잘 만들고, 잘 만들어진 '설계도'에 충실한 교과서가 만들어지는 것이 우리 현실에선 바람직할 것이라 생각한다.

이 글이 교육과정이나 교과서를 만드는 사람들의 마음을 움직이는 데 도움을 줄 수 있기를 바란다. 교육과정이 개정된 뒤에는 이런 지적이 되풀이되지 않도록 교육과정과 교과서를 만드는 사람들은 마음을 써야 할 것이다.

# 제2장
# 국어과 교육과정이 교과서에 반영되는 유형 2*

## 1. 연구의 필요성 및 목적

제7차 교육과정 해설에 보면 다음과 같은 설명이 있다(교육부, 1999 : 6).

> 교육 과정을 어떤 관점에서 보든지 간에, 교육 과정은 '학습자의 학습 경험을 선정하고 조직하여 교육 경험의 질을 구체적으로 관리하는 교육의 기본 설계도'라는 것은 기본적인 관점이라고 할 수 있다.

여기서 보면, 교육과정을 개발한 사람들은 교육과정을 '설계도'라는 관점에서 보고 있음을 알 수 있다.

한편, 제7차 교육과정에 의거하여 개발되는 교과서와 지도서 등 교과용 도서에 제시된 내용은 예시적인 성격을 지니고 있으므로, 학교의 실정에 알맞게 재구성하여 운영하도록 권장하고 있다(교육인적자원부, 2001). 교육과정은 '설계도'이고 '교과서'는 '예시'라는 설명이다.

이것을 '집'에 대응시켜 보자. 집을 지은 '설계도'가 있을 것이고 그 설계도를 보고 만든 '견본집'이 있을 것이다. 이 '견본집'은 '설계도'를

* 이 내용은 이창수(2007), 「국어과 교육과정이 교과서에 반영되는 유형에 따른 분석 연구(2)」, 『배달말』 41, 배달말학회, 257~298쪽에 실린 것임.

따라 지어야할까? 아니면 설계도와 달리 보기 좋게만 지으면 될까?

2007년 2월 28일 개정된 7차 교육과정이 고시되었다. 개정 고시된 교육과정에 따라 새 교과서가 만들어지고 있는 것으로 안다. 새 교과서를 만들기 앞서 현재 사용하고 있는 교과서가 설계도를 얼마나 충실히 따라 만들어졌었는지 꼼꼼히 따져보는 일을 한 뒤에 하고 있는 일인지 궁금하다. 교육과정을 설계도 관점으로 볼 때, 과연 교육과정이라는 설계도를 보고 만든 교과서가 얼마나 설계도에 충실했는지를 따져 보지 않을 수 없다.

또 7차 교육과정은 '교육과정에 관한 평가'를 실시할 것을 규정하고 있다. 이창수(2007)에서도 국어과 교육과정 평가 준거들 속에 국가수준 국어과 교육과정 운영 단계 교과 관련 준거로 '국어 교과서의 교육과정 반영 정도와 변형 정도'를 들고 있다. 이처럼 국어과 교육과정 평가 차원에서도 교육과정이 교과서에 반영되는 것에 대해 따져 볼 필요가 있는 것이다.

따라서 이 글에서는 설계도인 교육과정을 교과서가 어떻게 반영했는지를 반영 유형에 따라 분석해 보고자 한다. 분석의 결과가 현재 진행 중인 교과서 개발 작업을 맡은 사람들에게 좀 더 교육과정에 충실한 교과서, 현장 활용도와 교육 효과가 높은 교과서 및 교사용 지도서를 만들도록 하는 데 도움이 되게 하는 데 목적이 있다. 선행 연구에서 6학년과 4학년을 했고, 5학년 교육과정과 교과서를 분석 대상으로 하였다.

## 2. 선행연구 분석

교육과정과 교과서에 관한 연구는 적지 않지만, 7차 국어과 교육과정과 관련하여 이 글에서 참고할 만한 선행연구로는 송현정(2002), 이창수(2002), 정혜승(2002), 이창수(2005) 등이 있다.

송현정(2001), 이창수(2002), 정혜승(2002)에 대해서는 이창수(2005)에서 살펴보았기 때문에 자세한 언급은 생략한다.

이창수(2005)는 초등학교 국어과 교육과정이 교육과정에 반영 되는 유형을 범주화 한 다음 그것을 바탕으로 6학년 교육과정을 분석하였다. 하지만 6학년을 분석대상으로 한 결과가 다른 학년에도 그대로 적용 가능한 지 분명하지 않은 한계가 있었다. 본 연구 결과 선행 연구와는 다른 유형들이 나오기도 하였다.

이처럼 선행연구들은 초등학교 교육과정과 교과서에 주목을 했지만, 분석 영역이 제한적이고, 제시 방식에만 관심을 가졌거나, 특정 학년에 국한된 분석이었다. 또 교육과정의 교과서 반영 방식에 관심을 가졌지만, 중학교 중심으로 분석한 것이라는 한계가 있음을 알 수 있다.

따라서, 초등학교 국어과 교육과정이 교과서에 얼마나 충실하게 잘 반영되어 있는지에 선행 연구 결과와 비교할 수 있도록 다른 학년을 대상으로 한 자세한 분석이 더 필요한 것이다.

## 3. 국어과 교육과정과 교과서 분석

### 3.1. 국어과 교육과정이 교과서에 반영되는 유형 범주화

이창수(2005)에서 7차 국어과 교육과정이 어떻게 교과서에 반영되는지를 알아보기 위해, 7차 국어과 교육과정 해설과 교과서를 놓고, 하나하나 대조 분석하여 유형들을 범주화 한 바 있다. 반영 정도, 반영 방식은 다른 것이 없었지만, 반영 수준과 내용 변형 방식에는 차이가 있었다. 유형들을 살펴보면 다음과 같다.

#### 3.1.1. 반영 정도: 반영/미반영

교육과정의 영역별 내용이 교과서에 반영되는 방식을 살펴본 결과, 교과서에 반영된 것이 있었고 반영되지 않은 것이 있었다. 교육과정 내용이 교과서에 반영된 것은 '반영'으로, 반영되지 않은 것은 '미반영'으로 범주화 할 수 있다.

아래에 이어질 분석표에 반영되지 않은 것은 비고란에 '미반영'이라고 표시하였다. 반영된 내용은 어느 교과서 어느 마당 어느 대단원 어느 소단원 어느 차시에 반영되었는지를 기호로 표시하였다. 보기를 들어, 듣기 영역 첫 번째 내용이 말하기·듣기·쓰기 교과서 5학년 1학기 첫째마당 1대단원 1소단원에 반영되어 있으면 '말·듣·쓰-5-1-1-1'로 표시하였다.

### 3.1.2. 반영 방식: 직접/간접

반영된 교육과정도 내용 반영 방식에 있어 뚜렷한 차이를 보였다. 교육과정 내용이 교과서에 반영될 때, 교과서 대단원 활동 목표(주제), 차시 활동 목표(주제)로 반영된 것이 있고, 그렇지 않으면서 반영되어 있는 것이 있다. 교육과정 내용이 대단원 활동 목표(주제)나 차시 활동 목표(주제)에 언급이 되면서 반영 된 것은 '직접' 반영된 것으로 분류를 했고, 그렇지 않으면서 반영된 것은 '간접' 반영된 것으로 분류하여 분석표에 표시하였다.

### 3.3.3. 반영 수준: 대단원 초과/대단원(1)/소단원 초과/소단원(1)/차시/차시내

직접, 간접으로 교과서에 반영된 것들도 반영 수준에 있어 상당한 차이를 보였다. 하나의 교육과정 내용이 1개의 대단원에 반영되고 또 소단원에 반영된 것도 있고, 1개의 대단원에 반영된 것도 있었다. 또 소단원에 반영되고 차시 수준에 반영된 것, 차시 수준으로 반영된 것, 차시내의 활동들 수준으로 반영된 것들이 있었다. 그래서 반영 수준에 따라 2개의 대단원 수준은 안 되고 대단원 1개를 초과하여 반영된 것은 '대단원 초과', 1개의 대단원 수준은 '대단원(1)', 소단원 수준을 초과한 것은 '소단원 초과', 소단원 수준은 '소단원(1)', 차시 수준은 '차시', 차시내 수준은 '차시내'로 분류하여 분석표에 표시하였다.

#### 3.1.4. 내용 변형 방식: 거의 같음/진술 바꿈/ 진술, 내용 바꿈

교육과정 내용이 교과서에 반영된 것들도 자세히 보면, 교육과정과 똑같이 교과서에 반영되는 경우는 없었다. 한 마디로 약간 변형이 되어 교과서에 반영되더라는 것이다. 이런 변형에도 몇 가지 다른 양상이 있었다. 교육과정 내용 진술과 교과서에 반영된 내용 진술이 거의 같은 경우가 있고, 진술이 약간 바뀐 경우, 진술도 바뀌고 교육과정에서 의도한 내용과 교과서에 반영된 내용이 상당한 차이를 보이는 경우가 있었다. 진술이 거의 바뀌지 않은 것은 '거의 같음'으로, 진술만 약간 바뀐 것은 '진술 바꿈'으로, 진술과 내용이 모두 바뀐 경우는 '진술·내용 바꿈'으로 분석표에 나타내었다.

### 3.2. 교육과정이 교과서에 반영되는 유형에 따른 분석

여기서는 위에서 살펴 본 반영 유형에 따라 7차 교육과정 내용 가운데 5학년 내용이 교과서에 반영되는 정도를 영역별로 분석해 보기로 하겠다.

분석 방법은 교육과정해설서에 나타난 지도 내용 설정 의도 내지 취지와 내용과 관련한 교사용 지도서의 학습 활동, 학습 계획에 대한 안내를 보고, 그것이 반영된 관련 교과서 내용을 찾아 서로 비교하여 반영 정도, 방식, 반영 수준, 내용 변형 방식을 분석하였다.[1] 분석한 결과를 영역별로 살펴보기로 하겠다.

---

1) 지면에 제약으로 자세한 분석의 보기는 듣기 영역에서만 보이기로 한다. 이하 분석의 결과도 그와 같은 과정을 거쳐 나온 것임을 밝혀 둔다.

### 3.2.1. 5학년 듣기 영역 분석

5학년 듣기 영역을 분석한 결과를 표로 보이면 [표 1]과 같다.

5학년 듣기 지도 내용 5개 가운데 1개(20%)가 교과서에 반영되었고, 나머지 4개(80%)가 반영되지 않았다. 반영 수준을 보면 차시 수준으로 반영된 것뿐이다. 좀 자세히 살펴보면,

(1), (3), (4), (5)의 경우 교사용 지도서에는 각각 말·듣·쓰-5-1-4-2, 말·듣·쓰-5-2-3, 말·듣·쓰-5-2-4, 말·듣·쓰-5-1-4에 반영된 것으로 되어 있다. 그러나 교과서를 자세히 살펴보면 제대로 반영되지 않았음을 알 수 있다.

(2)의 경우 말·듣·쓰-5-1-5-1-1에 직접, 차시내 수준에서 진술과 내용이 바뀌어 반영되었다. 교육부(1999 : 95)에는 이 내용이 잘 듣기 위해서는 중요한 내용을 메모할 수 있어야 한다는 사실을 중시하여 설정되었다고 했다. 또 잘 듣는 사람의 특성 중에 하나는 메모를 잘하는 것이며, 메모는 기억을 보조하며 능동적으로 듣는 징표가 될 수 있다고 했다. 이 내용과 관련하여 정보의 중요도 판정하기, 핵심 내용 중심으로 메모하기, 전체의 짜임을 메모하기, 자신이 언어로 환언하여 메모하기 등의 활동을 이루어지도록 계획하라고 안내하고 있다.

그런데 교과서는 "중요한 내용이 잘 드러나게 표현 할 수 있다"라는 대단원 목표 아래, 1소단원 1차시에 '알리고자 하는 중요한 내용을 적으면서 방송을 들어 봅시다'는 주제로 이 내용과 관련된 활동을

[표 1] 5학년 듣기 영역 분석표

| 교육과정 내용 | 교과서 내용 | 비고 |
|---|---|---|
| (1) 들을 때에는 상황을 고려해야 함을 안다. | | 미반영 |
| (2) 중요한 내용을 메모하며 듣는다. | 말·듣·쓰<br>-5-1-5-1-1 | 직접<br>진술 바꿈<br>차시 |
| (3) 생략된 내용을 추론하며 듣는다. | | 미반영 |
| (4) 상대의 어휘 사용이 적절한지 판단하며 듣는다. | | 미반영 |
| (5) 끝까지 듣는 태도를 지닌다. | | 미반영 |

하도록 되어 있다. 차시 활동 주제를 보면 교육과정에서는 '메모하며' 라고 해서 '메모'라는 말을 썼는데, 교과서에서는 '적으며'라는 말을 썼다. 어떤 뜻이 있어서 그렇게 했는지 정확한 까닭은 모르지만 어쨌든 토박이말을 살려 쓰려는 노력의 하나로 보여 바람직하다고 하겠다. 앞에 '알리고자 하는 내용', '방송'이라는 제한이 붙은 것과 '메모'를 '적으며'로 바꾸어 진술하였다. 교과서 활동을 봐도 들려주는 방송을 듣고 중요한 내용을 적어 보는 활동이 이어질 뿐이다. 교육과정에서 안내한 정보의 중요도 판정하기나 자신의 언어로 환언하여 적기 등에 대한 학습은 이루어지지 않고 있다. 막연하게 스스로 중요하다고 생각하는 것을 적는 활동을 통해 중요한 내용을 적으며 듣기 능력이 길러질지는 의문이다. 또 교육과정에서는 듣기 중심의 진술에 활동 안내도 듣기 관련 활동을 주로 하도록 안내하고 있으나, 교과서의 대단원 목표 진술을 놓고 볼 때, 표현 중심의 진술을 하고 있어 말하기, 쓰기 중심의 활동이 이루어질 것을 예상할 수 있다. 1소단원 1차시를 빼고 나면 듣기와는 상관없는 내용들이다. 2~3차시에는 친구가 한 일이 드러나게 방송하기 활동으로 취재하기, 방송 원고 쓰기, 방송하기 등의 활동을 하도록 되어 있다. 취재하기와 관련하여 중요내용 메모하며 듣기를 강조해서 지도 할 수도 있겠는데 교과서에는 그런 언급이 없는 실정이다. 2소단원 1차시에는 추천하는 글쓰기 방법을 지도하도록 되어 있고, 2~3차시에 중요한 내용이 잘 드러나게 추천하는 글쓰기 활동을 하도록 되어 있다. 그 가운데 교정하기, 추천하는 말하기 활동을 하도록 되어 있다. 이것을 보아도 대단원 목표에서 짐작한 것과 같이 표현활동이 중심이 되고 있다

다만 되돌아보기에서 1차시 활동과 비슷한 활동을 되풀이할 수 있는 기회는 주어져 있다. 하지만 단순히 듣고 중요한 내용을 적어 보는 활동을 통해서 중요한 내용 적으며 듣는 능력이 길러지지는 않을 것이다.

현장 적용 가능성과 지도 효과를 따져 볼 때, 맨 먼저 적으며 듣기의 필요성을 알도록 하는 활동을 한 뒤, 정보의 중요성을 판단하는

방법, 여러 가지 적기 방법을 익히고, 그것을 나만의 언어로 바꾸어 적는 연습을 하도록 교과서 내용을 구성하였더라면 더욱 효과적이었을 것이라 생각한다.

### 3.2.2. 5학년 말하기 영역 분석

5학년 말하기 영역을 분석한 결과를 표로 보이면 [표 2]와 같다.

5학년 말하기 지도 내용 6개 가운데 3개(50%)가 교과서에 반영이 되었고, 3개(50%)가 반영되지 않았다. 반영 방식을 보면 3개(100%)가 직접 반영되었다. 반영 수준을 보면 4개(80%)가 차시수준으로, 1개(20%)가 소단원 수준으로 반영되었다. 내용 변형 방식을 보면, 직접 반영된 것 4개(100%)가 모두 진술과 내용이 바뀌어서 교과서에 반영되었다. 좀 자세히 살펴보면,

(1)의 경우 말·듣·쓰-5-1-4-2에 직접, 진술과 내용이 조금 바뀌어 소단원 수준으로 반영되었다. 교육과정에는 "말할 때에는 상황을 고려해야 함을 안다"라고 진술되어 있는데, 교과서 대단원 목표에는 "말하는 상황에 어울리게 말할 수 있다"로 진술되어 있다. 교육과정에는

[표 2] 5학년 말하기 영역 분석표

| 교육과정 내용 | 교과서 내용 | 비고 |
|---|---|---|
| (1) 말할 때에는 상황을 고려해야 함을 안다. | 말·듣·쓰<br>-5-1-4-2 | 직접<br>진술·내용바꿈<br>소단원 |
| (2) 조사나 관찰을 통하여 내용을 선정해 말한다. | | 미반영 |
| (3) 분류의 방법을 내용을 전개하여 말한다. | 말·듣·쓰<br>-5-1-2-2 | 직접<br>진술 바꿈<br>소단원 |
| (4) 분석의 방법으로 내용을 전개하여 말한다. | | 미반영 |
| (5) 공식적인 말하기 상황에서 표준어를 사용하여 말한다. | 말·듣·쓰<br>-5-2-2-1 | 직접<br>진술 바꿈<br>소단원 |
| (6) 책임감 있게 말하는 태도를 지닌다. | | 미반영 |

'말하기 상황을 고려해야 함을 아는' 것에 목표를 둔 이해 중심의 진술인데 비해 교과서는 '상황에 어울리게 말하는' 기능 중심으로 바뀌면서 내용도 바뀌었음을 알 수 있다.

교육부(1999 : 97)에는 이 내용이 듣기도 상황을 고려해서 들어야 하는 것처럼 말하기도 상황을 고려해야 한다는 점을 중시하여 설정했다고 했으며, [5-듣-(1)]과 관련하여 지도하라고 안내하고 있다. 또 말하는 사람은 말하는 상황을 구성하는 요소인 말하는 이, 듣는이 맥락, 매체, 소음 등 여러 가지를 종합적으로 고려해야 함을 내면화하도록 지도하라고 안내하고 있다. 기본 활동의 보기로 전화를 걸 때와 얼굴을 맞대고 말할 때를 비교하면서 말하는 상황에 관련된 요소를 찾는 활동을 하도록 안내하고 있는데, 교과서에서는 상황을 고려하며 말할 때에 주의할 점 알기, 이야기 듣고 이야기 상황 파악하기, 말하는 상황에 어울리게 여러 사람 앞에서 말하기를 각각 한 차시에 하도록 되어 있다.

목표가 달라지다 보니 접근 방법이 달라질 수밖에 없다. 이 내용은 교육과정에서 의도한 것과 다른 내용으로 바뀜으로써 실제 교육과정에서 제시한 내용은 반영되지 않았다고 보는 것이 옳다.

학습 순서를 생각해 볼 때, 왜 말을 할 때 상황을 고려해야 하는지, 말할 때 고려해야 할 상황 요소에 어떤 것이 있는지 알지도 못한 채 말하는 상황에 어울리게 말하는 기능이 길러질 수 있다고 보는 지 알 수 없다. 어느 것이 더 효과적인지 검증되지 않은 상황에서 왜 교육과정의 안내를 뒤로하고 다른 방법을 찾았는지 알 수 없다.

또 앞서 [5-듣-(1)]이 교과서에 반영되지 않았음을 밝혔었는데, 이 내용과 통합하여 단원을 구성할 수도 있겠는데 왜 말하기만 반영하고 듣기는 반영하지 않았는지도 알 수 없다.

(2)의 경우 교사용 지도서에 말·듣·쓰-5-2-2에 반영된 것으로 되어 있다. 그러나 교과서 내용을 자세히 살펴보면 이 내용이 교과서에 제대로 반영되지 않았음을 알 수 있다. 교육부(1999 : 98)에서는 이 내용이 말할 내용을 선정하는 중요한 방법 가운데 하나가 조사나 관찰하

기라는 점을 중시하여 설정하였다고 했다. 그리고 조사나 관찰 대상 정하기, 조사나 관찰 계획 세우기, 조사나 관찰 방법 정하기, 실제로 조사나 관찰 수행하기, 조사나 관찰 결과 정리하기 등에 대한 학습을 의도하고 있으며, 조사나 관찰 활동 과정을 포트폴리오로 구성하도록 지도하라고 안내하고 있다. 그리고 조사나 관찰을 통해 상대를 설득하는 데 필요한 내용 선정하기와 사건이나 사물에 대한 정보 찾아 말하기를 기본 활동의 보기로 보이고 있다. 그런데 교과서에는 관찰한 내용을 글로 쓰기와 표준어와 방언 조사하기를 할 수 있도록 마련되어 있다. 교육과정 의도와는 상당한 거리가 있는 내용이라고 하겠다. 글쓴이의 생각에 교육과정에 있는 일련의 활동을 말하기와 쓰기를 통합해서 할 수 있겠는데 왜 이렇게 단원을 구성했는지 알 수가 없다. 아이들에게 관찰이나 조사를 하는 방법과 관찰이나 조사한 글에 들어갈 내용을 알려 주기에 앞서 무엇 때문에 관찰이나 조사가 필요한지를 알려 주어야 할 것이다. 필요성을 알아야 그 다음 이어질 내용들에 대해 잘 알 수 있을 것이다. 단원 구성에 있어 좀 더 효과를 높이는 방안에 대한 연구가 있어야 할 것이지만 우리 삶과 앎을 같게 하는 쪽에서 연구를 하면 훌륭한 결과가 나올 것이라고 생각한다.

(3)의 경우 말·듣·쓰-5-1-2-2에 직접, 진술이 바뀌어 소단원 수준으로 반영되었다. 교육부(1999 : 98)에는 이 내용이 내용 조직하기 계열의 학습 내용이며, [3-말-(3)], [3-말-(4)], [4-말-(3)]과 관련지어 지도하라는 것과 분류의 기준을 세우는 방법을 지도하라는 안내만 있을 뿐 내용의 설정 의도가 보이지 않는다.

교과서를 살펴보면, 말·듣·쓰-5-1-2의 대단원 목표는 "분석이나 분류의 방법으로 내용을 정리하여 표현할 수 있다"이다. 이를 놓고 보면 [5-말-(3), (4)], [5-쓰-(4), (5)]의 통합을 의도했다고 해석할 수 있다. 실제 그것이 가능하다고 생각한다. 하지만 실제 교과서 내용을 보면 1소단원에서는 [5-쓰-(5)]가 반영되었고, 2소단원에서는 [5-말-(3)]이 반영되었다. 결국 말하기와 쓰기 두 활동이 통합되어 하나의 대단원에 반영되었다고 할 수 있으나 다르게 표현하면 각각이 하나의 소단원에 반영되었다고 할 수도 있겠다. 하지만 대단원 목표가 두 내용을 통합하여 포괄적으로 진술을 하고 있으므로 두 내용을 통합하여 하나의 대단원 목표로 진술하여 대단원을 이루고 있다고 정리하겠다.

두 내용이 통합되어 대단원 목표로 진술되다 보니 이 내용과 직접 관련이 있는 것은 2소단원 3차시 주제이다. 이것을 보면 '분류의 방법을 사용하여 소개하는 말을 하여 봅시다'라고 되어 있어 분류의 방법을 쓰되 소개하는 말하기에 한정하고 있음을 알 수 있다.

글쓴이의 짧은 생각에, 분류나 분석의 방법으로 말을 하거나 글을 쓸 때 말하기나 글쓰기 앞 단계까지는 공통의 내용을 다루어야 하고 개요 짜기 수준까지 함께 한 다음 한 차시는 말하기를 해 보고, 한 차시는 쓰기 활동을 해 보면서 말하기와 쓰기의 차이점을 알도록 하는 활동이 가능하다고 본다. 또는 말하기나 쓰기 가운데 하나를 각각 소단원에 집중적으로 다루고 나머지 활동은 심화 활동이나 과제로 제시할 수도 있을 것이다. 그렇게 한다면 네 가지 내용을 이 단원에 모두 반영할 수도 있을 것이다. 왜 이렇게 내용을 빼고 넣고 했는지 그 기준이나 합당한 근거를 어디에도 밝혀 놓고 있지 않으니 알 수가 없다.

말할 것도 없이 네 가지 내용이 모두 학습할 필요가 있는지, 5학년 학생들의 수준에 맞는지, 성취 가능성은 어느 정도인지에 대한 연구가 앞서야 할 것이다.

또 교육과정에서 분류 기준을 세우는 방법을 지도하도록 안내되어 있는데 교과서에 잘 반영이 되어 있다.

(4)의 경우 교사용 지도서에는 말·듣·쓰-5-2-4에 반영된 것으로 되어 있다. 교육부(1999 : 99)에는 내용 설정 의도에 대한 설명 없이, 이 내용이 내용 조직하기 계열의 학습 내용이며, [5-말-(3)]과 관련지어 지도하라고 하고 있다. 또 분석은 논리적 조직 방법에 속하며 분석할 때는 대상을 부분으로 나누고 각 부분의 특징이 잘 드러나도록 해야 한다고 했다. 그리고 학생의 경험 세계에 친숙한 화제를 택하여 분석의 원리를 익힌 다음 점차 어려운 화제를 대상으로 분석하도록 지도

하라고 안내하고 있다.

하지만 교과서 내용을 보면 이 내용과 관련이 없는 내용이다. 꼭 반영된 것으로 해야 한다면 차라리 말·듣·쓰-5-1-2에 쓰기와 통합하여 반영되었다고 하는 것이 나을 것인데 의견을 만화로 표현하기와 토론하기에 이 내용이 반영되었다고 하니 알 수 없는 일이다.

(5)의 경우 말·듣·쓰-5-2-2에 직접, 진술이 바뀌고, 내용이 더해져 소단원 수준으로 반영되었다. 교육과정에는 “공식적인 상황에서 표준어를 사용하여 말한다”라고 진술하고 있는데 교과서에는 “표준어와 방언에 대해 알아보고, 조사한 내용을 말할 수 있다”라고 대단원 목표로 진술하고 있다. 이것만 봐도 내용이 더해졌음을 알 수 있다. 교육부(1999 : 99)에는 이 내용이 말할 내용 표현하기에 관련된 내용으로 효과적인 표현을 위해 상황에 따라 방언을 쓸 수도 있으나, 공식적인 자리에서는 표준어를 사용하도록 해야 한다는 점을 중시하여 설정하였다고 설정 근거를 밝혔다. 그리고 표준어의 뜻과 가치, 방언의 뜻과 가치, 공식적인 자리에서 표준어를 사용해야 하는 이유 등을 지도하도록 안내하고 있다. 그런데 교과서는 1차시에 이런 내용을 다루고, 2차시에 방언 조사 계획을 세워, 3차시에 조사한 내용을 발표하는 활동으로 구성되어 있다. 진술이 바뀐 것은 물론이고, 내용까지 더해졌다. 실제 교육과정 내용에는 없는 내용이 추가되어 교과서에 반영된 것이다.

그런데, 2소단원 마지막(말·듣·쓰-5-2, 53)에 “표준어와 방언에 대하여 안 내용을 바탕으로 하여, 일상생활에서 표준어를 사용하여야 하는 까닭에 대해 이야기를 주고받아 봅시다”라는 부분이 있다. 이는 교과서 앞부분까지 배운 내용과 맞지 않는 내용이다. 앞부분까지는 표준어와 방언을 각각 공식적인 상황과 비공식적인 상황에서 쓰면 좋다면서 각각의 가치를 인정 해놓고 그 뒤에 일상생활에서 표준어를 사용해야 한다고 말하고 있다. 여기서는 공식적인 상황에서 표준어를 써야 하는 까닭을 강조하는 것이 바람직할 것으로 생각된다.

(6)의 경우 교사용 지도서에는 말·듣·쓰-5-1-5에 반영된 것으로 되

어 있다. 하지만 교과서 내용을 자세히 살펴보면 반영되지 않았음을 알 수 있다. 교육부(1999 : 99~100)에는 효과적인 표현을 위해 언어생활에서 책임감 있게 말해야 한다는 점을 중시하여 설정하였다고 하였다. 그리고 말을 자주 번복하면 신뢰감이 떨어진다는 것, 학생들에게 책임 있게 말하려는 태도의 중요성을 지도한 다음 여러 가지 활동을 분석하거나 자신의 언어활동 경험을 토대로 책임 있게 말하려는 태도를 기르도록 할 것, 태도 요인은 단 한 번의 활동으로 길러질 수 있는 것이 아니므로 다른 내용의 학습을 할 때에도 연결하여 지도하도록 안내하고 있다. 기본 활동의 보기로 사실이라고 믿는 내용, 상대가 필요할 것이라 믿는 내용 말하기를 보이고 있고, 심화 활동의 보기로 자신의 말에 책임을 지지 않았을 때 일어나는 혼란에 대해 친구들과 이야기하기를 보이고 있다. 교과서 내용을 보면 대단원 목표가 "중요한 내용이 잘 드러나게 표현할 수 있다"이고, 1소단원에서는 중요한 내용 적으며 듣기, 방송을 위한 글을 쓰고 방송하기 활동을 하고, 2소단원에서는 추천하는 글쓰기를 하도록 되어 있다. 이런 일련의 활동을 하면서 책임감 있게 말하는 태도를 가지도록 언급을 할 수 있을 것으로 여겨지는데, 어째서 이 내용이 교과서에 반영되지 않았는지 궁금하다.

또 이런 태도 관련 내용을 제대로 반영하지 않은 것 자체도 문제다. 하지만, 태도라는 것이 한 학년 한 학기 한 단원에서 지도한다고 한 번에 길러지지 않는 것을 감안할 때, 학년마다 학기마다는 아니더라도 되풀이해서 지도할 수 있도록 교과서를 마련하는 것이 태도 형성을 위해 바람직하다고 생각한다.

### 3.2.3. 5학년 읽기 영역 분석

5학년 읽기 영역을 분석한 결과를 표로 보이면 [표 3]과 같다.

5학년 읽기 지도 내용 8개 가운데 8개(100%)가 교과서에 반영이 되었다. 반영 방식도 보면 8개 모두(100%)가 직접 반영되었다. 반영 수

[표 3] 5학년 읽기 영역 분석표

| 교육과정 내용 | 교과서 내용 | 비고 |
|---|---|---|
| (1) 읽기 상황에는 글의 종류, 읽기의 목적과 방법 등이 관련됨을 안다. | 읽-5-1-4<br>읽-5-2-2 | 직접<br>진술 바꿈<br>대단원 초과 |
| (2) 문맥을 고려하여 낱말의 의미를 파악하며 글을 읽는다. | 읽-5-1-2-1 | 직접<br>진술 바꿈<br>소단원 |
| (3) 사실과 의견을 표현한 부분을 구별하며 글을 읽는다. | 읽-5-2-4 | 직접<br>그대로<br>대단원 |
| (4) 이어질 내용을 예측하여 글을 읽는다. | 읽-5-1-5-1 | 직접<br>그대로<br>소단원 |
| (5) 생략된 내용을 추론하며 글을 읽는다. | 읽-5-2-5 | 직접<br>진술·내용<br>바꿈<br>소단원 |
| (6) 어휘 사용이 적절한지 알아보며 글을 읽는다. | 읽-5-1-2-2 | 직접<br>진술·내용<br>바꿈<br>소단원 |
| (7) 비유적 표현의 의미를 이해하며 글을 읽는다. | 읽-5-1-1,<br>읽-5-2-1 | 직접<br>진술 바꿈<br>소단원 |
| (8) 도서관에서 읽을거리를 찾아 읽는 습관을 지닌다. | 읽-5-1-5-2 | 직접<br>진술 바꿈<br>소단원 |

준을 보면 1개(12.5%)가 대단원 초과 수준으로, 1개(25%)가 대단원 수준으로, 6개(75%)가 소단원 수준으로 반영되었다. 내용 변형 방식을 보면, 직접 반영된 것 8개 가운데 2개(25%)가 진술이나 내용 바뀜 없이 거의 같고, 2개(25%)가 진술과 내용이, 4개(50%)가 진술만 바뀌어서 교과서에 반영되었다. 좀 자세히 살펴보면,

(1)의 경우 직접, 진술과 내용이 바뀌어 대단원 초과 수준으로 반영되었다. 결국 교육과정에서 의도한 내용은 교과서에 반영되지 않고 다른 내용이 반영된 꼴이 되고 말았다.

교사용 지도서에는 읽-5-1-4, 읽-5-2-2에 되풀이 반영되어 있는 것으

로 되어 있다. 하지만 교육과정의 설정의도와 교과서 내용을 비교해 보면 지도서 설명대로 반영되지 않았음을 알 수 있다. 교육부(1999: 100)에는 이 내용이 읽기의 상황은 글의 종류, 읽기 목적, 방법 등이 관련됨을 인식시키기 위한 목적으로 설정했다고 밝히고 있다. 또, 읽기의 여러 상황을 구체적으로 설정하여 상황에 적절한 읽기 활동이 이루어지도록 하라고 안내하고 있다. 그리고 작품을 읽을 때와 사전에서 필요한 정보를 찾을 때를 비교하고, 읽기 상황에 관련되는 요소를 찾는 활동을 기본 활동의 보기로 보이면서 읽기 상황의 중요성을 인식하도록 하는데 지도의 중점이 있다고 안내하였다. 그리고 심화 활동의 보기로 글의 종류, 읽기의 목적과 방법 등에 따라 적절한 읽기 방법 선택하기를 하여 적절한 읽기 방법을 선택하지 않았을 때 문제점을 찾아 발표하게 하는데 지도의 중점이 있다고 안내하였다.

그런데 교과서를 보면 읽-5-1-4는 "글의 종류와 읽는 목적에 따라 알맞은 방법으로 글을 읽을 수 있다"라는 대단원 목표 아래, 1소단원에서 글의 종류에 따른 읽기 방법 알고 글 읽기를, 2소단원에서 글을 읽는 목적에 따른 읽기 방법 알고 글 읽기 활동을 하도록 되어 있다. 이는 글을 읽는 방법을 알고 글을 읽는 능력을 기르기 위한 활동이면서 교육과정의 심화 활동과 가까운 내용이다. 하지만 대단원 어디에도 읽기에서 상황의 중요성을 인식할 수 있는 내용이 보이지 않는다. 분명 교육과정에서 제시한 내용은 읽기의 상황에 글의 종류, 읽기의 목적과 방법이 관련됨을 알게 하는 것인데 교과서는 기본을 뛰어 넘어 심화 활동만을 다루고 있다.

읽-5-2-2는 대단원 목표가 2개인데, 그 가운데 하나가 "필요한 정보를 찾으며 글을 읽을 수 있다"이고 2소단원에서 이 내용을 다루고 있다. 하지만 이 내용도 교육과정에서 의도한 읽기에서 상황의 중요성을 인식시키는 내용과 거리가 있고, 읽기 목적이 무엇인지 알고 글을 읽도록 하는 내용이다.

따라서 교과서에 반영된 내용은 교육과정에서 제시한 내용이 반영된 것이 아니라, 심화시킨 내용이라 할 수 있다. 초등학교 5학년 아이들이 읽기 상황에 대한 인식과 관련한 학습이 없는 상태에서 교과서와 같은 활동을 함으로써 절로 읽기 상황과 글의 종류, 목적, 방법을 관련시킬 수 있을지 의문이다. 이렇게 학년 내에서 되풀이해서 반영할 정도로 중요하게 봤다면 1학기 때 기본 활동으로 읽기 상황과 글의 종류, 목적, 방법과의 관련성 인식시키는 활동을 하고, 2학기 때 글의 종류와 읽기 목적에 따른 읽기 방법을 알고 읽는 활동을 할 수 있을 것이다. 이렇게 바꾼 까닭이 어디에든 설명되어 있다면 덜 답답할 것이다.

(2)의 경우 읽-5-1-2-1에 직접, 진술이 바뀌어 소단원 수준으로 반영되었다. 대단원 목표에는 반영되지 않았지만, 차시 활동 내용으로 반영되었으며, 소단원 수준에서 다루도록 되어 있다. 교육과정에는 "문맥을 고려하여 낱말의 의미를 파악하며 글을 읽는다"라고 진술하고 있는데 해당 교과서의 대단원 목표는 "글에 나타난 표현이 적절한지를 알아보며 글을 읽을 수 있다"라고 진술되고 있어 이 내용과 관련이 없다. 해당 단원의 1소단원에 이 내용과 관련된 내용이 나오는데 1차시에 '낱말의 뜻을 생각하며 글을 읽을 때에 주의할 점을 알아봅시다'는 주제로 낱말의 뜻을 모를 때 앞뒤 낱말이나 문장을 읽어 보고 뜻을 짐작해보는 연습을 하도록 되어 있다. 2~3차시에는 다른 글을 놓고 비슷한 활동을 되풀이 하도록 되어 있다. 분명 이 내용과 관련된 것들이지만 주제 진술이 관련성을 약하게 하고 말았다.

2개의 내용을 통합해서 하나의 대단원을 만들었다면 두 내용의 관련성을 따져서 하나의 대단원 목표로 통합 진술할 수 있으면 그렇게 하고 그렇지 못하다면 다른 단원에서처럼 대단원 목표를 따로 진술하는 것이 바람직하다. 그래야 해당 단원에서 배울 내용들이 명확해진다. 여기서 보면 이 내용과 관련이 적은 '어휘의 적절성 판단하기'와 묶어 하나의 대단원을 만들면서 진술은 하나만 하다 보니 이 내용이 빠진 것처럼 되어버리고 말았다. 따로 따로 진술을 하되 "뜻을 잘 모르는 낱말은 글의 앞뒤 낱말이나 문장을 살펴 그 뜻을 짐작해가며 읽을 수 있다"라는 식으로 했더라면 좋았겠다.

차시 활동 주제도 1차시에는 "뜻을 잘 모르는 낱말이 나오면 어떻게 해야 되는지 알아봅시다"라는 식으로 하고, 2~3차시 활동을 "앞뒤 낱말이나 문장을 통하여 낱말의 뜻을 알아보며 글을 읽어 봅시다"로 했다면 통일성도 있고 목표도 뚜렷해질 것이다.

이 내용과 가장 가깝게 진술된 2~3차시 활동 주제도 교육과정 진술과 비교해 보면 차이가 난다. 교육과정에서 '문맥을 고려하여', '파악하며'라는 표현을 썼는데 교과서에서는 '앞뒤 낱말과 문장을 통하여', '알아보며'라는 표현을 썼다. 초등학교 5학년 학생들의 수준을 고려한 진술 바꿈으로 해석된다. 이런 수준을 고려한 진술 바꿈은 바람직한 것이라 생각한다.

교육부(1999 : 101)에서는 이 내용이 글의 내용을 이해하기 위해서는 먼저 낱말의 의미를 파악해야 한다는 점을 중시하여 설정되었다고 했다. 또 학생들의 수준에 적합한 낱말을 선정해서 하라는 안내를 하고 있는데 교과서에 주 활동 자료로 쓰이는 박제상 이야기에 나오는 낱말들이 5학년 수준에서 앞뒤 낱말이나 문장을 읽고 짐작할 수 있는 수준의 낱말인지 실제 아이들의 활동을 살펴볼 필요가 있을 것이다. 글쓴이의 생각에 아이들 수준을 넘어서는 내용인 듯하다. 수준을 낮춰 낱말의 의미 파악 전략인 문맥을 통한 낱말 의미 파악하기를 익힐 수 있는 힘을 길러 줄 수 있도록 해야 할 것이다.

(3)의 경우 읽-5-2-4에 직접, 거의 그대로 대단원 수준으로 반영되었다. 교육과정에 "사실과 의견을 표현한 부분을 구별하며 읽는다"라고 진술한 것을 교과서에서는 대단원 목표로 "사실과 의견을 구별하며 글을 읽을 수 있다"라고 진술하였다. 두 가지 낱말이 달라져 진술이 바뀌기는 했으나 내용이 달라지지는 않았음을 알 수 있다. 교육부(1999 : 101~102)에는 이 내용이 비판적인 읽기 기능을 길러 주기 위한 목적으로 설정하였다고 했다. 그리고 사실과 의견의 개념 알기, 사실과 의견을 구별하여 읽기의 필요성 알기, 글에서 사실과 의견을 구별하기 등을 학습 요소로 담고 있다고 했다. 또, 사실을 나타내는 문장과 의견을 나타내는 문장을 비교하기, 글에서 사실을 근거로 하지 않

은 의견을 나타낸 부분을 찾아 사실과 의견을 구별하며 읽기의 필요성 알기, 사실과 의견을 구별하며 읽기 등을 학습 활동으로 안내하고 있다. 또, '라고 생각한다', '내 생각에는' 등의 표현에 유의하여, 사실과 의견을 구별하며 글 읽기를 기본 활동의 보기로, 사실과 의견을 구별할 수 있는 표현 더 찾아보기를 심화 활동의 보기로 보이고 있다.

그런데 교과서에는 1소단원 1차시에 사실과 의견의 개념 알기를, 2차시에 사실과 의견에 주의하며 글 읽기를, 3차시에 사실과 의견 찾아보며 글 읽기를 하도록 되어 있다. 2소단원에서는 의견을 뒷받침하는 사실이 무엇인지 알아보고, 사실에 대한 글쓴이의 의견을 정리하는 활동으로 구성되어 있다. 교육과정에서 학습 요소로, 학습 활동의 보기로 보인 것들이 대부분 교과서에 반영되었으나 사실과 의견 구별하기의 필요성 알기가 빠졌다. 사실 이 내용이 꼭 들어가야 할 것이라 생각한다. 왜 이런 내용을 배우는가 하는 것이 뚜렷해야 학습의 효과가 더 높을 것이기 때문이다.

또, 한 가지 아쉬운 것이 있다. 5학년 아이들 수준에서 교과서처럼 아이들에게 사실과 의견을 나타내는 표현을 찾아보라고 하는 것보다 사실과 의견을 나타내는 여러 가지 표현을 익히도록 한 다음, 실제 글에서 그런 표현을 찾아보게 하는 것이 더욱 효과적이라 생각한다. 이런 것은 실제 아이들을 대상으로 효과를 검증할 필요가 있을 것이다.

(4)의 경우 읽-5-1-5에 대단원 목표로 직접 소단원 수준에서 반영되었다. '글'이 '이야기'로 '읽는다'가 '읽을 수 있다'로 바뀌면서 '글'이 '이야기'로 제한되었지만 내용이 크게 바뀌지 않았다. 교육부(1999 : 102)에는 이 내용이 상상력을 신장시키기 위한 목적으로 설정하였다고 했다. 그리고 사건의 전개과정 파악하기, 등장인물의 성격 파악하기, 사건의 인과 관계 파악하기 등에 대한 학습을 의도하고 있으며, 글을 읽고 사건의 전개 과정을 순서대로 간추려 말하기, 인물의 행동, 심리 묘사 등을 통해 인물의 성격 파악하여 말하기, 사건의 인과 관계

를 파악하여 말하기 등의 학습 활동을 안내하고 있다. 글의 앞부분을 읽고, 뒷부분의 내용을 예측하여 말하기를 기본 활동의 보기로, 글에서 사건의 전개 순서와 인과 관계를 파악하여 뒷부분의 내용을 예측하고 그 근거 말하기를 심화 활동의 보기로 보였다.

그러나 교과서에는 1차시에 이어질 내용 예측하는 방법 알기, 2~3차시에 이어질 내용 예측하며 이야기 읽기 활동을 하도록 되어 있다. 1차시에 예측의 방법으로 일의 순서, 원인과 결과, 내 경험과 관련짓기 등의 방법을 알아보게 되어 있다. 2~3차시에 1차시 배운 것을 바탕으로 이어질 이야기 예측하며 읽기를 하도록 되어 있다. 교육과정에서 의도하고 안내한 활동이 모두 이루어지진 않았지만 핵심 활동은 모두 이루어지고 있음을 알 수 있다.

다만 상상력을 신장시키기 위한 목적이라면 배우는 아이들에게도 이 내용은 상상력을 기르기 위해 배운다고 이야기를 하는 것이 좋을 것인데, 그런 설명이 없는 것이 안타깝다. 아이들을 단순히 가르쳐주면 배워야 하는 수동적인 존재로 본 것이 아닌가 한다.

또 하나 이 활동을 5학년들이 얼마나 잘 수행해 내는 지에 대한 평가가 있은 뒤 이 내용의 적절성에 대한 평가를 할 수 있을 것이다.

(5)의 경우 읽-5-2-5 대단원 목표에 직접, 진술, 방법이 바뀌어 소단원 수준에서 반영되었다. 교육과정에서 “생략된 내용을 추론하며 글을 읽는다”를 교과서에서는 “글에 직접 드러나지 않은 내용을 알아보며 글을 읽을 수 있다”라고 진술을 바꾸었다. 내용적으로 같은 뜻이지만, ‘생략’, ‘추론’이라는 낱말이 초등학교 5학년 학생들이 이해하기 어려운 낱말이라 생각하여 쉬운 말로 바꾼 것으로 해석된다. 아주 잘한 일이라 생각한다. 아이들이 낱말의 뜻을 몰라 한 시간 수업을 이해하지 못하는 경우가 종종 있는 현실을 감안할 때 바람직한 노력이라 생각한다.

대단원 목표에 반영이 되었지만, 이 대단원이 하나의 소단원으로 구성되어 있어서 사실상 소단원 수준에 반영이 된 것이다. 교육부(1999 : 102~103)에는 이 내용이 추론적 읽기 기능을 길러 주기 위한 목적으로 설정하였다고 했다. 기본 활동의 보기로 자신의 배경 지식이나 문맥 등을 활용하여 생략된 내용을 추론하는 활동을 보였고, 글의 제목이나 삽화 등을 보고 자신의 배경 지식과 문맥 등을 활용하여 생략된 내용 추론하고 그 근거 말하기를 심화 활동의 보기로 보였다.

그러나 교과서에는 1차시에 생략된 내용을 추론할 때, 글의 앞뒤 내용을 생각하며 읽고, 일이 어떻게 진행되는지 살펴보며 읽고, 인물의 마음이나 생각, 인물들 간의 관계에 주의하며 읽어야 한다는 것을 알게 한 뒤 기본적인 추론 활동을 할 수 있게 되어 있고, 2~3차시에 본격적으로 글을 읽고 글에 직접 드러나지 않은 내용을 알 수 있도록 하고 있다. 앞서 이야기한 것 외에 글에 직접 드러나지 않은 인물의 성격을 알아보는 활동도 포함 되어 있다. 이를 보면, 교육과정과 교과서가 보여주는 추론 방법에 차이가 있음을 알 수 있다. 교육과정에서는 배경지식, 문맥, 제목, 삽화 등을 이야기했고, 교과서에서는 앞뒤 내용, 일의 진행 과정, 인물의 마음이나 생각, 인물들 간의 관계 등을 이야기하고 있다. 양쪽 모두의 생각을 모두 아이들에게 알려주는 것이 효과적이라 생각한다.

그리고 교과서 마지막 활동이 이 단원의 목표와 관련이 있는지 따져 봐야 할 것 같다. 마지막 활동이 '컴퓨터 게임 외에 우리가 할 수 있는 놀이에는 어떤 것이 있는지 알아보고 그런 놀이를 하면 어떤 점이 좋은 지 친구들과 이야기 주고받기'이다. 이 활동은 단원 목표와 직접 관련이 없는 활동이라 생각된다. 차라리 앞서 추론한 내용을 서로 비교해 보는 활동이 단원 목표와 가깝다고 생각한다. 수업을 해보면 많은 아이들에게 한 번이라도 말할 기회를 더 주고 1분이라도 말할 시간을 더 주고 싶지만 교과서에 제시된 활동을 무시할 자신은 없고 다 하자면 시간이 모자라서 고민을 하게 되는 때가 많다. 목표와 직접 관련된 활동을 안내하고 그 가운데서 교사가 형편에 맞게 더하고 빼고 할 수 있도록 하는 것이 바람직하다고 생각한다.

(6)의 경우 읽-5-1-2에 직접, 진술이 바뀌어 소단원 수준으로 반영되었다. 하지만 교과서 내용을 자세히 살펴보면, 교과서가 교육과정

에서 제시한 내용을 넘어서 더 많은 내용을 다루고 있음을 알 수 있다. 교육부(1999 : 103)에는 이 내용이 어휘 사용의 적절성을 판단하며 글을 읽어야 한다는 점을 중시하여 설정하였다고 설정 이유를 밝혔다. 그리고 글을 읽을 때 앞뒤 문맥을 통해 어휘가 적절하게 사용되었는지 판단하며 읽도록 지도하고, [5-읽-(2)]와 관련지어 지도하되 어휘 사용의 적절성을 평가하여 적절하지 않은 어휘는 적절한 어휘로 바꾸는 활동을 하도록 안내하고 있다. 기본 활동과 심화 활동의 보기도 적절하지 않은 어휘를 적절한 어휘로 바꾸거나 찾는 활동이다.

그런데 교과서에는 "글에 나타난 표현이 적절한지 알아보며 글을 읽을 수 있다"는 대단원 목표 아래 2소단원에서 적절한 표현의 개념 알기, 적절하지 않은 표현 찾기, 적절한 표현 생각하며 글 읽기를 할 수 있도록 되어 있다. 어휘의 수준을 넘어 문장과 글의 내용까지도 적절성을 평가하는 활동을 하도록 되어 있는 것이다. 또 적절하지 못한 어휘, 문장, 내용 찾기에다가 적절한 표현을 찾는 활동도 있다. 교과서 내용이 교육과정을 훨씬 뛰어넘는 많은 활동을 하도록 마련되어 있다. 교육과정에서 제시한 내용이 미흡하다 판단하여 더 많은 활동을 하도록 마련을 한 것이라면 이해는 가지만, 과연 초등학교 5학년 수준에서 이 많은 내용을 소화하여 제 것으로 만들 수 있을 것인지에 대한 진지한 고민이 있었는지 묻고 싶다. 교육과정에서 보인 것처럼 적절하지 않은 낱말을 찾는 활동도 하려면 할 것이 많을 것이다. 또 5학년 수준에서 적절하지 않은 표현을 찾는 활동이 더 쉬운 활동이고, 적절한 표현을 찾기는 상당히 어려운 활동으로 여겨진다. 5학년 학생들의 활동 결과를 보아야겠지만, 글쓴이가 생각하기에 5학년 수준에서는 어휘 수준에서 적절성을 알아보는 활동을 많이 하고 심화 활동으로 문장, 내용의 적절성을 따져 적절하지 못한 문장이나 내용을 적절한 문장, 내용으로 바꾸는 활동을 하는 것이 나을 듯 싶다.

(7)의 경우 읽-5-1-1, 읽-5-2-1에 직접, 진술이 바뀌어 학년 내에 되풀이 반영되었다. 각각 소단원 수준에서 다루도록 되어 있다. 교육과

정에는 "비유적인 표현의 의미를 이해하며 글을 읽는다"라고 진술했는데 교과서에는 "비유적 표현을 이해하며 시/이야기를 읽을 수 있다"라고 각각 진술하였다. 글쓴이의 생각에 이 내용을 가지고 2개의 소단원을 구성하였다면 차라리 하나의 대단원으로 묶는 것이 효과적이라 생각한다.

교육부(1999 : 104)에서는 이 내용이 비유적인 표현의 의미를 이해해야 독해 능력이 향상된다는 점을 중시하여 설정하였다고 했다. 이 설정 근거를 놓고 볼 때, 교과서 대단원 목표 진술은 뚜렷하지 않다고 할 수 있다. 따라서 "비유적인 표현의 뜻을 이해하며 시/이야기를 읽을 수 있다" 정도로 바꾸는 것이 나을 듯하다.

또 비유적인 표현이 설명이나 묘사에서 더욱 생생한 표현이나 효과적인 표현을 위해 사용됨을 인식시키도록 하라고 안내하고 있다. 비유적 표현의 개념과 필요성 알기, 글에서 비유적인 표현 찾기, 비유적인 표현의 의미 파악하기, 비유적인 표현의 효과 파악하기 등의 학습 요소를 담고 있으며, 비유적 표현이란 무엇인지 알기, 비유적 표현이 필요한 이유 알기, 여러 종류의 글을 읽고 비유적 표현 찾아내기, 앞뒤 문맥을 통하여 비유적인 의미를 파악하기, 비유적 표현의 효과 말하기 등의 학습 활동을 안내하고 있다.

교과서를 보면 읽-5-1-1은 시를 읽고 비유적 표현을 이해하도록 하고 있다. 비유적 표현의 뜻 알기, 비유적 표현 찾기, 비유적 표현의 효과 알기, 비유적 표현 이해하며 시 읽기를 하도록 되어 있다. 여기서 비유적 표현의 뜻 알기, 비유적 표현 찾기는 이해가 되는 내용이다. 그런데 교사용 지도서에 보면 비유적 표현의 효과 부분이 이해가 되지 않는다. 5-1 교사용 지도서 93쪽에 보면 '목련꽃=입', '목련꽃=웃음'과 같은 표현이 '활짝 핀 목련꽃의 모습을 더욱 실감나게 해 준다. 탐스러운 목련꽃의 모습뿐만 아니라 목련꽃을 바라보며 즐거워하는 아이들의 모습도 느낄 수 있게 해 준다'고 했는데, 과연 이런 느낌을 대한민국에 있는 모든 초등학교 5학년 학생들이 가질 수 있는 가져야 하는 느낌인가 하는 의문이 든다. 물론 여러 가지 보기 가운데 하나라면 할 말이 없다. 그렇다면 다양한 느낌이 있을 수 있다면 고정적이고 우리가 머릿속에 담아두어야 할 비유적 표현의 효과라는 것이 있을 수 있는가 하는 의문이 든다. 그 뒤에 비유적 표현의 효과로 눈에 보이는 것처럼 생생하다, 느낌이 더욱 확실하다. 여러 가지 느낌(시각, 청각, 미각 등)을 한꺼번에 느낄 수 있다고 했는데 이것도 과연 아이들의 받아들일 수 있는 효과인지에 대한 의문이 든다. 그 다음 차시에도 '바람의 손이 풀꽃의 여린 어깨를 만져 준다'라는 표현이 '다정스런 느낌'이라고 해 놓았는데, 과연 아이들이 이런 느낌을 받을 수 있을 지 궁금하다. 실제 수업을 통해 검증해 보아야 할 것이다. 비유적 표현의 일반적 효과라는 것이 있을 수 있지만 시를 읽고 받을 수 있는 느낌을 한 가지로 말해 준다는 것이 옳지 않다고 생각한다. 여러 가지 느낌 가운데 하나의 보기로 들어 주고 학생들의 다양한 느낌을 이끌어 내는 방법이 어떨까 생각한다.

읽-5-2-1은 이야기를 읽고 비유적 표현을 이해하도록 하고 있다. 이야기를 읽고 비유적 표현 찾기, 비유적 표현을 이해하며 이야기 읽기 활동을 하도록 되어 있다. 이야기에서 비유적 표현을 쓰는 것이 표현하고 싶은 대상을 잘 드러내거나 대상에 대한 생각이나 느낌을 잘 나타내기 위함이라 설명하고 있다. 그 다음 비유적 표현을 찾고 그렇게 비유한 까닭을 알아보는 활동이 있는데 그 까닭에 대한 설명이 좀 어색하다. 교과서 17쪽을 보면 "알록달록 칠하니까, 고목 같던 장승 부부도 그런대로 새신랑, 새색시처럼 보였습니다"를 "햇볕에 바래고 비바람에 씻긴 장승 부부의 모습과 곱게 단장을 한 장승 부부의 모습을 잘 드러내기 위해"라고 설명하고 있다. 교사용 지도서 99쪽을 보면 "아이의 웃음과 할아버지의 말이 새처럼 날아와 깃들였기 때문입니다"라는 표현을 두고 "장승이 자기네 편이라고 생각하는 아이의 웃음과 할아버지의 말이 장승에게 들리는 것을 그렇게 표현하였다"고 설명하고 있다. 과연 이런 설명이 아이들에게 비유적 표현과 비유적 표현의 까닭을 이해시키는 데 충분한 것인지 생각해 봐야 한다. 글쓴이의 생각에 차라리 앞의 설명은 단장을 하기 전의 모습과 단장한 뒤의 모습을 좀 더 효과적으로 나타내기 위해 그렇게 신랑 각시에 비유해 표현했다고 하고, 뒤의 것은 아이의 웃음과 할아버지의 말이 장승에게 들렸다는 것을 좀 더 효과적으로 나타내기 위해 그런 비유적 표현을 썼다라고 하는 것이 나을 듯하다. 그리고 한 편의 글에 비유적 표현이 이 두 가지만 있는 것도 아닌데 교과서와 교사용 지도서 설명은 이 두 가지만이 비유적 표현인 것처럼 보이도록 되어 있다.

또 말·듣·쓰-5-1-1에도 [5-쓰-(7)]과 관련하여 하나의 소단원에 비유적 표현을 써서 시 쓰기가 나오는데 여기서 보면 교사용 지도서에는 '비유적 표현의 개념 알기, 비유적 표현 방법 알기, 비유적 표현을 사용하여 시 쓰기를 학습 내용 요소로 밝혀 놓았는데 실제 교과서를 보면 '비유적 표현'의 개념에 대한 이야기는 없다. 읽기 교과서를 보면 소단원 첫머리에 배우게 될 내용의 개념이나 필요성을 간단명료하게 밝혀 두고 시작을 하는데, 말·듣·쓰 교과서에서도 이런 점은 따라서 했으면 좋겠다.

또 비유적 표현이란 것이 글에만 나타나는 것이 아니고 말을 할 때도 효과적인 내용 전달을 위해 필요한 것을 부정하지 않는다면 듣기와 말하기에서도 이 주제를 가지고 수업을 할 수 있는데 왜 읽기와 쓰기만을 다루고 있는지 알 수 없다. 교육과정 내용 선정 시 듣고, 말하기와 읽고 쓰는 활동을 모두 다룰 수 있도록 주의를 하면 이런 문제는 해결 가능하다고 본다. 이는 음성 언어 보다 문자 언어를 중시하는 학계의 보이지 않는 경향에 따른 것으로 해석된다.

(8)의 경우, 읽-5-1-5에 직접, 진술이 바뀌어 확장되어 소단원 수준으로 반영되었다. 교육과정에는 "도서관에서 읽을거리를 찾아 읽는 습관을 지닌다"고 진술했는데, 교과서 대단원 목표에는 "스스로 읽을거리를 찾아 읽고, 생각이나 느낌을 표현할 수 있다"라고 진술을 바꿨다. 교육부(1999 : 104)에는 이 내용이 도서관을 이용하여 독서하는 습관을 기르도록 하기 위한 목적으로 설정되었다고 했다. 그리고 도서관 이용법을 익혀 읽을거리를 찾아 읽는 습관 기르는 활동을 기본 활동으로, 도서관에서 읽을거리 찾아 읽고 친구들과 이야기하기를

심화 활동의 보기로 보였다. 이를 두고 보면 교육과정에서는 도서관 이용 방법과 도서관 이용 습관을 기르는 것을 목표로 하고 있다. 그런데 교과서에는 도서관뿐만 아니라 서점에서 스스로 읽을거리를 찾아 읽을 때 주의할 점 알기, 스스로 읽을거리 찾아 읽고 생각 느낌 말하기 활동을 하는 것으로 되어 있다. 교과서 내용이 교육과정에서 제시한 내용을 넘어 서서 다루고 있음을 알 수 있다. 다만 교과서 내용이 의도한 내용을 그대로 담고 있지 못한 것이 아쉽다. 도서관이나 서점에서 읽을거리 찾아 읽기를 할 때 주의할 점을 다룰 때, 도서관과 서점 이용 상의 주의점도 함께 다루었더라면 좋았을 거라는 생각이 든다. 따로 일반적으로 공공장소에서 지켜야할 공중도덕 외에, 도서관 서점 이용법을 따로 배우지 않는 현실을 감안할 때 고학년이 된 아이들에게 한 번 더 강조를 하는 것도 좋을 것이다. 또 "스스로 읽을거리를 찾아 읽고, 생각이나 느낌 표현할 수 있다"라는 수업 목표를 세워 놓고, 글 한 편을 보여 주고 있다. 그 글을 읽고 생각이나 느낌을 표현하도록 하고 있는데, 스스로 읽을거리를 찾아 읽기라는 주제와 맞지 않는다. 앞 시간에 배운 스스로 읽을거리 찾아 읽을 때의 주의할 점을 바탕으로 해서 스스로 읽을거리를 찾아 읽도록 한 다음 생각을 표현하는 활동이 목표에 부합하는 활동이라 생각된다.

### 3.2.4. 5학년 쓰기 영역 분석

5학년 쓰기 영역을 분석한 결과를 표로 보이면 [표 4]와 같다.

5학년 쓰기 지도 내용 10개 가운데 7개(70%)가 교과서에 반영이 되었고, 3개(30%)가 반영되지 않았다. 반영 방식을 보면 7개 가운데 6개(85.3%)가 직접, 1개(14.3%)가 간접 반영되었다. 반영 수준을 보면 1개(14.3%)가 소단원 초과수준으로, 4개(57.1%)가 소단원 수준으로, 2개(28.6%)가 차시내 수준으로 반영되었다. 내용 변형 방식을 보면, 직접 반영된 것 7개 모두(100%)가 진술만 바뀌어서 교과서에 반영되었다. 좀 자세히 살펴보면,

[표 4] 5학년 쓰기 영역 분석표

| 교육과정 내용 | 교과서 내용 | 비고 |
|---|---|---|
| (1) 쓰기 상황에는 주제, 목적, 예상 독자 등이 관련되어 있음을 안다. | | 미반영 |
| (2) 원고지 사용법에 맞게 글을 쓴다. | 말·듣·쓰 -5-1-2-1-3 | 직접 진술 바꿈 차시내 |
| (3) 조사나 관찰을 통하여 내용을 선정해 글을 쓴다. | 말·듣·쓰 -5-2-2 | 직접(대) 진술 바꿈 소단원 초과 |
| (4) 분류의 방법으로 내용을 전개하여 글을 쓴다. | | 미반영 |
| (5) 분석의 방법으로 내용을 전개하여 글을 쓴다. | 말·듣·쓰 -5-1-2-1 | 직접 진술 바꿈 소단원 |
| (6) 예시의 방법으로 내용을 전개하여 글을 쓴다. | 말·듣·쓰 -5-1-4-1 | 직접 진술 바꿈 소단원 |
| (7) 비유의 방법으로 글을 쓴다. | 말·듣·쓰 -5-1-1-1 | 직접 진술 바꿈 소단원 |
| (8) 문맥에 어울리지 않는 낱말을 찾아 고쳐 쓴다. | 말·듣·쓰 -5-2-5 | 간접 차시내 축소 |
| (9) 전달 효과를 고려하여 자신의 글을 컴퓨터로 편집한다. | 말·듣·쓰 -5-2-5 | 직접 진술 바꿈 소단원 |
| (10) 쓰기의 방법을 적극적으로 배우려는 태도를 지닌다. | | 미반영 |

(1)의 경우 교사용 지도서에는 말·듣·쓰-5-1-4에 반영되어 있다고 되어 있다. 하지만 교과서를 보면 반영되지 않았음을 알 수 있다. 교육부(1999 : 105)에서는 이 내용이 쓰기 상황의 관련 요소들을 아는 학생들이 쓰기에 어려움이 생겼을 때 쓰기 상황을 고려하여 능동적으로 대처할 수 있다는 점을 중시하여 설정했다고 했다. 그리고 쓰기 상황의 뜻 알기, 쓰기 상황의 관련 요소 알기, 각 요소들의 기능 알기, 글의 종류와 쓰기 상황과의 관계 알기 등에 대한 학습을 의도하고 있으며, 좋은 글을 쓰려면 쓰기의 상황을 반드시 고려해야 함을 인식시키고 글을 쓸 때 쓰기의 상황을 헤아려서 글을 쓸 수 있도록

학습 활동을 계획하라고 안내하고 있다.

하지만 교과서에는 예를 들어 가며 글쓰기와 말하는 상황에 어울리게 말하기를 다루고 있다. 글쓴이 생각에 각 영역별 상황에 대한 내용들을 모아서 하나의 단원에서 다룰 수 있다고 생각한다. 듣기, 말하기, 읽기, 쓰기 상황을 한꺼번에 다루면 상황 인식에 더 효과적이라 생각한다. 서로의 공통점과 차이점도 알 수 있게 하는데도 효과적일 것이다.

(2)의 경우 말·듣·쓰-5-1-2-1-3에 직접, 진술이 바뀌어 차시내 수준으로 반영되었다. 교육부(1999 : 105~106)에는 이 내용이 원고지 사용법에 맞게 글을 쓰는 학생들이 맞춤법, 띄어쓰기 등 글쓰기의 기본 능력에 정통하게 된다는 점을 중시하여 설정되었다고 했다. 그리고 원고지 사용의 필요성 알기, 원고지 사용의 장단점 알기, 구체적인 원고지 사용법 알기, 이런 지식을 바탕으로 원고지 사용법에 맞게 글쓰기 등에 대한 학습을 의도하고 있으며, 원고지 사용법과 국어 정서법에 익숙해질 수 있도록 학습 활동을 계획하라고 안내하고 있다.

진술도 "원고지 사용법에 맞게 글을 쓴다"라고 했는데 교과서에서는 "쓴 글을 원고지에 옮겨 써 봅시다"라고 되어 있다. '원고지 사용법에 맞게'라는 말을 넣었더라면 활동 내용과 맞는 진술이 되었을 것이라 생각한다.

또, 교육과정의 안내와 달리 교과서에서는 분석의 방법으로 쓴 글을 원고지에 옮겨 보는 활동을 하도록 되어 있다. 원고지 사용법을 한 시간 배워서 얼마나 잘 쓸 수 있을까? 내용을 보면 앞 시간에 정리한 내용을 책에 쓴 뒤에 다시 원고지 사용법을 알아보고 원고지에 옮겨 써 보는 활동을 하도록 되어 있다. 실제 수업 시간에 이 내용과 관련한 활동 시간은 절반도 되지 않는다고 볼 수 있다. 실제로 아이들과 활동을 했을 때 1시간에 끝날 수 없는 것을 1차시로 묶어 놓았다. 1차시에 활동 가능한 만큼의 내용을 배정할 수 있도록 주의를 해야 할 것이다.

(3)의 경우, 말·듣·쓰-5-2-2 대단원 목표에 직접, 진술이 바뀌어 반

영되었다. 관찰한 것 쓰는 활동과 관련된 내용으로 소단원을 구성했고, 조사한 것 쓰기와 관련한 내용이 1차시 반이 마련되어 있다. 따라서 소단원 이상이 이 내용과 관련된 내용이라 하겠다. 교육부(1999 : 106)에서는 이 내용이 조사나 관찰을 통해 내용을 선정해 글을 쓰는 학생들이 글을 정확하고 객관적으로 쓸 수 있다는 점을 중시하여 설정되었다고 밝히고 있다. 그리고 조사와 관찰의 개념 알기, 조사와 관찰 방법 알기, 내용을 선정할 때 조사나 관찰이 필요함을 알기, 이런 지식을 바탕으로 조사나 관찰을 통하여 내용 선정하여 글쓰기 등에 대한 학습을 의도하고 있다고 했다. 또 내용을 선정할 때 조사나 관찰이 필요함과 구체적인 조사 방법과 관찰 방법을 알고 조사나 관찰을 통하여 내용을 선정해 글을 쓰도록 학습 활동을 계획하라고 안내하고 있다. 기본 활동의 보기로 조사나 관찰을 통해 설득하는 글(논설문)을 써 보게 함으로써 신빙성 높은 근거를 위해 직접 조사나 관찰이 필요함을 인식하도록 하고, 정보 전달의 글(설명문)을 써 보게 함으로써 정보의 정확성을 위해 직접 조사나 관찰이 필요하다는 것을 인식시켜, 조사나 관찰을 통한 내용 선정 방법의 원리를 알게 하는 데 지도의 중점이 있다고 안내하고 있다.

그런데 교과서에는 1소단원 1차시에 글을 읽고, 관찰한 내용을 쓸 때 주의할 점 알아보기, 2차시에 관찰 대상을 탐색해 보고, 관찰한 내용을 정리하는 방법을 배워, 관찰 계획 세우기, 3차시에 관찰 내용을 바탕으로 하여 글쓰기 활동을 하도록 되어 있다. 그리고 2 소단원 2차시에 방언 조사 계획 세우기, 3차시에 조사 내용 정리하기 활동을 하도록 되어 있다. 교과서에 관찰과 관련된 활동 조사 활동이 모두 있지만, 교육과정의 의도와는 아주 다른 내용들이 들어 있다. 교육과정에서도 안내하고 있지만, 조사, 관찰의 뜻 알기, 조사 관찰의 방법을 알고, 내용을 선정할 때 조사나 관찰이 필요하다는 것을 알게 한 다음, 조사 관찰 활동을 통해 내용을 선정해 글쓰기를 하는 것이 바람직하다고 생각한다. 글쓴이의 경험에 비춰 봐도 아이들이 학습 활동의 뜻(목적)을 모르고 활동을 했을 때 학습효과는 상당히 떨어졌다.

그리고 왜 조사, 관찰이 필요한지 알아야 그 방법을 배우고 싶은 마음이 생길 것이다.

(4)의 경우, 교사용 지도서에는 말·듣·쓰-5-2-4에 반영되어 있는 것으로 되어 있다. 그러나 교과서 내용을 살펴보면 반영되지 않았음을 알 수 있다. 반영되었다는 말·듣·쓰-5-2-2는 "의견이나 주장을 효과적으로 표현할 수 있다"는 대단원 목표 아래 의견을 만화로 표현하기와 적절한 근거를 들고 토론 규칙을 지키며 토론하기 활동을 할 수 있도록 되어 있다. 분류의 방법으로 글을 쓰는 활동과는 분명 거리가 있는 내용인데 어째서 이 내용이 이 단원에 반영되었다고 해 놓았는지 알 수 없다. 차라리 말·듣·쓰-5-1-2에 반영되었다고 했으면 억지스럽지만 수긍은 할 수 있을 것이다. 왜냐하면 이 단원 2소단원에서 분류의 방법으로 말하기 활동을 위해 분류의 뜻과 기준의 중요성, 분류 기준을 정해 내용 정리하기 활동을 하고 있기 때문이다. 목표 활동이 말하기기 때문에 쓰기를 반영했다고 하면 어차피 말하기만을 위한 활동이 아니기 때문에 수긍은 할 수도 있다. 이런 내용은 말하기와 쓰기, 듣기와 읽기 활동을 함께 차례로 해 볼 수 있도록 교과서를 마련하면 학습 효과가 높을 것이라고 생각한다.

보기를 들면 분류의 뜻과 기준의 중요성을 알아보는 활동을 한 다음, 말을 하거나 글을 쓸 내용을 분류의 기준을 정해 정리를 한 다음 말로 해 보는 시간 1시간을 하고, 또 다음 시간에 글로 써 보는 활동을 할 수 있을 것이다. 또, 이 시간에 분류의 방법을 써서 말하는 것을 들을 때는 분류의 기준이 무엇인지, 기준에 따라 분류가 잘 되었는지 정리하며 듣기 활동을 하고, 이 방법으로 쓴 글을 서로 돌려 읽고, 분류의 기준에 따라 잘 분류가 되었는지 따지면서 읽기 활동을 해서 상호 평가까지 이루어지게 하면 좋을 것이다.

(5)의 경우 말·듣·쓰-5-1-2-1 대단원 목표에 직접, 진술이 바뀌어 소단원 수준으로 반영되었다. 교육과정 내용은 "분석의 방법으로 내용을 전개하여 글을 쓴다"라고 했는데 교과서에서는 이 단원이 분류의 방법까지 통합해서 다루고 있어 "분석이나 분류의 방법으로 내용을

정리하여 표현할 수 있다"라고 하여, 진술이 조금 달라진 것을 알 수 있다. 소단원 수준에서 이 내용을 다루고 있다. 교육부(1999 : 107~108)에서는 이 내용이 분석의 방법으로 내용을 전개하여 글을 쓸 수 있는 학생들이 세밀하면서도 논리 정연한 글을 쓸 수 있다는 점을 중시해서 설정되었다고 했다. 또 분석의 개념 알기, 분석을 이용한 내용 조직 방법 알기, 분석의 유용성 알기, 이런 지식을 바탕으로 분석이 잘 드러나게 글쓰기 등에 대한 학습을 의도하고 있으며, 분석에 맞게 쓸 내용을 선정, 조직, 표현하는 방법을 익힐 수 있도록 학습 활동을 계획하라고 안내하고 있다.

교과서에는 1차시에 글을 읽고, 분석의 방법에 대해 알아보면서 분석의 뜻과 분석 방법 2가지를 알려 주고, 2차시에 2가지 분석 방법의 보기를 보여 주고 실제로 분석의 방법으로 쓸 내용을 정리하는 활동을 하고, 3차시에 글을 써 보는 활동을 하도록 되어 있다. 교사용 지도서를 보면 1차시에 내용에 분석의 좋은 점을 설명하고 있다. 이왕 교과서에 분석의 뜻과 방법을 정리해 주었다면 분석의 유용성도 함께 교과서에 실어 두면 학생들이 '아~ 이래서 분석의 방법을 써서 글도 쓰고 말도 하는 거로구나'라고 알고 학습 의욕을 높일 수 있을 것으로 생각한다.

(6)의 경우 말·듣·쓰-5-1-4-1에 반영되었는데, 대단원 목표에 직접, 진술이 바뀌어 소단원 수준으로 반영되었다. 교육과정 내용에는 "예시의 방법으로 내용을 전개하여 글을 쓴다"라고 진술되었는데, 교과서 대단원 목표에는 "적절한 예를 들어 가며 내 의견을 글로 쓸 수 있다"라고 되어 있다. 학생들의 수준을 고려하여 쉬운 문장으로 바꾼 것으로 해석된다. 내용의 변화는 없다. 교육부(1999 : 108)에서는 이 내용이 예시의 방법으로 내용을 전개하여 글을 쓸 수 있는 학생들이 구체적이면서도 이해력이 높은 글을 쓸 수 있다는 점을 중시하여 설정되었다고 밝혔다. 또 예시의 개념 알기, 예시를 이용한 내용 조직 방법 알기, 예시의 유용성 알기, 이러한 지식을 바탕으로 예시가 잘 드러나게 글쓰기 등에 대한 학습을 의도하고 있고, 예시에 맞게 쓸 내

용을 선정, 조직, 표현하는 방법을 익힐 수 있도록 학습 활동을 계획하라고 안내하고 있다.

교과서에는 1차시에 의견을 뒷받침하기 위해 예를 들 때의 좋은 점 알기를, 2~3차시에 의견이 잘 드러나도록 예를 들어 가며 글쓰기 활동을 하도록 되어 있다. 교사용 지도서에는 1차시에 예시의 개념과 예시의 좋은 점을 지도하도록 되어 있고, 2차시에 예시를 이용한 내용 조직 방법을 안내한 뒤 3차시에 정리를 해서 그것을 바탕으로 글을 쓰도록 되어 있다. 교사용 지도서에는 교육과정의 의도와 내용을 충실히 반영하고 있다. 하지만 교과서에 학생들이 예시의 뜻과 필요성, 좋은 점에 대해 생각해 볼 수 있도록 하는 내용이 들어 있다면 효과적이겠다는 생각이 들었다. 교사의 일방적 설명을 듣고 안 것은 오래 기억되지 않을 것이기 때문이다.

또 한 가지 생각 해 볼 것이 있다. '예를 드는 것'이 쓰기하고만 관련되는 것이 아니라, 말하기와도 관련이 있다면 '예를 들어 가며 말하기'도 얼마든지 지도할 수 있는데 교육과정, 교과서, 교사용 지도서 어디에도 이와 같은 언급을 한 곳이 없다는 것이다. 교사용 지도서를 보면 알지만 대단원 도입부에서 이유나 근거를 충분히 들고 분명하게 말하기 위해서는 내용에 어울리는 예를 든다, 상황을 고려한다 등을 언급하면서 둘을 억지로 연결시키고 있지만, 교과서는 1소단원과 2소단원이 따로 놀고 있음을 알 수 있다.

이런 문제는 영역간 협의 과정이 제대로 이루어졌다면 만들어지지 않았을 문제라고 생각한다. 앞으로 교육과정을 개정 할 때 반드시 고려해야 할 것이다.

(7)의 경우 말·듣·쓰-5-1-1-1에 반영되었다. 대단원 목표로 직접, 진술과 내용이 조금 바뀌어 소단원 수준으로 반영되었다. 교육과정에는 "비유의 방법으로 글을 쓴다"라고 되어 있는데, 교과서 대단원 목표에는 "비유적 표현을 사용하여 시를 쓸 수 있다"라고 되어 있다. 비유적 표현을 써서 시만 쓸 수 있는 것이 아닌데, 시를 쓰는 내용으로 제한, 축소하여 반영하였다. 교육부(1999 : 109)에서는 이 내용이 비유

의 방법으로 글을 쓸 수 있는 학생들이 대상을 새로운 관점에서 봄으로써 참신하고 신선한 글을 쓸 수 있다는 점을 중시하여 설정되었다고 하였다. 또 비유의 개념 알기, 비유의 종류 알기, 비유의 방법 알기, 비유의 필요성 알기, 이러한 지식을 바탕으로 비유의 방법으로 글쓰기 등에 대한 학습을 의도하고 있으며 비유의 방법으로 쓸 내용을 참신하게 표현할 수 있도록 학습 활동을 계획하라고 안내하고 있다.

그런데 교과서에는 1차시에 비유적 표현이 나타난 시를 읽고 무엇을 무엇에 비유했는지 알아보는 활동을 하고, 2차시에 비유하여 표현하는 방법을 알아보고, 비유적 표현을 사용해서 간단한 문장 만들기를 한 뒤, 3차시에 비유적 표현을 생각하며 시를 써 보는 활동을 하도록 되어 있다. 교사용 지도서 소단원의 특성에는 "1차시 활동을 통해 비유의 개념을 알게 한다"라고 설명을 해 놓았지만, 비유의 개념 설명하는 부분은 없다. 교사가 알아서 하라는 것인지, 아동들 스스로 알아차려야 한다는 것인지 알 수가 없다. 비유의 뜻, 종류, 필요성을 알아보고, 비유의 방법을 익히도록 하면 훨씬 효과적일 것임을 알 수 있다.

그리고 시뿐만 아니라 줄글로 글을 쓸 때도 비유적 표현을 쓸 수 있음을 알도록 해야 할 것이다. 만약 교과서와 같이 지도를 하고 나면 비유적 표현은 시에서나 볼 수 있고, 시를 쓸 때만 쓰는 것으로 알게 될 수도 있다.

또 비유적 표현을 써서 말하기도 관련해서 배울 수 있도록 할 수도 있는데, 그런 배려는 찾아 볼 수 없다.

아이들이 비유 방법을 익혀 얼마나 잘 하는지도 평가해 볼 필요가 있다. 교과서 대단원 목표에는 '비유적 표현을 써서 시 쓰기'를 목표로 해 놓고, 되돌아보기에서는 시에서 '비유적 표현 찾기'를 하도록 되어 있다. 목표로 한 것을 평가해서 잘 하면 심화 활동을 시키고, 못하면 보충학습을 시키도록 마련되어 있어야 하는데, 목표와 평가가 맞지 않아 정작 목표 달성 여부를 확인할 길은 없게 되어 있다. 그래야 교과서가 잘 만들어져 있는지 그렇지 않은지 판단할 수 있을 것이다.

(8)의 경우 교과서 대단원 목표나, 차시 목표에 드러나 있지 않아 교과서에 반영되지 않은 것으로 볼 수 있다. 그러나 교사용지도서를 보면, 말·듣·쓰-5-2-5에 반영되었다고 밝히고 있다. 그리고 대단원 교수·학습 계획에 보면 이 내용을 근거로 대단원을 마련했다고 밝히고 있다. 그러나 교육과정의 설명과 교과서 내용을 보면 차라리 이 내용은 삭제되었다고 보는 것이 옳다고 할 수 있다. 교육부(1999 : 109~110)에서는 이 내용이 문맥에 어울리지 않는 낱말을 찾아 고쳐 쓸 수 있는 학생들이 고쳐 쓰기 능력과 어휘력이 동시에 신장될 수 있음을 중시하여 설정되었다고 했다. 또 문맥의 개념 알기, 문맥에 어울리는 낱말이 무엇인지 알기, 문맥에 어울리지 않는 낱말 찾기, 문맥에 어울리는 낱말 선택하기 등에 대한 학습을 의도하고 있으며, 낱말 사용의 정확성과 효과성을 높일 수 있도록 학습 활동을 계획하라고 안내하고 있다. 하지만 교과서를 보면 대단원 목표는 "전달 효과를 고려하면서 알리고 싶은 내용을 글로 쓸 수 있다"이고 내용은 '신문 만들기'이다. 차시별로 좀 더 자세히 보면, 2~3차시 동안 하는 9가지 활동 가운데 8번째 편집활동에서 편집을 하면서 생각해 봐야 할 것 가운데 3번째 물음에 "문맥에 어울리지 않는 표현은 없는가?"라는 것이 있다. 이것이 이 내용을 반영한 것이라고 하는 것은 너무 억지스럽다. 왜냐하면 이제까지 5학년 학생들은 문맥이 무엇인지에 대해 배운 바가 없기 때문에 이런 활동을 제대로 해 낸다고 보기 어렵다. 이런 물음 하나로 교육과정 지도 내용이 지도될 수는 없을 것이다. 이 내용이 꼭 5학년에서 지도되어야 할 것이라면 이 내용을 제대로 배울 수 있을 만큼의 활동이 이루어지도록 교과서를 마련해야 할 것이다.

그렇게 하지 않았다면 왜 그렇게 하지 않았는지 그 까닭을 반드시 밝히는 것이 옳을 것이다.

(9)의 경우 말·듣·쓰-5-2-5에 직접, 진술과 내용이 바뀌어 소단원 수준으로 반영되었다. 교육과정에서는 "전달 효과를 고려하여 자신의 글을 컴퓨터로 편집한다"라고 했는데, 교과서의 대단원 목표에는

"전달 효과를 고려하면서 알리고 싶은 내용을 글로 쓸 수 있다"라고 했다. 교육과정에는 분명 컴퓨터 편집하기 활동이 주로 이루어질 것임을 알 수 있는데, 교과서 대단원 목표만 보고는 어떤 활동을 할 지 짐작하기 어렵게 되어 있다. 이런 목표 진술도 학습 활동을 미루어 짐작 할 수 있도록 분명히 진술하는 것이 좋을 것이다. 교육부(1999 : 110)에서는 이 내용이 전달 효과를 고려하여 자신의 글을 컴퓨터로 편집할 수 있는 학생들이 정보화 사회에서 글쓰기에 잘 적응할 수 있다는 점을 중시하여 설정하였다고 했다. 또 컴퓨터로 편집하기의 필요성 알기, 컴퓨터로 편집하기의 장단점을 알기, 컴퓨터로 편집하는 방법 알기, 이러한 지식을 바탕으로 컴퓨터로 자신의 글을 편집하기 등에 대한 학습을 의도하고 있으며, 자신의 글을 컴퓨터로 편집하여 전달 효과를 극대화할 수 있도록 학습 활동을 계획하라고 안내하고 있다. 그런데 교과서에서는 모두 3시간 활동 가운데 1시간은 신문의 내용과 형식에 대해, 2~3차시에 하는 9가지의 활동 가운데 전달 효과나 편집에 대한 내용은 교과서 한 바닥에 들어 있는 3가지 활동이 전부다. 활동 7이 컴퓨터로 편집하기, 활동 8이 전달 효과 고려하며 고치기, 활동 9가 돌려 읽고 전달 효과 잘 살렸는지 이야기 주고받기이다. 다시 말하지만 왜 이런 활동을 하는지 학생들이 알고 활동을 할 수 있도록 신경을 써야 하겠다. 컴퓨터 편집의 필요성, 컴퓨터 편집의 장단점, 컴퓨터 편집 방법 등에 대한 학습이 없이 전달 효과를 고려해서 편집을 하라고 하는 것은 앞뒤가 맞지 않는다고 생각한다. 그리고 이런 활동들을 5학년 학생들이 2시간 동안 해낼 수 있는 것인지 생각해 보고 교과서를 만들었는지 모르겠다. 전국적인 통계를 내 봐야 하겠지만 글쓴이의 경험에 비추어 볼 때 2시간 동안 절대 해내지 못하는 분량이다. 또 해내긴 해내더라도 그 질을 따져 보지 않을 수 없는 것이다. 일주일 내내 국어만 배운다면 과제로 해결해도 될 일이다. 하지만 국어만 배우는 것이 아니라 다른 교과목과 특별 활동을 해야 하는 학생들을 놓고 볼 때, 교육과정이나 교과서를 만든 사람들 모두 너무 많은 것을 가르치려 하고, 많은 활동을 시키려고 욕심을 부린 듯하다. 이 내용도 현실의 실현 가능성, 학생들의 성취 가능성 등을 고려했는지 되돌아 볼 내용이라 하겠다.

(10)의 경우, 교사용 지도서에는 말·듣·쓰-5-2-4에 반영된 것으로 되어 있다. 하지만 교육과정 안내와 교과서 내용을 자세히 살펴보면 이 내용은 교과서에 반영되지 않았음을 알 수 있다. 교육부(1999 : 111)에서는 이 내용이 쓰기의 방법을 적극적으로 배우려는 태도를 지닌 학생들이 현저하게 쓰기의 발전을 가져올 수 있다는 점을 중시하여 설정되었다고 했다. 또 쓰기의 방법 알기, 쓰기 방법 알기의 필요성 느끼기, 쓰기의 방법을 자발적으로 배우려고 하기 등에 대한 학습을 의도하고 있으며, 스스로의 필요에 의해 능동적으로 쓰기의 방법을 배우려는 태도를 기를 수 있도록 학습 활동을 계획하라고 안내하고 있다. 그런데 반영되었다는 교과서에는 이와 관련한 내용이 하나도 없다. 아이들의 쓰기 실태를 놓고 볼 때, 다른 내용들 보다 이 내용이 교과서 단원으로 반영이 되었다면 효과가 높을 것으로 생각된다. 아이들이 쓰기 방법을 알고 쓰는 것과 그렇지 않은 것을 몸소 체험해 봄으로써 쓰기 방법을 익히고 싶은 마음이 스스로 생겨 적극적으로 쓰기 방법을 배우려 들 것이다.

### 3.2.5. 5학년 국어지식 영역 분석

5학년 국어지식 영역을 분석한 결과를 표로 보이면 [표 5]와 같다.

5학년 국어지식 지도 내용 6개 가운데 4개(66.7%)가 교과서에 반영되었고, 나머지 2개(33.3%)가 반영되지 않았다. 반영 방식을 보면 4개 가운데 2개(50%)가 직접, 2개(50%)가 간접 반영되었다. 반영 수준을 보면 2개(50%)가 소단원 수준으로, 2개(50%)가 차시내 수준으로 반영되었다. 내용 변형 방식을 보면, 직접 반영된 것 2개 가운데 1개(50%)가 내용과 진술이, 1개(50%)가 진술만 바뀌어서 교과서에 반영되었다. 좀 자세히 살펴보면,

(1)의 경우 교사용 지도서에는 말·듣·쓰-5-1-3에 반영된 것으로 되

[표 5] 5학년 국어지식 영역 분석표

| 교육과정 내용 | 교과서 내용 | 비고 |
|---|---|---|
| (1) 언어가 창조적으로 쓰임을 안다. | | 미반영 |
| (2) 우리말에는 시간을 표현하는 말이 있음을 안다. | 말·듣·쓰 -5-1-1 | 직접<br>진술바꿈<br>내용바꿈<br>소단원 |
| (3) 문장 성분의 개념과 기능을 안다. | 읽-5-2-1 | 직접<br>진술바꿈<br>소단원 |
| (4) 표준어와 방언의 개념을 안다. | | 미반영 |
| (5) 공식적인 상황에서 표준어를 사용한다. | 말·듣·쓰 -5-2-2 | 간접<br>차시내<br>말-(5)와 중복 |
| (6) 상황에 따라 방언과 표준어를 구별해서 사용하려는 태도를 지닌다. | 말·듣·쓰 -5-2-2 | 간접<br>차시내<br>축소 |

어 있다. 그러나 교육과정 설명과 교과서 내용을 자세히 비교해 보면 반영되지 않았음을 알 수 있다. 교육부(1999 : 111~112)에서는 이 내용이 언어가 창조적으로 쓰임을 아는 학생들이 언어를 창조적으로 사용할 가능성이 높다는 점을 중시하여 설정되었다고 했다. 또 언어의 창조성에 대한 개념 알기, 언어의 창조성을 아는 것이 왜 중요한지 알기, 언어의 창조성을 활용할 수 있는 방법 알기 등에 대한 학습을 의도하며, 언어의 창조성을 극대화하여 국어를 사용할 수 있도록 학습 활동을 계획하라고 안내하고 있다. 그런데 이 내용을 반영했다는 교과서의 대단원 목표가 "시나 이야기의 일부를 바꾸어 쓸 수 있다"이다. 그리고 1소단원에서는 시의 형식이나 내용을 바꾸어 쓰기를 하고, 2소단원에서는 이야기의 내용이나 형식을 바꾸어 쓰기를 하도록 되어 있다. 교과서 활동 어디에도 언어의 창조성에 대한 이야기는 없다. 또 교사용 지도서 대단원 교수·학습 계획에서도 이 대단원이 초보적인 문학 창작 능력을 기르고, 이야기에서 사건의 전개 과정과 인물의 관계를 이해시키기 위한 목적으로 설정되었다고 하고 있다. 그래 놓고 그 아래에서는 이 내용이 대단원의 근거가 된다고 앞뒤가 안 맞는

설명을 하고 있다. 왜 이렇게 하는지 알 수 없다. 반영하지 않은 것을 왜 반영했다고 하는지 알 수 없다.

(2)의 경우 말·듣·쓰-5-1-1 대단원 목표에 직접, 진술과 내용이 바뀌어 소단원 수준으로 반영되었다. 교육과정에는 "우리말에는 시간을 표현하는 말이 있음을 안다"라고 진술을 했는데, 교과서 대단원 목표에는 "시간을 나타내는 표현을 사용하여 글을 쓸 수 있다"라고 진술하였다. '교육과정'에서는 '시간 표현의 말 알기'가 목표였는데, 교과서에서는 '시간 표현의 말을 써서 글쓰기'가 목표가 됨으로서 진술도, 내용도 바뀌었다.

교육과정(교·해, 112)에서는 이 내용이 우리말에는 시간을 표현하는 말이 있음을 아는 학생들이 정확한 언어 사용을 할 수 있다는 점을 중시하여 설정되었다고 했다. 또, 시간 표현의 개념 알기, 우리말 시간 표현의 체계 알기, 시간 표현의 중요성 알기, 등에 대한 학습을 의도하고 있으며, 우리말 시간 표현의 종류와 특징을 알고 국어를 사용할 때 이를 활용할 수 있도록 학습 활동을 계획하라고 안내하고 있다.

그런데 교과서에는 1차시에 시간을 나타내는 말을 알아보고, 2~3차시에 시간을 나타내는 말을 사용하여 나에게 있었던 일을 글로 써 보는 활동을 하도록 하고 있다. 교육과정에서 의도한 것들 가운데 시간표현의 개념, 시간 표현의 중요성 알기, 우리말 시간 표현의 체계 알기 등에 대한 내용은 없다. 엄밀하게 따지면 이 내용과 관련한 교과서 내용은 차시 수준으로 반영되었고 나머지는 심화 활동으로 볼 수 있다.

그리고 한 가지, 이왕 시간을 표현하는 말 알기를 넘어서 듣고, 쓰고, 말하는 활동을 하도록 교과서를 마련하려면 읽기 활동까지 이루어지도록 했다면 더 효과적이었을 것이라 생각한다.

(3)의 경우 읽-5-2-2 대단원 목표에 직접, 진술이 바뀌어 소단원 수준으로 반영되었다. 교육과정에는 "문장 성분의 개념과 기능을 안다"라고 되어 있는데, 교과서 대단원 목표에는 "문장을 구성하는 부분을 알 수 있다"라고 진술되어 있다. 진술이 조금 바뀌긴 했지만 교육부

(1999 : 112~113)에서는 이 내용이 문장 성분의 개념과 기능을 아는 학생들이 문장 구성 능력이 향상된다는 점을 중시하여 설정되었다고 했다. 또, 문장 성분의 개념 알기, 우리말의 문장 성분의 종류 알기, 종류에 따른 문장 성분의 기능 알기 등에 대한 학습을 의도하고 있으며, 우리말의 문장 성분의 특성을 알고 문장 구성 능력을 신장시킬 수 있도록 학습 활동을 계획하라고 안내하고 있다.

그런데 교과서에는 1차시에 "문장을 구성하는 부분을 알아봅시다"라는 목표 아래 주어, 목적어, 서술어를 파악하는 활동을, 2~3차시에 한 편의 글을 읽고 주어, 목적어, 서술어를 찾아보는 활동을 하도록 되어 있다. 교육과정에 문장 성분의 개념과 기능, 종류 알고 문장 구성 능력을 신장시킬 수 있도록 하라 했는데, 교과서 내용은 주어, 목적어, 서술어만을 다루고 있다. 초등학교 5학년 수준을 생각한 것인지 모르지만, 교육과정에는 그런 제한을 두지 않았는데, 이 3가지만 다루고 있다.

하지만 이 내용의 경우, 학년에서 다룰 범위를 교육과정에서 언급해주는 것이 좋을 것이다. 그래야 다음 학년에서 다루는 내용과 연계가 될 수 있기 때문이다.

(4)의 경우 교사용 지도서에는 말·듣·쓰-5-2-2에 반영된 것으로 되어 있다. 교육과정 풀이와 교과서 내용을 자세히 살펴보면 제대로 반영되지 않았음을 알 수 있다. 교육과정에는 분명히 "표준어와 방언의 개념을 안다"라고 되어 있는데, 교과서에는 개념을 알아보는 내용이 없다. 교육부(1999 : 113)에서는 이 내용이, 표준어와 방언의 개념을 아는 학생들이 언어 사용을 효율적으로 할 수 있다는 점을 중시하여 설정되었다고 했다. 또 표준어, 방언의 개념 알기, 표준어와 방언의 상호 관련성 알기 등에 대한 학습을 의도하고 있으며, 우리말의 표준어와 방언의 특징을 알고, 이를 활용해 국어사용을 효과적으로 할 수 있도록 학습 활동을 계획하라고 안내하고 있다. 기본 활동의 보기로 표준어를 정하는 기준 알기를 제시하고 있는데 교과서에는 그 개념과 관련한 어떤 내용도 없다.

(5)의 경우 대단원, 차시 목표에 직접 반영되지 못하고, 말·듣·쓰-5-2-2의 1차시 마지막에 차시내 활동의 수준으로 반영되었다. 교육부(1999 : 114)에는 이 내용이 공식적인 상황에서 표준어를 사용하는 학생들이 언어 사용을 모범적으로 잘 할 수 있다는 점을 중시하여 설정되었다고 했다. 또, 공식적인 상황이란 어떤 상황인지 알기, 공식적인 상황의 종류 알기, 공식적인 상황에서의 표준어 사용의 필요성 알기, 이런 지식을 바탕으로 공식적인 상황에서 표준어 사용하기 등에 대한 학습을 의도하고 있으며, 우리말의 표준어를 정확하게 알고 구사할 수 있도록 학습 활동을 계획하라고 안내하고 있다.

그런데 교과서를 보면 이 내용이 대단원, 차시 목표에 직접 반영되지 못하고, 교과서 차시내 활동의 하나로 반영되었다. 말·듣·쓰-5-2-2의 1차시 마지막에 표준어와 방언을 주로 사용하는 상황과, 사용 할 때 좋은 점을 정리하는 활동을 하도록 되어 있다. 그리고 조사한 내용을 표준어로 발표하기 활동이 마련되어 있다.

그리고 또 한 가지, 이 내용은 5-말-(5)와 똑같은 내용인데 중복되어 지도 내용으로 제시되었다. 그만큼 교육과정 개발진들이 이 내용을 중시하고 있다는 것인지, 아니면 영역별 협조가 잘 이루어지지 않아서 그런 것인지 알 수가 없다.

(6)의 경우 위의 (5)와 같이 보면 되겠다. 교육과정(교·해, 114)에는 이 내용이 상황에 따라 방언과 표준어를 구별해서 사용하려는 태도를 지닌 학생들이 바람직한 언어 사용을 할 수 있다는 점을 중시하여 설정되었다고 했다. 또 표준어를 사용해야 할 상황 알기, 방언을 사용해야 할 상황 알기, 상황에 따라 표준어와 방언을 구별해서 사용해야 하는 이유 알기 등에 대한 학습을 의도하고 있으며, 국어 생활에서 표준어와 방언 둘 다 필요함을 알고 상황에 따라 표준어와 방언을 적절하게 구별해서 사용할 수 있도록 학습 활동을 계획하라고 되어 있다.

그런데 교과서 내용은 위 (5)의 설명과 같이 되어 있다. (5)와 (6)은 함께 묶어도 될 내용으로 판단된다. (6)에도 (5)의 내용이 나오고 있는데, 굳이 (5)를 따로 떼어 내서 하나의 지도 내용으로 삼은 까닭을 알 수 없다.

그리고 국어지식 영역의 지도 내용으로 태도 관련 내용이 맞는 것인지도 생각해 보아야 할 문제다. 상황에 따라 말하기 태도라면 말하기에서 지도하면 될 것이라고 할 수 있다. 굳이 이렇게 영역을 나누다 보니 지도 내용으로 삼은 것과 관련하여 지도해야 할 것을 고려하니 다른 영역과 중복이 되는 것이다. 영역 구분 하지 말고 실제 말글살이와 가깝게 지도 내용을 선정하는 노력을 해야 하겠다.

### 3.2.6. 5학년 문학 영역 분석

5학년 문학 영역을 분석한 결과를 표로 보이면 [표 6]과 같다.

5학년 문학 지도 내용 6개가 모두(100%) 교과서에 반영이 되었다. 반영 방식도 6개가 모두(100%) 직접 반영되었다. 반영 수준을 보면 3

[표 6] 5학년 문학 영역 분석표

| 교육과정 내용 | 교과서 내용 | 비고 |
|---|---|---|
| (1) 작품을 읽는 이에 따라 수용이 다를 수 있음을 안다. | 읽-5-2-3 | 직접<br>진술·내용 바꿈<br>대단원 |
| (2) 작품에서 사건의 전개 과정과 인물의 관계를 이해한다. | 읽-5-1-1 | 직접<br>진술 바꿈<br>소단원 |
| (3) 작품에서 인상적으로 표현한 부분을 찾는다. | 말·듣·쓰<br>-5-2-1<br>읽-5-2-1 | 직접<br>진술 바꿈<br>대단원 초과 |
| (4) 작품에 나오는 인물의 다양한 삶을 이해한다. | 읽-5-1-3 | 직접<br>진술 바꿈<br>대단원 |
| (5) 작품의 일부분을 창조적으로 바꾸어 쓴다. | 말·듣·쓰<br>-5-1-3<br>말·듣·쓰<br>-5-2-1 | 직접<br>진술 바꿈<br>대단원 초과 |
| (6) 작품에 대한 생각이나 느낌을 글로 표현하려는 태도를 지닌다. | 말·듣·쓰<br>-5-2-3 | 직접<br>진술·내용 바꿈<br>대단원 |

개(50%)가 대단원 수준으로, 2개(33.3%)가 대단원 초과 수준으로, 1개(16.7%)가 소단원 수준으로 반영되었다. 내용 변형 방식을 보면, 직접 반영된 것 5개 가운데 모두(100%)가 진술만 바뀌어서 교과서에 반영되었다. 좀 자세히 살펴보면,

(1)의 경우 읽-5-2-3 대단원 목표에 직접, 진술이 바뀌어 대단원 수준으로 반영되었다. 교육과정에는 "작품은 읽은 이에 따라 수용이 다를 수 있음을 안다"라고 진술되어 있고, 교과서 대단원 목표에는 "시나 이야기를 읽고 작품에 대한 서로 다른 생각이나 느낌을 비교할 수 있다"라고 진술되어 있다. '수용'이란 말이 초등학교 5학년 아이들 수준에 어렵다고 판단하여 쉽게 진술한 것으로 해석된다. 교육과정에는 '수용이 다를 수 있음을 알기'가 목표인데, 교과서에는 '서로 다른 생각이나 느낌 비교하기'가 목표가 됨으로써 교과서에서 다룰 내용이 교육과정 의도와 조금 다를 수 있음을 짐작하게 한다. 지도서를 보면 이 대단원이 [5-문-(6)]을 함께 반영했다고 했고, 실제 교과서도 그 내용이 반영되었다.

따라서 이 내용만으로 대단원이 구성된 것이 아니고 다른 내용과 통합해서 하나의 대단원이 구성된 것으로 보아야 한다.

교육부(1999 : 115)에는 이 내용이 동일한 작품이라도 읽는이의 성향이나, 경험, 지식 등에 따라 다르게 수용될 수 있음을 인식시키기 위한 목적으로 설정되었다고 했다. 또 작품에 등장하는 인물의 성격 파악하기, 사건의 전개 과정 파악하기, 작품의 주제 파악하기, 작품에 대한 자신의 생각이나 느낌 말하기 등의 학습 요소를 담고 있다고 했다. 그리고 작품을 읽고 작품에 등장하는 인물의 말과 행동으로 인물의 성격을 파악하여 말하기, 작품에서 등장인물의 사고방식을 파악하고 이에 대한 자신의 생각 말하기, 작품에서 사건의 전개 과정을 파악하고 이에 대한 자신의 생각 말하기, 작품의 주제를 파악하고 이에 대한 자신의 생각 말하기 등의 학습 활동을 안내하고 있다. 기본 활동의 보기로 작품에 대한 친구의 다양한 느낌을 듣고, 자신의 느낌과 비교하기를 보이고 있는데 이를 놓고 보면 교육과정 의도를 교과

서에서 잘 반영했다고 할 수 있다.

교과서에는 대단원 수준에서 이 내용을 다루고 있다. 1소단원은 시를 읽고 서로의 생각이나 느낌이 어떻게 다른지 알아보는 활동을 하고 있다. 1차시에 시를 읽고 시인이 생각하는 것과 내가 생각하는 것, 친구들이 생각하는 것 말해 보는 활동을, 2~3차시에는 시를 읽고, 친구들과 다양한 생각 느낌을 말하고, 다양한 생각이나 느낌을 가지게 되는 까닭을 생각해 보는 활동을 하도록 되어 있다. 2소단원은 이야기를 읽고 생각이나 느낌을 말해보고 생각 느낌이 친구들과 어떻게, 왜 다른지 말해 보는 학습 활동을 하고 있다. 1차시에 이야기를 읽고 인물이나 표현에 대한 내 생각 느낌 말하는 활동을, 2~3차시에 이야기를 읽고 인물, 표현 방법, 주제, 글쓴이의 마음, 등에 대한 내 생각이나 느낌을 말해보고 친구들과 비교해 보는 활동을 하도록 되어 있다. 교육과정에서는 작품이 읽는 이에 따라 수용이 다름을 알도록 하는 것을 목적으로 했는데, 교과서에는 수용이 왜, 어떻게 다른지도 알도록 마련되어 있다.

그리고 교육과정 해설이 너무 지도 내용과 직접 관련 없는 내용까지 학습 요소 또는 학습 활동으로 안내하고 있는 것은 문제라고 생각된다. 이 내용만 봐도 작품 수용의 차이를 알게 하는데, 인물 성격 파악하기, 전개 과정 파악하기 등은 지도 내용과 직접 관련성이 떨어진다고 하겠다. 그런데 교육과정 해설에 보면 읽기, 문학과 관련된 내용의 해설에 이런 것들이 꼭 들어 가 있다. 지도 내용과 직접 관련 있는 학습 요소, 학습 활동을 안내해서 교과서 만드는 데 도움이 되도록 하는 것이 바람직할 것이다.

또 교과서 내용과 관련하여 차시별 활동으로 구성한 내용들이 차시 내에 학생들이 다 소화해 낼 수 있을 것인지에 대한 진지한 고민을 하고 학습 활동을 구성해야 할 것이다. 대부분의 학생들이 소화해 낼 수 있는 적정한 내용으로 구성해야지 그렇지 않으면 아이들에게 실패한 경험을 쌓아, 좌절감만 줄 것이다. 이 단원의 내용도 좀 더 연구가 되어야겠지만 학생들이 한 시간에 해 내기에 많은 양으로 판단된다.

(2)의 경우 읽-5-1-1 대단원 목표에 직접, 진술이 바뀌어 소단원 수준으로 반영되었다. 교육과정에는 "작품에서 사건의 전개 과정과 인물의 관계를 이해한다"라고 진술되었는데, 교과서에는 "인물의 성격과 사건의 전개에 주의하며 이야기를 읽을 수 있다"라고 진술되어 있다. 교육과정에는 사건 전개 과정과 인물의 관계 이해가 목표였는데, 교과서에서는 인물의 성격과 사건 전개에 주의하며 읽기가 목표가 되어 버렸다. 진술이 바뀌면서 내용도 바뀌었다.

양쪽 모두 진술이 목표로서 알맞지 않다고 생각한다. 교육과정에는 사건의 전개 과정과 인물의 성격이 관련되어 있는데도 그것을 명확하게 밝히지 않아서 문제다. 교과서도 인물이 성격과 사건 전개에 주의만 하고 읽으면 끝나는 것이 아닌데 마치 그런 것처럼 진술했다. 목표는 한 차시나 단원의 핵심 내용이나 활동을 똑똑히 알 수 있도록 명확하게 진술하는 것이 좋다고 본다. 따라서 이 진술보다 "인물의 성격과 사건 전개와의 관계를 이해하고 그것을 살피며 이야기를 읽을 수 있다"로 하는 것이 좋을 것이다.

교육부(1999 : 116)에는 이 내용이 작품에서 사건의 전개 과정과 인물과의 관계를 이해시키기 위한 목적으로 설정되었다고 했다. 또 작품에 등장하는 인물의 성격 파악하기, 사건의 전개 과정 파악하기, 인물의 성격과 사건의 전개 과정과의 관계 파악하기, 인물의 성격이 바뀌면 사건이 어떻게 달라질지 상상하기 등의 학습 요소를 담고 있으며, 작품에 등장하는 인물의 성격을 파악하여 말하기, 작품에서 사건의 전개 과정을 파악하여 말하기, 작품에서 인물의 성격과 사건의 전개 과정과의 관계 파악하여 말하기, 인물의 성격이 달라지면 사건이 어떻게 달라질지 상상하여 말하기, 인물의 성격이 사건의 전개 과정과 인물의 말과 행동에 끼치는 영향에 대하여 토의하기 등의 학습 활동을 안내하고 있다. 그에 비해 교과서에는 이 내용을 소단원 수준에서 다루도록 되어 있다. 1차시에 인물의 성격과 사건의 전개가 어떤 관계가 있는지 알아보고, 2~3차시에 인물의 성격을 파악하여 그것이 사건 전개에 어떤 영향을 끼치는지 알아보는 활동을 하도록 되어 있다. 이 두 시간 동안, 인물 성격 파악하기, 인물이 겪은 사건 파악하기, 전개 과정 알기, 인물의 성격과 사건 전개 관계 짓기, 성격에 따라 사건 전개 예상하기, 인물이 되어 보기 등의 활동을 하도록 구성되어 있다. 이를 볼 때, 교육과정 내용을 교과서가 충실히 반영하고 있다고 판단된다.

(3)의 경우 말·듣·쓰-5-2-1, 읽-5-2-1 대단원 목표에 직접, 진술이 바뀌어 반영되었다. 교육과정에는 "작품에서 인상적으로 표현한 부분을 찾는다"라고 진술했는데, 말·듣·쓰-5-2-1에는 "시나 이야기에서 찾은 인상적인 표현에 대하여 말하거나 쓸 수 있다"라고 했고, 읽-5-2-1에는 "시를 읽고, 인상 깊은 표현을 찾을 수 있다"라고 진술되었다. 말·듣·쓰-5-2-1에는 [5-문학-(5)]가 함께 반영되어 있다고 하나 대단원 수준에서 이 내용을 다루고 있고, 읽-5-2-1에는 소단원 수준에서 다루고 있다. 교과서를 만드는 사람들이 이 내용의 중요도를 얼마나 높이 잡았는지 모르지만 말·듣·쓰-5-2-1의 1 소단원 내용과 읽-5-2-1의 내용이 시를 바꾸어 쓰는 활동 외에는 같다고 볼 수 있는데, 이 내용을 학기 내에서 되풀이 해서 시를 읽고 인상 깊은 표현 찾기 활동을 하도록 구성한 것은 이해하기가 힘들다.

교육부(1999 : 116~117)에는 이 내용이 작품의 표현 효과를 이해시키기 위한 목적으로 설정되었다고 했다. 또 작품에서 인상적이거나 재미있게 표현한 부분 찾기, 그 표현이 왜 인상적이었는지 표현의 효과를 파악하기 등의 학습 요소를 담고 있으며 작품을 읽고 재미있거나 인상적인 표현을 찾아 말하기, 자신이 찾은 내용을 친구들과 비교하기, 재미있거나 인상적인 표현의 효과를 말하기, 인상적인 표현을 넣어 짧은 글 지어 보기 등의 학습 활동을 안내하고 있다.

이에 비해 교과서를 보면 말·듣·쓰-5-2-1은 1소단원에서 시와 관련한 활동을, 2소단원에서는 이야기와 관련된 활동으로 되어 있다. 1소단원 1차시에 시를 읽고 인상적인 표현 찾기를, 2~3차시에 시를 읽고 인상적인 표현 찾아보기, 시 바꾸어 쓰기, 시 낭송하기, 인상적인 표현 찾기 등의 활동을 하도록 구성되어 있다. 2소단원 1차시에는 이야기를 듣고 인상적인 표현 찾기를 2~3차시에는 이야기를 읽고 인상적인 표현 찾기 생각이나 느낌 드러나게 바꾸어 쓰기 활동을 하도록 되어 있다. 이들 활동 가운데 소단원마다 있는 바꾸어 쓰기는 다른 내용과 관련되어 반영된 내용이고, 나머지는 이 내용과 관련된 내용이라 볼 수 있다. 읽-5-2-1에는 1소단원에서 이 내용을 다루고 있다. 1차시에 인상 깊은 표현의 개념에 대한 학습을, 2~3차시에 시를 읽고 인상적인 표현 찾아 말하기, 암송하기, 친구들과 비교하기 등의 활동을 하도록 되어 있다. 교과서 내용을 보면 원리 학습을 다룬 측면에서 읽기 교과서가 제대로 되었고, 듣기, 읽기, 말하기, 쓰기를 골고루 할 수 있도록 한 측면에서는 말하기·듣기·쓰기 교과서가 잘 되었다고 하겠다. 전체적으로 볼 때 교육과정 내용 보다 너무 확장하여 반영한 것으로 판단된다. 글쓴이 생각에 원리 학습을 1시간 옮기고 1단원으로 구성했더라면 알맞을 것이라 여겨진다.

(4)의 경우 읽-5-1-3 대단원 목표에 직접, 진술이 바뀌어 대단원 수준으로 반영되었다. 교육과정에는 "작품에 나오는 인물의 다양한 삶을 이해한다"라고 진술되어 있는데, 교과서에는 "인물의 다양한 삶을 이해하며 이야기를 읽을 수 있다"라고 진술하고 있다. '작품'이란 포괄적인 말을 아이들 수준에 맞게 '이야기'로 바꾼 것으로 해석된다. 진술이 달라지긴 했지만 내용이 달라지지는 않았다.

교육부(1999 : 117)에서는 이 내용이 작품 속의 인물을 통하여 다양한 삶의 모습을 알고, 인간과 세계에 대한 이해를 깊게 하는 데 작품을 읽는 목적과 의의가 있음을 알게 할 목적으로 설정되었다고 했다. 또 이야기에 나오는 등장인물의 성격 파악하기, 사건의 전개 과정 파악하기, 이야기의 배경 파악하기, 등장인물의 다양한 삶의 모습을 비교하기 등의 학습 요소를 담고 있으며, 이야기에 나오는 인물의 말과 행동으로 등장인물의 성격 파악하여 말하기, 이야기의 사건 전개 과정을 파악하여, 말하기, 이야기의 시대적, 공간적 배경 파악하여 말하기, 등장인물의 다양한 삶의 모습을 비교하여 말하기 등의 학습 활동을 안내하고 있다.

그런데 이 내용 설명은 뭔가 좀 부족한 느낌이다. 작품에 나오는 인물의 다양한 삶을 이해하기 위한 직접적인 방법은 '삶의 모습 비교하기'뿐이다. 이것만 가지고는 교과서를 만드는 데 크게 도움이 되지 못한다. 삶의 모습을 이해하며 읽기의 필요성, 중요성 알기, 삶의 모습을 파악하는 방법, 삶의 모습이 달라지는 까닭 등에 대한 학습이 이루어진 다음에 그것들을 바탕으로 작품에 나오는 사람들의 다양한 삶을 이해하며 읽기 활동을 하도록 안내를 하는 것이 바람직할 것이다.

이에 비해 교과서에는 1소단원 1차시에 이야기를 읽고, 인물의 생각과 인물이 처한 환경 알아보기를, 2~3차시에 인물의 생각과 인물이 처한 환경을 알아보며 읽기를 하도록 되어 있다. 2소단원 1차시에 이야기 속 인물의 삶을 비교하기를, 2~3차시에 인물들의 삶 비교하며 읽기 활동을 하도록 되어 있다. 이를 보면 인물의 생각과 처한 환경에 따라 삶의 모습이 달라진다는 것을 안 뒤에, 각 인물들의 삶의 모습을 파악하고, 그 다음에 인물들의 삶을 비교하는 활동을 하도록 되어 있다. 이는 교육과정 해설의 모자람을 교과서가 채운 것으로 해석된다.

또 한 가지 문제가 있다. 교사용 지도서에는 이 내용이 말·듣·쓰-5-1-1에도 반영된 것으로 설명을 하고 있다. 해당 단원 대단원 교수·학습 계획에 보면 분명히 밝혀 두고 있다. 하지만 이 대단원은 1소단원에서 비유적 표현 사용해서 시 쓰기를, 2소단원에서 시간을 나타내는 표현을 사용하여 글쓰기 활동을 하도록 구성되어 있지, 이 내용과 관련된 활동이 전혀 나오지 않는다. 그런데 왜 이렇게 반영되지도 않았는데 반영되었다고 하는 지 알 수 없다.

(5)의 경우 말·듣·쓰-5-1-3, 말·듣·쓰-5-2-1에 중복 반영되었다. 말·듣·쓰-5-1-3 대단원 목표에 직접, 진술이 바뀌어 반영되었다. 교육과정에는 "작품의 일부를 창조적으로 바꾸어 쓸 수 있다"라고 진술했는데, 교과서에는 "시나 이야기의 일부를 바꾸어 표현할 수 있다"라고 진술되었다. '창조적'이란 말이 빠졌음을 알 수 있다. 왜 빠졌는지 알

수 없다. 그리고 대단원 수준에서 이 내용을 다루도록 되어 있다. 말·듣·쓰-5-2-1에는 대단원 목표나 차시 목표에 반영되지는 않았다. 다만 교사용 지도서에도 이 내용을 반영했다고 하고, 차시내 활동 가운데 시, 이야기를 바꾸어 쓰는 활동이 있으므로 간접 반영되었다고 보는 것이다. 하지만 해당 단원의 주 활동이 인상적인 표현 찾기인데 이 활동이 목표 달성을 위해 필요한 활동이었는지는 다시 생각해 볼 필요가 있다고 본다. 왜냐하면 굳이 인상적인 표현 찾기에 바꾸어 쓰기 활동이 꼭 필요하다고 보기 어렵기 때문이다.

교육부(1999 : 117~118)에서는 이 내용이 작품의 일부를 상상력을 발휘하여 바꾸어 쓰는 창작 능력을 기르기 위한 목적으로 설정되었다고 했다. 또 [4-문-(3)]과 관련하여 지도하라고 안내하고 있다. 위계적인 측면에서 생각할 때, 4학년 때 작품을 바꾸어 쓰는 방법에 대해 배웠고, 그것을 바탕으로 작품의 일부를 바꾸어 써 보는 활동을 하도록 되어 있으면 제대로 된 것이다. 하지만 4학년 교과서에는 동시의 행을 바꾸어 쓰는 활동만 하도록 되어 있다. 그 밖에 이야기를 바꾸어 쓰는 방법이나 활동이 전혀 이루어지지 않았다는 것이다. 이를 볼 때, 교육과정 해설을 쓰는 사람들이 좀 더 위계화를 시켜 풀이를 해줬더라면 좋았겠다는 생각이 든다. 보기를 들면, 위의 가정대로 시의 일부를 바꾸어 쓰는 방법, 이야기의 일부를 바꾸어 쓰는 방법들을 4학년에서 익히도록 하고, 5학년에서 시를 한 편 바꾸어 쓰는 활동이나 이야기의 일부를 바꾸어 써 보는 활동을 하도록 안내했다면 교과서를 만드는 데 도움이 되었을 것이라 여겨진다. 이와 관련하여 6학년에서는 작품을 서로 다른 갈래로 바꾸는 내용이 1, 2학기 각각 하나의 대단원에 걸쳐 지도하도록 되어 있다.[2)]

---

2) 다른 글에서 이야기할 것이지만, 6학년에서 작품을 다른 갈래로 바꾸는 활동을 해 본 결과 대부분의 학생들이 이야기를 극본으로 바꾸기는 그런대로 했으나, 극본을 이야기로 바꾸기를 잘 못했다. 이는 위계적인 지도가 제대로 이루어지지 않아서 그렇다고 해석할 수 있다. 왜냐하면, 교육과정에서 의도한 것처럼, 4학년 때 시 바꾸어 쓰기만 이야기도 바꾸어 쓰는 활동을 해 보도록 했더라면 6학년 때 이야기 형식에 맞게 잘 바꿀 수 있을 것이라 생각하기 때문이다.

교과서를 보면 1소단원에서는 시 바꾸어 쓰기와 관련된 활동을, 2소단원에서는 이야기 바꾸어 쓰기와 관련된 활동을 하도록 되어 있다. 1소단원 1차시에는 시의 일부를 바꾸어 쓰는 방법에 대해서, 2차시에 여러 가지 방법을 써서 시의 일부 바꾸어 쓰기, 3차시에 내 경험을 떠올리며 시 일부 바꾸어 쓰기 활동을 하도록 되어 있다. 2소단원 1차시에는 이야기의 일부분을 바꾸어 표현하는 방법에 대해서, 2~3차시에 여러 가지 방법을 사용해서 이야기의 일부분을 바꾸어 말하기 활동을 하도록 되어 있다. 교과서에 시와 이야기를 바꾸는 방법을 여러 가지로 안내하고 있음을 알 수 있다. 이를 놓고 볼 때, 교육과정의 모자람을 교과서가 잘 채워주고 있다고 하겠다. 하지만 이 내용들을 5학년 수준의 아이들이 얼마나 잘 소화할 수 있을 지에 대한 더 깊이 있는 연구가 있었더라면 하는 아쉬움이 있다.

(6)의 경우 말·듣·쓰-5-2-3 대단원 목표에 직접, 진술이 바뀌어 반영되었다. 교육과정에는 "작품에 대한 생각이나 느낌을 글로 표현하려는 태도를 지닌다"라고 했는데, 교과서 대단원 목표에는 "시나 이야기에 대하여 생각하거나 느낀 점을 표현할 수 있다"라고 했다. 이를 볼 때 교육과정에는 작품에 대한 생각이나 느낌을 글로 표현하는 태도에 중점을 두었는데, 교과서에 '생각 느낌 표현'이라 하여 기능을 중시하는 내용으로 바뀌었음을 알 수 있다.

교육부(1999 : 118)에서는 이 내용이 작품을 읽고, 작품에 대한 생각이나 느낌을 정리하여 독후감이나 창작하는 습관을 길러야 한다는 점을 중시하여 설정되었다고 했다. 여기서 볼 수 있듯이 습관을 중시하고 있음을 알 수 있다. 그런데 이 습관을 기른다는 것이 참 쉽지 않은데, 기본 활동의 보기로 작품 읽고, 줄거리와 느낀 점 정리하여 글로 쓰기를, 작품을 읽고, 떠오르는 생각이나 느낌을 구체적으로 표현하여 작품 쓰기를 보이고 있다. 이렇게 하면 습관이 생기면 아무런 문제가 없다. 하지만 다 알다시피 이런 활동을 한다고 해서 습관이 생기는 것은 결코 아니다. 습관이란 것은 반복의 결과로 자기도 모르는 사이 그 행동을 되풀이 하는 것을 말한다. 그렇다면 그런 습관을 기르기 위한 방법을 좀 더 자세하게 안내하는 것이 옳다고 본다. 독후감 쓰기의 필요성, 좋은 점, 등을 알게 한 뒤 작품을 읽은 뒤 독후감을 쓰는 활동을 반복할 수 있는 방법을 안내해 줘야 할 것이다. 이런 점에서 교육과정 해설이 조금 부족하다고 하겠다.

교과서를 보면 1소단원에서는 시에 대한 생각 느낌 표현하기를, 2소단원에서는 이야기에 대한 생각 느낌 표현하기를 하도록 되어 있다. 글로 나타내기뿐만 아니라 말하기와 그림으로 나타내기도 할 수 있게 되어 있다.

교육과정의 지도 내용만 놓고 보면 교육과정의 의도와 교과서 내용이 달라서 이 교육과정 내용은 반영되지 않았고, 방향이 바뀌어 다른 내용이 교과서에 반영되었다고 할 수 있다. 습관을 기르는 한 번의 교과서 지도만으로 길러질 수 없다는 것을 누구나 알 것이다. 효과적 방법에 대한 깊이 있는 연구가 절실하다. 필요성은 알고 있지만 뾰족한 수는 없고, 교육과정이고 교과서고 언급하지 않을 수는 없어 다루고 있는 실정인 것이다.

## 4. 분석 결과 및 제언

### 4.1. 분석 결과 종합

이제까지 7차 초등학교 5학년 국어과 교육과정이 교과서에 반영되는 유형을 분석한 결과를 종합해보면 다음과 같다.

#### 4.1.1. 반영 정도 분석 결과

먼저, 5학년 내용의 반영 정도를 영역별로 분석한 결과를 표로 보이면 [표 7]과 같다.

[표 7] 5학년 내용 반영 정도 분석 결과표

| 영역 / 반영 정도 | 듣기 (%) | 말하기 (%) | 읽기 (%) | 쓰기 (%) | 국·지 (%) | 문학 (%) | 합계 (%) |
|---|---|---|---|---|---|---|---|
| 미반영 | 4 (80) | 3 (50) | 0 (0) | 3 (30) | 2 (33.3) | 0 (0) | 12 (29.7) |
| 반영 | 1 (20) | 3 (50) | 8 (100) | 7 (70) | 4 (66.7) | 6 (100) | 29 (70.3) |
| 합계 | 5 (100) | 6 (100) | 8 (100) | 10 (100) | 6 (100) | 6 (100) | 41 (100) |

7차 5학년 국어과 교육과정 내용 41개 가운데, 27개(65.8%)가 교과서에 반영되었고, 14개(34.2%)가 반영되지 않았다. 영역별로 반영률을 살펴보면, 말하기가 5개 가운데 1개로 20%이고, 읽기, 문학이 각각 8개, 6개가 100% 반영되었고 쓰기가 10개 가운데 7개로 70%이고, 말하기가 6개 가운데 3개로 50%이다. 국어지식이 6개 가운데 4로 66.7%이다. 읽기와 문학 영역의 반영률이 높고, 듣기와 말하기 영역 반영률이 낮음을 알 수 있다.

### 4.1.2. 반영 방식 분석 결과

다음으로, 5학년 내용의 반영 방식을 분석한 결과를 표로 보이면 [표 8]과 같다.

7차 5학년 국어과 교육과정 내용 가운데 교과서에 반영된 것들은 모두 29개인데, 그 가운데 3개(10.4%)가 간접 반영되었고, 26개(89.6%)

[표 8] 5학년 내용 반영 방식 분석 결과표

| 영역 / 반영 방식 | 듣기 (%) | 말하기 (%) | 읽기 (%) | 쓰기 (%) | 국·지 (%) | 문학 (%) | 합계 (%) |
|---|---|---|---|---|---|---|---|
| 간접 반영 | 0 (0) | 0 (0) | 0 (0) | 1 (14.3) | 2 (50) | 0 (0) | 3 (10.4) |
| 직접 반영 | 1 (100) | 3 (100) | 8 (100) | 6 (85.7) | 2 (50) | 6 (100) | 26 (89.6) |
| 합계 | 1 (100) | 3 (100) | 8 (100) | 7 (100) | 4 (100) | 6 (100) | 29 (100) |

가 직접 반영되었다. 직접 반영 비율이 높음을 알 수 있다.

영역별로 살펴보면, 듣기 영역에서 교과서에 반영된 내용은 1개인데 직접 반영(100%)되었고, 말하기와 읽기 영역은 각각 반영된 3개, 8개가 모두(100%) 직접 반영되었다. 쓰기 영역은 반영된 7개 가운데 1개(14.3%)가 간접 반영되었고, 6개(85.7%)가 직접 반영되었다. 국어지식 영역은 반영된 4개 가운데 2개(50%)가 간접, 2개(50%)가 직접 반영되었다. 문학 영역은 반영된 6개가 모두(100%) 직접 반영되었다. 듣기, 말하기, 읽기, 문학 영역이 모두 직접 반영되었고, 쓰기, 국어지식 영역에서 간접 반영된 것이 있었다.

전체적으로 직접 반영률이 높음을 알 수 있다.

### 4.1.3. 반영 수준 분석 결과

다음은 반영된 내용의 반영 수준을 분석한 결과를 살펴보자. 분석 결과를 표로 보이면 [표 9]와 같다.

7차 5학년 국어과 교육과정 내용 가운데 모두 29개가 직접 반영되었는데, 그 가운데 3개(10.4%)가 대단원 초과 수준으로, 4개(13.7%)가

[표 9] 5학년 내용 반영 수준 분석표

| 반영 수준 \ 영역 | 듣기 (%) | 말하기 (%) | 읽기 (%) | 쓰기 (%) | 국·지 (%) | 문학 (%) | 합계 (%) |
|---|---|---|---|---|---|---|---|
| 대단원 초과 | | | 1 (12.5) | | | 2 (33.3) | 3 (10.4) |
| 대단원 (1) | | | 1 (12.5) | | | 3 (50) | 4 (13.7) |
| 소단원 초과 | | | | 1 (14.3) | | | 1 (3.5) |
| 소단원 | | 3 (100) | 6 (75) | 4 (57.1) | 2 (50) | 1 (16.7) | 16 (55.2) |
| 차시 | 1 (100) | | | | | | 1 (3.5) |
| 차시내 | | | | 2 (28.6) | 2 (50) | | 4 (13.7) |
| 합계 | 1 (100) | 3 (100) | 8 (100) | 7 (100) | 4 (100) | 6 (100) | 29 (100) |

대단원 수준으로(10.5%), 1개(3.53%)가 소단원 초과 수준으로, 16개(55.2%)가 소단원 수준으로, 1개(3.5%)차시 수준으로, 4개(13.7%) 차시내 수준으로 반영되었다. 소단원 수준으로 반영된 비율이 가장 높음을 알 수 있다.

영역별로 살펴보면 듣기 영역에는 반영된 내용이 차시 수준으로 반영되었고, 말하기 영역은 반영된 3개가 모두 소단원 수준으로 반영되었다. 읽기 영역은 반영된 8개 가운데 1개(12.5%)가 대단원 초과 수준으로, 1개(12.5%)가 대단원(1) 수준으로, 6개(75%)가 소단원 수준으로 반영되었다. 쓰기 영역은 반영된 7개 가운데 1개(14.3%)가 소단원 초과 수준으로, 4개(57.1%)가 소단원 수준으로, 2개(28.6%)가 차시내 수준으로 반영되었다. 국어지식 영역은 반영된 4개 가운데 2개(50%)가 소단원 수준으로, 2개(50%)가 차시내 수준으로 반영되었다. 문학 영역은 반영된 6개 가운데 2개(33.3%)가 대단원 초과 수준으로, 3개(50%)가 대단원(1) 수준으로, 1개(16.7%)가 소단원 수준으로 반영되었다.

상대적으로 듣기, 말하기와 쓰기, 국어지식 영역은 대단원 수준 이상으로 반영된 것이 없고, 읽기와 문학 영역은 대단원 수준 이상으로 반영된 것이 많음을 알 수 있다.

#### 4.1.4. 변형 방식 분석 결과

다음은 직접 반영된 내용의 변형 방식을 분석한 결과를 살펴보자. 분석 결과를 표로 보이면 [표 10]과 같다.

7차 6학년 국어과 교육과정 내용 가운데 모두 26개가 직접 반영되었다. 그 가운데 2개(10.5%)가 교육과정 내용과 거의 같은 상태로 반영되었고, 17개(65.46%)가 진술이 바뀌어서 반영되었고, 7개(26.9%)가 진술과 내용이 바뀌어서 반영되었다. 진술이 바뀌어서 반영된 비율이 가장 높음을 알 수 있다.

영역별로 살펴보면, 듣기 영역은 반영된 1개가 진술이 바뀌어서 반영되었고, 말하기 영역은 반영된 3개 가운데 1개(33.3%)가 진술이 바

[표 10] 5학년 내용 변형 방식 분석표

| 영역 / 변형방식 | 듣기 (%) | 말하기 (%) | 읽기 (%) | 쓰기 (%) | 국·지 (%) | 문학 (%) | 합계 (%) |
|---|---|---|---|---|---|---|---|
| 거의 같음 | | | 2 (25) | | | | 2 (7.7) |
| 진술 바꿈 | 1 (100) | 1 (33.3) | 4 (50) | 6 (100) | 1 (50) | 4 (66.7) | 17 (65.4) |
| 진술·내용 바꿈 | | 2 (66.7) | 2 (25) | | 1 (50) | 2 (33.3) | 7 (26.9) |
| 합계 | 1 (100) | 3 (100) | 8 (100) | 6 (100) | 2 (100) | 6 (100) | 26 (100) |

뀌어서, 2개(66.7%)가 진술과 내용이 바뀌어서 반영되었다. 읽기 영역은 반영된 8개 가운데 2개(25%)가 거의 그대로 반영되었고, 4개(50%)가 진술이 바뀌어, 2개(25%)가 진술과 내용이 바뀌어 반영되었다. 쓰기 영역은 반영된 6개가 모두(100%) 진술이 바뀌어 반영되었다. 국어지식 영역은 반영된 2개 가운데 1개(50%)가 진술이 바뀌어, 1개(50%)가 진술과 내용이 바뀌어 반영되었다. 문학 영역은 반영된 6개 가운데 4개(66.7%)가 진술이 바뀌어서, 2개(33.3%)가 진술과 내용이 바뀌어 반영되었다.

### 4.2. 제언

이제까지의 분석 결과를 보고, 느끼고 생각한 것을 말해 보면서 글을 맺고자 한다.

앞선 연구에서도 비슷한 이야기를 한 바 있지만, 5학년 교육과정과 교과서에서도 반영 정도, 반영 방식, 반영 수준, 변형 방식 등에 있어 영역별 내용별로 크게 차이가 났다. 이처럼 반영 정도, 방식과 수준에 관한 지침이나 규정이 있는 것도 아닌데, 영역별 내용별 심한 차이를 보이는 것은 문제가 있다.

분석과정에서 언급한 교육과정, 교과서, 교사용 지도서의 바람직한 점과 문제점들은 시사하는 바가 있을 것이다.

앞으로 개정된 교육과정에 따라 교과서와 교사용 지도서가 마련될 것이다. 이 연구 결과를 참고해서 앞으로 만들어질 교과서와 교사용 지도서를 보고 똑같은 문제를 지적하는 일이 없길 바란다. 앞으로 이제까지 분석되지 않은 학년에 대한 분석도 필요할 것이다.

# 제3장 국어과 교육과정이 교과서에 반영되는 유형 3*

## 1. 연구의 필요성 및 목적

제7차 교육과정 해설에 보면 다음과 같은 설명이 있다(교육부, 1999 : 6).

> 교육 과정을 어떤 관점에서 보든지 간에, 교육 과정은 '학습자의 학습 경험을 선정하고 조직하여 교육 경험의 질을 구체적으로 관리하는 교육의 기본 설계도'라는 것은 기본적인 관점이라고 할 수 있다.

여기서 보면, 교육과정을 개발한 사람들은 교육과정을 '설계도'라는 관점에서 보고 있음을 알 수 있다.

한편, 제7차 교육과정에 의거하여 개발되는 교과서와 지도서 등 교과용 도서에 제시된 내용은 예시적인 성격을 지니고 있으므로, 학교의 실정에 알맞게 재구성하여 운영하도록 권장하고 있다(교육인적자원부, 2001). 교육과정은 '설계도'이고 '교과서'는 '예시'라는 설명이다.

이것을 '집'에 대응시켜 보자. 집을 지은 '설계도'가 있을 것이고 그 설계도를 보고 만든 '견본집'이 있을 것이다. 이 '견본집'은 '설계도'를

* 이 내용은 이창수(2007), 「국어과 교육과정이 교과서에 반영되는 유형에 따른 분석 연구」, 『새국어교육』 76, 한국국어교육학회, 295~340쪽에 실린 것임.

따라 지어야할까? 아니면 설계도와 달리 짓는 사람의 생각대로 알아서 지으면 될까?

2007년 2월 28일 개정된 7차 교육과정이 고시되었다. 개정 고시된 교육과정에 따라 새 교과서가 만들어지고 있는 것으로 안다. 새 교과서를 만들기 앞서 현재 사용하고 있는 교과서가 설계도를 얼마나 충실히 따라 만들어졌는지 꼼꼼히 따져보는 일을 한 뒤에 하고 있는 일인지 궁금하다. 교육과정을 설계도 관점으로 볼 때, 과연 교육과정이라는 설계도를 보고 만든 교과서가 얼마나 설계도에 충실했는지를 따져 보지 않을 수 없다.

또 7차 교육과정은 '교육과정에 관한 평가'를 실시할 것을 규정하고 있다. 이창수(2007)에서도 국어과 교육과정 평가 준거들 속에 국가 수준 국어과 교육과정 운영 단계 교과 관련 준거로 '국어 교과서의 교육과정 반영 정도와 변형 정도'를 들고 있다. 이처럼 국어과 교육과정 평가 차원에서도 교육과정이 교과서에 반영되는 것에 대해 따져 볼 필요가 있는 것이다.

따라서 이 글에서는 설계도인 교육과정을 교과서가 어떻게 반영했는지를 반영 유형에 따라 분석해 보고자 한다. 분석의 결과가 현재 진행 중인 교과서 개발 작업을 맡은 사람들에게 좀 더 교육과정에 충실한 교과서, 현장 활용도와 교육 효과가 높은 교과서 및 교사용 지도서를 만들도록 하는 데 도움이 되게 하는 데 목적이 있다. 선행 연구에서 6학년을 했고, 현재 맡은 학년이 4학년인 관계로 4학년 교육과정과 교과서를 분석 대상으로 하였다.

## 2. 선행연구

교육과정과 교과서에 관한 연구는 적지 않지만, 7차 국어과 교육과정과 관련하여 이 글에서 참고할 만한 선행연구로는 송현정(2002), 이창수(2002), 정혜승(2002), 이창수(2005) 등이 있다.

송현정(2001), 이창수(2002), 정혜승(2002)에 대해서는 이창수(2005)에서 살펴보았기 때문에 자세한 언급은 생략한다.

이창수(2005)는 초등학교 국어과 교육과정이 교육과정에 반영 되는 유형을 범주화 한 다음 그것을 바탕으로 6학년 교육과정을 분석하였다. 하지만 6학년을 분석대상으로 한 결과가 다른 학년에도 그대로 적용 가능한 지 분명하지 않은 한계가 있었다. 본 연구 결과 선행 연구와는 다른 유형들이 나오기도 하였다.

이처럼 선행연구들은 초등학교 교육과정과 교과서에 주목을 했지만, 분석 영역이 제한적이고, 제시 방식에만 관심을 가졌거나, 특정 학년에 국한된 분석이었다. 또 교육과정의 교과서 반영 방식에 관심을 가졌지만, 중학교 중심으로 분석한 것이라는 한계가 있음을 알 수 있다.

따라서 초등학교 국어과 교육과정이 교과서에 얼마나 충실하게 잘 반영되어 있는지에 선행 연구 결과와 비교할 수 있도록 다른 학년을 대상으로 한 자세한 분석이 더 필요한 것이다.

## 3. 국어과 교육과정과 교과서 분석

### 3.1. 국어과 교육과정이 교과서에 반영되는 유형

이창수(2005)에서 7차 국어과 교육과정이 어떻게 교과서에 반영되는지를 알아보기 위해, 7차 국어과 교육과정 해설과 교과서를 놓고, 하나하나 대조 분석하여 유형들을 범주화 한 바 있다. 반영 정도, 반영 방식은 다른 것이 없었지만, 반영 수준과 내용 변형 방식에는 차이가 있었다. 유형들을 살펴보면 다음과 같다.

#### 3.1.1. 반영 정도: 반영/미반영

교육과정의 영역별 내용이 교과서에 반영되는 방식을 살펴본 결과, 교과서에 반영된 것이 있었고 반영되지 않은 것이 있었다. 교육과정 내용이 교과서에 반영된 것은 '반영'으로, 반영되지 않은 것은 '미반영'으로 범주화 할 수 있다.

아래에 이어질 분석표에 반영되지 않은 것은 비고란에 '미반영'이라고 표시하였다. 반영된 내용은 어느 교과서 어느 마당 어느 대단원 어느 소단원 어느 차시에 반영되었는지를 기호로 표시하였다. 보기를 들어, 어떤 내용이 말하기·듣기·쓰기 교과서 4학년 1학기 첫째마당 1대단원 1소단원에 반영되어 있으면 '말·듣·쓰-4-1-1-1'로 표시하였다.

#### 3.1.2. 반영 방식: 직접/간접

반영된 교육과정도 내용 반영 방식이 다르다. 교육과정 내용이 교과서에 반영될 때, 교과서 대단원 활동 목표(주제), 차시 활동 목표(주제)로 반영된 것이 있고, 그렇지 않으면서 반영되어 있는 것이 있다. 교육과정 내용이 대단원 활동 목표(주제)나 차시 활동 목표(주제)에 언급이 되면서 반영 된 것은 '직접' 반영된 것으로 분류를 했고, 그렇지 않으면서 반영된 것은 '간접' 반영된 것으로 분류하여 분석표에 표시하였다.

#### 3.1.3. 반영 수준: 대단원 초과/대단원(1)/소단원(3-1)/차시(2-1)/차시내

직접, 간접으로 교과서에 반영된 것들도 반영 수준에 있어 상당한 차이를 보였다. 하나의 교육과정 내용이 1개 대단원과 차시내 활동으로 두 번 반영된 것도 있고, 1개의 대단원에 반영된 것도 있었다.

또 소단원 수준도 3개에서 1개까지 다양했으며, 차시 수준도 2개, 1개로 나타났다. 6학년과 달리 차시내 한 가지 활동 수준으로 반영된 것도 있었다. 그래서 반영 수준에 따라 대단원 수준을 넘어 반영된 것은 '대단원 초과', 1개의 대단원 수준은 '대단원(1)', 소단원 수준에서 소단원 3개, 2개, 1개는 각각 '소단원(3)', '소단원(2)', '소단원(1)'로, 차시 수준도 '차시(2)', '차시(1)'로, 차시내 활동은 '차시내'로 분류하여 분석표에 표시하였다.

#### 3.1.4. 내용 변형 방식: 진술 바꿈/ 진술·내용 바꿈

교육과정 내용이 교과서에 반영된 것들도 자세히 보면, 교육과정과 똑같이 교과서에 반영되는 경우는 없었다. 한 마디로 약간 변형이 되어 교과서에 반영되더라는 것이다. 이런 변형도 선행 연구와는 다른 양상이 있었다. 이창수(2005)에서는 교육과정 내용 진술과 교과서에 반영된 내용 진술이 거의 같은 경우가 있었는데 이번에는 그런 경우가 없었다. 나머지는 같았다. 진술이 약간 바뀐 경우 '진술 바꿈'으로, 진술과 내용이 모두 바뀐 경우는 '진술·내용 바꿈'으로 분석표에 나타내었다.

### 3.2. 교육과정이 교과서에 반영되는 유형에 따른 분석

여기서는 위에서 살펴 본 반영 유형에 따라 7차 교육과정 내용 가운데 4학년 내용이 교과서에 반영되는 정도를 영역별로 분석해 보기로 하겠다.

분석 방법은 교육과정해설서에 나타난 지도 내용 설정 의도 내지 취지와 내용과 관련한 학습 활동, 학습 계획에 대한 교사용 지도서안내를 보고, 그것이 반영된 관련 교과서 내용을 찾아 서로 비교하여 반영 정도, 방식, 반영 수준, 내용 변형 방식을 분석하였다. 분석한 결과를 영역별로 살펴보기로 하겠다.

### 3.2.1. 4학년 듣기 영역 분석

4학년 듣기 영역을 분석한 결과를 표로 보이면 [표 1]과 같다.

4학년 듣기 내용 6개 가운데 1개(17%)가 어떤 방식으로든 교과서에 반영이 되었고, 5개(83%)는 반영이 되지 않았다. 반영 방식을 보면 직접 반영되었고, 반영 수준을 보면 소단원 수준으로 반영되었다. 내용 변형 방식을 보면 진술과 내용을 바꿔서 교과서에 반영되었다. 좀 더 자세히 살펴보면,

(1), (2), (3), (5), (6)의 경우 교과서에 반영되지 않았다. 교사용 지도서 단원 학습 목표 및 내용 요소의 수준과 범위에는 각각 말·듣·쓰-4-2-1, 말·듣·쓰-4-2-4, 말·듣·쓰-4-1-2·말·듣·쓰-4-2-4, 말·듣·쓰-4-2-4, 말·듣·쓰-4-2-1에 반영되어 있는 것으로 되어 있다. 하지만 교육과정 해설과 교과서 내용을 자세히 살펴보면 반영되지 않았음을 알 수 있다. 교과서에 반영되지도 않은 내용을 굳이 반영되었다고 표로 만들어 반영되었다고 하고, 근거가 되었다고 하면서 어째서 반영되지 않았는지 알 수가 없다. 교과서에는 그런 내용이 한 줄로도 언급이 안 되어 있는데 지도서에는 반영되었다고만 하고 있다. 교사용 지도서를 보면 한 단원이 여러 개의 지도 내용이 통합되어 있다고 설명하고 있다. 그리고 그런 내용들을 근거로 대단원을 만들었다고만 했지, 그런 내용들까지 지도할 수 있도록 교과서가 마련되지 않은 것이 문제

[표 1] 4학년 듣기 영역 분석표

| 교육과정 내용 | 교과서 내용 | 비고 |
|---|---|---|
| (1) 듣기에는 여러 가지 방법이 있음을 안다. | | 미반영 |
| (2) 낱말의 의미를 알아보며 듣는다. | | 미반영 |
| (3) 앞뒤 내용을 짐작하며 듣는다. | | 미반영 |
| (4) 주제를 파악하며 듣는다. | 말·듣·쓰 -4-1-3 | 직접<br>진술 바꿈<br>소단원 |
| (5) 상대의 표정, 몸짓, 어조가 적절한지 판단하며 듣는다. | | 미반영 |
| (6) 예절바르게 듣는 태도를 지닌다. | | 미반영 |

다. 개정된 교육과정에 따라 교과서를 만들거나 교사용 지도서를 만들 때는 반드시 이런 문제들을 해결할 수 있도록 마음을 써야 할 것이다.

(4)의 경우 말·듣·쓰-4-1-3에 직접, 진술이 바뀌어, 소단원 수준으로 반영되었다. 교사용 지도서4-1, 4-2 말하기·듣기·쓰기 단원 학습 목표 및 내용 요소의 수준과 범위에는 말·듣·쓰-4-1-3, 말·듣·쓰-4-1-5, 말·듣·쓰-4-2-4에 반영되어 있는 것으로 되어 있다. 하지만 교육과정 해설과 교과서 내용을 자세히 살펴보면 말·듣·쓰-4-1-3에 반영이 되었고, 말·듣·쓰-4-1-5, 말·듣·쓰-4-2-4에는 반영되지 않았음을 알 수 있다.

교육부(1999 : 74)에서는 이 내용이 주제를 파악하는 것이 듣기의 핵심이라는 점을 중시하여 설정되었다고 했다. 또, 정보의 중요도 판단하기, 배경 지식과 들려오는 정보를 통합하기, 중심 문장 찾기, 주제를 표시하는 말에 주의하기, 가설을 세우고 주제를 예측한 다음 이를 확인하거나 수정하여 주제를 구성하기 등에 대한 학습을 의도하고 있다고 안내하고 있다.

그런데 말·듣·쓰-4-1-3은 "방송이나 설명하는 말을 듣고 중심 내용을 정리하여 말할 수 있다"라고 대단원 목표를 진술하고 있다. '주제 파악하며 듣기' 중심이 아니라, '중심내용 정리하여 말하기'를 중심에 둔 목표 진술이다. 1소단원 1차시에 방송 듣고 중심 내용 말하기를 2~3차시에 설명하는 말을 듣고, 중심내용 찾아 정리해서 말하기 활동을 하도록 되어 있다. '주제'라는 말 대신 '중심 내용'이란 말로 바꾸어 진술하고 있음을 알 수 있다. 중심 내용 파악 전략으로 중심 내용과 세부 내용을 적어 가며 듣기를 안내하고 있다. 교육과정의 안내와 다르게 접근을 하고 있지만 이 내용이 반영되었다.

말·듣·쓰-4-1-5는 시나 이야기를 듣거나 읽고 생각하거나 느낀 점 표현하기 활동이 주로 이루어지지 주제나 중심 내용 찾으며 듣기와 관련된 내용은 없다. 말·듣·쓰-4-2-4도 내용 간추리기 활동이 주인데, 주제 파악하며 듣기와 관련된 내용은 없다.

### 3.2.2. 4학년 말하기 영역 분석

4학년 말하기 영역을 분석한 결과를 표로 보이면 [표 2]와 같다.

4학년 말하기 지도 내용 5개 가운데 3개(60%)는 어떤 방식으로든 교과서에 반영이 되었고, 나머지 2개(40%)는 반영되지 않았다. 반영 방식을 보면 3개 가운데 2개(67%)가 직접 반영되었고 1개(33%)가 간접 반영되었다. 반영 수준을 보면 1개는 소단원(3) 수준으로, 1개는 소단원 수준으로, 1개는 차시 수준으로 반영되었다. 내용 변형 방식을 보면 직접 반영된 것 3개가 모두 진술과 내용이 바뀌어서 교과서에 반영되었다. 좀 더 자세히 살펴보면,

(1), (2)의 경우 교과서에 반영되지 않았다. 교사용 지도서 단원 학습 목표 및 내용 요소의 수준과 범위에는 말·듣·쓰-4-1-1,말·듣·쓰-4-1-1·말·듣·쓰-4-1-5·말·듣·쓰-4-2-1에 반영되어 있는 것으로 되어 있다. 하지만 교육과정 해설과 교과서 내용을 자세히 살펴보면 반영되지 않았음을 알 수 있다.

(3)의 경우 교사용 지도서 4-1 말하기·듣기·쓰기 단원 학습 목표 및 내용 요소의 수준과 범위에는 말·듣·쓰-4-1-2에 반영되어 있는 것

[표 2] 4학년 말하기 영역 분석표

| 교육과정 내용 | 교과서 내용 | 비고 |
| --- | --- | --- |
| (1) 말하기에는 여러 가지 방법이 있음을 안다. | | 미반영 |
| (2) 주제에 알맞은 내용을 선정하여 말한다. | | 미반영 |
| (3) 시간이나 공간 순서에 따라 내용을 전개하여 말한다. | 말·듣·쓰<br>-4-1-2 | 간접<br>차시 |
| (4) 말하려는 내용과 상황에 어울리는 표정이나 몸짓, 어조로 말한다. | 말·듣·쓰<br>-4-2-4 | 직접<br>진술 바꿈<br>소단원 |
| (5) 예절 바르게 말하는 태도를 지닌다. | 말·듣·쓰<br>-4-1-1<br>말·듣·쓰<br>-4-1-4<br><br>말·듣·쓰<br>-4-2-1 | 간접<br>소단원<br>직접<br>진술 바꿈<br>소단원<br>간접<br>소단원 |

으로 되어 있다. 하지만 교육과정 해설과 교과서 내용을 자세히 살펴보면 제대로 반영되지 않았음을 알 수 있다.

교육부(1999 : 77)에서는 이 내용이 내용 조직하기 계열의 학습 내용으로, 시간 순서와 공간 순서는 매우 기초적이면서 중요한 조직 방법이라는 점을 중시하여 설정되었다고 했다. 또 내용의 성격 분석하기, 내용에 알맞은 전개 방법 결정하기, 시간 순서나 공간 순서의 개념 알기 등에 대한 학습을 의도하고 있으며, 하루의 일이나 동화, 드라마의 내용 등 학생들에게 친숙한 소재를 골라 이야기를 시간 순서나 공간 순서에 따라 재조직하여 말하는 연습을 시키라고 안내하고 있다.

그런데 교과서를 보면 해당 대단원의 대단원 목표가 "시나 이야기를 앞뒤 내용을 상상하여 표현할 수 있다"이다. 상상하여 표현하기의 하위 활동의 하나로 이야기를 듣거나 그림을 보고 이어질 이야기를 상상하여 꾸며 말하기 활동을 하도록 되어 있다. 한 번은 일이 일어난 차례에 따라 꾸며 보기를 하도록 되어 있고, 한 번은 시간이나 장소의 바뀜에 따라 꾸며 보기 활동을 하도록 되어 있다. 분명 교육과정의 의도와 안내와는 다르지만 비슷한 활동을 하도록 되어 있다. 다만, 시간, 공간의 개념과 관련한 지도 내용이 없어 아이들의 개념 정립에 어려움이 있을 것으로 생각된다. 왜냐하면 교과서에는 시간, 장소의 바뀜만을 이야기하고 있기 때문에, 시간을 표지하는 다른 말들이나, 왼쪽에서 오른쪽, 위에서 아래, 앞에서 뒤로 등의 공간 표지어를 사용해서 말할 기회가 없어졌기 때문이다. 다른 학년에서 이런 내용을 다루지 않기 때문에 문제다. 따라서 교육과정의 의도를 정확히 따져 보고 교과서를 만들면 이런 문제 줄일 수 있을 것으로 판단된다.

(4)의 경우 말·듣·쓰-4-2-4의 대단원 목표에 직접, 진술이 바뀌고 내용이 축소되어, 소단원 수준으로 반영되었다. 교육과정에는 "말하는 내용과 상황에 어울리는 표정이나 몸짓 어조로 말한다"로 진술되어 있는데, 대단원 목표에는 "말하는 내용에 어울리는 표정과 목소리로 말할 수 있다"로 진술되어 있다. '상황'과 '몸짓'이 빠져 있음을 알 수 있다. 교육과정 의도와 풀이에 비추어 봐도 축소 반영되었음을 알

수 있다.

교육부(1999 : 78)에서는 이 내용이 내용 표현하기 계열의 학습 내용으로 비언어적 의사소통이라 할 수 있는 표정, 몸짓, 어조 등을 적절히 사용하는 능력을 기르기 위한 목적으로 설정되었다고 했다. 그리고 사람이 의사소통을 할 때 언어적 행동보다 비언어적 행동에서 70% 이상 정보를 획득하는 것으로 조사되고 있으므로 비언어적 행동을 언어적 행동과 어울리게 말하는 것은 주요한 말하기 능력이라 할 수 있다고 설명을 하고 있다. 다만 학습요소와 가능한 학습 활동에 대한 안내가 없는 것은 좀 아쉽다. 어떤 상황에서 어떤 내용을 말할 때 어떤 몸짓과 어조, 표정을 짓는 것이 적절한 지 알 수 있도록 보기를 보여주든지 설명을 할 수 있을 것인데 그렇지 못했다.

교과서에서는 1차시에 말하는 내용에 어울리는 표정과 목소리로 말할 때에 주의할 점을 알아보고, 2차시에 판소리를 듣고 말하는 내용에 어울리는 표정과 목소리로 말하여 보는 활동을, 3차시에 글에 나오는 인물에 어울리는 표정과 목소리로 말하기 활동을 하도록 되어 있다. 교과서 내용만 보아서는 분명 '상황'과 '몸짓'과 관련된 내용이 없다. 하지만 교사용 지도서를 보면 소단원 특성과 1차시 교수·학습 과정에 '상황'에 대한 언급이 있고, 지도의 유의점에 '몸짓'은 별도로 다루지 않고, '표정' 학습에서 함께 이루어지도록 하라며 안내를 하고 있다. 하지만 2차시에 판소리 '심청가'를 듣고, 말하는 내용에 어울리는 표정과 목소리로 말하기 활동과 3차시 극본 읽고 연극하기는 한 차시 안에 가능한 활동이 아니다. 말하기 활동과 관련한 다양한 활동을 한다는 측면에서 그리고 연극이나 판소리를 활용하는 것은 바람직하다. 하지만 여러 가지 활동을 하는 것이 중요한 것이 아니라 아이들 한 사람 한 사람이 한 번 해 볼 수 있는 기회를 가질 수 있느냐 없느냐를 따져 보아야 할 것이다. 연극이란 것이 단순히 대본을 주고 해당 내용에 어울리는 목소리 몸짓 표정으로 해 봐라 한다고 되는 것이 아니란 말이다. 출연하는 사람들의 몸과 마음이 풀려 있어야 하고, 자연스러운 분위기가 되어야 하는데 그런 것이 잘 갖추어지지 않은 교실에서 그냥 짝과 또는 모둠끼리 해 봐라 하는 식으로는 그 효과를 얻기가 참 어렵다. 교사용 지도서를 만드시는 분들은 교사들이 현장에서 활용 가능하도록 좀 더 자세하고 구체적인 방법까지 안내가 될 수 있도록 배려를 해야 할 것이다. 그리고 차시별 내용을 마련할 때 실제 차시 안에서 활동 가능한 지를 따져 보고 해야 할 것이다.

(5)의 경우 교사용 지도서 4-1, 4-2 말하기·듣기·쓰기 단원 학습 목표 및 내용 요소의 수준과 범위에는 말·듣·쓰-4-1-1, 말·듣·쓰-4-1-4, 말·듣·쓰-4-2-1에 반영되어 있는 것으로 되어 있다. 교육과정 해설과 교과서 내용을 자세히 살펴보면 말·듣·쓰-4-1-4가 이 내용을 직접 언급하며 반영한 것으로 판단되고, 말·듣·쓰-4-1-1와 말·듣·쓰-4-2-1에는 간접 반영되어 있다고 할 수 있다.

교육부(1999 : 78~79)에서는 이 내용이 듣는 사람은 예절 바르게 듣고 말하는 사람도 예절바르게 말하면서 언어 예절을 익히고 말하려는 의도를 달성하며 좋은 말하기·듣기 문화를 형성해 나가는 것을 목적으로 설정되었다고 했다.

교과서를 보면 말·듣·쓰-4-1-1-2에 대단원 목표에 직접, 진술이 바뀌어, 소단원 수준으로 반영되었다고 할 수 있다. 해당 대단원의 목표는 “알맞은 이유를 들어가며 바른 태도로 의견을 주고받을 수 있다”이다. 대단원 목표 끝부분인 ‘바른 태도로 의견을 주고받을 수 있다’가 이 내용과 관련된 부분이라 하겠다. 말하기뿐만 아니라 듣기도 관련이 있으므로 소단원 수준으로 이 내용이 반영되었다고 하겠다. 소단원 1차시에 의견을 주고받을 때의 바른 태도 알기, 2~3차시에 바른 태도로 의견 주고받기 활동을 하도록 되어 있다. 교육과정에서 특별히 학습 요소나 학습 활동을 안내하고 있지 않고 있고, 말하기 ‘예절’이라고 하지는 않았지만 ‘다른 사람 말 가로채지 않기, 자기 의견만 고집하지 않기 등을 언급하고 있으므로 이 내용을 반영했다고 할 수 있다.

언어생활의 특성상 말하기만 하고 듣기만 하는 상황이 있을 수 없으므로 듣기와 말하기를 통합한 목표 진술이나 학습 활동은 바람직한 것이라 할 수 있다.

말·듣·쓰-4-1-4는 대단원 목표에 직접, 진술이 바뀌어, 소단원 수준으로 반영되었다. 대단원 목표가 "상대방에 알맞은 말을 써서 예절 바르게 말하고 들을 수 있다"라고 하여 이 내용과 직접 관련이 있음을 알 수 있다. 1소단원 1차시에 말을 주고받을 때 지켜야 할 예절 알아보기, 2차시에 상대방의 처지를 생각하며 위로하는 말하기, 3차시에 부탁하거나 거절하는 말 예절 바르게 하기 활동을 하도록 마련되어 있다. 이 소단원이 교육과정의 기본 활동의 보기를 따라 반영한 것으로 보인다. 언어생활의 특성상 말하기만 하고 듣기만 하는 상황이 있을 수 없으므로 듣기와 말하기를 통합한 목표 진술이나 학습 활동은 바람직한 것이라 할 수 있다.

말·듣·쓰-4-2-1에는 직접 예절을 언급하고 있지는 않지만 내용에 토론 규칙 등을 언급하고 있어 교육과정의 심화 활동의 보기를 반영한 것이라 할 수 있겠다.

종합해 보면, 3개의 소단원에서 이 내용을 다루고 있다. 물론 언어 예절을 직접 언급한 것은 1개 소단원이지만, 이처럼 여러 소단원에 걸쳐 다루고 있다는 것은 언어 예절의 중요성을 강조한 대목이라 여겨진다.

### 3.2.3. 4학년 읽기 영역 분석

4학년 읽기 영역을 분석한 결과를 표로 보이면 [표 3]과 같다.

4학년 읽기 내용 5개 모두 교과서에 반영이 되었다. 반영 방식을 보면 5개 가운데 모두(100%)가 직접 반영되었다. 반영 수준을 보면 1개(20%)가 대단원과 소단원 수준으로, 2개(40%)가 소단원(2) 수준으로, 2개(40%)가 소단원 수준으로 반영되었다. 내용 변형 방식을 보면, 직접 반영된 것 5개 가운데 4개(80%)가 진술과 내용이 바뀌었고, 1개(20%)가 진술만 바뀌어서 교과서에 반영되었다. 좀 자세히 살펴보면,

(1)의 경우 읽-4-1-1-2, 읽-4-1-4-1에 반영되어 있다. 각각 대단원 목표에 직접, 진술과 내용이 바뀌어 반영되었다. 교육과정에는 "읽기에는 여러 가지 방법이 있음을 안다"라고 진술했는데, 교과서 대단원 목표에는 각각 "읽는 방법을 달리하여 글을 읽을 수 있다"와 "읽는 목적에 알맞은 방법으로 글을 읽을 수 있다"로 진술되어 있다. 이를 놓고 볼 때 교육과정과 교과서의 지향점이 다름을 알 수 있다. 교육과정에서는 읽기에 여러 가지 방법이 있음을 아는 것에 목표를 두었는데, 교과서에서는 읽는 방법을 달리하게 또는 알맞은 방법으로 글 읽기에 목표를 두고 있다. 교육과정보다 교과서가 내용을 심화시켰다고 할 수 있겠다. 교과서에서 각각 소단원 수준에서 다루고 있으므로 전체적으로 보면 대단원 수준에서 다루고 있다고도 할 수 있다.

교육과정의 해설과 비교해 보면 교육과정에서 보여준 기본 활동과 심화 활동의 보기를 각각의 소단원으로 반영하였음을 알 수 있다. 그러나 자세히 살펴보면 교육과정의 안내에 비해 축소되어 반영되었음을 알 수 있다. 교육부(1999 : 79)에서는 이 내용이 글의 종류와 내용, 독서의 목적에 따라 읽기의 방법을 달리해야 함을 인식시키기 위한

[표 3] 4학년 읽기 영역 분석표

| 교육과정 내용 | 교과서 내용 | 비고 |
|---|---|---|
| (1) 읽기에는 여러 가지 방법이 있음을 안다. | 읽-4-1-1-2<br>읽-4-1-4-1 | 직접<br>진술·내용 바꿈<br>소단원(2) |
| (2) 국어사전에서 낱말의 뜻을 찾는다. | 읽-4-1-3-2 | 직접<br>진술·내용 바꿈<br>소단원 |
| (3) 주제를 파악하며 글을 읽는다. | 읽-4-1-1-1<br>읽-4-1-3-1 | 직접<br>진술·내용 바꿈<br>소단원(2) |
| (4) 글의 알맞은 제목을 붙인다. | 읽-4-2-3-1 | 직접<br>진술 바꿈<br>소단원 |
| (5) 책을 끝까지 읽는 태도를 지닌다. | 읽-4-2-5-1 | 직접<br>진술·내용 바꿈<br>소단원 |

목적으로 설정되었다고 했다. 그리고 글 읽기의 목적 알기, 글 읽기의 여러 가지 방법 알기, 글의 종류나 내용에 따라 적절한 읽기의 방법을 선택하기 등에 대한 학습을 의도하고 있으며, 글을 읽는 목적과 상황에 따라 읽기 방법을 달리하여 읽기, 글의 종류나 내용에 따라 방법을 달리하여 읽기 등의 학습 활동이 있음을 안내하고 있다. 또 기본 활동의 보기로 글의 종류나 내용에 따라 방법을 달리하여 읽기를, 심화 활동의 보기로 목적과 상황에 따라 읽기의 방법 달리하기를 보였다. 기본 활동에 대한 설명에서는 정보를 알려주기 위한 설명문에서는 글의 내용을, 설득적인 논설문에서는 지은이의 주장과 근거를, 소설이나 극본에서는 사건의 전개 과정을, 시에서는 정서를 파악하며 읽는 것이 중요하다고 안내하고 있다.

그런데 이 내용을 반영한 읽-4-1-1-2 교과서를 보면 소단원 1차시에 시와 설명하는 글을 읽는 방법 비교하기를, 2차시에 설명하는 글을 읽을 때에 유의할 점 알기를, 3차시에 주장하는 글을 읽을 때의 유의점 알기 활동을 하도록 구성되어 있다. 위에서 말했듯이 목표는 높여서 잡았는데, 지도 내용을 보면 교육과정의 안내보다 적다. 반대로 교육과정에서는 목표는 낮게 잡아 놓고 지도 내용은 엄청 많이 잡고 있다. 교육과정에서는 설명문, 논설문, 소설/극본, 시에 대해 언급을 하면서 무엇이 중요하다고 안내를 했는데, 교과서 내용은 시, 설명문, 논설문만 언급하고 있다. 소단원의 첫머리에 글을 종류에 따라 알맞은 방법으로 글을 읽어야 한다는 설명이 있기는 하다. 하지만 소설/극본을 읽는 방법에 대한 것이 빠져 있다.

또 목적과 상황에 따른 읽기 방법과 관련하여 교육과정에서는 소리 내지 않고 읽기, 소리 내어 읽기, 필요한 정보만 찾아 읽기, 내용을 자세히 읽기, 중심 내용만 찾아 읽기 등의 여러 가지 방법이 있음을 알고 상황에 따라 적절한 방법으로 읽도록 하라고 안내하고 있다. 그런데 읽-4-1-4-1을 보면 1차시에 정보 전달의 글과 정서표현의 글을 읽고 읽는 목적에 글을 읽는 방법이 다르다는 것을 학습하도록 하는 활동을, 2차시에 정보전달의 글을 읽고 필요한 정보 찾아 정리하는 활동을, 3차시에 편지글을 읽고 글에 나타난 글쓴이의 마음 말하기 활동을 하도록 구성되어 있다. 교육과정에서는 상황과 목적에 따른 여러 가지 방법을 언급하고 있는데, 교과서에서는 목적에 따른 방법을 두 가지만을 언급하고 있다.

간추리면 교과서가 교육과정보다 목표는 높여서 잡았지만, 지도 내용은 오히려 축소하여 반영하고 있는데 이렇게 해서 목표한 바를 이룰 수 있을지 의문이 든다.

또 읽기 방법과 관련한 활동을 대단원을 달리하여 학기 내에서 분산하여 배치하였다. 각각의 내용과 함께 대단원을 이루고 있는 다른 내용을 봐도 반드시 그래야만 할 이유를 찾을 수가 없다. 읽-4-1-1은 내용 간추리기 활동이고, 읽-4-1-4-2는 이야기 읽고 인물의 말과 행동에 대한 생각 말하기 활동이다. 읽기 방법과 밀접한 관련도 없어 보이는 활동을 함께 대단원으로 묶고, 굳이 비슷한 내용을 학기 내에서 분산하여 배치하였는지 알 수가 없다. 글쓴이 생각에 읽기 방법과 관련한 활동을 묶어 대단원으로 구성하는 것이 학습 효과면에서 좋을 것이라 생각한다.

(2)의 경우 읽-4-1-3 대단원 목표에 직접, 진술과 내용이 바뀌어 소단원 수준으로 반영되었다. 교육과정에는 "국어사전에서 낱말의 뜻을 찾는다"라고 진술되어 있는데 교과서 대단원 목표에는 "국어사전에서 낱말을 찾아 그 뜻을 알 수 있다"라고 진술되어 있다. 교육과정에서 목표로 한 것이 국어사전에서 낱말을 찾는 것인데 비해, 교과서에서는 낱말을 찾아 그 뜻을 아는 것에 목표를 두고 있음을 알 수 있다. 목표를 심화시켰다고 할 수 있다. 교육과정의 내용 진술이 분명하지 못한 것도 문제다. 진술만을 놓고 보면 학생들에게 국어사전에서 낱말의 뜻을 찾을 수 있는 힘을 길러주겠다는 것인지, 찾는 태도를 길러주겠다는 것인지 알 수 없다는 것이다. 진술을 좀 더 분명히 하는 것이 좋겠다.

교육과정의 안내와 비교해 볼 때 축소되어 반영되었다고 할 수 있다. 교육부(1999 : 79~80)에서는 이 내용이 국어사전의 사용법을 익혀서 글을 읽다가 어려운 낱말이나 의미가 확실하지 않은 낱말이 있을 때, 국어사전을 활용하는 습관을 지니는 것이 필요하다는 점을 중시하여 설정되었다고 했다. 그리고 국어사전의 사용법 알기, 국어사전을 사용하여 낱말의 의미 알기, 문장에서 동음이의어의 의미 파악하기 등에 대한 학습을 의도하고 있으며, 국어사전 사용법 익히기, 용언의 으뜸꼴 알고 사전에서 용언의 의미 찾아내기, 앞뒤 문맥을 활용하여 글에 쓰인 동음이의어의 의미 파악하기 등의 학습 활동이 있음을 안내하고 있다. 기본 활동의 보기로 국어사전 사용법 알기, 뜻을 잘 모르는 낱말 국어사전에서 찾아 그 뜻 파악하기를, 심화 활동의 보기로 국어사전에서 한 낱말의 여러 가지 뜻을 찾고 그 낱말이 글에서 어떤 뜻으로 쓰였는지 말하기를 보이고 있다.

교과서에는 1차시에 국어사전에서 낱말 찾는 방법 알기를, 2차시에 글을 읽고 어려운 낱말 국어사전에서 찾기를 하는데 먼저 뜻을 짐작해 가며 읽고 나중에 사전 찾아보고 확인하기 활동을, 3차시에 뜻을 모르는 낱말을 국어사전에서 찾아가며 글 읽고, 찾은 낱말로 짧은 글 짓기 활동을 하도록 되어 있다.

교육과정에서는 국어사전 활용 습관이 중요하다는 설정 이유를 밝혀 두고 있고, 몇 가지 학습 내용과 학습 활동을 안내하고 있다. 하지만 국어사전 활용 습관이 형성될 만큼의 안내라고 보기 어렵다. 교과서도 국어사전에서 낱말 찾는 방법 알고, 짐작해 본 뒤 낱말 찾아 확인하기 활동, 찾은 낱말로 짧은 글짓기 등 3차시에 걸친 활동으로는 국어사전 활용 습관을 기르기는 어렵다고 하겠다.

교육과정에서는 용언의 으뜸꼴 알고 사전에서 용언의 의미 찾아내기를 언급하고 있는데, 교과서에서는 읽-4-2-3-1-1에서 다루고 있다. [4-국-(1)]도 용언의 기본형 알기 내용이다. 조금만 더 신경을 썼더라면 이 내용과 [4-국-(1)]을 통합하여 하나의 대단원으로 구성하였다면 더 효과적이었을 것이다. 영역별 내용 제시가 이런 비효율을 낳는 것이다. 새로운 교과서를 만들 때는 반드시 고려해야 할 것이다.

(3)의 경우 교사용 지도서 4-1, 4-2 읽기 단원 학습 목표 및 학습

내용 요소의 수준과 범위를 보면 읽-4-1-1-1, 읽-4-1-3-1, 읽-4-2-2에 반영된 것으로 되어 있다. 하지만 교육과정과 교과서를 자세히 살펴보면 그렇지 않음을 알 수 있다. 교육과정에서는 "주제를 파악하며 글을 읽는다"라고 진술하였는데, 읽-4-1-1의 대단원 목표에는 "글을 읽고 글의 내용을 간추릴 수 있다"라고 되어 있고, 읽-4-1-3의 대단원 목표에는 "글을 읽고, 주제를 파악할 수 있다"라고 되어 있고, 읽-4-2-2에는 "시나 이야기를 읽고, 주제를 파악할 수 있다"라고 되어 있다. 내용 간추리기가 주제 파악을 위한 준비 활동이라 할 때 읽-4-1-1-1은 대단원 목표에 직접, 진술과 내용을 바꾸어 반영했다고 할 수 있다. 읽-4-1-3-1이 이 내용을 가장 직접적으로 반영했다고 할 수 있다. 하지만 진술은 바뀌었다. 주제를 파악하며 글 읽기와 글을 읽고 주제 파악하기는 말의 앞뒤를 바꾼 것 같지만, 사실 엄청 다른 능력이다. 앞의 것이 더 상위의 능력이라 하겠다. 하지만 여기서는 그런 자세한 비교는 하지 않겠다.

읽-4-2-2는 사실상 [4-문-(2)]를 반영한 것으로 볼 수 있다. 읽기 영역과 문학 영역에서 다루려는 내용이 중복되면서 이 같은 현상이 일어난다. 이런 문제를 줄이려면 영역별 내용을 마련하는 사람들의 협조 아래 중복되는 내용이 없도록 하는 절차가 있어야 할 것이다. 그리고 교육과정의 의도를 충분히 살펴서 교과서를 마련한다면 이런 중복은 피할 수 있을 것으로 여겨진다. 읽-4-1-1-1, 읽-4-1-3-1에서 이 내용을 다루고 있으므로 소단원(2) 수준에서 다루고 있다고 하겠다.

하지만 교육과정의 설명과 비교해 보면 교과서에 반영된 것은 분명히 차이가 있다. 교육부(1999 : 80)에서는 이 내용이 글쓴이가 전달하고자 하는 의도를 파악해야 글을 올바르게 이해할 수 있다는 점을 중시하여 설정되었다고 했다. 그리고 주제의 개념 파악하기, 글의 제목이나 글감을 통하여 글쓴이가 글을 쓴 의도를 짐작하기, 내용 요약하기 등에 대한 학습을 의도하고 있으며, 글의 주제란 무엇인지 알기, 글의 글감 파악하기, 글의 제목이나 글감으로 글쓴이가 어떤 의도로 글을 썼는지 짐작하기, 글의 내용을 요약하여 말하기, 글의 제목, 글감, 내용 요약한 것 등을 중심으로 하여 글의 주제 파악하기 등의 학습 활동을 안내하고 있다. 기본 활동의 보기로 글감을 이용하여 주제 파악하기를, 심화 활동의 보기로 주제 파악 방법에는 여러 가지가 있음 알기를 들고 있다.

교과서를 살펴보면, 읽-4-1-1-1에서는 1차시에 글의 내용 간추리는 방법 알아보기를 하면서 제목을 보고 무엇에 대해 쓴 글인지 알고, 중요한 내용을 정리하며 글을 읽도록 하고 있다. 여기서 글쓴이가 말하고자 하는 것이 '주제'임을 알게 하라고 교사용 지도서에 안내하고 있다. 2~3차시에 전기문을 읽고 인물이 한 일과 일이 일어난 차례대로 내용을 간추리는 활동을 하도록 되어 있다. 교사용 지도서 대단원 교수·학습 계획에 내용 간추리기가 주제 파악하기의 예비활동임을 밝히고 있다.

읽-4-1-3-1에서는 이야기 글에 한정하여 주제 알아보는 활동을 하도록 되어 있다. 1차시에 이야기의 주제를 찾는 방법을 알아보는 활동을 하도록 하면서, 주제의 개념과 주제 찾는 방법으로 제목, 글감, 내용을 서로 관련지어 생각하기를 제시하고 있다. 2~3차시에 이야기를 읽고, 일어난 일에 따라, 인물의 마음 변화에 따라 내용을 간추려 보기, 글의 제목이 붙여진 까닭을 알아보도록 한 다음 글의 제목과 간추린 내용을 중심으로 주제를 파악하는 활동을 하도록 되어 있다.

교육과정에서는 주제 파악과 관련하여 주제의 개념 파악하기, 글의 제목이나 글감을 통해 글쓴이의 의도 짐작하기, 내용 요약하기 등에 대한 학습을 의도하고 기본 활동으로 글감을 이용한 주제 파악하기를 보기로 보이고 있다. 그런데 교과서에서는 내용 간추리기 활동을 3시간에 걸쳐 하도록 하고 주제 파악과 관련하여 1차시에 주제의 뜻과 제목, 글감, 내용을 서로 관련지어 생각해서 주제를 찾는다고 안내를 해주고 바로 간단한 주제 찾기 활동을 한 다음 바로 두 시간 동안에 한 편의 이야기를 읽고 주제를 정리하여 말하는 활동을 하도록 되어 있다. 2~3차시 활동은 오히려 [4-문-(2)]와 관련이 더 깊다. 이런 식으로 해서는 아이들에게 주제를 파악하며 글을 읽는 힘을 길러 줄 수 없다고 생각한다. 글의 주제라는 것이 글의 유형, 내용에 따라 다른 양상으로 표현되기 때문에 한 가지 원리에 의해 찾을 수 없다는 것은 인정하지만, 그래도 여러 가지 유형, 여러 가지 내용을 가운데 특징적인 양상을 보여 주고 그 속에서 주제 찾는 연습을 할 수 있도록 기회를 제공해야 그럴 힘이 생기지 제목, 글감, 내용을 잘 관련지어 주제를 찾아보라고 해서는 어렵다고 본다. 아이들의 수준을 생각해야 할 것이다. 교육과정에서 의도한 것과 교과서 내용은 분명히 다름을 알 수 있다. 그 까닭이 무엇인지 알 수는 없다. 교과서가 주제 파악을 위한 보다 하위 수준의 활동을 하도록 마련한 것은 주제 파악 활동이 그만큼 쉽지 않음을 반증하는 것이라 할 수 있을 것이다. 그러나 정작 주제 파악 활동과 관련해서는 아이들의 수준, 성취 가능성을 고려하지 않은 일방적인 활동을 마련한 것이 아쉽다.

(4)의 경우 읽-4-2-3-1에 반영되었는데, 대단원 목표에 직접, 진술이 바뀌어 소단원 수준으로 반영되었다. 교육과정에는 "글에 알맞은 제목을 붙인다"라고 진술되어 있는데 교과서 대단원 목표에는 "글을 읽고, 내용에 알맞은 제목을 붙일 수 있다"라고 되어 있다. 교육과정의 설명과 교과서 내용을 비교해 볼 때 축소되어 반영되었음을 알 수 있다.

교육부(1999 : 81)에서는 이 내용이 글에서 제목의 구실, 중요성을 알게 하기 위한 목적으로 설정되었다고 했다. 그리고 제목의 구실, 중요성 알기, 글에 알맞은 제목 붙이기 등의 학습 요소를 담고 있으며, 제목이 없는 글을 통해 제목의 필요성 알기, 글에서 제목이 어떤 구실을 하는지 말하기, 글에서 제목이 주는 정보를 알기, 글의 글감을 파악하여 제목을 붙이기, 글의 주제를 파악하여 제목 붙이기, 글을 쓴 목적에 따라 제목 붙이기 등의 학습 활동을 안내하고 있다. 또 기본 활동으로 글의 글감, 주제, 목적 등을 고려하여 알맞은 제목 붙이기를, 심화 활동으로 각자 붙인 제목을 발표하고, 제목이 적절한지 이야기하기를 보기로 들고 있다. 기본 활동의 설명에 다양한 종류의 글을 제시하고 글감, 주제, 목적 등을 고려하여 제목을 붙여 보게 지도하는 데 중점이 있다고 했다.

그런데 교과서에서는 1차시에 글에서 제목의 구실 알기를, 2~3차시에 글을 읽고 알맞은 제목을 붙이는 활동을 하도록 되어 있다. 교과서의 내용은 알리는 글을 중심으로 구성되어 있다. 교육과정에서 다양한 글을 보고 제목 붙이기 활동에 중점을 두라고 한 것과 비교하면 축소되었다고 하겠다.

(5)의 경우 읽-4-2-5의 대단원 목표에 직접, 진술과 내용이 바뀌어 소단원 수준으로 반영되었다. 교육과정에서는 "책을 끝까지 읽는 태도를 지닌다"라고 진술되어 있는데, 교과서 대단원 목표에는 "책을 끝까지 읽고 내용과 느낀 점을 말할 수 있다"라고 진술되어 있다. 교육과정에는 책을 끝까지 읽는 태도를 지니도록 하는 것이 목표인데, 교과서에는 끝까지 읽고 내용과 느낀 점을 말하는 것이 목표로 되어 있다. 이렇게 진술이 바뀌면서 내용도 바뀌었다.

교육부(1999 : 81)에서는 이 내용이 읽기 시작한 책은 중도에 포기하지 않고 끝까지 읽는 독서의 바른 태도와 습관을 기르기 위한 목적으로 설정되었다고 했다. 그리고 국어 시간 이외의 시간에도 꾸준히 지도하여 습관을 형성하도록 하라고 안내하고 있다. 또 기본 활동의 보기로 읽기 시작한 책을 끝까지 읽기를, 심화 활동의 보기로 책을 끝까지 읽었을 때의 느낌 말하기를 들고 있다. 그런데 교과서에서는 1차시에 책을 끝까지 읽으면 좋은 점 알기를, 2~3차시에 책을 끝까지 읽고 읽은 느낌 말하기 활동을 하도록 되어 있다. 교육과정의 안내와 전혀 다른 내용으로 바뀌어 있음을 알 수 있다.

그리고 1차시에 책을 끝까지 읽으면 좋은 점의 보기로 모르던 것을 새롭게 알게 된다, 즐거움과 재미를 얻게 되었다. 지혜를 얻게 되었다 등을 들고 있다. 하지만 이런 점들은 사실 책을 끝까지 읽지 않아도 되는 것들이다. 교과서 첫머리(126쪽)에 있듯이 자기가 알고 싶은 내용이 담기거나 자기 꿈을 이룰 수 있는 길을 안내해 주는 책을 골라 읽을 수 있는 기회를 주는 것이 더 나은 활동이라 생각한다. 책을 끝까지 읽는 것이 책읽기의 기본 태도이지만 목적, 상황에 따라 여러 가지 읽기 방법이 있다고 해 놓고 책을 끝까지 읽어야 한다고 하는 것은 앞뒤가 맞지 않는다.

또, 첫머리에 책을 끝까지 읽으려면 자기가 알고 싶은 내용이 담기거나 자기 꿈을 이룰 수 있는 길을 안내해 주는 책을 골라 읽는 것이 좋다고 해놓고 한 가지 이야기를 끝까지 읽고 느낌을 말하라고 하는데 수업의 효과가 얼마나 될지 생각해 봐야 하지 않을까? 책을 끝까지 읽는 것이 반드시 필요하다면 그런 태도를 기를 수 있는 실질적인 방법들을 소개하고 그런 방법들을 통해 아이들이 그런 태도를 기를 수 있도록 하는 것이 바람직할 것이다. 예를 들면 관심이나 흥미가 비슷한 아이들끼리 모둠을 만들어 주고, 모둠끼리 의논해서 책을 고른 다음 끝까지 읽은 뒤, 읽은 책에 대한 퀴즈를 내서 풀어 보고 몇 점 이상은 보상을 해 준다든지 서로 끝까지 읽었음을 자기 점검, 상호 점검 할 수 있는 방법을 찾아 알려 주는 것도 도움이 될 것이다.

### 3.2.4. 4학년 쓰기 영역 분석

4학년 쓰기 영역을 분석한 결과를 표로 보이면 [표 4]와 같다.

4학년 쓰기 내용 9개 가운데 7개(78%)가 교과서에 반영되었고, 2개(22%)가 반영되지 않았다. 반영 방식을 보면 반영된 7개 가운데 5개(71%)가 간접 반영되었고, 2개(29%)가 직접 반영되었다. 반영 수준을 보면 7개 가운데 3개(43%)가 소단원 수준으로, 1개(14%)가 차시수준으로, 3개(43%)는 차시내 수준으로 반영되었다. 내용 변형 방식으로 보면 직접 반영된 3개(100%)가 모두 진술과 내용이 바뀌어서 교과서에 반영되었다. 좀 자세히 살펴보면,

(1)의 경우 교육과정에서 제시한 내용과 교과서 내용이 달라져 소단원 수준으로 반영되었다. 진술과 내용이 바뀌어 반영되었고, 내용도 심화되었다. 교육과정에서는 “쓰기에는 과정이 있음을 안다”라고 하여 ‘아는 것’에 목표를 두고 있다. 그런데 교과서에는 대단원 목표가 “알리려고 하는 내용이 잘 드러나게 글을 쓸 수 있다”라고 되어

[표 4] 4학년 쓰기 영역 분석표

| 교육과정 내용 | 교과서 내용 | 비고 |
|---|---|---|
| (1) 쓰기에는 과정이 있음을 안다. | 말·듣·쓰<br>-4-2-3-1 | 간접<br>진술·내용 바꿈<br>소단원 |
| (2) 주제에 알맞은 내용을 선정하여 글을 쓴다. | | 미반영 |
| (3) 시간이나 공간 순서에 따라 내용을 전개하여 글을 쓴다. | 말·듣·쓰<br>-4-1-2-1-3 | 간접<br>차시 |
| (4) 사건이나 행동의 변화가 드러나게 글을 쓴다. | 말·듣·쓰<br>-4-2-5 | 직접<br>진술·내용 바뀜<br>소단원 |
| (5) 문단을 짜임새 있게 쓴다. | 말·듣·쓰<br>-4-1-3 | 직접<br>진술·내용 바꿈<br>소단원 |
| (6) 알맞은 제목을 붙여 글을 쓴다. | 말·듣·쓰<br>-4-2-3-2 | 간접<br>차시내 |
| (7) 교정 부호를 사용하여 틀린 부분을 고쳐 쓴다. | 말·듣·쓰<br>-4-1-3-2-3 | 간접<br>차시내 |
| (8) 컴퓨터를 이용하여 자신의 생각을 글로 쓴다. | 말·듣·쓰<br>-4-2-3-2 | 간접<br>차시내<br>축소 |
| (9) 능동적으로 글을 쓰는 태도를 지닌다. | | 미반영 |

있어 '글을 잘 쓰는 데' 목표가 있음을 알 수 있다. 목표가 바뀌면서 내용도 바뀌었다. 교육과정의 해설과 교과서 내용을 비교해 보면 더 확실히 알 수 있다.

교육부(1999 : 82)에서는 이 내용이 쓰기에는 과정이 있음을 아는 학생들이 글을 체계적으로 쓸 수 있음을 중시하여 설정되었다고 했다. 그리고 쓰기에서 과정이란 무엇인지 알기, 쓰기의 과정에는 어떤 것들이 있는지 알기, 각각의 쓰기 과정의 역할 알기, 쓰기의 과정을 아는 것이 필요함을 알기 등에 대한 학습을 의도하고 있으며, 글을 쓸 때에는 '내용 생성(선정)하기, 내용 조직하기, 표현하기, 고쳐 쓰기 등의 과정을 알 수 있도록 학습 활동을 계획하라고 안내하고 있다. 또, 기본 활동의 보기로 글을 쓸 때 한 일을 적어보고, 그 과정 말하기를, 심화 활동의 보기로 글을 쓸 때 한 과정이라도 거치지 않으면 어떻게 될지 말하기를 들고 있다.

하지만 관련된 교과서 소단원의 차시별 활동 내용을 보면, 1차시에 '쓸 내용을 미리 정리하여 글을 쓰면 좋은 점을 알아봅시다'라고 하면서 글쓰기 과정의 보기를 보여 주고 자신이 글을 쓸 때 잘 빠뜨리는 과정을 생각해 보도록 한 뒤 쓸 내용을 미리 정리하여 글을 쓰면 좋은 점을 정리하도록 되어 있다.

해당 교사용 지도서(173쪽)에 자신이 글을 쓸 때 잘 빠뜨리는 과정을 생각해 보도록 하면서 좋은 글을 쓰기 위해서는 글쓰기 전·후에 일정한 활동이 이루어져야 함을 깨닫도록 유도하라고 안내하고 있다. 하지만 이런 활동을 통해서 쓰기의 과정을 알도록 깨닫도록 유도하기가 쉽지 않을 듯하다. 차시 활동 내용이 '쓸 내용을 미리 정리하여 글을 쓰면 좋은 점을 알아봅시다'로 되어 있고 마지막 정리도 이것을 가지고 하고 있으므로 아이들이나 교사의 관심은 여기에 집중될 수밖에 없다. 2~3차시에는 소개하는 내용이 잘 드러나게 글을 쓰는 활동을 하도록 되어 있다. 이 소단원의 주 활동은 바로 이 내용이 되는 것이다. 어떻게 해서 교육과정 의도와 다르게 교과서에 반영이 되었는지 그 까닭을 알 수 있도록 해야 할 것이다.

교사용 지도서 단원 학습 목표 및 학습 내용 요소의 수준과 범위에 보면 학습 내용 요소를 밝혀 놓은 것을 보면, 1차시에 쓰기 과정의 개념 알기, 쓰기 과정의 절차 익히기, 쓰기 과정을 적용하여 글쓰기, 교정 부호를 사용하여 고쳐 쓰기를 들어 놓고 있다. 하지만 이 차시의 목표를 보면 "쓸 내용을 미리 정리하여 글을 쓰면 좋은 점을 안다"이다. 그렇다면 학습 내용 요소가 '쓸 내용을 미리 정리하여 글을 쓰면 좋은 점 알기'로 되어야 할 것이다. 이 넷 가운데 '쓰기 과정의 절차 익히기'는 이 차시 학습 내용 요소로 들어 갈 수 있겠지만, 나머지는 학습 내용에 없는 것들이다. 없는 것을 마치 있는 것처럼 해 놓은 것은 바로 잡아야 할 것이다.

또 수준에 보면 이 차시의 수준이 '쓰기의 과정을 생각 꺼내기, 생각 묶기, 글로 쓰기, 고쳐 쓰기로 나누어 익히기'로 되어 있는데, 교과서에는 전혀 그런 말을 쓰지도 않고, 교사용 지도서에만 언급해주고 그런 용어를 아이들이 쓰도록 해야 한다고 수준을 잡아 놓은 것도 앞뒤가 맞지 않는다. 아이들에게 이런 용어를 쓰게 하는 것이 목표라면 당연히 교과서에 넣어 두어야 할 것이다. '쓸 내용에 대하여 생각합니다.' 아래나 위에 '생각 꺼내기'를, '글로 쓸 내용의 순서를 정합니다'에는 '생각 묶기'를, '정리한 내용으로 글을 씁니다'에 '글로 쓰기'를, '글에서 잘못된 부분을 고쳐 씁니다'에 '고쳐 쓰기' 넣으면 될 것이다. 교과서 내용을 두고 보자면 이 차시의 수준은 '쓸 내용을 미리 정리하여 글을 쓰면 좋은 점 알기'가 옳을 것이다.

(2)의 경우 직접, 대단원 목표나 차시 목표에 반영된 것이 없다. 교사용 지도서 4-1, 4-2 말하기·듣기·쓰기 단원 학습 목표 및 학습 내용 요소의 수준과 범위에 보면 말·듣·쓰-4-1-1, 말·듣·쓰-4-2-1, 말·듣·쓰-4-1-5에 반영된 것으로 되어 있다. 하지만 교육과정의 설명과 교과서 내용을 비교해 보면 그렇지 않음을 알 수 있다.

교육부(1999 : 82~83)에서는 이 내용이 주제에 알맞은 내용을 선정할 수 있는 학생들이 글을 쉽게 효율적으로 쓸 수 있다는 점을 중시하여 설정되었다고 했다. 그리고 주제와 쓸 내용과의 관계 알기, 주제에 알맞은 내용이 무엇인지 알기, 주제에 알맞은 내용 선정 방법 알기, 이러한 지식을 바탕으로 주제에 알맞은 내용 선정하여 글쓰기 등에 대한 학습을 의도하고 있으며, 주제에 알맞은 내용을 찾기 위해서는 여러 자료를 보아야 함을 인식시키고, 효율적인 자료 조사 방법을 알 수 있도록 학습 활동을 계획하라고 안내하고 있다.

하지만 교과서에서 이와 관련한 대단원 목표나 차시 내용을 찾을 수 없다. 교사용 지도서에 반영되었다고 밝히고 있는 해당 단원들을 하나하나 살펴보아도 반영되지 않았음을 알 수 있다. 말·듣·쓰-4-1-1은 알맞은 이유를 들어가며 바른 태도로 의견을 주고 받을 수 있다" 라는 대단원 목표 아래 소단원 1의 3차시에 알맞은 이유 들어가며 내 의견을 글로 써 보는 활동을 두고 이 내용을 반영한 것으로 설명하고 있다. 하지만 이 내용은 활동 주제가 알맞은 이유 들기가 주 활동이다. 그리고 차시 교수·학습 활동 안내에도 주제에 알맞은 내용을 선정하기에 관한 것은 없다. 간단히 생각할 때, 이 차시 활동을 하면서 교사가 주제에 맞는 내용을 쓰도록 언급할 수는 있겠지만, 반영되어 있지는 않다.

말·듣·쓰4-2-1은 "여러 사람의 의견을 비교하며 듣고, 내 의견을 말할 수 있다"라는 대단원 목표 아래 소단원 1의 3차시에 서로 다른 의견을 듣고, 내 의견을 글로 써 보는 활동을 두고 이 내용을 반영한 것으로 설명하고 있다. 이것도 주 활동이 서로 다른 의견 가운데 어느 의견이 더 타당하다고 생각하는지 판단하여 자신의 생각을 글로 써 보는 활동이지 주제에 알맞은 내용을 선정해서 글쓰기 활동이 주가 아니다. 교사가 이 문제를 언급할 수 있겠지만, 교과서, 교사용 지도서 어디에도 이런 언급은 없다.

말·듣·쓰-4-1-5는 "겪은 일의 과정이 잘 드러나게 글을 쓸 수 있다"는 대단원 목표 아래 겪은 일의 과정이 잘 드러나게 글을 쓰는 활동이 주 활동이다. 여기서도 주제에 알맞은 내용 선정하기와는 관련이 없다.

(3)의 경우 말·듣·쓰-4-1-2-1-3에 간접, 차시 수준으로 반영되어 있다. 대단원 목표나 차시 목표에 직접 반영되지는 않았다. 교육과정의 설명과 비교해 볼 때 상당히 축소되어 반영되었다고 할 수 있다.

교육부(1999 : 83)에서는 이 내용이 시간이나 공간 순서에 따라 내용을 조직할 수 있는 학생들이 다른 사람들이 쉽게 이해할 수 있는 글을 잘 쓸 수 있다는 점을 중시하여 설정되었다고 했다. 그리고 시간이나 공간 순서의 개념 알기, 시간이나 공간 순서를 이용한 내용을 조직하는 방법 알기, 시간 순서와 공간 순서의 관계 알기, 시간이나 공간 순서를 잘 드러내는 언어 표현법 알기, 이런 지식을 바탕으로 시간이나 공간 순서에 따라 내용을 전개하여 글쓰기 등에 대한 학습을 의도하고 있으며, 시간이나 공간 순서에 따라 쓸 내용을 선정 조직 표현하는 방법을 익혀 의사 전달력을 높일 수 있도록 학습 활동을 계획하라고 되어 있다.

그런데 교과서에서는 "시나 이야기의 앞뒤 내용을 상상하여 표현할 수 있다"라는 대단원 목표 아래, 소단원 1의 3차시에 이야기를 듣고 들은 이야기에 이어질 내용을 상상하여 써 보는 활동을 하면서 시간이나 공간의 순서에 따라 이야기를 정리하는 활동을 하도록 하고 있다. 위에서 보았듯이 교육과정에서는 분명히 바탕이 될 지식을 학습한 뒤에 글쓰기 활동을 하도록 하고 있지만, 교과서 어디에도 바탕 지식에 대한 학습 내용은 없다. 이를 놓고 볼 때, 교과서가 너무 기능 위주로 마련되었음을 알 수 있다. 교육과정의 의도와 비교해 볼 때, 교과서 내용은 많이 축소되어 있음을 알 수 있다.

교사용 지도서 4-2 말하기·듣기·쓰기 단원 학습 목표 및 학습 내용 요소의 수준과 범위에 보면 말·듣·쓰-4-2-5에도 이 내용이 반영되었다고 설명하고 있다. 해당 교과서를 내용을 보면 "겪은 일의 과정이 잘 드러나게 글을 쓸 수 있다"라는 대단원 목표아래(실제로는 소단원 하나로 구성되어 있음) 1차시 활동이 겪은 일의 과정이 잘 드러나게 글을 쓰는 방법을 알아보는 내용인데, 겪은 일의 과정이 잘 드러나게 글을 쓰는 방법 가운데 하나가 시간과 장소의 바뀜에 따라 쓰는 것으로 지도하도록 되어 있다. 이것을 두고 이 내용을 반영하였다고 하는 것은 좀 억지스럽다고 생각한다. 겪은 일의 과정이 잘 드러나게 글을 쓰는 방법에는 이 밖에도 행동의 변화가 드러나게 쓰기, 원인이나 결과가 잘 드러나게 쓰기 등의 다른 방법이 있는데 이것들과 관련된 교육과정 내용이 다 반영되었다고 하기는 어렵다. 교육과정에서 밝힌 것과 같이 목표로 한 기능을 길러주기 위한 일련의 활동이 이루어질 때 그것이 반영되었다고 하는 것이 옳을 것이다.

(4)의 경우 말·듣·쓰-4-2-5[1] 대단원 목표에 직접, 소단원 수준으로

1) 위의 (3)과 (4)가 통합되어 하나의 대단원을 구성하고 있음을 알 수 있다. 그러다 보니 교육과정의 의도를 살리지 못하는 내용이 되고 말았다. 이것을 볼 때, 교육과정 개발 단계에서 교과서에 반영 가능한 만큼의 적정한 내용인지에 대한 판단을 거칠 필요성이 있음을 알 수 있다. 제시한 내용은 많고, 반영할 곳은 충분하지 않으니, 이것저것을 묶어 반영하다보니 어느 것 하나 제대로 반영할 수 없는 것이다. 개정된 교육과정은 이렇지 않길 바란다.

반영되었다. 하지만 진술도 바뀌었고, 내용도 바뀌었다. 소단원 수준에서 이 내용을 다루도록 되어 있다. 교육과정에서는 "사건이나 행동의 변화가 드러나게 글을 쓴다"라고 진술되어 있는데, 교과서 대단원 목표에는 "겪은 일의 과정이 잘 드러나게 글을 쓸 수 있다"라고 진술되어 있다. 교육과정에서 '사건이나 행동의 변화'라고 한 것을 '겪은 일의 과정'으로 바꾸었는데, '행동'이 빠졌다고 보는 것이 옳다.

교육부(1999 : 84)에서는 이 내용이 사건이나 행동의 변화가 드러나게 글을 쓸 수 있는 학생들이 글을 읽는 사람들의 호기심을 충족시킬 수 있는 글을 잘 쓸 수 있다는 점을 중시하여 설정되었다고 했다. 그리고 사건이나 행동의 개념 알기, 사건이나 행동의 변화가 드러나게 내용을 표현하는 방법 알기, 사건과 행동의 관계 알기, 이러한 지식을 바탕으로 사건이나 행동의 변화가 잘 드러나게 글쓰기 등에 대한 학습을 의도하고 있으며 시간이나 장소의 바뀜에 유의하여 '누가, 언제, 어디서, 무엇을' 했는지에 초점을 맞추어 내용을 선정, 조직, 표현할 수 있도록 학습 활동을 계획하라고 안내하고 있다. 그런데 교과서에서는 1차시에 겪은 일의 과정이 잘 드러나게 글을 쓰는 방법 알아보기를, 2차시에 반에서 있었던 일의 과정 잘 드러나게 말하기를, 3차시에 가족에게 있었던 일의 과정 잘 드러나게 글쓰기 활동을 하도록 되어 있다. 여기서도 교육과정에서 의도한 바탕 지식에 대한 언급은 1차시에 한 가지만 하고 말았다. 2시간 동안 기능적인 활동을 하도록 되어 있다. 교육과정 의도와 비교할 때 상당히 축소되었다고 하겠다.

교사용 지도서 4-1 말하기·듣기·쓰기 단원 학습 목표 및 학습 내용 요소의 수준과 범위에 보면 말·듣·쓰-4-1-2에도 이 내용이 반영되어 있는 것으로 설명하고 있다. 차시 활동이 이야기를 읽고, 이어질 내용을 상상하여 써 보는 것인데, 그 첫 활동으로 이야기 읽고 일이 일어난 차례에 맞게 그림의 순서 정하기를 하도록 되어 있다. 이를 두고 이 내용이 반영된 것으로 설명하고 있는 듯하다. 하지만 이 내용은 일이 일어난 차례에 맞게 글을 쓰는 목적으로 하는 활동이 아니라 이어질 이야기를 상상하여 쓰는 활동을 위해 하는 활동이다. 따라서 비슷한 활동이긴 하지만 다른 목적을 달성하기 위한 하나의 과정이므로 이것을 이 내용을 지도하기 위해 반영했다고 하는 것은 옳지 않다고 본다.

(5)의 경우 말·듣·쓰-4-1-3 대단원 목표 둘 가운데 하나에 직접, 진술이 바뀌어 소단원 수준에서 반영되었다. 교육과정에는 "문단을 짜임새 있게 쓴다"라고 진술되어 있는데, 교과서 대단원 목표에는 "중심 문장과 뒷받침 문장이 자연스럽게 이어지게 글을 쓸 수 있다"라고 진술되어 있다. '문단을 짜임새 있게 쓴다는 것'이 곧 '중심 문장과 뒷받침 문장이 자연스럽게 이어지게 쓰는 것'이므로 진술을 달리했지 목표는 같다고 할 수 있다. 다만 4학년 학생들의 수준을 생각할 때 어느 쪽이 더 받아들이기 쉬운 것인지를 생각할 때 뒤에 것이 더 쉬운 진술이라고 판단된다. 교육과정 의도와 비교해 볼 때 축소되어 반영되었다고 하겠다.

교육부(1999 : 84~85)에서는 이 내용이 문단을 짜임새 있게 쓰는 학생들이 글의 구성 원리를 알게 되어 한 편의 완성된 글도 잘 쓰게 된다는 점을 중시하여 설정되었다고 했다. 그리고 문단의 개념 알기, 문단의 구성 원리 알기, 중심 문장과 뒷받침 문장이 무엇인지 알기, 중심 문장과 뒷받침 문장과의 관계 알기, 이러한 지식을 바탕으로 문단을 짜임새 있게 쓰기 등에 대한 학습을 의도하고 있으며, 하나의 문단에는 하나의 중심 내용만 있어야 하고, 나머지 내용들은 모두 중심 내용과 관련을 맺어야 한다는 것을 인식시킬 수 있도록 학습 활동을 계획하라고 안내하고 있다.

그런데 교과서에서는 1차시에 문단의 중심 문장과 뒷받침 문장에 대해 알아보기를, 2차시에 중심 문장과 뒷받침 문장이 자연스럽게 이어지게 글쓰기를, 3차시에는 중심 문장과 뒷받침 문장이 자연스럽게 이어지도록 글 고쳐 쓰기를 하도록 되어 있다. 교육과정에서 의도한 바탕 지식은 하나밖에 없음을 알 수 있다. 1차시 활동에서 '문단'이라는 말이 뜻매김 없이 바로 나온다. 그리고 중심 문장과 뒷받침 문장의 구실을 설명하고 있는데, 이 설명에 조금만 보태면 나머지 지식들도 충분히 설명이 가능한데 왜 그렇게 했는지 알 수 없다.

(6)의 경우 4-읽-(4)와 관련이 있으며, 교사용 지도서에는 읽-4-2-3과, 말·듣·쓰-4-2-3에 반영되었다고 설명하고 있다. 교육과정에서 "알맞은 제목을 붙여 글을 쓴다"라고 진술하고 있는데, 이처럼 쓰기와 직접 관련한 대단원 목표나 차시 활동이 없다. 교육과정 의도와 비교해 볼 때 수긍이 가기는 하나 읽-4-2-3을 말·듣·쓰-4-2-3과 관련시키지 말고 차라리 이 내용과 관련하여 대단원 목표를 진술하고 차시 활동 내용도 진술했다면 더 효과적이라 생각된다.

교육부(1999 : 85~86)에서는 이 내용이 알맞은 제목을 붙일 수 있는 학생들이 글의 중심 생각과 중심 글감에 대해 잘 알게 되어 전체적으로 안정된 글을 쓸 수 있다는 점을 중시하여 설정되었다고 했다. 그리고 글에서의 제목의 역할 알기, 제목의 중요성 알기, 글의 종류에 따라 알맞은 제목 붙이는 방법 알고 제목 붙이기, 제목의 적절성 파악하기 등에 대한 학습을 의도하고 있으며, 글을 쓸 때 글에 알맞은 제목을 붙이는 것이 왜 중요한지 인식시키고, 글의 종류에 따라 제목을 달리 붙일 수 있도록 학습 활동을 계획하라고 안내하고 있다. 그런데 교과서를 보면, 읽-4-2-3에서는 글을 읽고 제목 붙이기 활동이 주로 이루어지고 있는데, 바탕 지식과 관련하여 제목의 구실만을 다루고 있고 나머지는 다루고 있지도 않다. 그리고 나머지 활동은 알리는 글에 한정하여 제목 붙이기 활동을 하고 있으니, 읽-4-2-3은 이 내용을 반영했다고 하면 옳지 않다. 또 말·듣·쓰-4-2-3이 "알리려고 하는 내용이 잘 드러나게 글을 쓸 수 있다"라는 대단원 목표 아래 소단원 1에서는 쓰기 과정에 대한 내용을 다루고 있고, 소단원 2에서는 쓰기 과정에 따라 신문에 실을 기삿거리를 정하고 기사 쓰는 활동을 하도록 되어 있다. 신문 기사를 쓰는 활동 가운데 제목 붙이기 활동을 하도록 되어 있다. 교과서에 직접 제목과 관련한 다른 내용은 없고 교사용 지도서(181쪽)의 교수·학습 과정 마지막에 "제목은 읽는이에게 제일 먼저 눈에 띈다는 면에서 중요함을 인식시키고, 간결하면서도 내용이 잘 드러나는 문구를 만들도록 한다"라고 언급하고 있다.

이를 볼 때 이 내용은 상당히 축소되어 반영되었음을 알 수 있다.

(7)의 경우 대단원 목표나 차시 목표에 반영되지 않고 차시 내에서 부분적으로 다루고 있다. 교육부(1999 : 86)에서는 이 내용이 교정 부호를 사용하여 틀린 부분을 고쳐 쓸 수 있는 학생들이 고쳐 쓰기를 체계적이고도 효율적으로 할 수 있음을 중시하여 설정되었다고 했다. 그리고 교정 부호의 개념 알기, 교정 부호의 종류와 쓰임 알기, 교정 부호의 필요성 알기, 이런 지식을 바탕으로 교정 부호를 사용하여 쓴 글 고쳐 쓰기 등에 대한 학습을 의도하고 있으며, 교정 부호 사용의 효율성을 높일 수 있도록 학습 활동을 계획하라고 안내하고 있다.

그런데 교과서에서는 말·듣·쓰-4-1-3-2-3 활동 마지막에 고쳐 쓰기와 관련하여 이 내용을 다루고 있다. 교육과정 의도와 비교해 볼 때 상당히 축소되어 반영되었다고 하겠다. 그리고 이 한 가지 활동으로 학습 목표가 이루어질 수 있을지 의문이 든다.

교사용 지도서 4-2 말하기·듣기·쓰기 단원 학습 목표 및 학습 내용 요소의 수준과 범위에 보면 말·듣·쓰-4-2-3에도 이 내용이 반영되어 있는 것으로 설명하고 있다. 하지만 교과서 내용을 보면 그렇지 않음을 알 수 있다. 말·듣·쓰-4-2-3에 보면 소단원 1에서 쓰기 과정을 익히는 내용에서 '고쳐 쓰기' 단계와 관련하여 '글에서 잘못된 부분을 고쳐 쓴다'는 내용이 나오고 옆에 원고지에 교정 부호를 써서 고친 그림이 나온다. 그리고 그 뒤에도 쓰기 과정에 따라 글을 쓰는 활동을 하면서 글을 고쳐 쓴다는 언급이 나오기는 한다. 하지만 교정 부호를 사용하는 내용은 나오지 않는다. 따라서 이 설명도 잘못된 설명이라 하겠다.

(8)의 경우도 대단원 목표나 차시 목표에 반영되지 않고 차시 내에서 부분적으로 다루고 있다. 교육부(1999 : 86)에서는 이 내용이 컴퓨터를 이용하여 자신의 생각을 글로 쓸 수 있는 학생들이 정보화 사회에서 글쓰기를 효율적으로 수행할 수 있음을 중시하여 설정되었다고 했다. 그리고 컴퓨터로 글쓰기의 필요성 알기, 컴퓨터로 글쓰기의 장단점을 알기, 이런 지식을 바탕으로 컴퓨터로 글쓰기 등에 대한 학습

을 의도하고 있으며, 컴퓨터 앞에 앉아 자신의 생각을 직접 글로 쓸 수 있도록 학습 활동을 계획하라고 안내하고 있다. 그런데 교과서에는 말·듣·쓰-4-2-3-2 신문에 실을 기사 쓰기와 관련한 활동 9개 가운데 8에서 "모둠별로 쓴 기사를 모아 컴퓨터로 정리하여 우리 반 신문을 만들어 봅시다"라고 하는 부분이 나오는데 이것을 두고 이 내용을 반영한 것으로 보인다. 교육과정 의도와 비교할 때 상당히 축소되어 반영되었다고 하겠다.

(9)의 경우 교육과정 의도에 비추어 볼 때, 반영되지 않았다. 교육부(1999 : 87)에서는 이 내용이 능동적으로 글을 쓰는 태도를 지닌 학생들이 변화하는 쓰기 상황에 효과적으로 대응할 수 있다는 점을 중시하여 설정되었다고 했다. 그리고 쓰기의 장단점 알기, 쓰기의 필요성 느끼기, 쓰기의 좋은 점 체험하기 등에 대한 학습을 의도하고 있으며, 스스로의 필요에 의해 자발적으로 글을 쓸 수 있는 태도를 기를 수 있도록 학습 활동을 계획하라고 안내하고 있다.

그런데 교과서 대단원 목표나 차시 활동 내용을 보면 이와 관련된 내용이 없다. 교사용 지도서 4-1, 4-2 말하기·듣기·쓰기 단원 학습 목표 및 학습 내용 요소의 수준과 범위에 보면 말·듣·쓰-4-1-4, 말·듣·쓰-4-1-5, 말·듣·쓰-4-2-1, 말·듣·쓰-4-2-2에 이 내용이 반영되어 있는 것으로 설명하고 있다. 하지만 자세히 살펴보면 이와 관련된 내용이 하나도 없다. 각각 대단원 교수·학습 계획에는 이 내용이 대단원의 근거가 되었다고 밝히고 있다. 하지만 능동적인 글쓰기 태도가 가만히 두어도 길러지는 것이 아닌데 왜 이런 설명을 하고 있는지 알 수가 없다.

### 3.2.5. 4학년 국어지식 영역 분석

4학년 국어지식 영역을 분석한 결과를 표로 보이면 [표 5]와 같다.

4학년 듣기 지도 내용 5개 가운데 4개(80%)가 교과서에 반영되었고, 나머지 1개(20%)가 반영되지 않았다. 반영 방식을 보면 4개 가운데 3

[표 5] 4학년 국어지식 영역 분석표

| 교육과정 내용 | 교과서 내용 | 비고 |
|---|---|---|
| (1) 용언의 기본형을 안다. | 읽-4-2-3-1-1 | 직접<br>차시<br>진술·내용 바꿈 |
| (2) 문장의 종류를 안다. | 말·듣·쓰<br>-4-1-4-2 | 직접<br>진술·내용 바꿈<br>소단원 |
| (3) 어휘의 개념을 안다. | | 미반영 |
| (4) 낱말과 낱말 사이의 유의 관계, 반의 관계, 하의 관계를 안다. | 읽-4-2-3-2-5, 6 | 직접<br>진술 바꿈<br>차시(2) |
| (5) 문화유산인 우리말과 우리글을 소중히 여기 는 태도를 지닌다. | 읽-4-2-1<br>더 나아가기(9차시) | 차시<br>간접 |

개(75%)가 직접 반영되었고, 1개(25%)는 간접 반영되었다. 반영 수준을 보면 4개 가운데 1개(25%)가 소단원 수준으로, 2개(50%)가 차시 수준으로, 1개(25%)가 2차시 수준으로 반영되었다. 내용 변형 방식을 보면, 직접 반영된 것 3개 가운데 2개(67%)가 진술과 내용이 바뀌어서 반영되었고, 1개(33%)가 진술만 바뀌어 교과서에 반영되었다. 좀 자세히 살펴보면,

(1)의 경우 읽-4-2-3-2-1에 직접, 진술과 내용이 바뀌어 차시수준으로 반영되었다. 교육과정에서는 "용언의 기본형을 안다"라고 진술했는데, 교과서에서는 "모양이 바뀌는 낱말을 국어사전에서 찾는 방법을 알아봅시다"라고 되어 있다. 교육과정에서는 목표가 '용언의 기본형 알기'였는데, 교과서에서는 '기본형을 알고 국어사전에서 찾기'가 목표가 되었다. 진술도 바뀌었고, 내용도 바뀌었다고 할 수 있다.

교육부(1999 : 88)에서는 이 내용이 용언의 기본형을 아는 학생들이 국어사전에서 용언을 잘 찾을 수 있다는 점을 중시하여 설정되었다고 했다. 그리고 용언의 개념 알기, 기본형의 개념 알기, 활용의 개념 알기, 우리말 활용의 여러 종류 알기 등에 대한 학습을 의도하고 있으며, 국어사전을 자유롭게 활용할 수 있는 능력을 기를 수 있도록

학습 활동을 계획하라고 안내하고 있다.

그런데 교과서를 보면 낱말에 모양이 바뀌지 않는 낱말과 모양이 바뀌는 낱말이 있는데 모양이 바뀌는 낱말은 변하지 않는 부분에 '-다'를 붙인 낱말을 찾아야 한다고 설명한 다음 각각에 해당하는 낱말을 찾는 활동을 하고 있다. '용언'이니 '기본형'이니 '활용'이니 하는 용어가 4학년 수준에 맞지 않다고 여겨 쉬운 말로 바꾸어 설명하고 있는 것으로 해석된다. 교육과정에서 수준 파악이 되지 않은 것을 교과서가 잘 보완해 준 것으로 보인다.

교육과정 의도와 비교해 볼 때 상당히 내용이 축소되었지만 해당 학년 수준에 맞춘 긍정적인 축소라고 생각한다. 하지만 한 가지 [4-읽-(2)]와 관련하여 같은 단원에서 함께 지도하는 것이 더 효과적일 것이라 생각한다. '읽-4-1-3'이 주제 파악하는 활동과 국어사전 찾기 활동이 합쳐져 대단원을 이루고 있는데, 이 내용과 합쳐서 대단원을 이루는 것이 연관성 있는 내용을 학습함으로써 더 효과적일 것이라 생각하기 때문이다.

(2)의 경우 말·듣·쓰-4-1-4의 대단원 목표 둘 가운데 하나로 직접, 진술과 내용이 바뀌어 소단원 수준으로 반영되었다. 교육과정에서는 "문장의 종류를 안다"라고 진술했는데, 교과서에서는 "여러 종류의 문장을 사용하여 글을 쓸 수 있다"라고 되어 있다. 교육과정에서는 목표가 '문장의 종류 알기'였는데, 교과서에서는 '여러 종류의 문장 사용하여 글쓰기'가 목표가 되었다. 진술도 바뀌었고, 내용도 바뀌었다고 할 수 있다.

교육부(1999 : 88~89)에서는 이 내용이 문장의 종류를 아는 학생들이 다양한 유형의 문장을 만들어 낼 수 있다는 점을 중시하여 설정되었다고 했다. 그리고 문장의 개념 알기, 문장의 종류 알기, 종류에 따른 문장의 특징 알기, 문장의 종류 구별하는 방법 알고 문장의 종류 구별하기 등에 대한 학습을 의도하고 있으며, 여러 종류의 문장의 기능을 알고 문장을 만들 때에 이를 활용할 수 있도록 학습 활동을 계획하라고 안내하고 있다.

그런데 교과서에서는 1차시에 문장의 종류 알아보기를, 2차시에 여러 종류의 문장을 넣어 글 완성하기를, 3차시에 여러 종류의 문장을 알맞게 사용하여 편지 쓰기 활동을 하도록 되어 있다. 교육과정에서는 주로 문장의 개념과 종류, 특징, 구별법, 기능 알기 등 지식 중심의 활동을 의도하고 있으나, 교과서에서는 글쓰기에 중심을 두고 있음을 알 수 있다. 교육과정보다 더 심화시켜 반영했다고 할 수 있다. 하지만 교육과정에서 의도한 내용은 문장의 종류 알아보기 하나밖에 없다.

여기서 교사용 지도서에서 보인 바람직한 것 하나를 짚고 넘어 가겠다. 교육인적자원부(2004 : 222)를 보면 소단원의 특성 가운데 다음과 같은 것이 있다.

> 교육과정에서는 문장의 종류와 종류별 특징, 개념 알기와 같은 국어지식을 익히는 데 그 중점이 있으나, 대단원의 성격에 맞추어 국어지식을 바탕으로 친교적인 상호 작용 활동이 되도록 구성하였다

이처럼 교육과정의 의도와 다르게 교과서를 만들 경우 왜 그렇게 했는지 까닭을 밝히고 있다. 이렇게 친절하게 설명을 해주면 교사들이 교육과정과 교과서를 이해하는 데 도움이 되고, 지도하는 데도 많은 도움이 될 것이다.

(3)의 경우 교사용 지도서 4-2 읽기 단원 학습 목표 및 학습 내용 요소의 수준과 범위에는 읽-4-2-3에 반영되어 있는 것으로 설명하고 있다. 대단원 교수·학습 계획에도 이 내용을 근거로 해당 단원을 마련했다고 밝히고 있다. 하지만 교과서에는 반영되지 않았다.

교육부(1999 : 89)에서는 이 내용이 어휘의 개념을 아는 학생들이 어휘력을 확장시킬 가능성이 더 높다는 점을 중시하여 설정되었다고 했다. 그리고 어휘의 개념 알기, 낱말의 개념 알기, 어휘와 낱말의 차이점 알기, 어휘력을 확장할 수 있는 방법 알기 등에 대한 학습을 의도하고 있으며, 우리말 어휘의 특징을 알고, 이를 활용해 어휘력을

확장할 수 있도록 학습 활동을 계획하라고 안내하고 있다. 하지만 이 내용과 관련한 내용이 교과서 어디에서도 찾아 볼 수 없다. 반영되어 있지 않은 것을 반영되었다고 하는 것은 바로 잡아야 할 것이다.

(4)의 경우 읽-4-2-3-2-5, 6차시 활동으로 직접, 진술이 바뀌어 2차시 수준으로 반영되었다. 교육과정에서는 "낱말과 낱말 사이의 유의 관계, 반의 관계, 하의 관계를 안다"라고 진술되어 있는데, 교과서에서는 "낱말 사이의 관계에 대해서 알아봅시다"라고 진술되어 있다. 교육과정에서 유의 관계, 반의 관계, 하의 관계라고 구체적으로 밝힌 반면, 교과서에서는 그냥 '관계'로 싸잡아 진술한 것이 다르고 '지식' 관련 목표는 바뀌지 않고 진술만 바뀌었다고 할 수 있다.

교육부(1999 : 89~90)에서는 이 내용이 낱말과 낱말 사이의 여러 관계를 아는 학생들이 어휘력을 확장하는 속도가 빠르다는 점을 중시하여 설정되었다고 했다. 그리고 유의, 반의, 하의 관계의 개념 알기, 유의 관계와 반의 관계를 구별하는 기준 알기 등에 대한 학습을 의도하고 있으며, 낱말과 낱말 사이의 관계를 이용하여 어휘력을 확장할 수 있도록 학습 활동을 계획하라고 안내하고 있다.

기본 활동으로 유의, 반의, 하의 관계가 성립하는 낱말들을 찾아봄으로써 낱말과 낱말 사이의 관계를 구별할 수 있는지 확인해 보도록 하고, 심화 활동으로 유의, 반의, 하의 관계가 성립하는 낱말들을 이용하여 짧은 글을 써 봄으로써 낱말과 낱말 사이의 관계를 이용하여 어휘력을 확장시키는 활동임을 안내하고 있다.

교과서에서는 "낱말 사이의 관계에 대해서 알아봅시다"라는 주제 아래 2차시에 걸쳐 학습하도록 되어 있다. 낱말 사이의 관계를 설명하는 한 편의 글을 통해 각각의 관계를 알도록 되어 있다. 한 가지 바람직한 것은 교육과정에서는 '유의 관계, 반의 관계, 하의 관계'라는 용어를 썼는데 교과서에서는 '뜻이 서로 비슷한 말, 뜻이 서로 반대되는 말, 다른 낱말의 뜻을 포함하거나 다른 낱말의 뜻에 포함되는 낱말'로 바꾸어 표현하고 있다. 초등학교 4학년 학생들의 수준에 맞게 용어를 쉽게 풀어서 설명한 것은 바람직한 것이라 하겠다.

(5)의 경우도 대단원 목표나 차시 활동 내용으로 반영되지 않았다. 교육부(1999 : 90)에서는 이 내용이 문화유산인 우리말과 우리글을 소중히 여기는 태도를 지닌 학생들이 우리말을 보존, 계승, 발전시킬 수 있다는 점을 중시하여 설정되었다고 했다. 그리고 말과 글이 문화유산임을 알기, 우리말과 우리글이 소중함을 깨닫기, 우리말과 우리글을 보존, 계승, 발전시키려면 어떻게 해야 할지를 알고 실천하기 등에 대한 학습을 의도하고 있으며 문화유산으로서 우리말과 우리글의 존재를 자각하고 이를 바탕으로 우리말과 우리글을 아끼고 널리 쓸 수 있도록 학습 활동을 계획하라고 안내하고 있다. 하지만 대단원, 소단원은 말할 것도 없고, 기본 차시 활동 가운데 하나로도 반영되지 않았다. 읽-4-2-1 더 나아가기 두 번째에 이 내용과 관련된 글이 한 편 실려 있다. 이 차시의 목표가 "글쓴이의 주장을 알아보고, 내 의견을 말할 수 있다"이다. 이 목표를 달성하기 위해 '우리말 살리기'라는 글이 사용되었다. 다른 학년, 다른 단원에서는 '더 나아가기' 활동을 가지고 교육과정 내용을 반영했다고 말한 경우가 없었다. 하지만 유일하게 이 내용만 '더 나아가기'에 반영되어 있다. 교육과정 의도를 보면 하나의 대단원을 마련해도 모자랄 성 싶은데, 왜 이렇게 축소 반영했는지 그 까닭을 알 수가 없다.

### 3.2.6. 4학년 문학 영역 분석

4학년 문학 영역을 분석한 결과를 표로 보이면 [표 6]과 같다.

4학년 문학 지도 내용 6개 가운데 5개(83%)가 교과서에 반영이 되었고, 1개(17%)가 반영되지 않았다. 반영 방식을 보면 5개 가운데 모두(100%)가 직접 반영되었다. 반영 수준을 보면 1개(20%)가 대단원 이상 수준으로, 1개(20%)가 대단원 수준으로, 1개(20%)가 소단원 수준으로, 2개(40%)가 차시내 수준으로 반영되었다. 내용 변형 방식을 보면, 직접 반영된 것 5개 가운데 4개(80%)가 진술과 내용이 바뀌어서, 1개(20%)가 진술만 바뀌어서 교과서에 반영되었다. 좀 자세히 살펴보면,

[표 6] 4학년 문학 영역 분석표

| 교육과정 내용 | 교과서 내용 | 비고 |
|---|---|---|
| (1) 작품의 구성 요소를 안다. | 읽-4-1-2<br>읽-4-2-4 | 간접<br>차시내<br>직접<br>대단원<br>진술·내용 바꿈 |
| (2) 작품의 구성 요소를 통하여 주제를 파악한다. | 읽-4-2-2 | 직접<br>진술·내용 바꿈<br>대단원 |
| (3) 작품의 구성 요소를 창조적으로 재구성한다. | 읽-4-1-2 | 직접<br>진술 바꿈<br>소단원 |
| (4) 작품에 나타난 인물의 삶의 모습을 이해한다. | 읽-4-1-5-1 | 직접<br>진술·내용 바꿈<br>차시내 |
| (5) 작품에 나오는 인물의 사고방식을 이해한다. | 읽-4-1-5 | 직접<br>진술·내용 바꿈<br>차시내 |
| (6) 읽은 작품에 대해 독서록을 작성하는 태도를 지닌다. | | 미반영 |

(1)의 경우 교과서 대단원 목표나 차시 활동 내용으로 직접 반영되지는 않았다. 교육부(1999 : 91)에서는 이 내용이 작품을 이루는 구성 요소를 통합적으로 고려하면서 작품의 전체적인 구조를 파악할 수 있도록 하기 위한 목적으로 설정되었다고 했다. 그리고 동시, 동화, 소설, 극본의 구성 요소 파악하기, 작품의 구성 요소들이 작품에서 각각 어떤 관련이 있는지 파악하기 등의 학습 요소를 담고 있다. 또 이야기 읽고 인물, 사건, 배경을 파악하여 말하기, 인물의 성격을 말과 행동을 통해, 파악하여 말하기, 사건의 전개 과정을 순서대로 정리하기, 이야기에 제시된 배경을 파악하여 말하기, 동시를 낭독하며 행과 연, 운율, 분위기 등을 파악하여 말하기 등의 학습 활동이 있음을 안내하고 있다.

하지만 교과서 대단원 목표나 차시 활동에는 교육과정에서 학습 요소나 학습 활동의 보기로 안내한 것들과 관련된 것들만이 있다. 교사용 지도서 4-1, 4-2 읽기 단원 학습 목표 및 학습 내용 요소의 수준과 범위에 읽-4-1-2, 읽-4-2-4에 이 내용이 반영되어 있다고 설명하고 있다. 읽-4-1-2은 "이야기를 읽고, 이어질 이야기를 상상하여 말할 수 있다", "시를 읽고 시의 일부를 바꾸어 표현할 수 있다"라는 대단원 목표 아래 소단원 1에서는 이야기에 이어질 내용 상상하여 말하기 활동을 하고 있고, 소단원 2에서는 시와 줄글의 다른 점을 알고 시의 일부를 바꾸어 표현하는 활동을 하도록 되어 있다. 소단원 2는 [4-문-(2)]와 관련된 것이라 하겠고, 소단원 1을 보면 1차시 교사용 지도서 교수·학습 과정에 '사건의 흐름을 중심으로 내용을 알아보기'라는 내용이 있다. 그리고 2차시 교수·학습 과정에 교과서 삽화 보며 내용 말하기와 관련하여 "교사는 학생들이 인물, 배경, 사건을 중심으로 말할 수 있도록 발문하도록 한다"라고 강조를 하고 있다. 또 '이야기의 주요 구성 요소 알아보기'활동을 하도록 되어 있다. 이것을 두고 이 내용을 반영한 것이라고 설명을 하고 있는 듯하다. 하지만, 이것은 '이 내용을 반영했다'라기보다 이 내용을 배운 다음 해야 할 심화 활동이라 하겠다. 왜냐하면 작품의 구성 요소를 알고 있어야 위의 활동을 할 수 있기 때문이다. 따라서 여기서는 이 내용을 이야기에 한정하여 축소하면서 심화시켰다고 보면 되겠다.

읽-4-2-4에는 "시에서 되풀이되는 말이나 글자 수가 일정하게 반복되는 말이 주는 느낌을 살려 시를 낭송할 수 있다", "이야기를 읽고 인물의 성격을 말할 수 있다"라는 두 개의 대단원 목표가 있다. 소단원 1에서는 앞의 대단원 목표와 관련한 활동을 소단원 2에서는 뒤의 목표와 관련한 활동을 하도록 되어 있다. 교과서 내용만을 놓고 보면 소단원 1이 시의 운율을 알도록 하는 활동이라 할 수도 있으므로 이 내용을 축소 심화시켜 반영했다고 할 수 있다.

하지만 해당 단원의 교사용 지도서(246쪽)를 보면 아니라는 것을 알 수 있다. 대단원 교수·학습 계획에 보면 해당 대단원이 "운율을 살려 시를 읽는 활동을 통해 시가 지닌 음악성을 맛보고, 글속 인물의 성격을 파악하는 활동을 통해 문학 감상의 기본 바탕을 마련하도록 하기 위해 설정하였다"고 밝히고 있다. 그렇게 해 놓고는 그 아래에 대단원의 근거를 이루는 교육과정 내용은 이 내용이라 밝히고 있다. 앞뒤가 맞지 않는 설명이다. 분명히 목표를 달리 하고 있다는 것을 알 수 있다. 교육과정에서는 작품의 구성 요소를 알도록 하는 것이 목표였는데, 교과서에서는 문학 감상 능력이 목표라는 것이다. 물론 교육과정에서 보여준 활동이 있기는 하다. 소단원 1에서는 운율을 살려 낭송하려면 운율을 파악해야 한다. 소단원 2에서는 인물의 성격을 파악하는 활동이 있기는 하다. 따라서 교사용 지도서의 설명을 보지 않는다면 이 내용은 교육과정에서 안내한 활동 하나의 일부를 가지고 하나의 소단원을 만들었고, 또 하나를 가지고 하나의 소단원을 만들어 놓았다. 교육과정 내용을 엄청 축소하여 심화시켰다고 하겠다.

(2)의 경우 읽-4-2-2 대단원 목표에 직접, 진술이 바뀌어 대단원 수준으로 반영되었다. 교육과정에서는 "작품의 구성 요소를 통하여 주제를 파악한다"라고 진술되어 있는데 교과서에서는 "시나 이야기를 읽고, 주제를 말할 수 있다"라고 진술되어 있다. 교육과정에서는 '구성 요소를 통한 주제 파악하기'에 목표가 있었는데, 교과서에서는 '주제 말하기'에 목표를 두고 있음을 알 수 있다. 진술이 바뀌면서 내용도 달라졌음을 알 수 있다.

교육부(1999 : 91~92)에서는 이 내용이 작품의 구성 요소를 토대로 하여 작가가 작품을 통하여 말하고자 하는 중심 생각인 주제를 파악할 수 있는 능력을 기르기 위한 목적으로 설정되었다고 했다. 그리고 학습 요소와 학습 활동은 [4-문-(1)]과 관련지어 지도하되, 작품의 구성 요소를 종합적으로 고려하여 작가가 작품을 통해 말하고자 하는 주제를 파악하도록 하라고 안내하고 있다. 교육과정에서는 분명히 구성 요소를 토대로 하여 주제 파악하기를 강조하고 있다. 그런데 교과서를 보면, 소단원 1에서 시의 주제 찾기 활동을 하도록 되어 있다. 하지만 1차시에는 시에 나타난 글감을 통해, 2~3차시에는 글쓴이의 생각을 바탕으로 주제 파악하기 활동을 하도록 되어 있다. 그리고 마지막에 시의 주제 아는 방법을 정리하면서 '시에 나타난 글쓴이의 경험이 무엇인지 알아본다', '글쓴이의 중심 생각을 알아본다', '나의 느낌과 생각을 정리한다', '떠오른 장면을 생각한다' 등을 보이고 있었다. 이는 시의 구성 요소와는 거리가 있는 것으로 이 내용을 반영했다고 보기는 어렵다. 시의 주제를 파악하는 방법이 여러 가지가 있다고 할 때 교육과정에서는 구성 요소(행, 연, 운율, 분위기)를 바탕으로 찾는 방법을 익히도록 의도했으나, 교과서에서는 다른 방법을 써서 파악하도록 하고 있다.

소단원 2에서는 인물의 특성과 사건의 내용 등 이야기 구성 요소를 통해 주제를 찾도록 하고 있으므로 이 내용을 제대로 반영하고 있다고 하겠다.

교사용 지도서를 보면 이 대단원에 [4-읽-(3)]이 같이 반영되었다고 되어 있는데, 교육과정 의도와 비교해보면, 소단원 1이 글감을 바탕으로 주제를 파악하는 등 [4-읽-(3)]과 가깝다고 할 수 있다.

(3)의 경우 읽-4-1-2 두 개의 대단원 목표 가운데 하나로 직접, 진술이 바뀌어 소단원 수준으로 반영되었다. 교육과정에는 "작품의 구성 요소를 창조적으로 재구성한다"라고 진술되어 있는데, 교과서에는 "시를 읽고, 시의 일부를 바꾸어 표현할 수 있다"라고 진술하고 있다. '작품의 구성 요소'라고 했을 때는 그 범위가 상당히 넓은데, '시'로 한정하여 축소했음을 바로 알 수 있다.

교육부(1999 : 92)에서는 이 내용이 작품의 초보적인 창작 능력을 기르기 위한 목적으로 설정되었다고 했다. 그리고 작품의 구성 요소 파악하기, 작품이 구성 요소를 중심으로 주제 파악하기, 이야기의 사건 전개 과정 파악하기, 동시의 정경 파악하기, 인물의 말과 행동 등을 바꾸어 쓰기, 이야기의 배경을 바꾸어 쓰기, 이야기의 사건 전개 양상을 바꾸어 보기, 동시의 연이나 행 일부를 바꾸어 쓰기 등의 학습 요소를 담고 있다고 했다. 또, 작품을 읽고 작품의 구성 요소를 파악하여 말하기, 작품의 주제를 파악하여 말하기, 동화, 소설, 극본 등을 읽고 사건의 전개 과정 파악하여 말하기, 동시의 정경을 파악하여 말해보거나 그림 그리기, 인물의 성격을 달리하여 쓰기, 이야기의 시간적 배경이나 공간적 배경을 바꾸어 쓰기, 이야기의 사건 전개 양상의 일부분을 바꾸어 쓰고 어떻게 사건이 달라졌는지 말하기, 동시의 연이나 행 일부를 바꾸어 쓰고, 작품의 정경이나 분위기가 어떻게 달라졌는지 말하기 등의 학습 활동을 안내하고 있다. 이처럼 여러 가지 학습 요소와 학습 활동을 안내하고 있다.

그런데 교과서를 보면 시를 읽고 시의 일부를 바꾸어 표현하는 활동을 하고 있다. 이것만 놓고 보면 교육과정에서 보기로 든 학습 활동 가운데 '동시의 연이나 행 일부를 바꾸어 쓰기'를 반영하고 있다고 할 수 있다. 그리고 많은 내용 가운데 하나만을 반영했으므로 축소 반영했다고 할 수 있겠다.

글쓴이가 보기에 [4-문학-(1)~(3)]을 통합하여 하나의 대단원을 구성하면 효과적일 것이라 생각한다. 시와 이야기의 구성요소 알기, 구성 요소를 통한 주제 찾기 활동을 하고, 시나 이야기의 구성 요소 가운데 일부를 바꾸어 작품을 새롭게 써보는 활동을 하면 연계성 있는 학습이 이루어질 수 있을 것이라 생각한다.

(4)의 경우 읽-4-1-5-1에 직접, 진술과 내용이 바뀌어 차시내 활동 수준으로 반영되었다. 교육과정에는 '작품에 나타난 인물의 삶의 모습을 이해한다'라고 했는데 해당 교과서 대단원 목표에는 '이야기를 읽고 인물의 생각과 한 일을 관련지어 말할 수 있다'라고 진술하고 있다. '작품'을 '이야기'로, '삶의 모습'을 '말과 행동'으로 바꾸었다. 또 '이해한다'는 것을 '관련지어 말할 수 있다'라고 진술함으로써 목표 행동을 바꾸어 놓았다. '이해'한 것을 드러내는 방법으로 '말하기'를 택했다고 하겠다.

교육부(1999 : 93)에서는 이 내용이 작품에 등장하는 인물의 삶의 모습이 작품의 배경이 되는 시대적 상황과 관련됨을 인식시키기 위한 목적으로 설정되었다고 했다. 그리고 이야기(동화, 소설, 극본)의 사건 전개 과정 파악하기 이야기의 시대적, 공간적 배경 파악하기, 등장인물의 성격 파악하기, 이야기의 주제 파악하기 등의 학습 요소를 담고 있으며, 이야기를 읽고 사건 전개 과정 파악하여 말하기, 이야기의 시대적, 공간적 배경 파악하여 말하기, 등장인물의 말과 행동으로 인물의 성격 파악하여 말하기, 이야기의 구성 요소를 중심으로 주제 파악하여 말하기 등의 학습 활동을 안내하고 있다. 기본 활동의 보기로 작품의 시대적 배경과 관련지어 등장인물의 삶의 모습에 대해 말하기를 보이고 있고, 심화 활동의 보기로 작품에 나오는 인물의 삶의 모습을 작품에 반영된 시대적, 문화적 상황과 관련지어 말하기를 보이고 있다.

그런데 반영된 것으로 보이는 해당 단원에서 보면 목표를 '인물의 생각과 한 일 알기'로 잡고 있고, 첫머리에 '시대나 환경에 따라 생각과 하는 일이 다르다'는 것과, '인물의 생각과 한 일은 말이나 행동을 살펴보면 알 수 있다'는 것을 안내하고 있다.

소단원 특성 안내에서도 1차시에 '정약용'을 읽고 말이나 행동을 통해 인물의 생각과 한 일을 알아보고 시대적 배경과도 관련지어 보는 활동을 제시했다고 했는데 실제 교과서에는 그런 활동이 없다. 소단원 특성 첫머리에 '이 소단원은 글을 읽고 인물의 생각과 한 일을 알아보는 학습으로 구성하였다'고 밝히고 있는 것을 보더라도 인물의 삶의 모습과 시대적 상황의 관련성을 인식시키려는 교육과정의 의도를 살리지 못하고 있음을 알 수 있다.

(5)의 경우 읽-4-1-5-1에 직접, 진술과 내용이 바뀌어 차시내 활동 수준으로 반영되었다고 할 수 있다. 교육과정에는 "작품에 나오는 인물의 사고방식을 이해한다"라고 진술되어 있는데, 교과서에는 "이야기를 읽고, 인물의 생각과 한 일을 관련지어 말할 수 있다"라고 진술되어 있다. '사고방식을 이해한다'라는 말이 초등학교 4학년 학생들이 이해하기 어려운 데 비해, '생각과 한 일을 관련짓는다'는 말은 훨씬 이해하기 쉬운 말이긴 하다. 또 교육과정에서는 인물의 사고방식 곧, 생각을 이해하는 것을 목적으로 했는데, 교과서에서는 생각과 한 일을 관련지어 말하는 것을 목표로 삼아 목표를 바꾸었다고 할 수 있다.

교육부(1999 : 93)에서는 이 내용이 작품에 등장하는 인물은 각각의 사고방식이 있음을 인식시키기 위한 목적으로 설정되었다고 했다. 그리고 작품에서 사건의 전개 과정 파악하기, 작품에 등장하는 인물의 성격 파악하기, 작품의 줄거리 파악하기, 작품의 주제 파악하기, 등장인물의 사고방식 파악하기 등의 학습 요소를 담고 있으며, 사건의 전개 과정 파악하여 말하기, 작품에 등장하는 인물의 말과 행동 등으로 인물의 성격 파악하기, 작품을 순서대로 간추려 줄거리 말하기, 작품의 구성 요소를 중심으로 주제 말하기, 등장인물의 사고방식(살아가는 방법이나 태도)에 대한 자신의 생각 말하기 등의 학습 활동을 안내하고 있다.

그런데 교과서에서는 1차시에 이야기 읽고 인물의 생각과 한 일 알아보기를, 2~3차시에 이야기를 읽고 인물의 생각과 한 일을 관련지어 말하기 활동을 하도록 되어 있다. 교육과정에서는 '인물마다의 생각이 다 다르다는 것을 아는 것'이 목표인데, 교과서에서는 '생각과 한 일을 관련지어 말하기'를 목표로 하고 있다. 그러다 보니 교과서에 '비둘기 구구'에서 나오는 인물들의 생각과 한 일을 정리하는 활동을 하지만, 교과서와 교사용 지도서 어디에도 사람마다 생각이 다 다르다는 것을 인식하도록 하는 데 도움이 되는 안내조차 없다. 이것을 보면 교육과정 의도와 교과서가 잘 맞지 않음을 알 수 있다.

그런데 교사용 지도서 4-1 읽기 단원 학습 목표 및 학습 내용 요소의 수준과 범위에 보면 (4)와 (5)가 읽-4-1-4, 읽-4-1-5에 모두 중복 반영되어 있는 것으로 설명하고 있다. 하지만 교육과정 내용의 설정 의도와 교과서 내용을 자세히 살펴보면 그렇지 않다는 것을 알 수 있다. 읽-4-1-4를 보면 대단원 목표 둘 가운데 하나가 "이야기를 읽고, 인물의 말과 행동에 대한 내 생각을 말할 수 있다"이다. 그리고 소단원 2에 이 목표가 반영되어 있다. 1차시에 보면 다음과 같은 설명을 하고 학습 활동을 하도록 되어 있다.

> 이야기에는 여러 인물이 나옵니다, 그런데 같은 상황에 처해 있는 경우에도 인물의 말이나 행동이 서로 다릅니다. 이는 이야기에 나오는 인물이 같은 대상이나 사건을 대하는 태도가 각기 다르고, 성격도 다르기 때문입니다. 그래서 이야기에 나오는 인물의 말이나 행동을 자세히 살펴보면 그

인물의 성격을 알 수 있습니다.

여기서 보면, 이 단원에서 인물의 말이나 행동을 비교해 보고 그것에 대한 생각을 말해 보는 활동을 하는 것은 인물의 성격 파악과 관련을 짓고 있음을 알 수 있다. 인물의 삶의 모습이나 사고방식을 이해하는 활동과 관련을 짓고 있지 않음을 알 수 있다. 위의 설명에 '생각'이란 말만 넣어 주어도 이 내용을 반영할 수 있을 것이다.

교육과정을 만드는 사람들은 그들의 의도를 구체적으로 똑똑히 밝혀주지 못했고, 교과서를 만드는 사람들은 교육과정을 반영해야 한다는 것에 신경을 쓰다 보니 억지스럽게 끼워 맞추는 듯한 느낌을 지울 수 없다.

사실 교육과정에서 (4)와 관련한 학습 활동으로 안내한 것 가운데 '등장인물의 말과 행동으로 인물의 성격 파악하여 말하기'가 나온다. 이것을 놓고 축소 반영한 것이라 할 수도 있으나, 여기서는 설정의도와 목표를 중심으로 따지고 있으므로 반영되지 않은 것으로 본다. 교육과정 해설을 하면서 지도 내용과 직접 관련이 되는 활동들을 안내해 주어야 하는데 여기서처럼 이것저것 여러 가지를 안내하다 보니 이런 문제가 생기기도 한다.

읽-4-1-5-1는 위의 (4)와 (5)를 통합하여 하나의 소단원으로 구성했다고 볼 수 있다. 하지만 실제로 둘 다 제대로 반영하지 못한 꼴이 되고 말았다.

(6)의 경우 교육부(1999 : 94)에서는 이 내용이 능동적으로 책을 찾아 읽고 독서록을 작성하는 습관을 기르도록 하기 위한 목적으로 설정되었다고 했다. 그런데 교과서에 이와 관련된 내용이 없다. 다만 이와 관련한 활동으로 읽-4-1-5-2에서 독후감 쓰기에 관한 활동을 하도록 마련되어 있다. 교사용 지도서에는 이 내용이 읽-4-1-5에 반영된 것으로 설명을 하고 있지만 엄연히 독서록과 독후감은 다른 것이므로 반영했다고 설명하는 것은 옳지 않다. 교육과정에서 '독후감'에 대한 내용을 제시하지 않고 '독서록'에 대한 내용을 제시한 까닭도 있을

것이고, 교과서에서 '독서록'이 아닌 '독후감'을 다루도록 한 까닭도 있을 것인데 그것을 확인할 길이 없다.

## 4. 분석결과 및 제언

### 4.1. 분석 결과 종합

7차 국어과 교육과정이 교과서에 반영되는 유형에 따라 초등학교 4학년을 분석한 결과를 종합하면 다음과 같다.

#### 4.1.1. 반영 정도 분석 결과

먼저, 4학년 내용의 반영 정도를 영역별로 분석한 결과를 표로 보이면 [표 7]과 같다.

7차 4학년 국어과 교육과정 내용 36 가운데, 25개(69%)가 교과서에 반영되었고, 11개(31%)가 반영되지 않았다. 영역별로 반영률을 살펴보면, 읽기가 5개 가운데 5개로 100%이고, 문학이 6개 가운데 5개로 83%이고, 국어지식이 5개 가운데 4개로 80%, 쓰기가 9개 가운데 7개로 78%, 말하기가 5개 가운데 3개로 60%, 듣기가 6개 가운데 1개로 17% 이다. 읽기 영역의 반영률이 가장 높고, 듣기 영역의 반영률이 가장 낮다.

[표 7] 4학년 내용 반영 정도 분석 결과표

| 반영 정도 \ 영역 | 듣기 (%) | 말하기 (%) | 읽기 (%) | 쓰기 (%) | 국·지 (%) | 문학 (%) | 합계 (%) |
|---|---|---|---|---|---|---|---|
| 미반영 | 5 (83) | 2 (40) | 0 (0) | 2 (22) | 1 (20) | 1 (17) | 11 (31) |
| 반영 | 1 (17) | 3 (60) | 5 (100) | 7 (78) | 4 (80) | 5 (83) | 25 (69) |
| 합계 | 6 (100) | 5 (100) | 5 (100) | 9 (100) | 5 (100) | 6 (100) | 36 (100) |

### 4.1.2. 반영 방식 분석 결과

4학년 내용의 반영 방식을 분석한 결과를 표로 보이면 [표 8]과 같다.

[표 8] 4학년 내용 반영 방식 분석 결과표

| 영역 / 반영 방식 | 듣기 (%) | 말하기 (%) | 읽기 (%) | 쓰기 (%) | 국·지 (%) | 문학 (%) | 합계 (%) |
|---|---|---|---|---|---|---|---|
| 간접 반영 | 0 (0) | 1 (33) | 0 (0) | 5 (71) | 1 (25) | 0 (0) | 7 (28) |
| 직접 반영 | 1 (100) | 2 (67) | 5 (100) | 2 (29) | 3 (75) | 5 (100) | 18 (72) |
| 합계 | 1 (100) | 3 (100) | 5 (100) | 7 (100) | 4 (100) | 5 (100) | 25 (100) |

7차 4학년 국어과 교육과정 내용 가운데 교과서에 반영된 것들은 모두 25개인데, 그 가운데 7개(28%)가 간접 반영되었고, 18개(72%)가 직접 반영되었다. 직접 반영 비율이 높음을 알 수 있다.

영역별로 살펴보면, 듣기, 읽기, 문학 영역에서 100% 직접 반영되었고, 말하기 영역은 반영된 3개 가운데 2개(67%)가 직접 반영되었고, 1개(33%)가 간접 반영되었다. 쓰기 영역은 반영된 7개 가운데 5개(71%)가 간접 반영되었고, 2개(29%)가 직접 반영되었다. 국어지식 영역은 반영된 4개 가운데 3개(75%)가 직접 반영되었고, 1개(25%)가 간접 반영되었다.

직접 반영률을 따지면 쓰기 영역이 29%로 가장 낮고 듣기, 읽기, 문학 영역은 100%로 가장 높음을 알 수 있다.

### 4.1.3. 반영 수준 분석 결과

다음은 반영된 내용의 반영 수준을 분석한 결과를 살펴보자. 분석 결과를 표로 보이면 [표 9]와 같다.

7차 6학년 국어과 교육과정 내용 가운데 모두 25개가 직·간접 반영되었는데, 그 가운데 1개(4%)가 대단원 초과 수준으로, 1개(4%)가 대단원(1) 수준으로, 1개(4%)가 소단원(3) 수준으로, 3개(12%)가 소단원(2) 수준으로, 10개(40%)가 소단원(1) 수준으로, 1개(4%)가 차시(2) 수준으로, 4개(16%)가 차시(1) 수준으로, 5개(20%)가 차시내 수준으로 반영되었다. 소단원(1) 수준으로 반영된 비율이 가장 높고, 차시내 수준의 반영 비율이 적지 않음을 알 수 있다. 이 지도 내용별 반영 수준의 격차는 지적하지 않을 수 없는 문제다.

영역별로 살펴보면, 듣기 영역은 소단원 수준으로 반영되었고, 말하기 영역은 3개 가운데 소단원(3), 소단원(1), 차시(1) 수준으로 하나씩 반영되었다. 읽기 영역은 5개 가운데 2개(40%)는 소단원(2) 수준으로 3개(60%)는 소단원(1) 수준으로 반영되었다. 쓰기 영역은 7개 가운데 3개(43%)가 소단원(1) 수준으로, 1개(14%)가 차시(1) 수준으로, 3개

[표 9] 6학년 내용 반영 수준 분석표

| 영역 / 반영 수준 | 듣기 (%) | 말하기 (%) | 읽기 (%) | 쓰기 (%) | 국·지 (%) | 문학 (%) | 합계 (%) |
|---|---|---|---|---|---|---|---|
| 대단원 초과 | | | | | | 1 (20) | 1 (4) |
| 대단원 (1) | | | | | | 1 (20) | 1 (4) |
| 소단원 (3) | | 1 (33.3) | | | | | 1 (4) |
| 소단원 (2) | | | 2 (40) | | | | 3 (12) |
| 소단원 (1) | 1 (100) | 1 (33.3) | 3 (60) | 3 (43) | 1 (25) | 1 (20) | 10 (40) |
| 차시 (2) | | | | | 1 (25) | | 1 (4) |
| 차시 (1) | | 1 (33.3) | | 1 (14) | 2 (50) | | 4 (16) |
| 차시내 | | | | 3 (43) | | 2 (40) | 5 (20) |
| 합계 | 1 (100) | 3 (100) | 5 (100) | 7 (100) | 4 (100) | 5 (100) | 25 (100) |

(43%)가 차시내 수준으로 반영되었다. 국어지식 영역은 4개 가운데 1개(25%)가 소단원(1) 수준으로, 1개(25%)가 차시(2) 수준으로, 2개(50%)가 차시(1) 수준으로 반영되었다. 문학 영역은 반영된 5개 가운데 1개(20%)가 대단원 초과 수준으로, 1개(20%)가 대단원(1) 수준으로, 1개(20%)가 소단원 수준으로, 2개(40%)가 차시내 수준으로 반영되었다.

상대적으로 문학 영역에서만 대단원 수준 이상으로 반영되었다. 쓰기와 문학 영역에서 차시내 수준으로 반영된 것이 각각 2개, 3개로 많이 나왔고, 문학 영역에서 차시내 수준부터 대단원 초과 수준까지 수준의 격차가 심하다는 것을 알 수 있다.

#### 4.1.4. 변형 방식 분석 결과

다음은 직접 반영된 내용의 변형 방식을 분석한 결과를 살펴보자. 분석 결과를 표로 보이면 [표 10]과 같다.

7차 4학년 국어과 교육과정 내용 가운데 모두 18개가 직접 반영되었다. 그 가운데 6개(33.3%)가 진술이 바뀌어서 반영되었고, 12개(66.7%)가 진술과 내용이 바뀌어서 반영되었다, 진술과 내용이 바뀌어서 반영된 비율이 더 높음을 알 수 있다.

영역별로 살펴보면, 듣기, 말하기 영역은 직접 반영된 내용이 모두 진술만 바뀌어 반영되었고, 쓰기와 문학 영역은 모두 진술과 내용이 바뀌어 반영되었다. 읽기 영역은 2개(40%)가 진술이 바뀌었고, 3개(60%)는 진술과 내용이 바뀌어 반영되었다. 국어지식 영역은 3개 가

[표 10] 6학년 내용 변형 방식 분석표

| 변형방식 \ 영역 | 듣기 (%) | 말하기 (%) | 읽기 (%) | 쓰기 (%) | 국·지 (%) | 문학 (%) | 합계 (%) |
|---|---|---|---|---|---|---|---|
| 진술 바꿈 | 1 (100) | 2 (100) | 2 (40) | | 1 (33) | | 6 (33.3) |
| 진술·내용 바꿈 | | | 3 (60) | 2 (100) | 2 (67) | 5 (100) | 12 (66.7) |
| 합계 | 1 (100) | 2 (100) | 5 (100) | 2 (100) | 3 (100) | 5 (100) | 18 (100) |

운데 1개(33.3%)는 진술만 바뀌어, 2개(67%)는 진술과 내용이 바뀌어 반영되었다.

### 4.2. 제 언

이제까지의 분석에서 지적한 몇 가지 문제점과 바람직한 방향을 간추려 제언하면서 글을 맺고자 한다.

첫째, 교육과정과 교과서를 분석해 보니 차시 활동으로 마련된 내용이 차시 활동으로 적절하지 않은 예가 있었다. 차시별 내용 마련을 할 때 차시 활동으로 가능한 분량인지 따져 볼 필요가 있겠다.

둘째, 듣기와 말하기 등 관련 영역의 내용을 통합해 놓은 경우도 있었지만, 경우에 따라 관련성이 없는 내용을 묶어서 대단원으로 만들어 놓기도 했다. 관련성 있는 내용을 통합해서 대단원을 만드는 것이 효과적일 것이다.

셋째, 학술 용어들을 학생들의 수준에 맞게 쉬운 말로 고쳐서 교과서에 제시한 경우가 있었는데 이런 노력이 더욱 확대되는 것이 바람직할 것이다.

넷째, 교육과정 내용이 교과서에 반영되지도 않았는데 반영된 것처럼 설명하거나 반영을 하지 않았으면서도 별다른 설명을 하지 않은 경우가 많았는데, 교사용 지도서에서 교육과정 의도와 다르게 교과서를 만들 경우 왜 그렇게 했는지 까닭을 밝혀두는 것이 바람직할 것이다.

이창수(2005)에서도 지적한 바와 같이 교육과정에 제시된 내용을 보면 겉으로 보기에 차이가 없다. 영역에 따라 중요도의 차이가 있는 것도 아니고, 내용상 중요도 차이도 드러나지 않는다. 그리고 반영 정도, 방식, 수준에 대한 기준이 있는 것도 아니다.

그런데 분석 결과, 반영 정도, 반영 방식, 반영 수준, 변형 방식 등에 있어 영역별 내용별로 크게 차이가 났다. 이처럼 반영 정도, 방식과 수준에 관한 지침이나 규정이 있는 것도 아닌데, 영역별 내용별 심한 차이를 보이는 것은 문제가 아닐 수 없다. 교육과정에 제시된 지도 내용을 비슷한 비중을 두는 것이 바람직할 것이다.

개정된 교육과정도 국가 수준에서 개정 작업을 했고, 교과서도 국가 수준에서 만들어 보급할 것이다. 교육과정을 '설계도'로 본다면 설계도답게 잘 만들었는지를 먼저 평가해야 할 것이고, 현실에 맞지 않다면 설계 변경을 해서라도 현장에 적용도도 높고 '설계도'에 충실한 교과서를 만들어야 할 것이다.

이 글이 교육과정이나 교과서, 교사용 지도서를 만드는 사람들에게 조금이라도 도움을 줄 수 있기를 바란다. 새로운 교과서가 나온 뒤에 이와 같은 지적이 되풀이되지 않도록 교육과정과 교과서를 만드는 사람들은 마음을 써야 할 것이다.

# 제4장
# 국어과 교육과정이 교과서에 반영되는 유형 4
: 2007년 개정 국어과 교육과정 1학년을 중심으로

## 1. 연구 목적

이 연구는 앞서 살펴본 국어과 교육과정 평가 실행 내용들에 이어서 2007년 개정 국어과 교육과정이 교과서에 반영되는 유형을 살펴보는 데 목적이 있다. 2007년 개정 국어과 교육과정 가운데 1학년 교육과정과 교과서를 분석 대상으로 하였다.

## 2. 2007년 개정 국어과 교육과정과 교과서 분석

### 2.1. 국어과 교육과정이 교과서에 반영되는 유형 범주화

앞선 연구들과 마찬 가지로 2007년 개정 국어과 교육과정 해설서와 교과서를 놓고, 하나하나 대조 분석하여 유형들을 범주화 하였다. 앞선 연구와 달리 반영되지 않은 내용이 하나도 없었다. 반영 방식은 다른 것이 없었지만, 반영 수준과 내용 변형 방식에는 차이가 있었다. 반영된 내용은 어느 교과서 어느 학기 어느 단원에 반영되었는지를 기호로 표시하였다. 보기를 들어, 듣기영역 첫 번째 내용이 듣기·

말하기 교과서 1학년 1학기 1단원에 반영되어 있으면 '듣·말-1-1-1'로 표시하였다. 유형들을 살펴보면 다음과 같다.

### 2.1.1. 반영 방식: 직접/간접

반영된 교육과정도 내용 반영 방식에 있어 차이를 보였다. 교육과정 내용이 교과서에 반영될 때, 교과서 단원 학습 목표에 반영된 것이 있고, 그렇지 않으면서 반영되어 있는 것이 있다. 앞의 경우는 '직접', 뒤의 경우는 '간접'으로 분류하여 분석표에 표시하였다.

### 2.1.2. 반영 수준: 차시

직접, 간접으로 교과서에 반영된 것들도 반영 수준에 있어 상당한 차이를 보였다. 무엇보다 듣기·말하기, 쓰기 교과서의 한 단원은 4차시 분량이고 읽기 교과서의 한 단원은 6차시 분량으로 이루어져 있어서 '단원'이라는 단위는 비교 단위로서의 의미가 없었다. 따라서 차시 분량을 표시하여 비교할 수 있도록 하였다.

### 2.1.3. 내용 변형 방식: 진술 바꿈/ 통합/확장/통합·확장

교육과정 내용이 교과서에 반영된 것들도 자세히 보면, 교육과정과 똑같이 교과서에 반영되는 경우는 없었다. 변형 방식은 크게 네 가지고 나눌 수 있었다. 교육과정 내용 진술과 교과서에 반영된 단원 학습 목표 진술이 약간 바뀐 경우, 두 가지 내용이 통합되어 하나의 단원을 이루는 경우, 성취 기준과 관련이 있지만 성취 기준의 내용을 넘어서는 확장 내용으로 단원을 구성하는 경우, 두 내용이 통합되었으면서 내용 또한 확장된 경우가 있었다. 그 각각의 경우 순서대로 '진술 바꿈', '통합 단원', '확장 단원', '통합·확장 단원'으로 분석표에 나타내었다. 그러한 것이 2개 이상일 때는 그 수를 ( ) 안에 표시하였다.

### 2.2. 교육과정이 교과서에 반영되는 유형에 따른 분석

여기서는 위에서 살펴본 반영 유형에 따라 2007년 개정 교육과정 내용 가운데 1학년 내용이 교과서에 반영되는 정도를 영역별로 분석해 보기로 하겠다.

분석 방법은 교육과정 내용과 교사용 지도서의 단원 개관, 교수·학습 과정 등을 보고, 그것이 반영된 관련 교과서 내용을 찾아 서로 비교하여 반영 방식, 반영 수준, 내용 변형 방식을 분석하였다. 분석한 결과를 영역별로 살펴보기로 하겠다.

#### 2.2.1. 1학년 듣기 영역 분석

1학년 듣기 영역을 분석한 결과를 표로 보이면 [표 1]과 같다.

1학년 듣기 영역 지도 내용 4개가 모두 교과서에 반영되었다. 반영 방식을 보면 2개(50%)가 직접, 2개(50%)가 간접 반영되었다. 반영 수준을 보면 3개(75%)가 2차시 수준으로, 1개(25%)가 8차시 수준으로 반영되었다. 내용 변형 방식을 보면, 진술만 바꾼 것이 1개, 통합 반영이 1개, 통합·확장 반영이 2개, 확장 반영이 1개이다. 자세히 살펴보면,

(1)의 경우 듣·말-1-1-6에 간접으로 [1-듣기-(3)]과 통합되어 성취 기

[표 1] 1학년 듣기 영역 분석표

| 교육과정 성취 기준 | 교과서 내용 | 비고 |
|---|---|---|
| (1) 여러 가지 소리를 구별하여 듣고 흉내 낸다. | 듣·말-1-1-6 | 간접<br>통합·확장 단원 |
| (2) 다른 사람의 말을 자연스러운 자세로 듣는다. | 듣·말-1-1-1 | 직접<br>통합 단원 |
| (3) 말의 재미를 느끼면서 시, 노래를 듣는다. | 듣·말-1-1-6 | 간접<br>통합·확장 단원 |
| (4) 인물의 모습을 상상하면서 이야기를 듣는다. | 듣·말-1-1-4<br>듣·말-1-2-7 | 직접<br>진술 바꿈<br>단원<br>확장 단원 |

준을 넘어선 내용으로 확대되어 단원 수준으로 반영되었다. 교육과정 성취 기준은 "여러 가지 소리를 구별하여 듣고 흉내 낸다"인데, 해당 교과서 단원 학습 목표를 보면 "흉내 내는 말의 뜻과 종류를 알고, 흉내 내는 말을 넣어 재미있게 말할 수 있다"라고 되어 있다. 교육과정에서는 '흉내 내기' 성취 기준을 제시하고 있는데, 단원 목표는 흉내 내는 말의 뜻과 종류 '알기'와 흉내 내는 말을 넣어 재미있게 말하는 '적용'까지 나아가 있다. 그러다 보니 차시 학습 문제도 1차시에 '여러 가지 흉내 내는 말 알기', 2차시 '흉내 내는 말 종류 알기', 3차시에 '노래 듣고 흉내 내는 말 찾아 다른 말로 바꾸기', 4차시에는 '흉내 내는 말을 바꾸어 노래 부르기'로 되어 있어 '성취 기준'과 거리가 있는 것이다. 왜 이렇게 되었는지 알 수 있는 설명이 있어야 될 것이다. 교육과정 성취 기준의 수준이 낮아 교과서 구현 과정에서 수준을 높인 것인지, 아니면 다른 성취 기준과 통합을 하다 보니 성취 기준이 달라진 것인지를 알 수 있도록 해야 할 것이다. 설계 변경을 하면서 설계 변경 이유를 밝히지 않는 것은 이해하기 어려운 일일 것이다.

교과서, 교사용 지도서 어디에도 학생들이 여러 가지 소리를 흉내 내는 걸 평가하도록 하는 내용도 없는 걸 보면 교육과정의 성취 기준이 교과서 구현 과정에서 무시되었다고 볼 수밖에 없다. 교육과정의 성취 기준과 의도와 비교해 볼 때 이 내용은 확장되어 반영되었다고 할 수 있다.

(2)의 경우 듣·말-1-1-1에 직접 진술이 바뀌어 [1-말하기-(1)]과 통합해서 단원 수준으로 반영되었다.

교육과정 성취 기준에는 "다른 사람의 말을 자연스러운 자세로 듣는다"라고 하고 있는데, 교과서 단원 학습 목표에는 "바른 자세로 듣고, 나를 자신 있게 소개할 수 있다"라고 진술하고 있다. 차시 학습 목표를 보면 1차시에 '바르게 듣는 자세 알아보기'를 2차시에 '자신 있게 말하는 방법 알아보기', 3~4차시에 '여러 사람 앞에서 소개하기'를 학습하도록 되어 있는데, 듣기, 말하기 두 내용을 통합해서 한 단원을 만든 것은 이해가 되나, 듣기관련 내용은 1차시 분량으로 3차시를 말하기 관련 내용으로 채운 것은 문제가 있다. 말하기보다 듣기 태도가 중요하다는 말만 할 것이라 아니라 실제 수업 시간에 듣기가 얼마나 중요한지 느끼게 하고, 바른 듣기 자세를 익히고 실제 바르게 듣는지를 평가해 보는 활동을 하려면 1차시로는 턱없이 모자란데 이렇게 교과서 구성을 한 것은 문제다.

교육과정 성취 기준에서 제시한 '자연스러운'이라는 표현과 교과서의 '바른'이라는 표현도 느낌이 다르고 뜻이 다른 말인데 이렇게 표현을 고친 이유도 알 수 있도록 하는 것이 좋을 것이라 생각한다.

(3)의 경우는 (1)에서 살펴본 것과 같다.

(4)의 경우 듣·말-1-1-4에 직접, 진술만 조금 바뀌어 단원 수준으로 반영되었고, 듣·말-1-2-7에 성취 기준을 넘어선 내용으로 확장되어 단원 수준으로 반영되어 있다. 교육과정 성취 기준은 "인물의 모습을 상상하면서 이야기를 듣는다"라고 되어 있는데, 교과서 듣·말-1-1-4 단원 학습 목표는 "인물의 모습을 상상하면서 이야기를 들을 수 있다"로 바꾸었다. 그 단원의 차시별 학습 활동을 보면 1차시에 '이야기 듣고 등장인물 알아보기'를, 2차시에 '인물 모습 상상하는 방법 알아보기'를, 3~4차시에 '이야기 듣고, 인물 모습 상상해 보기'를 하도록 마련되어 있다. 그런데 인물의 모습을 상상하면서 듣기 활동만으로 끝내는 것은 현실적으로 불가능한데, 이 단원의 활동을 이렇게 끝낸 이유를 알 수 없다.

듣·말-1-2-7 단원 학습 목표를 "이야기를 듣고, 인물의 모습을 상상하여 여러 가지 방법으로 표현할 수 있다"로 제시하고 있다. 그 단원 차시 학습 활동도 1차시에 '인물 모습 상상하는 방법 알아보기', 2차시에 '인물 모습 상상하여 몸짓으로 표현하기', 3~4차시에 '인물의 모습을 상상하여 여러 가지 방법으로 표현하기'를 하도록 마련되어 있는 걸 보면 성취 기준을 넘어선 확장된 내용임을 알 수 있다.

### 2.2.2. 1학년 말하기 영역 분석

1학년 말하기 영역을 분석한 결과를 표로 보이면 [표 2]와 같다.

1학년 말하기 지도 내용 4개 모두(100%)가 교과서에 반영이 되었다. 반영 방식을 보면 4개 모두(100%)가 직접 반영되었고, 반영 수준을 보면 1개(25%)가 4차시 수준으로, 2개(50%)가 8차시 수준으로, 1개가 14차시 수준으로 반영되었다. 내용 변형 방식을 보면, 1개(25%)가 통합되어, 3개가 성취 기준을 넘어서 확장되어, 1개가 진술만 바뀌어 교과서에 반영되었다. 자세히 살펴보면,

(1)의 경우 듣·말-1-1-1에 직접 [1-듣기-(2)]와 통합해서 단원을 구성했다. 교육과정 성취 기준에는 "여러 사람 앞에서 분명한 목소리로 자신을 소개한다"라고 진술하고 있다. 해당 교과서 단원 학습 목표에는 "바른 자세로 듣고, 나를 자신 있게 소개할 수 있다"라고 진술하고 있다. 교육과정 성취 기준은 '분명한 목소리로 소개하기'인데, 교과서에서는 '자신 있게 소개하기'에 목표를 두고 있다. 1차시에는 '바르게 듣는 자세에 대해 알아보기'를 2차시에는 '자신 있게 말하는 방법 알아보기'를 그리고 3~4차시에 '여러 사람 앞에서 나를 자신 있게 소개

[표 2] 1학년 말하기 영역 분석표

| 교육과정 성취 기준 | 교과서 내용 | 비고 |
|---|---|---|
| (1) 여러 사람 앞에서 분명한 목소리로 자신을 소개한다. | 듣·말-1-1-1<br>듣·말-1-1-5<br>듣·말-1-2-2<br>듣·말-1-2-5 | 직접<br>통합 단원<br><br>확장 단원(3) |
| (2) 일상생활에서 상대와 상황에 맞게 인사를 한다. | 듣·말-1-1-3<br>듣·말-1-2-4 | 직접<br>진술 바꿈 단원<br>확장 단원 |
| (3) 감정을 나타내는 낱말을 알맞게 사용하면서 대화한다. | 듣·말-1-1-2<br>듣·말-1-2-6 | 직접<br>진술 바꿈 단원<br>확장 단원 |
| (4) 일이 일어난 차례에 따라 이야기를 정리하여 말한다. | 듣·말-3-2-1 | 직접<br>진술 바꿈 단원 |

하여 보기'를 지도하도록 되어 있다.

교과서 내용에 따르면 '자신 있게 말하는 방법'에는 듣는 사람을 바라보며 말하기, 말끝을 흐리지 말고 분명하게 말하기, 고개를 바로 들고 큰 소리로 말하기, 다른 사람이 잘 알아들을 수 있도록 또렷한 목소리로 말하기가 있다. 듣는 사람 바라보기, 고개 바로 들기를 빼면 나머지 셋이 모두 분명한 목소리와 관련된다고 할 수 있다. '소개하는 말하기'를 하는 데 있어서 중요한 요소가 '분명한 목소리'임을 부정할 사람은 없을 것이다. 하지만 그 밖에 교과서에서 다루는 '몸가짐'들이 소개하는 말하기에서 중요하지 않다고 말할 수 없다. 그렇다면 교육과정에서 말하는 성취 기준이라는 것이 1학년 수준에서 소개하는 말하기는 '분명한 목소리'만 낼 정도면 된다는 것인지 그 뜻을 밝혀두는 것이 좋을 것이다. 그렇지 않고 교과서에서 다룬 나머지 것들도 '소개하는 말하기'의 하위 기준에 들어가야 한다면 성취 기준 진술이 잘못된 것으로 볼 수 있기 때문이다.

1학년에서는 '분명한 목소리'로 자기 소개를 하면 되고 학년이 올라가면서 시선, 고개 처리를 요구해야 하는 것인지도 분명하지 않기에 현장 교사들에게 혼란을 줄 수도 있을 것이다. 왜냐하면 1학년 이후에 '소개하는 말하기'에 대해 가르치도록 되어 있지 않기 때문이다.

이 내용은 듣·말-1-1-5, 듣·말-1-2-2, 듣·말-1-2-5에 성취 기준을 넘어서는 내용으로 확장 반영되었다. 교과서를 살펴보면 모두 성취 기준과 관련을 지을 수는 있지만 성취 기준에서 벗어나 확장되어 반영된 것임을 알 수 있다.

먼저 듣·말-1-1-5는 1차시에 생각이 잘 드러나게 말하면 좋은 점 알기, 2차시에 생각이 잘 드러나게 말하는 방법 알아보기, 3차시에 말할 내용 정리하기, 4차시에 생각이 잘 드러나게 말하기 활동으로 구성되어 있다. 이 내용의 핵심은 '까닭을 분명하게 들어가며 말해야 생각을 잘 드러낼 수 있다는 것을 알고 그렇게 말해보는 것이다. 생각을 드러나게 말하는 데 '분명한 목소리'가 필요하지만 이 단원 내용의 성취 기준과는 거리가 있다. 이 단원의 성취 기준은 '생각이 잘 드러나게 말하기'라고 하기보다는 '까닭 들어가며 말하기'와 관련된 것으로 진술하는 것이 바람직할 것이다.

듣·말-1-2-2는 단원 학습 목표가 "듣는 사람에게 알맞게 소개하는 말을 할 수 있다."이고 1차시가 소개하는 말을 듣는 방법 알아보기, 2차시가 듣는 사람에게 알맞게 소개하는 방법 알아보기, 3~4차시가 듣는 사람에게 알맞게 내가 좋아하는 물건 소개해 보기로 구성되어 있다.

듣·말-1-2-5도 단원 학습 목표가 "소개할 내용을 정리하여 내가 잘 아는 사람을 소개할 수 있다"이다. 1차시에 '사람을 소개하는 말을 할 때는 언제인지 알아보기, 2차시에 소개할 내용 정리하는 방법 알아보기, 3차시에 내 주변의 아는 사람을 다른 사람에게 소개해 보기, 4차시에 책을 통해 알게 된 사람을 소개해 보기를 하도록 되어 있다.

위 두 단원이 이 성취 기준과 관련이 있게 하려면 성취 기준을 '자신'이라는 말을 빼고 "소개하는 말을 한다"와 같이 진술해야 할 것이다. 아니면 '소개하는 말하기'와 관련된 성취 기준을 세분화하여 자기 소개는 1학년 1학기에 좋아하는 물건 소개하기는 2학기에 그리고 다른 사람 소개는 2학년에서 다루도록 하면 위계성과 연계성을 확보하기 좋을 것인데 이렇게 소개하기 관련 내용을 1학년에 집중시키는 것은 문제가 있다.

(2)는 듣·말-1-1-3에 직접 진술이 바뀌어 단원 수준으로, 듣·말-1-2-4에 확장된 내용의 단원 수준으로 반영되었다. 교육과정 성취 기준에는 "일상생활에서 상대와 상황에 맞게 인사를 한다"라고 진술되어 있는데 듣·말-1-1-3 단원 학습 목표에는 "상황에 어울리는 인사말을 할 수 있다"라고 되어 있다. 차시별 내용을 보면 1차시에 '인사말을 나누면 좋은 점 알기, 2차시에 여러 가지 인사말 알아보기, 3차시에 상황에 어울리는 인사말 하기, 4차시에 바른 자세로 인사말 하기를 하도록 구성되어 있다.

듣·말-1-2-4 단원 학습 목표에는 "때와 장소에 알맞은 인사말을 나눌 수 있다"라고 되어 있다. 차시별 내용은 1차시에 인사말을 할 때의 마음가짐과 자세 알아보기, 2차시에 때와 장소에 따라 인사말을 다르게 해야 하는 까닭 알아보기, 3차시에 때와 장소에 알맞은 인사말 알아보기, 4차시에 알맞은 인사말을 사용해 역할놀이 하기를 하도록 구성되어 있다. 이를 놓고 보면 성취 기준을 넘어서는 확장된 내용임을 알 수 있다.

(3)의 경우는 듣·말-1-1-2에 직접 진술을 바꾸어 단원 수준으로 반영되었다. 교육과정 성취 기준에는 "감정을 나타내는 낱말을 알맞게 사용하면서 대화한다"라고 되어 있는데 듣·말-1-1-2 단원 학습 목표에는 "기분이 잘 드러나게 말할 수 있다"로 되어 있다. 1차시에는 기분을 나타내는 말 알아보기, 2차시에는 기분이 잘 드러나게 말하는 방법 알아보기, 3~4차시에 인물의 기분이 잘 드러나게 말하기를 하도록 구성되어 있다.

듣·말-1-2-6에 성취 기준을 넘어선 확장된 내용의 단원 수준으로 반영되었다. 해당 단원 학습 목표는 "듣는 사람의 기분을 좋게 하는 말을 할 수 있다"이다. 1차시에 '기분을 좋게 하는 말 알아보기, 2차시에 듣는 사람의 기분을 좋게 하는 말을 하는 방법 알아보기, 3차시에 이야기에 나오는 인물이 되어 기분 좋게 하는 말 해보기, 4차시에 듣는 사람의 기분을 좋게 하는 말 해보기를 하도록 구성되어 있다. 이를 보면 이 단원은 교육과정 성취 기준에서 말하는 '감정을 나타내는 말을 알맞게 사용하는 것'을 넘어선 '다른 사람의 기분을 좋게 하는 말하기'와 관련된 내용임을 잘 알 수 있다.

(4)의 경우는 듣·말-1-2-1에 직접, 진술만 바뀌어 단원 수준으로 반영되었다. 교육과정 성취 기준이 "일이 일어난 차례에 따라 이야기를 정리하여 말한다"인데 듣·말-1-2-1 단원 학습 목표는 "일이 일어난 차례에 따라 이야기를 정리하여 말할 수 있다"로 끝부분 진술만 다를 뿐 같다. 1차시에 일이 일어난 차례에 따라 정리하여 말하면 좋은 점 알아보기, 2차시에 일이 일어난 차례를 나타내는 말 알아보기, 3~4차시에 일이 일어난 차례를 나타내는 말을 사용해 말해 보기를 할 수 있도록 교과서를 마련해 놓았다. 성취 기준을 교과서에 반영하는 가

장 바람직한 형태이자 구성 방식이라고 할 수 있다.

### 2.2.3. 1학년 읽기 영역 분석

1학년 읽기 영역을 분석한 결과를 표로 보이면 [표 3]과 같다.

3학년 읽기 지도 내용 4개가 모두(100%) 직접 교과서에 반영되었다. 반영 수준을 보면 각각 18차시, 12차시, 9차시, 6차시 수준으로 반영되었다. 내용 변형 방식을 보면 진술 바꾼 것이 4, 통합 반영된 것이 3, 확장 반영된 것이 1개다. 자세히 살펴보면,

(1)의 경우에 읽-1-1-1에 직접, 진술이 바뀌어 단원 수준으로 반영되었다. 읽-1-1-2, 읽-1-2-2에 직접 통합되어 단원 수준으로 반영되었다. 교육과정 성취 기준에는 "낱말과 문장을 정확하게 소리 내어 읽는다" 라고 진술하고 있는데 읽-1-1-1의 단원 학습 목표는 "낱말을 바르게 읽을 수 있다"라고 진술하고 있다. '정확하게'를 '바르게'로 바꾼 걸 알 수 있다. 차시별 내용을 보면 1차시에 그림 보고 낱말 읽기, 2~3차시에 바른 자세로 글 읽기, 4차시에 낱말 소리 내어 읽기, 5차시에 같은 글자 들어간 낱말 찾기, 6차시 바른 자세로 글 소리 내어 읽기를 지도

[표 3] 1학년 읽기 영역 분석표

| 교육과정 성취 기준 | 교과서 내용 | 비고 |
|---|---|---|
| (1) 낱말과 문장을 정확하게 소리 내어 읽는다. | 읽-1-1-1<br>읽-1-1-2<br>읽-1-2-2 | 직접<br>진술 바꿈<br>단원<br>통합 단원(2) |
| (2) 의미가 잘 드러나도록 글을 알맞게 띄어 읽는다. | 읽-1-1-3<br>읽-1-2-3 | 직접<br>진술 바꿈<br>통합 단원<br>확장 단원 |
| (3) 글을 읽고 대강의 내용을 이해한다. | 읽-1-1-5<br>읽-1-2-5 | 직접<br>진술 바꿈<br>단원(2) |
| (4) 글의 내용을 자신의 경험과 연관지어 이해한다. | 읽-1-2-6 | 직접<br>진술 바꿈<br>단원 |

하도록 되어 있다.

'1-1 읽기 단원 학습 목표 및 성격'에는 이 단원이 [1-읽기-(2)]와 통합된 단원처럼 설명하고 있는데 교과서 내용을 보면 그렇지 않다. [1-읽기-(2)]는 '띄어 읽기'관련 내용인데 이 단원에는 그런 내용이 없다.

읽-1-1-2의 교과서 단원 목표를 보면 "글자의 짜임을 알고, 소리 내어 읽을 수 있다"이다. '1-1 읽기 단원 학습 목표 및 성격'에 보면 이 단원이 [1-문법-(1)]과 통합해서 만들어진 것으로 설명하고 있다. 차시별 내용을 봐도 1차시에 글자 짜임 알기, 2차시에 글자 만들고 소리 내어 읽기, 3차시에 한글 자음자 모음자 알기, 4~5차시에 받침 있는 글자 만들고 소리 내어 읽기, 6차시에 글자의 짜임을 생각하며 소리 내어 읽기를 지도하도록 마련하고 있어 두 성취 기준이 통합되어 마련된 단원임을 알 수 있다.

읽-1-2-2의 단원 목표는 "중심 낱말을 생각하며 글을 바르게 소리 내어 읽을 수 있다"이다. '1-2 읽기 단원 학습 목표 및 성격'에 이 단원이 [1-읽기-(3)]과 [1-문법-(2)]와 통합해서 만들어진 것으로 설명하고 있다. 차시별 내용을 보면 1차시에 글 읽고 중심 낱말 찾기, 2~3차시에 중심 낱말 생각하며 글 읽기, 4차시에 글 바르게 소리 내어 읽는 법 알기, 5~6차시에 글의 내용 생각하며 바르게 소리 내어 읽기를 지도하도록 되어 있다. [1-읽기-(3)]과 관련된 것은 1~3차시 내용이고, 4차시는 [1-문법-(2)]와 관련된 것이며, 5~6차시는 세 성취 기준이 다 관련되도록 마련되어 있어 통합 단원임을 잘 알 수 있다.

(2)의 경우에 읽-1-1-3에 직접 [1-문법-(2)]와 통합되어 단원 수준으로 반영되었다. 교육과정 성취 기준을 보면 "의미가 잘 드러나도록 글을 알맞게 띄어 읽는다"라고 진술하고 있는데 교과서 단원 학습 목표를 보면 "문장 부호에 알맞게 글을 띄어 읽을 수 있다"라고 진술하고 있어 통합된 단원임을 알 수 있다. 차시별 내용을 봐도 1차시에 글을 알맞게 띄어 읽어야 하는 까닭 알아보기, 2~3차시에 글을 알맞게 띄어 읽는 방법 알아보기, 4차시에 문장부호의 쓰임을 생각하며 글 띄어 읽기, 5~6차시에 글 알맞게 띄어 읽기를 가르치도록 마련되

어 있어 통합 단원임을 알 수 있다.

읽-1-2-3에 성취 기준을 넘어선 내용으로 확장되어 단원 수준으로 반영되었다. 교과서 단원 학습 목표가 "뜻이 잘 드러나게 글을 읽을 수 있다"라고 진술하고 있어 띄어 읽기를 주목표로 하지 않음을 알 수 있다. 차시별 내용을 봐도 1차시에 글 읽고 인물 생각 알아보기, 2~3차시에 인물의 생각 알아보며 글 읽기, 4차시에 뜻이 잘 드러나게 글을 띄어 읽는 방법 알아보기, 5~6차시에 인물의 생각이 잘 드러나게 글 읽기를 지도하도록 마련되어 있어 '띄어 읽기'와 직접 관련된 차시는 4차시와 5~6차시의 일부 내용뿐이다. 내용을 봤을 때는 '인물 생각 알아보기'라는 내용과 통합된 단원이라는 느낌이 드는데 1학년 성취 기준에는 비슷한 것도 없기 때문에 그건 아님을 알 수 있다. 교과서 내용과 어울리게 바꾸면 "인물의 성격이나 마음이 잘 드러나게 실감나게 읽을 수 있다"정도가 되겠다.

(3)의 경우에 읽-1-1-5에 직접, 진술이 바뀌어 단원 수준으로 반영이 되었다. 교육과정 성취 기준은 "글을 읽고 대강의 내용을 이해한다"라고 진술하고 있는데 해당 단원 학습 목표에는 "글을 읽고 글쓴이의 생각을 말할 수 있다"라고 진술하고 있어 많이 달라졌음을 알 수 있다. 차시별 내용을 보면 1차시에 글 읽고 누가 무엇을 했는지 알아보기, 2~3차시에 누가 무엇을 하였는지 생각하며 글 읽기, 4차시에 글 읽고 글쓴이가 하고 싶은 말 알아보기, 5~6차시에 글쓴이가 하고 싶은 말 생각하며 글 읽기를 지도하도록 마련되어 있다. 이를 보면 이 단원은 글을 읽고 대강의 내용을 이해하는 방법으로 '누가 무엇을 했나', '글쓴이가 하고 싶은 말'을 생각하는 것으로 보고 그런 활동을 하도록 유도하고 있다.

'1-1 읽기 단원 학습 목표 및 성격'에는 이 단원이 [1-읽기-(4)] '글의 내용을 자신의 경험과 연관 지어 이해하기'와 통합된 단원이라고 설명하고 있지만 위에서 보았듯이 [1-읽기-(4)] 관련 내용이 하나도 없다. 왜 이렇게 잘못된 설명을 하고 있는지 그 원인을 따져 보아야 할 것이다.

이 내용은 읽-1-2-5에 진술이 바뀌어 단원 수준으로 반영되었다. 해당 단원 학습 목표가 "글을 읽고 대강의 내용을 말할 수 있다"라고 하고 있는 것을 볼 때 '이해한다'가 '말할 수 있다'로 바뀐 것을 알 수 있다. 차시별 내용을 보면 1차시에 글을 읽고 누가 무엇을 했는지 알아보기, 2~3차시에 글 읽고 어떤 일이 일어났는지 알아보기, 4차시에 글 읽고 대강의 내용 말하기, 5~6차시에 글 읽고 중요 내용 간추려 보기를 지도하도록 마련되어 있다. 이를 볼 때 이 내용이 충실히 반영된 단원임을 알 수 있다.

(4)의 경우는 읽-1-2-6에 직접 진술이 바뀌어 단원 수준으로 반영되었다. 교육과정 성취 기준은 "글의 내용을 자신의 경험과 비교하며 글을 읽을 수 있다"라고 진술하고 있는데 해당 단원 학습 목표는 "글쓴이의 경험과 내 경험을 비교하며 글을 읽을 수 있다"라고 진술하고 있는 것을 보면 진술이 바뀐 것을 잘 알 수 있다. 차시별 지도 내용도 1차시에 글 읽고 글쓴이가 경험 한 일 알아보기, 2~3차시에 글쓴이가 경험한 일 생각하며 글 읽어 보기, 4차시에 글 읽고 비슷한 경험 떠올리기, 5~6차시에 글 읽고 글쓴이의 경험과 내 경험을 비교해 보기를 다루도록 마련되어 있다.

교사용 지도서 '1-1 읽기 단원 학습 목표 및 성격'에는 이 내용이 읽-1-1-5에 [1-읽기-(3)]과 더 해져서 한 단원을 이루고 있는 것처럼 풀이하고 있다. 그러나 내용을 따져 보면 그렇지 않았다. 그 단원에 글쓴이의 경험과 내 경험을 비교하는 활동이 없는데 그렇게 풀이하고 있는 까닭을 밝혀야 할 것이다.

### 2.2.4. 1학년 쓰기 영역 분석

1학년 쓰기 영역을 분석한 결과를 표로 보이면 [표 4]와 같다.

1학년 쓰기 지도 내용 4개 모두(100%)가 직접 교과서에 반영이 되었다. 반영 수준을 보면 2개(50%)가 8차시 수준으로, 1(25%)개가 10차시 수준으로, 1개(25%)가 12차시 수준으로 반영되었다. 내용 변형 방식을 보면, 5개가 진술을 바꿔 반영되었고, 통합 반영된 것이 1개, 확장 반

[표 4] 1학년 쓰기 영역 분석표

| 교육과정 성취기준 | 교과서 내용 | 비고 |
|---|---|---|
| (1) 글씨를 바르게 쓴다. | 쓰-1-1-1<br>쓰-1-1-2<br>쓰-1-2-2 | 직접<br>진술 바꿈<br>단원(2)<br>통합 단원 |
| (2) 대상의 특징이 잘 드러나게 소개하는 글을 쓴다. | 쓰-1-2-5<br>쓰-1-2-4 | 직접<br>진술 바꿈<br>단원<br>확장 단원 |
| (3) 주변에서 일어난 일에 대한 자신의 생각을 글로 쓴다. | 쓰-1-1-5<br>쓰-1-2-3<br>쓰-1-2-6 | 직접<br>진술 바꿈<br>단원<br>확장 단원(2) |
| (4) 인상 깊었던 일을 정리하여 그림일기를 쓴다. | 쓰-1-1-4<br>쓰-1-2-1 | 직접<br>진술 바꿈<br>단원<br>확장 단원 |

영된 것이 4개이다. 자세히 살펴보면,

(1)의 경우 쓰-1-1-1, 쓰-1-1-2, 쓰-1-2-2에 각각 직접 진술이 바뀌어 단원 수준으로 반영되어 있다. 교육과정 성취 기준에는 "글씨를 바르게 쓴다"라고 진술하고 있는데 쓰-1-1-1과 쓰-1-1-2의 단원 학습 목표는 각각 "바른 자세로 앉아 글씨를 쓸 수 있다"와 "순서에 맞게 글씨를 바르게 쓸 수 있다"라고 진술하고 있다. 앞은 '바른 자세'에 뒤는 '순서'에 중점을 두고 있다. 차시별 내용을 봐도 쓰-1-1-1의 1차시에 바르게 앉아 보기, 2차시에 연필 바르게 잡아 보기, 3~4차시에 바르게 앉아 글씨 쓰기를 지도하도록 마련되었다. 쓰-1-1-2는 1차시에 자음자 바르게 쓰기, 2차시에 모음자 바르게 쓰기, 3~4차시에 낱말 바르게 쓰기를 지도하도록 되어 있다. 교육과정에서 보인 내용 요소의 예가 모두 들어 있다.

쓰-1-2-2의 단원 학습 목표는 "바른 자세로 앉아 반듯하고 정확하게 글자를 쓸 수 있다"라고 되어 있다. 하지만 차시별 내용은 1차시에 바른 자세로 앉아 글자 바르게 쓰기, 2차시에 잘못 쓴 글자 찾아 바르게 고쳐 써 보기, 3~4차시에 소리와 글자가 다른 낱말을 바르게 써 보기를 지도하도록 되어 있다. 차시별 내용을 보나 '1-2 쓰기 단원 학습 목표 및 성격'에 설명을 보나 해당 단원은 [1-문법-(2)]와 통합되어 만들어진 단원임을 알 수 있는데 단원 학습 목표를 봐서는 알 수 없도록 되어 있다. 두 내용을 더해서 마련한 단원이라면 "소리와 글자가 다른 낱말을 정확하게 쓸 수 있다"정도로 하는 것이 그 단원 내용을 잘 드러낼 수 있다고 본다. 바른 자세로 글씨 쓰기는 1학기 때 다루었기 때문에 [1-문법-(2)]만 가지고 한 단원을 구성해도 좋았을 것이다. 소리와 글자가 다른 낱말을 많이 틀리는 1학년 학생들의 실태를 볼 때 더더욱 그렇다.

(2)의 경우 쓰-1-2-5에 직접, 진술이 바뀌어 단원 수준으로 반영되었다. 교육과정 성취 기준에는 "대상의 특징이 잘 드러나게 소개하는 글을 쓴다"라고 되어 있는데, 해당 단원 단원 학습 목표에는 "소개하는 것의 특징이 잘 드러나게 글을 쓸 수 있다"라고 되어 있는 걸 보면 알 수 있다. 차시별 지도 내용은 1차시에 소개하는 글에 대해 알아보기, 2차시에 소개하는 것의 특징을 잘 살펴 글 쓰는 방법 알아보기, 3~4차시에 소개하려는 것의 특징이 잘 드러나게 글 쓰기를 하도록 되어 있다.

교사용 지도서 '1-2 쓰기 단원 학습 목표 및 성격'에는 이 내용이 쓰-1-2-4에 반영된 것으로 설명하고 있는데 해당 단원 개관에 "이 단원은 칭찬할 대상의 좋은 점과 잘하는 점을 찾아 칭찬하는 글을 자세히 써서 글을 쓴 사람과 읽을 사람 사이의 상호작용을 촉진하는 데 목적이 있다"라고 설명하는 것을 볼 때 잘못된 설명임을 바로 알 수 있다. 다르게 설명하면 이 성취 기준을 넘어선 내용으로 만들어진 단원이라고 할 수 있겠다.

(3)의 경우 쓰-1-1-5에 직접 진술이 바뀌어 단원 수준으로 반영되었다. 교육과정 성취 기준에는 "주변에서 일어난 일에 대한 자신의 생각을 글로 쓴다"라고 했는데, 교과서 해당 단원 학습 목표에는 "내 생각이 잘 드러나게 글을 쓸 수 있다"라고 되어 있다.

'1-2 쓰기 단원 학습 목표 및 성격'에는 이 내용이 쓰-1-2-3, 쓰-1-2-6에 단원 수준으로 반영된 것으로 설명하고 있지만 해당 단원 학습 목표와 차시별 내용을 보면 이 성취 기준과 상당히 거리가 있는 것임을 알 수 있다. 쓰-1-2-3의 단원 학습 목표는 "생각이 잘 드러나게 내용을 자세히 쓸 수 있다"이고 쓰-1-2-6의 단원 학습 목표는 "읽을 사람을 생각하며 내 생각에 알맞은 내용을 담은 글을 쓸 수 있다"이다. 차시별 내용을 봐도 앞은 '내 생각을 자세히 쓰기'에 중점을 두고 뒤는 '내 생각에 알맞은 내용'에 중점을 두고 있다. 교육과정 성취 기준을 넘어선 내용이다. 교육과정에서 보이는 내용 요소의 예로 보인 '주변에서 일어난 일에 대한 자신의 생각 떠올리기, 자신의 생각 뒷받침하는 까닭 정리하기, 생각과 까닭 잘 드러나게 쓰기'와도 거리가 있다. 달리 말해서 이 성취 기준을 넘어 확장된 내용으로 두 단원을 만들었다고 하겠다.

(4)의 경우 쓰-1-1-4에 직접, 진술이 바뀌어 단원 수준으로 반영되었다. 교육과정 성취 기준에는 "인상 깊었던 일을 정리하여 그림일기를 쓴다"라고 했는데, 해당 단원 학습 목표에는 "가장 기억에 남는 일을 그림일기로 쓸 수 있다"라고 진술하고 있다.

쓰-1-2-1에는 성취 기준인 그림일기가 아닌 일반 일기를 쓰는 내용으로 단원 수준으로 반영되어 있다.

### 2.2.5. 1학년 문법 영역 분석

1학년 문법 영역을 분석한 결과를 표로 보이면 [표 5]와 같다.

1학년 문법 지도 내용 3개가 모두(100%) 교과서에 반영되었다 반영 방식을 보면 3개 가운데 2개(66.7%)가 간접, 1개(33.3%)가 직접 반영되었다. 반영 수준을 보면 2개(66.7%)가 3차시 수준으로, 1개(33.3%)가 6차시 수준으로 반영되었다. 내용 변형 방식을 보면, 직접 반영된 것 1개가 진술만 바꾸어 단원 수준으로 반영되었고, 2개가 다른 내용과 통합되어 반영되었다. 자세히 살펴보면,

[표 5] 1학년 문법 영역 분석표

| 교육과정 성취 기준 | 교과서 내용 | 비고 |
| --- | --- | --- |
| (1) 한글 자모의 이름과 소리를 안다. | 읽-1-1-2 | 간접 통합 단원 |
| (2) 소리와 표기가 다를 수 있음을 이해한다. | 쓰-1-1-3<br>쓰-1-2-2 | 직접 진술 바꿈 단원<br>통합 단원 |
| (3) 문장 부호의 이름과 쓰임을 안다. | 읽-1-1-3 | 간접 통합 단원 |

(1)의 경우 앞서 살펴보았듯이 읽-1-1-2에 [1-읽기-(1)] 과 통합되어 단원 수준으로 반영되어 있다. 교사용 지도서 '1-1 쓰기 단원 학습 목표 및 성격'에 보면 [1-쓰기-(1)]과 통합되어 쓰-1-1-2에 반영된 것처럼 설명하고 있으나 그 단원 내용에는 '한글 자모의 이름과 소리를 아는 내용이 하나도 없고 오로지 쓰기만 신경 쓰도록 되어 있는 것을 볼 때 잘못된 설명이다.

(2)의 경우 쓰-1-1-3에 직접 진술이 바뀌어 단원 수준으로 반영되었다. 교육과정 성취 기준은 "소리와 표기가 다를 수 있음을 이해한다" 라고 했는데 해당 단원 학습 목표는 "글자를 정확하게 쓸 수 있다"라고 진술을 바꿔 놓았다. 차시별 내용도 1차시에 글자를 바르게 써야 하는 까닭 알아보기, 2차시에 선생님께서 불러주시는 말을 바르게 받아써 보기, 3~4차시에 틀린 글자 찾아 바르게 고쳐 보기를 지도하라고 되어 있다. 이 목표와 차시별 내용만 놓고 볼 때 이 성취 기준과 관련된 단원인지 알기 어려우나 교과서 내용을 들여다보면 이 내용과 관련되어 있음을 알 수 있다. 단원 학습 목표를 "소리와 표기와 다른 낱말을 바르게 쓸 수 있다"정도로 하고 차시별 내용도 1차시에 소리와 표기가 다른 낱말 알기, 2차시에 소리와 표기가 다른 낱말 바르게 쓰기, 3~4차시에 소리와 표기가 다른 낱말이 들어 있는 문장 받아쓰기 정도로 했더라면 더 효과적인 구성이 되었을 것이다.

이 내용은 앞서 본 것처럼 쓰-1-2-2에 [1-쓰기-(1)]과 통합되어 단원 수준으로 반영되어 있다.

(3)의 경우 앞서 살펴보았듯이 읽-1-1-3에 [1-읽기-(3)]과 통합되어 단원 수준으로 반영되었다.

### 2.2.6. 1학년 문학 영역 분석

1학년 문학 영역을 분석한 결과를 표로 보이면 [표 6]과 같다.

1학년 문학 지도 내용 3개가 모두(100%) 교과서에 반영이 되었다. 반영 방식도 2개(66.7%) 직접, 1개(33.3%)가 간접 반영되었다. 반영 수준을 보면 2개(66.7%)가 9차시 수준으로, 1개(33.3%)가 13차시 수준으로 반영되었다. 내용 변형 방식을 보면 두 내용이 통합되어 단원 구성을 한 것이 3개였으며 성취 기준을 넘어선 확장 단원이 3개였으며 성취 기준과 직접 관련된 내용으로 단원을 구성한 것이 1개였다. 좀 자세히 살펴보면,

(1)의 경우 읽-1-1-4에 [1-문학-(3)]과 통합되어 단원 수준으로 반영되었다. 교육과정 성취 기준이 "반복적으로 나타나는 말의 재미를 느낀다"라고 되어 있고 [1-문학-(3)]이 "그림 동화 속의 그림을 이야기와 관련지어 이해한다"라고 되어 있는 것을 놓고 보면 조금 생각해 볼 점이 있다. 읽-1-1-4의 단원 학습 목표로 "말의 재미를 살려 글을 읽

[표 6] 1학년 문학 영역 분석표

| 교육과정 성취 기준 | 교과서 내용 | 비고 |
|---|---|---|
| (1) 반복적으로 나타나는 말의 재미를 느낀다. | 읽-1-1-4<br>읽-1-2-1 | 직접<br>통합 단원<br>확장 단원 |
| (2) 문학 작품에서 재미있는 내용을 그림이나 말로 표현한다. | 읽-1-2-7<br><br>읽-1-1-6<br>쓰-1-1-6 | 직접<br>진술 바꿈<br>단원<br>통합 단원<br>확장 단원 |
| (3) 그림 동화 속의 그림을 이야기와 관련지어 이해한다. | 읽-1-1-4<br>읽-1-2-1 | 간접<br>통합 단원<br>확장 단원 |

을 수 있다"라고 진술하고 있는 점이 두 성취 기준을 통합한 목표로 알맞지 않다는 것이다. 차시별 내용은 1차시에 시를 읽고 반복되는 말이 주는 느낌 알아보기, 2~3차시에 반복되는 말의 재미를 살려 시 읽기, 4차시에 글과 그림을 관련지으며 그림 동화 읽기, 5~6차시에 글과 그림이 나타내는 뜻을 생각하며 그림 동화 읽기로 각각의 성취 기준에 맞게 마련해 놓고 있는데 목표가 그렇지 못하다는 것이다. 차라리 단원 학습 목표를 따로 두 개로 진술하는 것이 목표 확인하기에 효과적일 것으로 본다.

읽-1-2-1에 두 내용이 성취 기준을 넘어 단원 수준으로 반영되었다고 할 수 있다. 읽-1-2-1의 단원 학습 목표는 "시나 그림 동화를 읽고 생각이나 느낌을 말할 수 있다"라고 되어 있다. 이 목표도 두 개의 성취 기준을 넘어 선 내용을 통합한 단원 학습 목표로 알맞지 않다. 차시별 내용을 보면 1차시에 시에서 흉내 내는 말이 어떤 느낌을 주는지 알아보기, 2~3차시에 시를 읽고 생각이나 느낌 말하기, 4차시에 그림 동화 읽고 그림에 나타난 인물의 몸짓과 표정 알아보기, 5~6차시에 그림 동화 읽고 생각 느낌 말하기를 지도하도록 마련되어 있는데 두 개의 목표를 따로 진술하는 것이 목표 확인에 효과적이었을 것으로 본다.

(2)의 경우 읽-1-2-7에 직접 진술이 바뀌어 단원 수준으로 반영되었다. 교육과정 성취 기준은 "문학 작품에서 재미있는 내용을 그림이나 말로 표현한다"라고 했는데, 교과서 해당 단원 학습 목표는 "시나 이야기를 읽고 재미있는 내용을 표현할 수 있다"라고 진술하고 있다. 차시별 내용도 1차시에 시를 읽고 재미있는 장면 떠올려 보기, 2~3차시에 시를 읽고 떠오르는 장면 말하기, 4차시에 이야기를 읽고 재미있는 내용 말하기, 5~6차시에 이야기 읽고 재미있는 내용을 여러 가지 방법으로 표현하기를 다루도록 되어 있다.

읽-1-1-6에 [1-읽기-(3)]과 통합되어 단원 수준으로 반영되었다.

쓰-1-1-6에는 성취 기준을 넘어서는 내용으로 단원 수준으로 반영되었다. 해당 단원 학습 목표를 보면 "재미있는 생각이나 느낌을 담은 시를 써 보고 친구들 앞에서 낭송할 수 있다"이다. 1차시에 내 느낌을 재미있는 말로 나타내기, 2차시에 시를 읽고 느낌 말하기, 3~4차시에 내 느낌을 그림이나 글로 나타내기를 하도록 마련되어 있는 걸 볼 때 성취 기준을 넘어서는 내용임을 잘 알 수 있다.

(3)의 경우 (1)에서 살펴본 것과 같고 다만 성취 기준이 직접 단원 학습 목표에 반영되지 못하고 간접 반영된 점이 다른 점이다.

## 3. 분석 결과

이제까지 2007년 개정 초등학교 1학년 국어과 교육과정이 교과서에 반영되는 유형을 분석한 결과를 종합해 보면 다음과 같다.

### 3.1. 반영 방식 분석 결과

1학년 내용의 반영 방식을 분석한 결과를 표로 보이면 [표 7]과 같다.

2007년 개정 1학년 국어과 교육과정 내용 22개 가운데 4개(18.2%)가 간접 반영되었고, 18개(81.8%)가 직접 반영되었다. 직접 반영 비율이 높다.

영역별로 살펴보면, 듣기 영역은 각각 2개로 50%씩 반영되었고 말하기, 읽기, 쓰기 영역은 모두(100%) 직접 반영되었다. 문법과 문학 영

[표 7] 1학년 내용 반영 방식 분석표

| 영역 / 반영방식 | 듣기 (%) | 말하기 (%) | 읽기 (%) | 쓰기 (%) | 국·지 (%) | 문학 (%) | 합계 (%) |
|---|---|---|---|---|---|---|---|
| 간접반영 | 2 (50) | 0 (0) | 0 (0) | 0 (0) | 1 (33.3) | 1 (33.3) | 4 (18.2) |
| 직접반영 | 2 (50) | 4 (100) | 4 (100) | 4 (100) | 2 (66.7) | 2 (66.7) | 18 (81.8) |
| 합계 | 4 (100) | 4 (100) | 4 (100) | 4 (100) | 3 (100) | 3 (100) | 22 (100) |

역은 1개(33.3%)가 간접 반영되었고, 2개(66.77%)가 직접 반영되었다.

## 3.2. 반영 수준 분석 결과

다음은 반영된 내용의 반영 수준을 분석한 결과를 살펴보자. 분석 결과를 표로 보이면 [표 8]과 같다.

2007년 개정 1학년 국어과 교육과정 내용 22개가 2차시부터 18차시까지 다양한 수준으로 반영되었음을 알 수 있다. 그 가운데 8차시 수준으로 반영된 것이 5개(22.7%)가 , 9차시 수준과 2차시 수준이 각각 3개(13.5%)였다. 12차시, 6차시, 3차시 수준으로 반영된 것이 각 2

[표 8] 1학년 내용 반영 수준 분석표

| 영역 / 반영 수준 | 듣기 (%) | 말하기 (%) | 읽기 (%) | 쓰기 (%) | 국·지 (%) | 문학 (%) | 합계 (%) |
|---|---|---|---|---|---|---|---|
| 18차시 | | | 1 (25) | | | | 1 (4.5) |
| 14차시 | | 1 (25) | | | | | 1 (4.5) |
| 13차시 | | | | | | 1 (33.3) | 1 (4.5) |
| 12차시 | | | 1 (25) | 1 (25) | | | 2 (9) |
| 10차시 | | | | 1 (25) | | | 1 (4.5) |
| 9차시 | | | 1 (25) | | | 2 (66.7) | 3 (13.5) |
| 8차시 | 1 (25) | 2 (50) | | 2 (50) | | | 5 (22.7) |
| 6차시 | | | 1 (25) | | 1 (33.3) | | 2 (9) |
| 4차시 | | 1 (25) | | | | | 1 (4.5) |
| 3차시 | | | | | 2 (66.7) | | 2 (9) |
| 2차시 | 3 (75) | | | | | | 3 (13.5) |
| 합계 | 4 (100) | 4 (100) | 4 (100) | 4 (100) | 3 (100) | 3 (100) | 22 (100) |

개, 나머지는 18, 14, 13, 10, 4차시 수준으로 반영된 것이 각 1개가 있었다.

듣기·말하기, 쓰기 교과서는 한 단원이 4차시, 읽기는 6차시로 이루어진 것을 감안할 때 1개의 내용이 4차시 이상 반영되면 보통 한 단원 수준으로 반영되었다고 할 수 있다. 위 표를 보면 2~3차시 수준으로 반영된 것이 모두 5개(22.7%) 있음을 알 수 있고 그것이 듣기(3개)와 문법(2개) 영역 내용임을 알 수 있다. 상대적으로 읽기는 최고 18차시 말하기는 14차시에 걸쳐 다루도록 되어 있는 것을 볼 때 내용별 반영 수준에서 큰 차이를 보이는 것은 문제가 있다고 하겠다.

## 3.3. 변형 방식 분석 결과

다음은 반영된 내용의 변형 방식을 분석한 결과를 살펴보자. 분석 결과를 표로 보이면 [표 9]와 같다.

2007년 개정 1학년 국어과 교육과정 내용이 반영되는 유형 수는 모두 42이다. 그 가운데 15개(35.7%)가 진술만 바꾼 형태로 반영되었고, 14개(33.3%)가 성취 기준을 넘어선 확장된 형태로 반영되었다. 12개(28.6%)가 다른 내용과 통합되는 형태로, 2개(4.8%)가 통합도 되고 확장도 되는 형태로 반영되었다.

[표 9] 1학년 내용 변형 방식 분석표

| 영역 / 변형방식 | 듣기 (%) | 말하기 (%) | 읽기 (%) | 쓰기 (%) | 국·지 (%) | 문학 (%) | 합계 (%) |
|---|---|---|---|---|---|---|---|
| 진술 바꿈 | 1 (20) | 3 (33.3) | 4 (50) | 5 (50) | 1 (25) | 1 (14.3) | 15 (35.7) |
| 통합 | 1 (20) | 1 (11.1) | 3 (37.5) | 1 (10) | 3 (75) | 3 (42.9) | 12 (28.6) |
| 확장 | 1 (20) | 5 (55.6) | 1 (12.5) | 4 (40) | | 3 (42.9) | 14 (33.3) |
| 통합·확장 | 2 (40) | | | | | | 2 (4.8) |
| 합계 | 5 (100) | 9 (100) | 8 (100) | 10 (100) | 4 (100) | 7 (100) | 42 (100) |

영역별로 살펴보면, 듣기 영역은 통합·확장, 말하기는 확장, 읽기와 쓰기는 진술 바꿈, 문법은 통합, 문학은 통합과 확장 반영된 것이 가장 많았다.

위와 같은 분석 결과를 보면 앞선 연구 결과와 크게 다르지 않음을 알 수 있다. 2007년 개정 1학년 교육과정과 교과서에서도 앞선 연구에서 지적한 것과 비슷하게 반영 방식, 반영 수준, 변형 방식 등에 있어 영역별, 내용별로 크게 차이가 났다. 특히 하나의 내용이 어떤 것은 2차시 수준으로 어떤 것은 18차시 수준으로 반영되는 것이나, 듣기와 문법 영역 내용은 간접적으로 통합되어 반영되어 상대적으로 교과서에 실제 반영 분량이 적은 것은 문제라 하겠다.

앞으로 이제까지 분석되지 않은 학년에 대한 분석도 더 필요하고 이어질 연구의 결과들이 교과서를 마련하는 사람들에게 참고가 되도록 해야 할 필요가 있다고 본다.

# 제5장
# 7차 초등학교 국어과 교육과정 평가 연구*

## 1. 연구의 필요성 및 목적

국어교육의 질은 국어 교육과정의 질을 넘지 못한다고 볼 수 있다. 왜냐하면 교육의 핵심적인 질문 중의 하나인 무엇을, 왜, 어떻게 가르칠 것인가라는 물음에 대한 답은 궁극적으로 교육과정에 의해 제시되기 때문이다. 따라서 국어교육의 질을 관리하기 위해서는 국어과 교육과정의 질을 관리할 필요가 있으며, 국어 교육과정의 질 관리를 위한 효과적인 방안 중의 하나가 바로 국어과 교육과정 평가라고 볼 수 있다. 국어과 교육과정의 질 관리를 통한 국어교육의 질 관리가 바로 국어과 교육과정 평가를 시행해야 하는 으뜸 이유라고 볼 수 있다.

그런데, 우리나라의 초·중등학교 교육과정 개정과 실행 과정에서 되풀이 되어온 문제점 가운데 하나는 실행 중의 교육과정에 대한 평가가 충분히 이루어지지 못한 채 교육과정 개정이 거듭되어 온 점이다. 지금까지 수행되어 온 '현행 교육과정에 관한 분석 혹은 평가'라는 활동들은 교육과정 개정 발의 이후 새 교육과정의 연구·개발에서

---

* 이 내용은 이창수(2007), 「7차 초등학교 국어과 교육과정 평가 연구」, 『우리말글교육』 10, 우리말글교육학회, 245~282쪽에 실린 것임.

모양새를 갖추는 수준에 그침으로써, 교육과정 실천 과정에서 심층적으로 이루어지는 평가가 되기는 어려웠다. 그 결과 교육과정 개정은 주기적으로 실시되었음에도 불구하고, 실현가능도가 높은 국가 수준 교육과정을 개발하거나, 교육과정 실행을 실효성 있게 지원해 오지 못해 온 것으로 평가된다. 이것은 교육과정 개정이 거듭되었음에도, 학교 현장의 교육과정 실천은 여전히 개선되지 않은 채 동일한 문제가 지속되어 온 것으로도 입증된다(김재춘 등, 2002 : 1).

그리하여 1997년 12월 30일 공포된 제7차 교육과정은 교육과정에 관한 평가를 실시할 것을 규정하고 있다. 교육과정 질 관리 차원에서 교육과정 평가 연구를 체계적으로 실시해야 할 것을 강조하고 있다. 총론의 '교육과정 평가와 질 관리'규정에서는 "교육과정 질 관리를 위하여 국가 수준에서는 주기적으로 학생 학력 평가, 학교와 학교 교육기관 평가, 교육과정 편성·운영에 관한 평가를 실시한다"고 규정하고 있는바, 본 연구와 밀접하게 관련된 규정은 다음과 같다.

> 교육과정 편성·운영과 지원 체제의 적절성과 실효성을 평가하기 위한 연구를 수행한다. 이 교육과정이 적용되는 첫 해부터 다양한 절차를 거쳐 해당 학교, 학년, 학생에게 적절한지를 조사하여 평가하되, 교육과정 평가 연구는 교육과정의 편제, 시간(단위)배당, 편성·운영 지침의 적절성과 그 적용 효과에 중점을 둔다(교육부 초등학교 교육과정, 1997 : 23).

이러한 반성에 터하여 학교교육과정평가편람(교육부, 1997), 초·중등 교육과정 평가 방안(김재춘 등, 1998) 등이 마련되어 초·중등 교육과정 평가(박순경 등, 2001; 2002; 2003; 2004)가 이루어졌다. 또, 시·도 교육청 평가는 1996년부터, 학교 교육과정 평가는 2004년부터 실시하고 있다(이창수, 2007 : 12).

교과 교육과정 평가와 관련하여 국어과 교육과정 평가에 대한 논의 가운데 하나로 이창수(2007)가 있다. 하지만 마련된 국어과 교육과정 평가 준거에 따른 평가는 이제까지 이루어지지 못하였다. 따라서 이 글에서는 7차 국어과 교육과정 지도 내용과 교과서, 교사용 지도서를 연계하여 살펴보면서 문제점들을 찾고 그것들을 이창수(2007)에서 마련한 국어과 교육과정 평가 준거와 관련지어 보면서 평가 준거들의 실효성을 확인할 것이다. 그렇게 함으로써 국어과 교육과정 평가가 실제로 어떻게 이루어질 수 있는지 그 실행의 보기를 보이고자 한다.

### 1.1. 연구의 제한점

이 연구는 '국어과 교육과정 평가 연구'란 제목으로 쓰지만 국가 수준의 국어과 교육과정 문서로서의 교육과정과 교육과정을 기초로 마련된 교과서 및 교사용 지도서를 평가의 대상으로 삼았으며 이창수(2007)에서 제시한 여러 가지 준거들 가운데 몇 개가 평가에 적용되는지 살필 것이다. 아울러 1학년부터 10학년까지 모두를 평가하지 못하고 6학년만을 평가함으로써 연구 결과를 전체 국어과 교육과정 평가 결과로 일반화하는 데는 무리가 있을 것이다. 따라서 다른 학년에 대한 후속 연구가 이어질 필요가 있다.

## 2. 국어과 교육과정 평가 실행

### 2.1. 국어과 교육과정 평가 방법

이 글에서 국어과 교육과정 평가는 다음과 같은 절차를 거쳐 실행될 것이다.

첫째, 7차 국어과 교육과정에서 영역별로 제시한 지도 내용들 각각에 대해 교육과정 해설서의 설명과 교과서 반영 양상, 교사용 지도서 풀이 및 내용을 서로 견주어 볼 것이다. 그 과정에서 나오는 문제점들을 지적하고 가능한 것은 글쓴이 나름의 대안도 제시할 것이다.

둘째, 앞 단계에서 나온 결과들을 이창수(2007)에서 제시한 국어과 교육과정 평가 준거들과 관련지어 봄으로써 마련된 국어과 교육과정 평가 준거들의 실효성을 확인해 볼 것이다.

### 2.2. 국어과 교육과정 평가 실행

이제 6학년 국어과 교육과정, 교과서, 교사용 지도서를 견주어 가며 평가를 실시한다. 7차 교육과정에서 제시한 영역별 순서에 따라 살펴보기로 한다.

#### 2.2.1. 듣기 영역 평가

6학년 국어과 듣기 영역 지도 내용들과 관련하여 살펴본 결과는 다음과 같다.

(1) [6-듣-(1)]-듣기가 의미 형성 과정임을 안다.

이 내용과 관련하여 교사용 지도서 '단원 학습 목표 및 학습 내용 요소의 수준과 범위'에는 말·듣·쓰-6-1-2[1)]에 반영된 것으로 되어 있다. 하지만 대단원 교수·학습 계획에는 반영되지 않은 것으로 되어 있다. 그러나 교과서 내용을 보면 교육과정의 내용 설정 취지나 의도와 비교해 볼 때 반영되었음을 알 수 있다. 교육부(1999 : 118)에서는 이 내용이 듣기의 본질은 들려오는 소리를 지각하는 것이 아니라, 여기다가 자신의 배경 지식을 통합하여 의미를 형성하는 것임을 중시하여 설정되었다고 했다. 그리고 듣기의 개념, 듣기와 들리기, 말하는 사람과 듣는 사람의 상호 작용성, 배경 지식의 중요성 등에 대한 학습 활동을 의도하고 있다고 했다.

그런데 교과서에는 대단원 목표를 "생각이나 느낌을 다양하고 자유롭게 표현할 수 있다"라고 진술하고 있다. 이를 놓고 보면 이 교육

1) 말하기·듣기·쓰기 교과서 6학년 2학기 둘째마당이라는 뜻임.

과정 내용이 교과서에 직접 반영되었다고 할 수 없다. 하지만 1소단원 1차시를 보면 “이해한 내용이 사람마다 다른 까닭을 알아봅시다”라는 내용을 다루고 있는데, 이것이 이 내용과 관련이 있는 내용이라 할 수 있다. 이해한 내용이 사람마다 다른 까닭은 듣는 사람이 가지고 있는 지식이나 경험이 다르기 때문이라는 것을 지도하도록 되어 있는 내용이다. 이처럼 교육과정, 교과서, 교사용 지도서가 일관성을 보이지 못하는 것은 분명 문제가 있는 것이다. 이는 교육과정, 교과서, 교사용 지도서 개발과정의 문제로서, 각각을 개발하는 사람들이 다르기 때문이라고 할 수 있다. 이 다음 교육과정을 개발하고 교과서를 만들고, 교사용 지도서를 만들 때는 다시 이런 잘못을 되풀이 하지 않도록 마음을 써야 할 것이다.

또 교육과정에서 기본 활동의 보기로 보인 것이 “듣기가 의미 형성 과정임을 알게 하는 예를 찾아 발표한다”인데, 이 활동을 초등학교 6학년 학생들이 수행 가능하다고 생각하고 그렇게 진술한 것인지 알 수가 없다. 실제 글쓴이가 6학년을 대상으로 위와 같은 요구를 했을 때 답을 하는 학생은 거의 찾아 볼 수 없었다. 지도 내용 선정이나 진술시 실제 학생들의 수행 가능성을 면밀히 따질 필요가 있을 것이다. 이 내용은 국어과 교육과정과의 일관성, 국어 교과서 내용 난이도의 적정성과 관련한 문제 지적이라 할 수 있다.

(2) [6-듣-(2)] 여러 가지 표현의 의미를 알아보며 듣는다.

이 내용과 관련하여 교육부(1999 : 119)에서는 이 내용이 이야기의 내용을 잘 이해하기 위해서는 말하는 이가 사용하는 속담, 관용 표현, 격언 등을 잘 이해할 수 있어야 한다는 점을 중시하여 설정되었다고 했다. 또, 관용 표현의 의미, 관용 표현과 이야기 전체의 주제와의 관련성, 관용 표현의 적절성 등을 판단하며 들을 수 있도록 지도하라고 안내하고 있다. 그리고 말하는 이가 내용을 효과적으로 전달하기 위해서 속담, 관용 표현, 격언, 등을 어떻게 사용하는지 알아보며 듣기를 기본 활동의 보기로 보이고 있다. 이런 정도라면 6-말-(5)와 관련하여 함께 한 차시에서 다룰 수 있는 내용인데, 교과서는 그렇게 되어 있지 않다. 교육과정의 설정 취지나 의도한 학습 활동이 가능한데도 빠진 까닭을 어디에서든 밝혀야 할 것이라고 생각한다. 이것은 이창수(2007)에서 제시한 준거들 가운데 '국어 교과서와 국어과 교육과정과의 관계 정보 제공성'에 문제가 있는 것으로 해석할 수 있다. 또 의도하였던 그렇지 않았던 교과서 개발자들이 듣기를 중요하게 생각하지 않은 결과로도 해석될 수 있고, 두 영역 간의 유기적 협조가 이루어지지 않은 결과로도 해석될 수 있다.

이 내용과 [6-말-(5)], [6-읽-(3)]을 통합하여 하나의 소단원으로 구성한다면 다음과 같이 할 수 있을 것이다.

"여러 가지 표현을 사용하여 말하고, 그 의미를 알아보며 듣는다", "여러 가지 표현의 의미를 알아보며 읽는다"라고 소단원 목표를 2가지로 세운다. 1차시에 격언, 관용 표현, 속담, 등의 뜻과 여러 가지 보기를 알아보고, 2차시에 1차시에 배운 것을 바탕으로 자신의 생각을 속담, 격언, 등을 알맞게 인용하면서 말하기를 하고 동시에, 그것이 적절성을 따지며 듣기 활동을 한다. 3차시에 여러 가지 관용 표현을 사용한 글을 읽고 글쓴이가 내용을 효과적으로 전달하기 위해 사용한 속담, 관용 표현 등의 의미를 파악해 보는 활동을 하면 될 것이다. 내용의 중요성을 따져 대단원으로 구성할 수도 있을 것이다. 이처럼 글쓴이가 혼자 생각해도 될 듯한 내용인데 왜 교과서에 빠졌는지 그 까닭을 어디에든 밝히는 것이 옳을 것이란 것을 다시 한 번 강조한다.

(3) [6-듣-(3)]-말하는 이의 의도나 목적을 파악하며 듣는다.

이 내용과 관련하여 교사용 지도서 '단원 학습 목표 및 학습 내용 요소의 수준과 범위'에는 말·듣·쓰-6-1-4에 반영된 것으로 되어 있다. 하지만 교과서 내용을 자세히 살펴보면 이 내용과 관련된 내용이 없음을 알 수 있다. 교육부(1999 : 119)에서는 이 내용이 잘 듣기 위해 말하는 사람의 의도와 목적을 잘 알아듣고 적절히 응대할 수 있어야 한다는 점을 중시하여 설정되었다고 내용 설정 취지를 밝히고 있다. 그리고 기본 활동의 보기로 겉으로 드러난 뜻과 속에 숨겨진 뜻을 구별하며 듣기를 보이고 있다. 담화에 관심을 모으고 있는 학계의 흐름을 보나, 학생들이 실생활에서의 언어활동에 직접 도움을 줄 수 있는 이런 내용들은 지도 되어야 하고 지도 가능하리라 여겨지는데 어째서 빠졌는지 그 까닭을 알 수 없다. 교사용 지도서에 반영되었다는 교과서 내용을 살펴보면 대단원 전체에서 토론과 관련한 것을 배우도록 되어 있다. 토론 과정에서 말하는 사람의 의도 목적을 파악하며 들어야 하는 것은 당연하지만, 그렇게 하라고 한다고 해서 그런 능력이 길러지는 것은 아니라고 본다. 그런데 교과서에는 이런 의도와 목적을 파악하며 듣기와 관련한 단 한 줄의 언급도 없다. 그래 놓고 이 내용이 해당 단원에 반영되었다고 하는 것은 억지라고 하겠다. 의도나 목적을 겉으로 드러내는 경우도 있고, 드러내지 않는 경우도 있다는 것을 알고 그 의도, 목적을 제대로 파악하는 능력을 기를 수 있도록 도와야 할 것이다. 하지만 이 내용이 6학년 학생들의 수준에 알맞은지 그렇지 않은지는 좀 더 따져 보아야 할 것이다. 이 내용은 국어 교과서 내용 난이도의 적정성과 관련한 문제 지적이다.

(4) [6-듣-(4)]-말하는 이가 사용한 표현이 적절한지 판단하며 듣는다.

교사용 지도서, 교과서 어디에도 이 내용과 관련한 언급이 없다. 교육부(1999 : 120)에서는 이 내용이 잘 듣기 위해서는 어휘 사용, 문장 사용, 이야기의 짜임 등의 적절성을 판단하며 들어야 한다는 점을 중시하여 설정되었다고 했다. 어조, 강세, 목소리의 크기, 비언어적 행동 등이 상황과 표현 목적과 관련지어 적절한지 판단할 수 있도록 지도하라고 안내하고 있다. 그리고 여러 가지 말하고 듣는 상황에서 적절하지 못한 표현을 찾아 적절한 표현으로 바꾸는 활동을 기본 활동의 보기로 들고 있다. 이 내용 또한 설정 취지나 보기 활동으로 볼 때, 교과서에 반영 가능할 듯한 내용인데, 반영되지 않고 삭제된 까닭이 무엇인지 알 수 없다. 왜 이 내용이 교과서에 반영되지 않았고 삭제되었는지 그 까닭을 자세히 설명하는 것이 바람직할 것인데 그렇지 않은 것이 문제라 할 수 있다. 이 내용은 교사용 지도서의 국어 교과서와 국어과 교육과정의 관계 정보 제공성과 관련한 문제 지적이라 할 수 있다.

(5) [6-듣-(5)]-말하는 이가 사용한 표현이 적절한지 판단하며 듣는다.

이 내용과 관련하여 교사용 지도서 '단원 학습 목표 및 학습 내용 요소의 수준과 범위'에는 말·듣·쓰-6-1-2에 반영된 것으로 되어 있다. 교육부(1999 : 120~121)에서는 이 내용이 여러 가지 듣기 활동에 참가하여 적극적으로 듣는 태도를 기르기 위한 목적으로 설정되었다고 했다. 또 듣기가 정보 처리의 주요 방법이고, 정보화 사회에서 낙오되지 않기 위해서는 각자에게 관심 있는 정보를 찾아 빠르게 접근할 수 있어야 함을 지도하라고 안내하고 있다. '텔레비전이나 라디오 프로그램, 강연회 등에서 관심 있는 내용을 적극적으로 찾아서 듣기'를 기본 활동의 보기로 보이고 있다. 교육과정에서 이렇게 풀이를 하고 있고, 제시된 내용 자체도 듣기 위주의 진술이지만 지도서에서 반영되었다고 하는 교과서에는 대단원 목표를 "여러 가지 매체에서 필요한 정보를 찾아 글을 쓸 수 있다"라고 하여 듣기와 관련이 없는 것으로 보인다. 실제 교과서에는 반영되지 않은 내용을 교사용 지도서에는 마치 잘 반영되어 있는 것처럼 설명하고 있는 것도 문제다.

교실 현장을 두고 보면 무엇보다 아이들의 듣기 능력과 태도를 올바르게 기르는 것이 중요하다. 그런데 교육과정이고 교과서고 듣기 지도 내용은 다른 영역 지도 내용 뒷전이란 느낌을 지울 수 없다. 이 내용도 설정 의도를 보면 중요한 내용인데 교과서에 반영되지 않았다. 그렇게 된 까닭을 어디에도 밝히지 않고 있다. 이 내용은 국어과 교육과정 내용 반영성, 교사용 지도서의 국어교과서와 국어과 교육과정의 관계 정보 제공성과 관련한 문제 지적이다.

### 2.2.2. 말하기 영역 평가

6학년 국어과 말하기 영역 지도 내용들과 관련하여 살펴본 결과는 다음과 같다.

(1) [6-말-(1)]-말하기가 의미 형성 과정임을 안다.

이 내용과 관련하여 교사용 지도서의 '단원 학습 목표 및 학습 내용 요소의 수준과 범위'에는 말·듣·쓰-6-2-1에 반영된 것으로 되어 있다. 하지만 교과서 대단원 목표와 내용만 봐서는 이 내용과 관련된 내용이 없다고 생각할 수 있다. 교육과정의 지도 내용은 "말하기가 의미 형성 과정임을 안다"인데 교과서 대단원 목표는 "시나 이야기를 듣거나 읽고, 생각이나 느낌을 친구들과 주고받을 수 있다"이다. 교과서 활동은 문학작품을 읽고 생각하거나 느낀 것을 서로 비교해 보는 활동을 하기는 하나 그런 활동을 통해 말하기가 의미 형성 과정임을 알게 하고자 의도를 했다면 그 의도가 교과서를 지도하면서 나타날 수 있도록 언급을 해 놓아야 교사든 학생이든 알 수 있을 텐데, 교과서나 교사용 지도서 어디에도 그런 언급이 없는 것이다.

교육부(1999 : 121)에서 이 내용을 [6-듣-(1)]과 관련지어 지도하도록 안내하고 있을 뿐만 아니라, 교과서 내용을 놓고 봐도 말·듣·쓰-6-1-1을 지도하면서 교육과정 내용 가운데 듣기, 말하기, 쓰기의 본질과 관련한 내용을 함께 지도할 수 있다. 같은 내용을 듣고, 느끼거나 생각한 것을 말해 보는 활동이 이루어지도록 되어 있는데, 이 활동을 하면서 알고 있는 지식이나 경험이 다르기 때문에 말하는 내용도 달라진다는 사실을 깨닫도록 이끌 수 있다는 것이다. 듣기 활동과 말하기 활동, 읽기 활동과 쓰기 활동, 듣기와 쓰기 활동, 읽기와 말하기 활동을 번갈아 해가도록 하면서 해당 단원을 지도하면 얼마든지 이해(듣기, 읽기)와 표현(말하기, 쓰기)이 의미 형성 과정이라는 것을 알도록 할 수 있는데, 비슷한 내용을 지도하면서 그것을 똑똑히 배울 수 없도록 되어 있다. 왜냐하면 차시별 학습 내용 진술을 앞서 언급한 교육과정 내용을 지도하는 데 중점을 두고 있다고 하면 그것과 관련되게 진술해야 하는데 교과서 차시 내용 진술이 그렇지 못한 것이다. 1차시에는 "이해한 내용이 사람마다 다른 까닭을 알아봅시다"라고 하여, '듣기 본질'과 관련되게 진술하고 있다. 그런데 2차시에는 "이야기를 듣고, 내 생각을 자유롭게 말하여 봅시다"라고 하여 마치 이 차시의 목표가 '자유롭게 말하기'인 것처럼 보이도록 되어 있다. 하지만 이 차시의 마지막 단계에서 이해한 바가 다르기 때문에 표현한 그림이 다르다는 것을 정리해 주도록 되어 있다. 그렇다면 차라리 "이해하고 생각한 것을 표현한 내용(그림)이 사람마다 다른 까닭을 알아봅시다"라고 했다면 통일성 있는 목표 진술이 될 수 있을 것이다. 3차시 목표도 "시를 읽고, 느낌을 자유롭게 써 봅시다"라고 되어 있다. 이를 보면 이 차시에 도달해야 할 목표가 '시를 읽고 느낌을 자유롭게 쓰기'로 생각해 버릴 수가 있다. 하지만 "시를 읽고 쓴 느낌이 사람마다 다른 까닭을 알아봅시다"라고 하면 명확한 진술이 될 것이다.

대단원 목표도 "생각이나 느낌을 다양하고 자유롭게 표현할 수 있다"라고 할 것이 아니라, "듣거나 읽어 이해한 내용과 말하거나 글로 써서 표현한 내용이 사람마다 다른 까닭을 알 수 있다"는 내용을 넣어 함께 진술해 주는 것이 대단원 성격을 밝히는 데 도움이 될 것이라 생각한다.

또 교육과정을 만들거나 교과서를 만드는 사람들이 좀 더 영역을 따로 떼어 생각하지 말고 통합하여 살핀다면, 효과적인 단원 구성이 될 수 있을 것이라 생각된다. 이 '본질' 영역과 관련하여 듣기, 말하기, 읽기, 쓰기 모든 영역에서 각각이 의미 형성 과정임을 알도록 하는 내용을 제시하고 있고 교과서에서는 그것을 통합해서 지도할 수 있도록 단원을 구성하고 있다. 하지만 교과서만 보고, 또 교사용 지도서를 봐도 네 영역이 통합되어 지도하도록 되어 있는지를 쉽게 알아차릴 수 없게 되어 있다. 이것은 교과서 개발자들이 현장 교사들을 전혀 배려하지 않은 결과라고 해석된다. 교과서, 교사용 지도서 개발자들은 학생들이나 교사들이 해당 단원에서 배우고 가르쳐야 할 내용이 무엇인지를 똑똑히 알 수 있도록 교과서를 만들고 교사용 지도서를 만들어야 할 것이다. 교육과정과 교과서를 만든 사람들의 의도를 교사나 학생이 스스로 잘 알아서 가르치고 배울 것이라고 생각하지는 말아야 할 것이다.

또 하나 교육과정도 문제가 있다. 교육부(1999 : 121)에서 설명한 내용이 도대체 어떻게 지도하라는 것인지 앞뒤가 맞지 않아서 알 수가 없다. 지도 내용 바로 아래 "다양한 생각들이 어떻게 선조적인 언어로 의미가 형성되어 표현되는지에 대하여 쉽게 설명한다"고 해놓고, 그 다음 기본 활동과 심화 활동을 간단히 설명하는 부분에서 "기본 활동은 동일한 화제에 대해 말하더라도 사람에 따라 다양하게 말한다"는 사실을 확인하는 활동인 데 비하여, "심화 활동은 말하기의 과정을 그림으로 그리면서 의미 형성 과정을 일반화, 추상화하는 활동이다"라고 했다. 그런데 그 아래 기본 활동과 심화 활동을 설명하는 것은 위의 것과 다르다. 기본 활동은 "말하기가 의미 형성 과정임을 알 수 있게 해 주는 예를 찾아 발표한다"고 해놓고 그 아래 설명은 "이 활동은 간단하고 쉬운 내용의 이야기를 통해 이야기를 구성하고 있는 각각의 내용 요소들이 이야기의 전체 의미를 형성하는 데 어떻게 기여하는지 분석해 보는 데 지도의 중점이 있다"고 했다. '말하기가 의미 형성 과정임을 알 수 있게 해 주는 예를 찾아 발표하는 활동과 설명은 전혀 다르다. 아래의 설명은 분명 잘못된 설명이다. 위에서 설명한 동일한 화제에 대해 사람마다 다르게 말하는 사실을 확인하는 활동이 기본 활동으로 제시되는 것이 바람직하다고 판단된다. 단순한 편집 오류인지 알 수 없지만 바로 잡아야 할 것이다. 위에서도 말했지만 초등학교 6학년 학생들이 말하기가 의미 형성과정임을 알 수 있는 예를 찾아 발표하기는 현실적으로 어려운 내용이다. 내용 선정이나 진술에서 학생들이 수행 가능한 것인지를 반드시 따져 보아야 할 것이다. 결국 이 내용은 교사용 지도서의 국어교과서와 국어과 교육과정의 관계 정보 제공성, 국어 교과서 내용 난이도의 적정성과 관련한 문제 지적이라 할 수 있겠다.

(2) [6-말-(2)]-면담을 통하여 내용을 선정해 말한다.

교육과정에는 이 내용이 지도 내용으로 선정된 까닭이 뚜렷이 밝혀져 있지 않다. 다만 면담하기가 말할 내용을 선정하는 좋은 방법 중의 하나임을 전제로 하고, 말할 내용과 관련된 전문가나 경험 있는 사람을 찾아 가서 필요한 정보를 얻도록 하기, 면담 내용 미리 정리하기, 녹음기 사용할 때 미리 양해 구하기, 면담 내용 그대로 말하지 말고, 자신의 말하기에 잘 녹여서 말하기를 안내하고 있다. 그러나 교육과정에서 보여준 보기 활동과 교과서 활동은 아주 다르다. 교육과정에서는 '면담을 통해 상대를 설득하는 데 필요한 내용을 선정해 말하기'와 '면담을 통해 사건이나 사물에 대한 정보를 찾아 말하기'를 기본 활동의 보기로, '효과적인 면담법 알기'를 심화 활동의 보기로 보였지만, 교과서에서는 1소단원에서 '면담이 필요한 경우 알아보기', '면담할 때 주의할 점 알아보기', '친구를 면담하고 면담 내용 말하기'를 각각 1차시에 지도하도록 되어 있고, 2소단원에서는 '알고 싶은 내용을 정해서 면담할 준비하기'를 1차시에 지도하고, '면담한 내용을 정리하여 발표하기'를 2차시에 걸쳐 지도하도록 하고 있다. '면담 내용 말하기'는 1단원 3차시에, 2단원 2~3차시에 대단원 안에서 분산하여 지도하도록 되어 있다. 면담 내용 정리하기는 쓰기와 관련이 있는 활동이다. 6학년 학생들의 수준을 생각할 때 교과서의 지도 내용이 더 학생 수준에 가까운 것으로 판단된다.

또 '면담이 필요한 경우 알아보기', '면담할 때 주의할 점 알아보기'는 면담시 필요한 지식이나 교육과정 국어지식 영역 지도 내용에는 없다. 유기적 분석이 없이 영역별로 지도 내용을 선정하니 이런 문제가 발생하는 것으로 추측한다. 따라서 영역별 대표자들이 모여 통합적 차원에서 지도 내용을 선정하는 방식을 모색해야 이런 문제가 되풀이 되지 않을 것이다. 이 내용은 국어과 교육과정 내용 반영성에 관련된 문제 지적이라 할 수 있다.

(3) [6-말-(3)]-타당하고 설득력 있는 근거를 제시하며 의견을 제시

한다.

이 내용과 관련하여 교육과정에서 보인 보기와 교과서 내용 사이에는 많은 차이가 있다. 교육부(1999 : 122)에서는 설득하는 말하기에서 주장을 뒷받침하는 근거를 제시해야 하는데, 근거가 설득력을 갖추려면 근거가 주장을 보장해 줄 수 있어야 한다고 하면서 설득력 있는 근거의 요건을 지도하도록 안내하고 있다. 교육과정 내용을 교과서에 반영할 때, 교육과정 내용과 관련된 여러 활동 가운데 '중요성', '효율성'도 따져 보고 교과서 활동으로 선정해서 반영해야 할 것이다. 교육과정에서 의도한 목표를 달성하지 못하는 머리 수 채우기 식의 활동이 되어서는 안 되기 때문이다. 교육과정에서는 "타당하고 설득력 있는 근거를 제시하며 의견을 제시한다"라는 내용과 관련하여 '설득력 있는 근거의 요건'에 대해서 지도하는 것이 중요 활동으로 설명을 해 놓았는데, 교과서에는 알맞은 근거를 들어가며 말하는 활동에 중점을 둠으로써 실제적으로 학생들에게 어떤 근거가 설득력 있는 근거인지 알지도 못한 채 말하는 활동에 내몰리면서 실제 말하기 활동에 도움이 되지 않는 학습 활동이 되고 만다.

현장에서 아이들을 가르치면서 주장이나 생각을 말할 때 근거나 까닭을 말하라고 하지만 근거가 갖추어야 할 요건을 가르쳐 주기는 쉽지 않다. 글쓴이가 생각할 때는 주장에 대한 근거가 갖추어야 할 요건을 지도하는 내용이 교과서에 제시되는 것이 바람직할 것이라 생각한다. 이 내용은 국어과 교육과정 내용 반영성에 관련된 문제 지적이라 할 수 있다.

(4) [6-말-(4)]-문제와 해결의 짜임으로 내용을 전개하여 말한다.

교육과정에 이 내용이 설정된 목적이나 의도가 뚜렷하게 제시되어 있지 않다. 다만 이 내용이 내용조직하기 계열의 학습 내용이며 [5-말-(3)]과 관련하여 지도하기, 이 방법이 현재 상황이나 상태, 제도나 정책 등에 문제가 있어 이를 지적하고 해결하는 방안을 제시하는 말을 할 때 사용한다는 것, 문제와 해결 짜임은 문제를 진단하는 부분과 해결책을 논의하는 부분으로 나뉜다는 것을 안내하고 있다.

하지만 교육과정에서 의도한 것과 교과서 내용은 비슷한 것 같지만 내용을 보면 아주 다른 것이다. 교육부(1999 : 122~123)을 보면 현재의 문제를 지적하고 해결하는 방안을 제시하는 말하기를 지도하는 것이다. 그래서 기본 활동의 보기도 "학교에서 발생하는 여러 가지 문제에 대하여 그 원인을 분석하고, 해결 방안을 마련하여 선생님께 건의한다"라는 내용을 보였다. 그런데 교과서에는 "문제에 대한 해결 방안을 말하여 봅시다"를 차시 목표로 하여 광고를 보고 광고에서 제기하는 문제에 대한 해결방안을 생각하여 말하는 활동을 하도록 되어 있다. 글쓴이가 판단할 때, 교육과정에서는 문제를 지적하고 해결 방안을 제시하는 말하기 내용 조직하기에 관한 방법을 배워 실제 말할 수 있도록 지도하기를 의도했다고 본다. 그런데 교과서에서는 그것이 아니라 문제 해결 방안만을 말하는 것으로 되어 있다. 왜 이렇게 내용이 조정되었는지 그 까닭을 어디서든 밝혀야 할 것이다.

또 교육과정에 나타난 기본 활동의 내용도 교실에서의 실현 가능성이 좀 떨어진 내용이라 판단된다. 한 차시 수업을 하는 동안 30~40명의 학생들이 모두 목표로 한 말을 하기는 현실적으로 어렵다. 게다가 학교 안의 문제를 지적하고 해결방안을 마련하여 선생님께 건의하는 활동은 더더욱 어렵다. 말하기 시간에는 될 수 있는 대로 많은 학생들이 말을 할 수 있는 기회를 만들어 주는 것이 좋을 것이다. 따라서 이 내용과 관련하여 학생들 스스로 학생들의 학교생활의 문제점을 지적하고 그 해결방안을 마련하여 서로 생각을 주고받는 활동을 하도록 하는 것이 실천 가능성이 높다고 판단된다.

또 이 내용과 관련하여 문제와 해결 짜임으로 된 말 '듣기'도 지도할 수 있을 텐데 교육과정에도 교과서에도 모두 빠져 있다. 이해활동인 읽기와 듣기 가운데 읽기만을 강조하고, 읽기에만 치우친 것은 고쳐져야 할 것이라고 본다.

이렇게 교육과정 내용과 교과서 내용이 차이가 나는 경우가 있는데, 왜 그렇게 내용이 조정되었는지 그 까닭을 어디서든 밝혀야 할 것이다. 그러나 현재 우리에게 그런 자료는 없다는 것이다. 개정된 교육과정에 따라 교과서를 만들 때는 이런 자료를 반드시 남기도록 해야 현장 교사들에게 도움도 되고 교육과정의 개선에도 도움이 될 것이다. 이 내용은 교사용 지도서의 국어교과서와 국어과 교육과정의 관계 정보 제공성과 관련한 문제 지적이다.

(5) [6-말-(6)]-여러 가지 말하기 규칙을 지키며 말하는 태도를 지닌다.

이 내용과 관련하여 교사용 지도서 '단원 학습 목표 및 학습 내용 요소의 수준과 범위'에는 말·듣·쓰-6-1-4에 반영된 것으로 되어 있다. 하지만 교육과정에서 의도한 것과 교과서에 반영된 것이 다른 것으로서 이 내용은 교과서에 제대로 반영되지 않았다고 하겠다. 교육과정에서는 이 내용이 설정된 까닭에 대해 뚜렷이 밝히지 않고 있지만 회의나 토론과 같이 공적인 말하기에서 규칙을 잘 지켜야 의사결정을 효율적으로 할 수 있고, 모든 사람의 의견을 제대로 반영할 수 있다는 점을 밝히고 있다. 여러 가지 말하기 규칙을 지키며 말하는 태도와 관련된 내용을 지도하도록 안내하고 있다. 곧 토론, 토의, 회의 등 공적인 대화에서 지켜야할 규칙들을 지도하고 실제 규칙에 맞게 이야기를 하도록 지도하라고 되어 있다. 그러나 교과서에는 여러 가지 가운데 토의에 한정을 했을 뿐만 아니라, 내용도 토의 규칙과 관련하여 1차시에 지도하고 나머지 2차시는 토의 절차에 대한 내용에 무게를 두어서 지도하도록 되어 있다. 이 내용이 말하기 규칙을 지키며 말하는 태도를 기르는 내용임을 감안할 때, 교과서 내용은 목표를 달성하기에는 많이 모자라다고 할 수 있다. 교육과정 내용 선정 시 선정한 내용이 교과서에 반영될 때 어느 수준에서 다루어져야 효과적으로 목표에 도달할 수 있을지 미리 짐작하고 내용을 선정해야 할 것이다. 여기서처럼 말하기 규칙을 지키면서 말하는 태도를 기르는 것은 얼마만큼, 어떻게 지도해야 하는지 막막하다. 보기 활동을 안내하고 있지만 현실적으로 그것들을 다 교과서에 반영할 수도 없다. 태도 관련 내용 선정 시 활동 범위에 대한 안내를 해 주면 좋을 것이다.

개정된 교육과정 내용 선정 시 이러한 점이 고려되었는지 의문이다.

이 내용은 결국 교사용 지도서의 국어교과서와 국어과 교육과정의 관계 정보 제공성, 교사용 지도서의 국어과 핵심지도 내용, 효과적 방법, 다양한 자료 안내 제공성과 관련한 문제 지적이라 하겠다.

### 2.2.3. 읽기 영역 평가

6학년 국어과 읽기 영역 지도 내용들과 관련하여 살펴본 결과는 다음과 같다.

(1) [6-읽-(1)]-읽기가 의미 형성 과정임을 안다.

이 내용과 관련하여 교사용 지도서의 '단원 학습 목표 및 학습 내용 요소의 수준과 범위'에는 말·듣·쓰-6-2-1에 반영된 것으로 되어 있다. 하지만 교과서 대단원 목표와 내용을 자세히 살펴보면 이 내용과 관련된 내용이 없음을 알 수 있다. 교육부(1999 : 124)에서는 이 내용이 독서가 글에 제시된 글자 하나하나를 수동적으로 받아들이는 것이 아니라, 독자가 각자 가지고 있는 배경 지식을 활용하여 능동적으로 의미를 만들어 가는 과정이라는 점을 중시하여 설정되었다고 했다. 그리고 읽기가 의미 형성 과정임을 알 수 있게 해 주는 예를 찾아 발표하는 활동을 기본 활동의 보기로 보이고, 동일한 글을 읽고 각자 이해한 바를 발표하게 하여 읽는 이에 따라 의미 구성이 다름을 인식하게 하는데 중점을 두라고 되어 있다. 그런데 교과용 지도서 대단원 교수·학습 계획에는 이 대단원의 근거가 "작품에 창의적으로 반영한다"라고 밝히고 있으며, 교과서 내용에도 시나 이야기를 읽고 생각이나 느낌을 주고받는 활동을 하지만 그 활동을 통해 읽기가 의미 형성 과정임을 알게 지도하라는 내용이 없다. 교사나 학생이 그것을 스스로 깨치지 않는 한 의도만 했다고 목표가 달성되는 것은 아닐 것이다. 그리고 대단원 교수·학습 계획에서도 대단원의 근거라고 밝히지 않은 것을 어째서 '단원 학습 목표 및 학습 내용 요소의 수준과 범위'

에서는 반영된 것처럼 해놓았는지 알 길이 없다.

또 교육과정에서 [6-듣-(1)], [6-말-(1)], [6-쓰-(1)]과 관련지어 지도하도록 안내하고 있다. 앞서 [6-듣-(1)]을 분석하면서 글쓴이 나름대로 네 가지 모두를 지도할 수 있는 방안을 말했지만, 교육과정의 안내처럼 네 영역을 통합해서 지도할 수 있는 것을 지도 내용으로만 제시해 놓고, 교과서에 반영하지 못한 것은 분명 잘못된 것이라고 하겠다. 이 내용은 국어과 교육과정 내용 반영성과 관련한 문제 지적이라 할 수 있다.

(2) [6-읽-(2)]-다양한 표현의 의미를 알아보며 읽는다.

위의 (1)과 똑같은 경우다. 교과서 대단원 목표, 내용, 교수·학습 계획 어디에도 이 내용을 지도하도록 배려한 내용이 없다. 교육부(1999 : 125)에서는 이 내용이 글을 바르게 이해하기 위해서는 글의 표현상의 특징과 그 효과에 대해 알아야 한다는 점을 중시하여 설정되었다고 했다. 그리고 글에 적합하게 쓰인 속담이나, 관용 표현, 격언, 명언 등은 글쓴이가 전달하고자 하는 의미를 효과적으로 전달할 수 있다는 것, 글을 잘 읽기 위해서나 글을 잘 쓰기 위해서도 이런 표현에 대한 학습이 필요함을 인식하도록 하라고 안내하고 있다. 또 [6-듣-(2)]와 관련하여 지도하도록 안내하고 있다. 글에 쓰인 속담, 관용표현, 격언, 명언 등의 의미를 파악하는 활동을 기본 활동의 보기로, 여러 글에서 다양한 표현을 더 찾아보고 그 의미를 파악하는 활동을 심화 활동의 보기로 보이고 있다. 이처럼 교육과정의 설정 의도나 안내를 보면 교과서에 반영할 수 있는 내용인데, 반영하지 않은 이유를 어디에도 밝혀 두지 않고 있다. 의도적인 것인지, 단순한 실수인지 밝혀 볼 일이다. 이 내용도 국어과 교육과정 내용 반영성과 관련한 문제 지적이다.

(3) [6-읽-(3)]-글을 읽고, 전체의 내용을 요약한다.

이 내용과 관련하여 교육과정에서 의도한 내용과 교과서 내용은 조금 차이가 있다. 교육부(1999 : 125~126)에서는 이 내용이 글의 내용을 요약하는 것이 체계적인 독서 지도에서 가장 핵심적인 기능이라는 점을 중시하여 설정되었다고 했다. 또 '문장 수준에서 요약하기, 문단 수준에서 요약하기, 글 수준에서 요약하기 등의 단계적 학습 요소를 담고 있다고 했다. 또 글을 읽고 대강의 내용 파악하기, 문장을 읽고 요약하기, 문단의 핵심어나 중심 내용 파악하기, 글 전체 짜임 파악하기, 문단의 중심 내용을 연결하여 글 전체 내용 요약하기 등을 학습 활동의 보기로 보였다. 그리고 기본 활동으로 문단의 중심 내용을 연결하여 글 전체의 내용을 요약하는 활동을 보기로 보였다. 그런데 교과서에서는 '글의 짜임과 읽는 목적에 따라 글 요약하기'를 대단원 목표로 하여 1소단원에서는 '글의 짜임에 따라 요약하기'를 2소단원에서는 '읽는 목적에 따라 글 요약하기'를 할 수 있도록 되어 있다.

수준의 측면에서 본다면 교과서 내용이 교육과정에서 보인 보기보다 높다고 판단된다. 이 내용을 배운 6학년 학생들의 교과서를 살펴본 바로는 이 내용의 성취도가 아주 낮음을 알 수 있었다. 이렇게 내용을 바꾼 까닭이 어디에도 나타나 있지 않은 것이 아쉽다. 좀 더 깊이 있는 연구가 뒤따라야 하겠지만 교육과정에서 보인 보기 수준에서 지도하는 것이 더 바람직할 것으로 판단된다. 교과서 내용도 "글의 짜임에 따라서 글을 요약하면 글을 더 잘 요약할 수 있습니다"라는 식으로 해놓고 글을 보여준 뒤, 요약해 보라는 식의 구성은 아이들에게는 아주 어렵다고 생각된다. 간단한 문장 수준부터 시작해서, 문단 수준, 글 수준으로 넘어 가면서 보기를 보인 뒤에 목표로 한 글을 요약하도록 하는 것이 효과적일 것이다. 이 내용은 국어 교과서 내용 난이도의 적정성과 관련한 문제 지적이라 할 수 있다.

(4) [6-읽-(7)]-다양한 읽을거리를 찾아 읽는 태도를 지닌다.

교육부(1999 : 128)에는 이 내용이 교과서 이외의 각종 다양한 자료를 스스로 찾아 읽는 습관을 길러야 한다는 점을 중시하여 설정되었다고 했다. 기본 활동으로 '다양한 읽기에 관심을 가지고 찾아 읽기'를 들어 놓고, 최근에 읽은 책의 목록 만들기, 책을 빌려 볼 수 있는 방법 말하기 등의 활동을 통해 학생들이 다양한 읽을거리에 관심을 가지고, 독서하는 습관을 기르도록 분위기를 조성하는 데 지도의 중점이 있음을 안내하고 있다.

하지만 현장 경험에 비추어 볼 때 이런 활동을 통해서는 절대 독서 습관을 기를 수 없다. 오히려 책을 읽기 싫도록 만들기 십상이다.

또 이 내용은 1~2학기에 직접 되풀이 반영되면서 2개의 대단원에 3개의 소단원에서 지도하도록 반영되었다. 아주 특이한 경우라고 할 수 있다.

하지만 다른 내용과의 형평성 차원에서 보면 이 내용에 너무 많은 비중을 두어 불균형적인 반영이라 하겠다. 왜 이렇게 많은 비중을 두었는지에 대한 설명이 있었다면 더 좋겠지만 그렇지 못한 것이 아쉽다. 교육과정의 설정 의도처럼 다양한 읽을거리를 찾아 읽는 습관을 기르기 위해 교과서처럼 몇 가지 종류의 글을 교과서에 실어 놓고 읽어 보라고 하기 보다는 아이들의 관심 흥미에서 출발하여 그것과 관련된 책들을 찾아 읽을 수 있도록 하는 것이 훨씬 효과적일 것이다. 평가도 자신이 스스로 계획했던 책들을 계획대로 읽었는지를 스스로 따져보도록 하면 실질적이면서 효과적인 평가가 될 것이라 생각한다.

또 하나 이 내용은 '태도' 관련 내용인데, 다양한 읽을거리에 관심을 갖고 찾아 읽는 태도를 기르는데 교과서 내용을 보면 1차시에 '여러 가지 읽을거리를 찾아 읽는 것이 중요한 까닭 알기'를 지도하도록 되어 있다. 이것을 지도하고 나면 바로 그런 태도가 형성된다고 보는 것인지 알 수 없다. '태도'라는 것은 꾸준히 되풀이 하면서도 감동을 받지 않으면 안 된다는 것을 모르지는 않을 텐데, 태도 관련 지도 내용을 너무 쉽게 생각하는 것이 아닌가 한다. 태도 관련 내용 지도 전략에 대한 좀 더 깊은 관심과 연구가 필요하다. 이 내용은 국어과 교육과정 내용 반영성에 관한 문제 지적이라 할 수 있다.

### 2.2.4. 쓰기 영역 평가

6학년 국어과 쓰기 영역 지도 내용들과 관련하여 살펴본 결과는 다음과 같다.

(1) [6-쓰-(1)]-쓰기가 의미 형성 과정임을 안다.

이 내용과 관련하여 교사용 지도서 '단원 학습 목표 및 학습 내용 요소의 수준과 범위'에, 대단원 교수·학습 계획에는 말·듣·쓰-6-1-1에 반영되어 있는 것으로 되어 있다. 그러나 대단원 목표나 교과서 내용을 살펴보면 이 내용뿐만 아니라 6-듣-(1)도 반영되었음을 알 수 있다. 교육부(1999 : 128)에는 쓰기가 의미 형성 과정임을 아는 학생들이 쓰기를 활용하여 자기 자신의 사고력을 신장시킬 수 있다는 점을 중시하여 이 내용을 설정했다고 했다. 그리고 의미 형성 과정이란 무엇인지 알기, 의미 형성 과정으로서의 쓰기의 특징 알기, 쓰기와 의미와의 관계 알기 등에 대한 학습을 의도하고 있으며, 쓰기가 머릿속에서 의미가 형성된 것을 글로 옮기는 것만이 아니라 그 자체가 의미를 만들어 과정임을 알 수 있도록 학습 활동을 계획하라고 되어 있다. 그런데 교과서에는 "생각이나 느낌을 다양하고 자유롭게 표현할 수 있다"는 대단원 목표 아래 1소단원 1차시에 '이해한 내용이 사람마다 다른 까닭을 알아보기'를 2차시에 '이야기 듣고 내 생각 자유롭게 말하기'를 학습하도록 되어 있다. 1차시의 내용이 이야기를 듣고 난 느낌이 서로 다른 까닭을 알게 하는 것으로 쓰기 관련 내용이 아니라 듣기 관련 내용이다. 따라서 이 단원에 6-듣-(1)이 반영되었다. 그리고 3차시에는 시를 읽고 느낌을 자유롭게 써 보기를 통해 쓴 내용이 서로 다른 까닭을 알게 함으로써 쓰기가 의미 형성 과정임을 알도록 하고 있다.

여기서 짚고 넘어가야 할 것이 있다. 바로 어떤 내용은 반영되지도 않았는데 반영되었다고 해 놓고, 또 이처럼 반영된 것을 빠트리고 반영되지 않은 것으로 해 놓는 이런 잘못이 왜 생겼는지 알 수가 없다.

그냥 작은 실수라고 보아 넘기기에는 찜찜하다. 무엇인지 모르지만 교과서 개발 및 교사용 지도서 집필 단계에 문제가 있는 것으로 해석된다.

또 하나 3차시 학습 활동 주제라고 할까 학습 목표가 내용에 맞지 않는다. 3차시 학습 활동의 핵심은 시를 읽고 느낌을 자유롭게 써 보는 것이 아니라 나타낸 느낌이 사람마다 다름을 알게 하여 쓰기가 의미 형성 과정임을 알게 하는 것이라고 할 수 있다. 그렇다면 학습 활동 주제를 1차시처럼, "시를 읽고 쓴 느낌이 사람마다 다른 까닭을 알아봅시다"라고 하는 것이 적절할 것이라고 생각한다.

또 교육과정에서 기본 활동의 보기로 보인 내용의 적절성에 관한 문제가 있다. '쓰기가 의미 형성 과정임을 알 수 있게 해 주는 예를 찾아 발표하기'를 기본 활동의 보기로 보이고 있다. 그 아래 설명을 보면 이 활동은 쓰기를 통해 새로운 의미를 만들어 낸 경험이나 글을 쓰다가 처음에 가졌던 자신의 생각이 바뀐 적이 있으면 발표하게 하여 의미 형성 과정으로서의 쓰기의 특성을 알게 하는 데 지도의 중점이 있다고 했다. 과연 초등학교 6학년 학생들이 이런 예를 찾아내면서 원리를 발견해 낼 수 있을까? 이것이 가능하다고 보고 기본 활동의 보기로 들어 놓은 것인지 알 수가 없다. 차라리 교과서 내용이 수준을 생각할 때 초등학교 6학년 학생들에게 더 맞다고 판단된다. 교육과정을 만들 때 이런 실행 가능성에 대해 깊이 생각해봐야 할 것이다. 교사들에게 쓰기가 의미 형성 과정임을 알 수 있는 보기를 들어 보라고 하면 할 수 있는 사람이 몇 안 될 것이다. 결국 이 내용은 국어과 교육과정 내용 반영성과 국어 교과서 내용 난이도의 적정성에 관한 문제 지적이라 할 수 있다.

(2) [6-쓰-(2)]-면담을 통하여 내용을 선정해 글을 쓴다.

이 내용은 교육과정의 의도를 교과서에 제대로 반영하지 못했다고 할 수 있다. 교육과정에서는 글쓰기 내용 선정 방법 가운데 하나로 면담을 지도하도록 되어 있으며 면담의 개념, 면담 방법, 내용을 선정할 때 면담이 왜 필요한지 알기 이런 지식을 바탕으로 면담을 통한 글쓰기를 지도하도록 의도했지만, 교과서에는 "면담을 통하여 알게 된 내용을 정리하여 표현할 수 있다"는 대단원 목표 아래 1소단원 1차시에 '면담이 필요한 경우에 대해 알아보기' 2차시에 '면담할 때 주의할 점에 대해 말해 보기', 3차시에 '친구를 면담하고 면담한 내용을 말하기'를 하도록 되어 있다. 2차시 분의 내용이 면담과 관련한 지식에 관한 것이고 면담 방법에 대한 내용이 면담하기 전에 묻고 싶은 것을 정리하는 활동밖에 없다. 그리고 말하기 내용 선정이나 쓰기 내용 선정 방법의 하나가 면담이라는 것을 언급하는 내용이 어디에도 없다. 이 내용은 국어과 교육과정 내용 반영성과 관련한 문제 지적이다.

(3) [6-쓰-(3)]-주장을 뒷받침하기에 알맞은 근거를 제시하며 글을 쓴다.

이 내용과 관련해서는 두 가지 생각해 봐야 할 것이 있다.

교육과정에서는 주장과 근거의 개념 알기, 주장과 근거의 관계 알기, 근거의 종류 알기, 주장과 근거의 관계를 활용한 내용 조직 방법 알기 등 이 내용과 관련된 지식을 지도하여 그 지식을 바탕으로 주장하는 글쓰기를 하도록 의도하고 있다고 했다. 그런데 교과서에서는 그런 지식에 관한 내용이 전혀 없다. 이를 볼 때 교육과정의 의도를 교과서가 제대로 반영하지 못했음을 알 수 있다.

또 교육부(1999 : 130)에서는 기본 활동의 보기로 "주장하는 글을 쓰는 방법을 알고, 알맞은 근거를 들어가며 주장하는 글을 쓴다"를 들고, 그 아래 주장하는 글을 쓰기 위해 '귀납적 구성, 연역적 구성, 3단식 구성' 등과 내용 조직 방법에 대해 충분히 알아야 함을 인식시킨 다음 주장하는 글을 쓰게 하도록 하였다. 그런데 교과서에는 그런 내용은 없다. 다만 교사용 지도서에 처음, 가운데, 끝의 3단 구성을 하도록 하는 내용이 있을 뿐이다. 3단 구성 이상의 내용 조직 방법을 초등학교 6학년 학생들에게 알게 해야 하는지에 대한 연구가 뒤따라야 하겠지만, 경험에 비추어 볼 때 지도서처럼 언급만 해주었을 때, 학생들의 성취도는 아주 낮았다. 그러나 3단 구성에 의해 주장하는 글을 쓰는 차례를 보기로 보여준 다음 주제를 달리하여 그 차례에 맞춰 글을 써 보게 하는 것이 효과적이었다. 교과서를 개발하는 사람들이 참고로 하면 좋을 것이라 생각한다. 이 내용도 국어과 교육과정 내용 반영성 관련 문제 지적이라 할 수 있다.

(4) [6-쓰-(4)]-문제와 해결의 짜임으로 내용을 전개하여 글을 쓴다.

이 내용은 말·듣·쓰-6-2-4에 반영되었다. 이와 관련하여 두 가지 짚고 넘어 가야 할 것이 있다.

먼저 문제와 해결 짜임으로 글을 쓰기 위한 배경 지식에 대한 지도가 제대로 이루어지지 않는 것이 문제다. 1차시 문제와 해결의 짜임으로 글을 쓰는 방법에 대해 알아보기 말고는 지식에 관한 지도 내용이 없다. 특히 문제와 해결 짜임을 이용한 내용 조직 방법에 대한 지도가 없이 문제와 해결 짜임으로 글을 쓰도록 하기 위해 교과서에서 제기한 문제들이 초등학교 6학년 학생들이 적절한 해결 방안을 찾아 낼 수 있는 것인지 그리고 그 해결 방안에 따라 해결할 수 있는 문제인지 따져 보아야겠다는 것이다. 1소단원 3차시에 제기한 문제는 가족 구성원들의 유대감이 약해진 가정이 많다는 것이다. 가족 유대감이 약해진 까닭을 찾고 그 해결 방안을 찾아 글로 쓰는 활동을 대부분의 초등학교 6학년 학생들이 할 수 있을 것이라 생각하고 교과서를 마련했을 것이다. 하지만 이건 현실을 좀 무시한 것이라 여겨진다. 학생들의 주변에서 그들 가까이 있는 문제로, 스스로 문제라고 생각하는 것들을 찾아 그 해결방안을 찾아보고 글로 쓰도록 하는 것이 효과적이다. 교실 청소가 제대로 되지 않는 것, 학교/학급 규칙이 지켜지지 않는 것 등 학생들 스스로 문제라고 생각하는 것을 가운데 하나를 가지고 학습 활동을 하도록 하는 것이 좋을 것이다. 교육부(1999 : 130)에도 학급에서 자주 발생하는 문제를 갖고 학습 활동을 하도록 기본 활동의 보기로 제시하고 있는데, 왜 이렇게 어려운 문제를 들이대는지 알 수 없다. 물론 전국의 초등학교 6학년 학생들의 수준이란 것이 지역적으로 차이가 있을 것이지만, 그래도 평균적인 수준에 맞추어 교과서를 마련하는 것이 옳을 것으로 생각한다. 교과서에서 제시한 수준은 심화 활동의 보기로 보면 될 것이다. 교사가 해당 학생들의 수준에 맞추어 지도할 수 있다고 하지만 그것은 현실적으로 어려운 것임을 현장 교사만 아는 것은 아닐 것이다. 이 내용은 국어 교과서 내용 난이도의 적정성과 관련한 문제 지적이라 할 수 있다.

(5) [6-쓰-(6)]-표현의 효과를 고려하여 문장을 고쳐 쓴다.

이 내용과 관련하여 교육부(1999 : 131~132)에 보면 이 내용이 표현의 효과를 고려하여 문장을 고쳐 쓸 수 있는 학생들이 고쳐 쓰기 능력과 문장 구성 능력이 동시에 신장될 수 있음을 중시하여 설정되었으며, 표현의 효과란 무엇인지 알기, 표현의 효과를 높이는 문장이란 무엇인지 알기, 표현의 효과를 저해하는 문장 찾기, 표현의 효과를 고려한 문장 고쳐 쓰기 등에 대한 학습을 의도 하고 있으며, 문장 사용의 정확성과 효과성을 높일 수 있도록 학습 활동을 계획하도록 안내하고 있다. 기본 활동의 보기로 표현의 효과를 고려하여 자신의 쓴 글의 문장을 고쳐 쓰기를 보이고 있는데, 문장을 고쳐 쓰려면 상투어와 무의미어의 남용 여부, 접속어 및 지시어의 적절한 사용 여부, 글 전체의 흐름 등을 살펴보아야 함을 인식시킨 다음 자신이 쓴 글을 문장 수준에서 고쳐 쓰기를 하게 하여, 문장 수준에서의 고쳐 쓰기의 기초를 다지게 하는 데 중점을 두라고 하였다. 현장 학생들의 글쓰기 실태에 대한 광범위하고 깊이 있는 연구가 있어야 하겠지만, 현장 경험을 비추어 볼 때, 학생들의 글쓰기 능력은 상당히 문제가 있다. 하지만 스스로 쓴 글을 고쳐 쓰는 방법에 대한 지도가 없는 실정에서 학생들의 글쓰기 실태가 나아지길 바랄 수는 없을 것이다. 이 내용도 국어 교과서 내용 난이도의 적절성과 관련한 문제 지적이다.

### 2.2.5. 국어지식 영역 평가

6학년 국어과 국어지식 영역 지도 내용들과 관련하여 살펴본 결과는 다음과 같다.

(1) [6-국지-(3)]-고유어, 한자어, 외래어, 외국어의 개념을 안다.

이 내용과 관련하여 교육부(1999 : 134)에서는 고유어, 한자어, 외국어, 외래어의 개념 및 관계 알기 등을 의도했으며, 우리말의 어휘 분포와 언어 사용의 실태를 알고, 국어를 사용할 때 될 수 있으면 고유어를 쓸 수 있도록 학습 활동을 계획하도록 안내하고 있다. 그런데, 교과서에는 될 수 있으면 고유어를 써야 한다든지 하는 설명이 없다. 또 고유어로 고쳐 보는 활동을 하는 납득할 만한 이유도 없이 그런 활동을 하고 있다. 지도하는 교사들도 그런 활동을 해야 하는 까닭을 아이들에게 납득시킬 수 있을까 하는 의문이 생긴다. 그리고 아이들 수준에서 넷을 엄격히 구분하기가 쉽지 않다. 쉽게 구분할 수 있는 방법을 따로 설명해 주지도 않고 교과서에 있는 것을 가지고 한 뒤, 아이들에게 생활 주변에 있는 것들을 조사해서 분류하라고 했을 때, 아이들의 성취도는 아주 낮았다. 교육과정이나 교과서 모두 이 네 개념을 알고 구분하는 것에 목표를 두었다면 할 말이 없지만, 교육과정의 안내를 따르면 아이들에게 그런 말들이 생긴 배경부터, 될 수 있는 대로 고유어를 써야 하는 까닭도 밝혀 주는 것이 학습 효과를 높일 것이라 생각한다. 이 내용은 교사용 지도서의 국어과 핵심지도 내용, 효과적 방법, 다양한 자료 안내 제공성 관련 문제 지적이라 할 수 있다.

(2) [6-국지-(5)]-표준 발음법에 맞게 발음한다.

이 내용과 관련하여 교사용 지도서 '단원 학습 목표 및 학습 내용 요소의 수준과 범위'에는 말·듣·쓰-6-2-2에 반영된 것으로 되어 있다. 하지만 교과서 단원 목표와 차시 내용을 살펴보면 반영되어 있지 않음을 알 수 있다. 교육부(1999 : 135)에는 이 내용이 표준 발음법에 맞게 발음하는 학생들이 의사 전달력이 높은 말하기를 잘 할 수 있다는 점을 중시하여 설정하였다고 하였다. 또 표준 발음법의 중요성 알기, 표준 발음법의 필요성 알기, 우리말이 표준 발음법을 정확하게 알고 정확하게 구사하기 등에 대한 학습을 의도하고 있으며, 표준 발음법에 익숙해질 때까지 반복 훈련시킬 수 있도록 학습 활동을 계획하라고 안내하고 있다. 하지만 교육과정의 안내에 부응하는 내용이 교과서에는 없다. 다만 교사용 지도서에는 소단원 2-첫째시간 "알고 싶은 내용을 정하여 면담할 준비를 하여 봅시다"라는 주제에 관한 수업의 정리·확인 단계에서 면담 규칙과 관련하여 "공손하고 정중하게 표준 발음을 사용하고……" 하는 언급이 있다. 서울 경기 지방의 학생들에게 특별히 표준 발음에 관한 교육이 필요가 없다고 생각하여 교과서 개발진들이 이 내용을 교과서에 반영하는 일에 소극적이지 않았나 하는 해석이 가능하다. 음운론적인 측면에서 경남 지역은 수도권 지역에 비해 표준 발음 교육이 더 필요하다고 하는 견해가 많음을 감안할 때, 지역적으로 이 내용과 관련한 지도에 더 신경을 써야 할 것이다. 지역 교육청 수준에서 대책을 수립할 필요가 있다. 이 내용도 결국 국어과 교육과정 내용 반영성과 관련된 문제 지적이라 할 수 있겠다.

### 2.2.6. 문학 영역 평가

6학년 국어과 문학 영역 지도 내용들과 관련하여 살펴본 결과는 다음과 같다.

(1) [6-문학-(1)]-문학의 갈래를 안다.

이 내용은 아무런 언급 없이 교과서에 반영되지 않았다. 교육부(1999 : 136~137)에서는 이 내용이 문학의 갈래에 대한 개념을 이해시키기 위해 설정되었다고 하였다. 또 읽었던 문학 작품을 조사하기, 작품을 형식과 내용, 전달하는 방법 등에 따라 나누기, 문학의 갈래에 대한 개념 이해하기 등에 대한 학습을 의도하고 있으며, 읽었던 문학 작품을 조사하여 말하기, 작품을 형식과 내용, 전달하는 방법 등에 따라 비슷한 성격의 작품을 무리 짓기, 문학 자품을 갈래 짓는 개념을 정리하여 말하기 등의 학습 활동을 할 수 있다고 안내하고 있다. 이런 내용이 왜 교과서에 반영되지 않았는지 그 까닭을 어디에서도 찾을 수가 없다. 이 내용도 국어과 교육과정 내용 반영성과 관련된 문제 지적이다.

(2) [6-문학-(4)]-작품에 창의적으로 반응한다.

이 내용과 관련하여 교사용 지도서 '단원 학습 목표 및 학습 내용 요소의 수준과 범위'에는 말·듣·쓰-6-1-1, 읽-6-2-1에 중복 반영되어 있는 것으로 되어 있다. 하지만 이것은 교육과정 내용의 진술과 설명이 흐릿하여 생긴 결과로 해석된다. 교육과정 내용을 보면 "작품에 창의적으로 반응한다"라고 해 놓고, 아래 설명은 "이 내용은 동일한 작품이라도 읽는 이에 따라 다르게 반응할 수 있음을 인식시키기 위한 목적으로 설정하였다"고 했다. 게다가 기본 활동의 보기로 작품에 대한 자신의 생각과 느낌을 말해 보는 활동을 보였다. 그런데 교과서 내용을 볼 때 말·듣·쓰-6-1-1의 내용은 [쓰-6-(1)], [듣-6-(1)]이 반영된 것으로 해석할 수 있다. 작품에 대한 자신의 생각과 느낌을 말해 보는 기본 활동의 내용을 놓고 보면 이 내용은 말·듣·쓰-6-1-1에 반영이 되었다. 하지만 그 활동이 이 내용을 교과서에 반영하기 위해서 마련된 활동이 아니라 쓰-6-(1), 듣-6-(1)을 반영하기 위한 내용이라고 보는 것이 옳을 것이다. 다만 이런 활동을 통해 세 가지 내용을 모두 반영할 수 있었음에도 그렇게 하지 못함으로써 어떤 내용은 빠지는 상황에서 이 내용이 되풀이 되어서 반영하는 것 같은 느낌을 주고 있다.

교육과정에서 교육내용으로 보인 것들의 상관성을 따져 비슷한 활동을 하여 성취할 수 있는 것이라면 적절히 통합하는 노력을 했더라면 하는 아쉬움이 남는 부분이다. 이 내용도 국어과 교육과정 내용 반영성과 관련된 문제 지적이다.

(3) [6-문학-(5)]-작품에 반영된 가치나 문화를 이해한다.

이 내용과 관련해서 교육부(1999 : 139)에서는 이 내용이 '작품에는 작품의 배경이 되는 시대의 사람들이 추구하는 가치와 문화가 반영되어 있음을 이해시키기 위한 목적으로 설정되었다고 하였다. 또 작품의 배경 파악하기, 등장인물의 삶의 모습 파악하기, 작품에서 인물들이 추구했던 가치나 신념 등을 파악하기 등에 대한 학습을 의도하고 있으며, 작품에서 사건의 전개 과정을 파악하여 말하기, 작품에 드러난 시대적, 공간적 배경을 파악하여 말하기, 작품에 등장인물의 말이나 생각, 행동을 통하여 등장인물의 삶의 모습을 파악하기, 작품의 배경과 등장인물의 말이나 행동 등을 통해 등장인물들이 추구했던 가치, 신념 등이 무엇인지 파악하는 학습 활동이 가능하다고 안내하고 있다. 그런데 정작 왜 작품에 반영된 가치와 문화를 파악해야 하는지에 대해 알게 하는 활동이 없다. 하지만 교과서에 이야기를 읽을 때 인물이 추구했던 삶이나 이야기에 반영된 문화를 이해하는 것이 왜 중요한지 알게 하는 활동을 하도록 마련되어 있다. 이는 교육과정의 모자람을 교과서가 채우고 있는 부분이라 하겠다. 이 내용도 국어과 교육과정 내용 반영성과 관련된 문제 지적이다.

또 교육과정에서 의도한 학습 활동이나 가능한 학습 활동을 안내한 것을 보면 교육과정 내용 가운데 두 가지 정도는 통합하여 하나의 대단원으로 구성해도 될 듯한 내용이 많은데, 왜 그렇게 하지 않았는지 궁금하다. 보기를 들어 이 내용과 작품의 배경과 사건의 전개 과정과의 관계를 파악하는 활동을 함께 반영하여 할 수 있을 것이다. 같은 글을 두고 두 가지 이상의 학습을 하는 것과 한 작품을 갖고 하나의 내용을 다루는 것이 어떤 학습 효과의 차이가 있는 지는 더 연구해 볼 일이지만 충분히 논의할 가치가 있다고 생각한다.

(4) [6-문학-(6)]-작품을 다른 갈래로 표현한다.

이 내용은 말·듣·쓰-6-1-3, 말·듣·쓰-6-2-3 2개의 대단원에 반영되었다. 위에서 6-문-(1)이 아무런 언급 없이 교과서에 반영되지 않았다고 했는데, 이렇게 두 개의 대단원에 걸쳐서 반영을 하면서 기본적인 개념이라 할 수 있는 6-문-(1)을 왜 뺐는지 알 수가 없다. 이 내용이 작품을 다른 갈래로 바꾸어 써 보는 창작 능력을 기르기 위해 목적으로 설정하였다고 하더라도 갈래의 개념이라든지 갈래별 특성을 알고 그것을 살려서 다른 갈래로 바꾸어 쓰도록 지도하는 것이 순서라고 생각한다. 또 비슷한 뜻을 가진 두 개의 용어를 왜 각각 따로 썼는지 알 수 없다. 말·듣·쓰-6-1-3의 대단원 목표에는 '다른 형식'의 글로 바꾼다고 했는데, 말·듣·쓰-6-2-3에서는 다른 갈래의 글로 바꾸어 쓸 수 있다고 하였다. 교과서에 쓰이는 용어를 통일할 필요가 있다. 이 내용도 국어과 교육과정 내용 반영성과 관련된 문제 지적이다.

### 2.3. 평가 실행 결과 종합

앞서 국어과 교육과정과 교과서, 교사용 지도서를 살피면서 실행한 평가 결과를 종합하면 다음과 같다.

[6-듣-(1)]과 관련해서는 국어과 교육과정과의 일관성, 국어 교과서 내용 난이도의 적정성에 문제가 있는 것으로 평가되었다.

[6-듣-(2)], [6-듣-(4)]와 관련해서는 교사용 지도서의 국어교과서와 국어과 교육과정의 관계 정보 제공성에 문제가 있는 것으로 평가되었다.

[6-듣-(3)]과 관련해서는 국어 교과서 내용 난이도의 적정성에 문제가 있는 것으로 평가되었다.

[6-듣-(5)]와 관련해서는 국어과 교육과정 내용 반영성, 교사용 지도서의 국어교과서와 국어과 교육과정의 관계 정보 제공성에 문제가 있는 것으로 평가되었다.

[6-말-(1)]과 관련해서는 교사용 지도서의 국어교과서와 국어과 교육과정의 관계 정보 제공성, 국어 교과서 내용 난이도의 적정성에 문제가 있는 것으로 평가되었다.

[6-말-(2)]와 관련해서는 국어과 교육과정 내용 반영성에 문제가 없

는 것으로 평가되었다.

[6-말-(3)]과 관련해서는 교사용 지도서의 국어교과서와 국어과 교육과정의 관계 정보 제공성, 교사용 지도서의 국어과 핵심지도 내용, 효과적 방법, 다양한 자료 안내 제공성에 문제가 있는 것으로 평가되었다.

[6-읽-(1)], [6-읽-(2)], [6-읽-(7)]과 관련해서는 국어과 교육과정 내용 반영성에 문제가 있는 것으로 평가되었다.

[6-읽-(3)]과 관련해서는 국어 교과서 내용 난이도의 적정성에 문제가 있는 것으로 평가되었다.

[6-쓰-(1)]과 관련해서는 국어과 교육과정 내용 반영성, 국어 교과서 내용 난이도의 적정성에 문제가 있는 것으로 평가되었다.

[6-쓰-(2)], [6-쓰-(3)]과 관련해서는 국어과 교육과정 내용 반영성에 문제가 있는 것으로 평가되었다.

[6-쓰-(4)], [6-쓰-(6)]과 관련해서는 국어 교과서 내용 난이도의 적절성에 문제가 있는 것으로 평가되었다.

[6-국지-(3)]과 관련해서는 교사용 지도서의 국어과 핵심지도 내용, 효과적 방법, 다양한 자료 안내 제공성에 문제가 있는 것으로 평가되었다.

[6-국지-(5)], [6-문학-(1)], [6-문학-(4)], [6-문학-(5)], [6-문학-(6)]과 관련해서는 국어과 교육과정의 내용 반영성에 문제가 있는 것으로 평가되었다.

위의 내용을 표로 보이면 [표 1]과 같다.

표를 정리해보면, 6학년 국어과 교과서는 국어과 교육과정 내용 반영성, 국어 교과서 내용 난이도의 적절성에 문제가 있는 것으로 평가되었다. 국어과 교사용 지도서는 국어과 교과서와 교사용 지도서의 국어교과서와 국어과 교육과정의 관계 정보 제공성, 교사용 지도서의 국어과 핵심지도 내용, 효과적 방법, 다양한 자료 안내 제공성에 문제가 있는 것으로 평가되었다. 국어과 교육과정과 교과서, 교사용 지도서의 일관성에도 문제가 있는 것으로 평가되었다.

[표 1] 교육과정 평가 결과

| 교육과정 내용 | 평가 결과 |
|---|---|
| [6-듣-(1)] | • 국어과 교육과정과의 일관성<br>• 국어 교과서 내용 난이도의 적정성 |
| [6-듣-(2)] | • 교사용 지도서의 국어교과서와 국어과 교육과정의 관계 정보 제공성 |
| [6-듣-(3)] | • 국어 교과서 내용 난이도의 적정성 |
| [6-듣-(4)] | • 교사용 지도서의 국어교과서와 국어과 교육과정의 관계 정보 제공성 |
| [6-듣-(5)] | • 국어과 교육과정 내용 반영성 |
| [6-말-(1)] | • 교사용 지도서의 국어교과서와 국어과 교육과정의 관계 정보 제공성<br>• 국어 교과서 내용 난이도의 적정성 |
| [6-말-(2)] | • 국어과 교육과정 내용 반영성 |
| [6-말-(3)] | • 교사용 지도서의 국어교과서와 국어과 교육과정의 관계 정보 제공성<br>• 교사용 지도서의 국어과 핵심지도 내용, 효과적 방법, 다양한 자료 안내 제공성 |
| [6-말-(4)] | • 교사용 지도서의 국어교과서와 국어과 교육과정의 관계 정보 제공성 |
| [6-읽-(1)] | • 국어과 교육과정 내용 반영성 |
| [6-읽-(2)] | • 국어과 교육과정 내용 반영성 |
| [6-읽-(3)] | • 국어 교과서 내용 난이도의 적정성 |
| [6-읽-(7)] | • 국어과 교육과정 내용 반영성 |
| [6-쓰-(1)] | • 국어과 교육과정 내용 반영성<br>• 국어 교과서 내용 난이도의 적정성 |
| [6-쓰-(2)] | • 국어과 교육과정 내용 반영성 |
| [6-쓰-(3)] | • 국어과 교육과정 내용 반영성 |
| [6-쓰-(4)] | • 국어 교과서 내용 난이도의 적정성 |
| [6-쓰-(6)] | • 국어 교과서 내용 난이도의 적절성 |
| [6-국지-(3)] | • 교사용 지도서의 국어과 핵심지도 내용, 효과적 방법, 다양한 자료 안내 제공성 |
| [6-국지-(5)] | • 국어과 교육과정 내용 반영성 |
| [6-문학-(1)] | • 국어과 교육과정 내용 반영성 |
| [6-문학-(4)] | • 국어과 교육과정 내용 반영성 |
| [6-문학-(5)] | • 국어과 교육과정 내용 반영성 |
| [6-문학-(6)] | • 국어과 교육과정 내용 반영성 |

## 3. 요약 및 제언

이 연구는 국어과 교육과정이 체계적으로 이루어지지 못했다는 반성에 터하여 이창수(2007)에서 마련하여 제시한 국어과 교육과정 평가 준거들이 실효성 있는 준거들인지를 확인하면서 국어과 교육과정 평가 실행 양상의 보기를 보여주려고 하였다.

7차 국어과 교육과정 가운데서도 6학년을 중심으로 교육과정의 지도 내용과 교과서 내용, 교사용 지도서 내용을 연계하여 살펴보면서 낱낱의 문제점들을 분석해 보고 그것들을 다시 국어과 교육과정 평가 준거와 관련지어 보았다.

평가 실행 결과 6학년 국어과 교과서는 국어과 교육과정 내용 반영성, 국어 교과서 내용 난이도의 적절성에 문제가 있는 것으로 평가되었다. 국어과 교사용 지도서는 국어과 교과서와 교사용 지도서의 국어교과서와 국어과 교육과정의 관계 정보 제공성, 교사용 지도서의 국어과 핵심지도 내용, 효과적 방법, 다양한 자료 안내 제공성에 문제가 있는 것으로 평가되었다. 국어과 교육과정과 교과서, 교사용 지도서의 일관성에도 문제가 있는 것으로 평가되었다.

연구를 하면서 국어과 교육과정 평가 준거들을 더욱 상세화하는 후속 연구가 이어져야 할 필요성을 절감하였다. 그리고 마련된 준거들에 따른 평가 실행이 무엇보다 시급한 일이라 생각한다.

이 글을 쓰고 있는 현재, 2007년 2월 개정 고시된 교육과정에 따라 교과서와 교사용 지도서가 마련되고 있는 것으로 알고 있다. 새로운 교과서, 교사용 지도서에 대해 이 글에서 지적한 문제들이 되풀이해서 지적되는 일은 없어야 할 것이다.

# 참고문헌

강한별(2001), 「중학교에서의 국어지식 영역의 수준별 교수 : 학습 방안」, 홍익대 석사논문.

경상대학교 교육연구원(2005), 『한국 교육의 지역화 연구』 I·II, 교육과학사.

공은배 외(2002), 『시·도 교육청 평가체제 및 방법의 개선방안 연구』, 한국교육개발원.

곽병선(1985), 『초·중등 교육의 질 개선』, 한국교육개발원.

곽재용(1998), 「국어과 제7차 교육과정의 검토와 국어교육의 전망」, 『한민족어문학』 33집.

교육부(1997), 『초등학교 교육과정 해설(III)』, 교육부.

교육부(1997), 『학교교육과정 평가편람』, 교육부.

교육부(1998), 『초등학교 교육과정 해설(III)』, 서울특별시 인쇄 공업협동조합.

교육부(1998), 『초·중등학교 교육과정 : 국민 공통 기본 교육과정』, 교육부.

교육부(1998), 『초등학교 교육과정 해설(I)』, 교육부.

교육부(1999), 『초등학교 교육과정 해설(I)』, 대한교과서주식회사.

교육인적자원부(2004), 『국어 말하기·듣기·쓰기 4-1』, 대한교과서주식회사.

교육인적자원부(2004), 『국어 말하기·듣기·쓰기 4-2』, 대한교과서주식회사.

교육인적자원부(2004), 『국어 말하기·듣기·쓰기 5-1』, 대한교과서주식회사.

교육인적자원부(2004), 『국어 말하기·듣기·쓰기 5-2』, 대한교과서주식회사.

교육인적자원부(2004), 『국어 말하기·듣기·쓰기 6-1』, 대한교과서주식회사.

교육인적자원부(2004), 『국어 말하기·듣기·쓰기 6-2』, 대한교과서주식회사.

교육인적자원부(2004), 『국어 읽기 4-1』, 대한교과서주식회사.

교육인적자원부(2004), 『국어 읽기 4-2』, 대한교과서주식회사.
교육인적자원부(2004), 『국어 읽기 5-1』, 대한교과서주식회사.
교육인적자원부(2004), 『국어 읽기 5-2』, 대한교과서주식회사.
교육인적자원부(2004), 『국어 읽기 6-1』, 대한교과서주식회사.
교육인적자원부(2004), 『국어 읽기 6-2』, 대한교과서주식회사.
교육인적자원부(2004), 『초등학교 교사용 지도서 국어 4-1』, 대한교과서주식회사.
교육인적자원부(2004), 『초등학교 교사용 지도서 국어 4-2』, 대한교과서주식회사.
교육인적자원부(2004), 『초등학교 교사용 지도서 국어 5-1』, 대한교과서주식회사.
교육인적자원부(2004), 『초등학교 교사용 지도서 국어 5-2』, 대한교과서주식회사.
교육인적자원부(2004), 『초등학교 교사용 지도서 국어 6-1』, 대한교과서주식회사.
교육인적자원부(2004), 『초등학교 교사용 지도서 국어 6-2』, 대한교과서주식회사.
교육인적자원부(2006), 2006년도 지방교육혁신종합평가 『시·도교육청 자체평가 보고서 편람』.
구관서(2000), 「교육행정기관 평가 준거의 타당성 분석」, 홍익대 박사논문.
구관서(2000), 「시·도교육청 평가의 준거체제 개발」, 서울대 석사논문.
구병두(1996), 『학업 성취 관련 변인』, 양서원.
국립교육평가원(1996), 『학교 평가 자료 개발에 관한 연구』, 국립교육평가원.
국립국어연구원(1999), 『표준국어대사전』, 두산동아.
권기욱(2001), 「대학 교육과정 평가체계의 문제점과 개선방안」, 『사회과학연구』 제9집 2호.
권낙원 외(1984), 『국민학교 교육과정 평가 연구(II)』, 한국교육개발원.
권낙원 외(1984), 『국민학교 교육과정 평가 연구(III)』, 한국교육개발원.
권낙원 외(1985), 『국민학교 교육과정 평가 연구(IV)』, 한국교육개발원.
권낙원 외(1985), 『중학교 교육과정의 평가 연구』, 한국교육개발원.
권낙원(1999), 『교육과정 총론』, 한국교원대학교.
권영민(2004), 「국가 수준 교육과정의 개발 체제 분석」, 인하대 박사논문.
권지영(2003), 「제7차 중학교 기술·가정 교육과정 운영의 평가 : 가정 분야를 중심으로」, 한국교원대 석사논문.
권진아(1997), 「총체적 언어 교육을 위한 아동 문학 교육 방법 연구」, 한국교원대 석사논문.
김경아(2002), 「교육과정 분석을 통한 수행평가 연구」, 안동대 석사논문.
김경자(1996), 「현행 교육과정의 적절성 평가 연구」, 『초등교육연구』 제10권 1호.
김경자·유은경(2002), 「지식기반사회의 학교 교육과정 개발을 위한 기초연구로서의 6차, 7차 초등국어과 교육과정 분석」, 『초등교육연구』 제15권 1호.
김경진 외(2002), 『청각장애학교 국어과 교육 프로그램 개발 기초 연구』, 국립특수교육원.
김경철·채미영·홍정선(2003), 「유아용 언어 수준 평가 준거 추출을 위한 기초연구 : 이야기 꾸미기 활동 평가를 중심으로」, 『열린유아교육연구』 제8권 1호.
김경희(1988), 「국어과 교육과정과 교과서의 영역 구분에 관한 고찰 : 제4차 교육과정을 중심으로」, 『청람어문학』 제14집.
김기영·강현철(2001), 『구조방정식 모형의 분석』, 자유아카데미.
김대행(1996), 「국어과 교육과정 분석과 수준별 교육과정 개발」, 『교육과정연구』 제14권 2호.
김대현(1994), 「제6차 초등학교 교육과정의 성공적 실행을 위한 학교의 권한과 책임」, 『초등교육연구』 제8권 1호.
김대현·황춘숙(2002), 「제7차 초등학교 수학과 교육과정 실행 수준에 관한 연구」, 『교육연구』 제12권 1호.
김대현·김석우·박소영(2000), 「수준별 교육과정 평가 준거 개발을 위한 탐색적 연구 : 수준별 교육과정 운영을 위한 계획 영역을 중심으로」, 『교육과정연구』 제18권 1호.
김명옥(1988), 「교육과정 평가 모형의 비교」, 한국교원대 석사논문.
김미경(2003), 「기독교유아교육기관 교육과정평가를 위한 기초연구」, 『유아교육학논집』 제7권 1호.
김민한(1997), 『실제적 교육방법론』, 양서원.
김병하 외(1998), 『국어과 교과용 도서 체제·구조 개선에 관한 연구』, 한국교과서연구재단.
김병하 외(1999), 『개별화 교육 프로그램의 이론과 실제』, 대구대 출판부.

김석우·김대현(2004), 『교육과정 및 교육평가』, 학지사.
김선배(1999), 「총체적 언어 관점에 의한 국어과 교수·학습 방안 연구」, 『교육연구』 제16집.
김소희(2003), 「초등학교 학교 교육과정 평가 내용의 분석」, 청주교육대 석사논문.
김수업(1984), 「교육과정(국어과)의 내용·영역에 대하여」, 『배달말교육』 제2권 단일호.
김수업(1991), 『국어교육의 원리』, 청하.
김수업(2000), 『국어교육의 길』, 나라말.
김수업(2003), 「국어교육 지역화를 해야 하는 까닭」, 『배달말』 제33집.
김수업(2006), 『배달말 가르치기』, 나라말.
김수연(2005), 「학교교육과정평가의 최소필수 평가내용 선정」, 한국교원대 석사논문.
김순래(1998), 「중학교 국어과 6차 교육 과정과 국어 교과서 분석 연구 : 중학교 3학년 국어 교과서를 중심으로」, 경기대 석사논문.
김승국·김웅범(1999), 『교수 활동 평정척』, 교육과학사.
김승호(1998), 「교육과정 평가 모형 탐색」, 『교육학연구』 제36권 4호.
김신곤(1992), 「교육과정 평가모형에 관한 연구」, 동아대 석사논문.
김영옥·박찬옥·정미라(1997), 「제5차 유치원 교육과정 평가 연구」, 『유아 교육 연구』 제17권 2호.
김용석(1987), 「국어과 교육과정·교과서에 대하여」, 『배달말교육』 제5권 1호.
김용익(2003), 「기술교사 양성 교육과정의 평가모형 및 평가 준거 연구」, 『한국실과교육학회지』 제16권 3호.
김은영(2000), 「문학교육 개선방향 연구」, 순천향대 석사논문.
김은희·황해익(2006), 「유치원 교사의 직무 전문성 자기평가 준거 개발연구」, 『열린유아교육연구』 제11권 3호.
김인식·최호성(1993), 「교육과정 평가의 한 실제적 접근 : 목표의 평가 준거 개발」, 『교육이론과 실천』 제3권 1호.
김인식·최호성(1998), 『최신 교육과정 및 평가』, 교육과학사.

김재복 외(1996), 『현행 교육과정의 분석·평가 연구』, 교육과정개발연구회.
김재복(1998), 『교육과정 구성 능력 함양을 위한 교원 양성 교육(교실 수업 혁신을 위한 교대·사대 교수 세미나; 주제 1)』, 한국교육개발원·한국열린교육협의회.
김재복(1998), 「교육과정 평가의 개념 모형」, 『교육과정연구』 제16권 1호.
김재진(2001), 「초등교육의 질 향상을 위한 교육과정 평가의 모형 개발 연구」, 전남대 석사논문.
김재춘 외(1998), 『초·중등 교육과정 평가 방안』, 한국교육과정평가원.
김정숙(2003), 「통합 교육을 위한 한국어 교수요목 설계 방안 연구」, 『한국어 교육』 제25권 1호
김정원(1998), 「총체적 언어 접근에서 본 초등학교 국어 교육과정과 교과서 내용 구성의 문제점과 개선 방향」, 『한국교육』 제25권 1호.
김정호 외(2004), 『교과 교육과정 개선 방안』, 한국교육과정평가원.
김종서(1979), 『교육과정과 수업』, 배영사.
김종서(1979), 『교육과정의 개념(교육과정의 방향 탐색)』, 한국교육개발원.
김주수(2000), 「초등학교 국어과 교육과정에 제시된 듣기」, 『말하기 영역에 관한 연구』, 진주교육대 석사논문.
김지선(2005), 「제7차 국어과 교육과정에서 수준별 교육과정의 실행 연구 : 중학교 국어과 교과서의 '자기점검'과 '보충·심화'를 중심으로」, 이화여대 석사논문.
김진규·윤길근·유승구(1999), 「유치원 교육과정 평가 기준 개발 연구」, 『교육학 연구』 제37권 2호.
김현지(2004), 「교육과정 개발 평가 준거에 따른 제7차 선택중심 교육과정 개발과정에 관한 평가」, 중앙대 석사논문.
김형주(1999), 「사내대학 교육과정에 대한 평가체제의 개발」, 『교육평가 연구』 제12권 1호.
김형철(2000), 「제7차 국어과 교육과정의 비판적 이해」, 『교육이론과 실천』 제10권 2호.
김혜자(1994), 「초등학교 국어과 교육 과정과 교과서의 내용 분석 연구 : 4, 5,

6학년 읽기를 중심으로」, 이화여대 석사논문.
김호권(1977), 「교육과정의 전개과정」, 『현대교육과정론』, 교육출판사.
김화선(2001), 「교회 교사양성 프로그램 평가 준거 개발연구」, 서울여대 박사논문.
김효담(2005), 「제7차 국어과 교육과정에 대한 비판적 검토: 문학 영역을 중심으로」, 고려대 석사논문.
김효정(2001), 「언어활동의 통합을 위한 국어 교육의 평가」, 아주대 석사논문.
류덕엽(1989), 「국민학교 국어과 언어 지식 학습내용에 관한 연구: 제3·4·5차 교육과정과 교과서 '말익히기'를 중심으로」, 이화자 석사논문.
류동숙(1999), 「6차 고등학교 과학 교육과정 분석·평가 연구」, 숙명여대 석사논문.
류삼준(2002), 「기독교 교육과정 평가 방법에 대한 연구」, 연세대 석사논문.
류성기 외(2004), 「우리 방언을 활용한 표현 능력 신장의 신나는 재량 활동」, 『초등교육연구』 제14권.
류성기(1996), 「국어 말하기 교육의 효율적인 평가 방안」, 『교육한글』 제9권.
류성기(2001), 『초등 국어지식 교육론』, 박이정.
류성기(2003), 『초등 말하기 듣기 교육론』, 박이정.
문선자(1987), 「중학교 국어과 교육과정의 변천」, 숙명여대 석사논문.
민병제(2002), 「교육정책 종합평가모형 개발을 위한 연구」, 중앙대 박사논문.
박경숙 외(1983), 『국민학교 교육과정 평가 연구(I)』, 한국교육개발원.
박경순(2002), 「중학교 말하기·듣기 교수—학습 방법의 개선 방안 연구」, 가톨릭대 석사논문.
박광일(2002), 「초등학교 국어지식 교육을 위한 수준별 탐구학습 방법 연구」, 대구교육대 석사논문.
박기용(2005), 『초등학교 국어과 교육의 구조와 이론』, 월인.
박도순·홍후조(2002), 『교육과정과 교육 평가』, 문음사.
박성익(1991), 「국민학교 국어과 교육과정의 구성요소 연구」, 경희대 석사논문.
박순경 외(2001), 『제7차 초·중등학교 교육과정 평가 연구(I): 초등학교 교육과정 편성·운영·평가를 중심으로』, 한국교육과정평가원.
박순경 외(2001), 『제7차 초·중등학교 교육과정 평가 연구(II): 교육과정 문서 및 적용 지원 체제를 중심으로』, 한국교육과정평가원.

박순경 외(2003), 『제7차 초·중등학교 교육과정 평가 연구(III) : 중학교 교육과정 편성·운영·평가와 초·중학교급간 교과 교육과정의 연계성을 중심으로』, 한국교육과정평가원.

박순경 외(2004), 『제7차 교육과정의 쟁점 분석 연구』, 한국교육과정평가원.

박영목 외(1991), 『교육의 본질 추구를 위한 국어 교육 평가체제 연구(II)』, 한국교육개발원.

박영목(2005), 「국어과 교육과정의 새로운 방향」, 『국어교육학연구』 제23집.

박윤경(2004), 「사회과 교육과정 실행 기제에 대한 연구」, 청주교육대 석사논문.

박임범(2002), 「제7차 교육과정에 따른 고등학교 국어과 국어지식 영역 성취 기준의 적설성 연구」, 부경대 석사논문.

박찬옥·정미라·김영옥(1997), 「제5차 유치원 교육과정 평가 연구」, 『유아교육연구』 제17권 2호.

박창언(2001), 「대학 학부 교양 과정 평가 준거 설정」, 『고등교육연구』 제12권 2호.

방성원(2000), 「통합 교수를 위한 한국어 교재개발 연구」, 『한국어 교육』 제11권 2호.

배호순 외(1997), 『초·중·고등학교 교육과정 평가 방안 및 도구 개발 연구』, 학교교육과정평가연구회.

배호순(1991), 『수업 평가』, 양서원.

배호순(1999), 『프로그램 평가론』, 원미사.

배호순(2000), 『교육과정 평가 논리의 탐구』, 교육과학사.

배호순(2002), 「교육과정을 중심으로 한 프로그램논리 패턴의 탐색」, 『교육평가연구』 제15권 1호.

배호순(2002), 「프로그램논리에 입각한 학교교육과정 평가논리체계의 정립」, 『교육평가 연구』 제15권 2호.

배호순(2003), 「학교교육과정 평가 설계의 합리화를 위한 프로그램논리의 적용」, 『교육평가 연구』 제16권 1호.

백순근(2001), 「한국교육의 위기」, 『교육학연구』 제39권 4호.

변영계·강태용(2003), 『학습 기술』, 학지사.

변창진 외(2001), 『교육 평가』, 학지사.
서덕현(1993), 「국어과 교육과정의 내용 영역에 관한 소고」, 『국어교육』 81~82, 한국어교육학회.
서성희(2003), 「중학교 국어과 교육 과정의 국어 지식 내용에 관한 연구」, 부산대 석사논문.
서혁(2005), 「제7차 국어과 교육과정과 수준별 교육에 대한 비판 및 개선 방안」, 『국어교육학연구』 제23집.
성경희 외(2003), 『제7차 교육과정의 현장 운영 실태 분석(I)』, 한국교육과정평가원.
성경희 외(2004), 『제7차 교육과정의 현장 운영 실태 분석(II)』, 한국교육과정평가원.
성인모(1998), 「언어 사용 기능 신장을 위한 총체적 언어 학습 적용 방안 연구」, 부산교육대 석사논문.
소경희(2003), 「국가 수준에서 개발된 교육과정의 실행 양상에 대한 이해 : 초등학교 국어과 사례를 중심으로」, 『교육과정연구』 제21권 1호.
송현정(2002), 「국어지식 영역의 교과서 제시 방식에 관한 연구」, 『국어교육』 109, 한국어교육학회.
신동로(2000), 『교육과정과 교육평가』, 교육과학사.
신동욱·최현섭(1988), 「국어과 교육과정의 분석」, 『새국어교육』 제43권 1호.
신명래(2004), 「제7차 국어과 교육과정 실행 양상 연구: 인문계 고등학교 국어(상) 1(1)단원 중심으로」, 홍익대 석사논문.
신세호 외(1980), 『초중등학교 교육과정 개선을 위한 기초 연구』, 한국교육개발원.
신헌재·이재승(1997), 『학습자 중심의 국어교육 그 원리와 방법』, 박이정.
안상희(2004), 「웹기반교육의 효과성 재고를 위한 학습자 평가 준거 개발」, 『한국정보교육학회 논문지』 8권 1호.
양성구(2000), 「고등학교 국어과 교육과정 변천 연구」, 건국대 석사논문.
염창권·김재봉·천경록·유정종(2000), 「제7차 국어과 교육과정의 교수—학습 방법」, 『광주초등국어연구』 4권 단일호.
오가실(1999), 「교육과정 평가의 목적과 필요성」, 『간호학 탐구』 8권 1호.

오필석(1998), 「제6차 중학교 과학 교육과정 분석·평가 연구」, 서울대 석사논문.
오현숙(2001), 「국어과 교육과정에 반영된 언어관 연구」, 제주대 석사논문.
유은선(1986), 「교육과정 평가 모형에 대한 이론적 고찰」, 성신여대 석사논문.
유정애(2004), 「체육 교사 평가의 준거로서의 수업 평가의 방향과 과제」, 『한국스포츠교육학회지』 11권 2호.
유지연·신상옥(2005), 「제7차 고등학교 가정과학 교육과정에 대한 평가」, 『대한가정학회지』 43권 1호.
유학영(1980), 「국어과 교육과정 지도내용 영역설정에 관한 연구」, 동국대 석사논문.
유한구 외(1997), 『초등학교 교육과정평가 방안 연구』, 서울교육대학교.
유현숙 외(1999), 『지역교육청 평가모형 개발 연구』, 한국교육개발원.
윤병희 외(1991), 『현행 교육과정 분석 평가 연구』, 한국교육개발원.
윤영소(1993), 「중학교 국어과 교육과정 운영 실태에 대한 연구 : 평가문항의 분석과 설문을 중심으로」, 건국대 석사논문.
이경섭 감역(1990), 『학교교육과정론』, 교육과학사.
이경섭(1996), 『교육과정 유형별 연구』, 교육과학사.
이경섭(1996), 『학교 교육과정 이론』, 교육과학사.
이경섭(1999), 『교육과정 쟁점 연구』, 교육과학사.
이경섭·이홍우·김순택(1983), 『교육과정』, 교육과학사.
이경화(2002), 「초등 국어과 교육과정 적용의 문제점과 개선 방안」, 『국어교육학연구』 15집.
이귀윤(1997), 『교육과정 연구』, 교육과학사.
이남식(1991), 「중학교 국어과 교육과정의 변천에 관한 연구」, 전남대 석사논문.
이대규(1985), 「국어과 교육과정의 분석과 평가」, 『배달말교육』 3권 단일호.
이만영(2003), 「특수학교 교육과정 평가 모형과 평가 준거 연구」, 창원대 박사논문.
이미선(2005), 「총체적 언어 교육이 초등학교 저학년 아동의 내용생성능력에 미치는 영향」, 이화여대 석사논문.
이미숙(1993), 「유아교육과정 평가요인별 준거 개발을 위한 접근」, 한국교원대 석사논문.

이병욱(2002), 「공업계 고등학교 학교 수준의 교육과정 평가 준거 개발 연구」, 충남대 박사논문.

이병욱(2005), 「공업계 고교 학교 수준 교육과정 개발 영역의 평가 준거 설정 연구」, 『교육과정연구』 23권 2호.

이상주(1974), 『의사결정의 관점에서 본 교육과정』, 교육과정연구회.

이상태(1994), 『국어교육의 길잡이』, 한신문화사.

이성은(1994), 『총체적 언어 교육 : 교실적용의 이론과 실제』, 창지사.

이성호(2004), 『교육과정 개발과 평가』, 양서원.

이성호(2004), 『교육과정 개발의 원리』, 학지사.

이성희(1991), 「중학교 국어과 교육과정에 관한 연구」, 숙명여대 석사논문.

이연충(2001), 「제7차 국어과 수준별 교육과정에 대한 연구」, 충남대 석사논문.

이영자·Harms, T.·권영례(1998), 「유치원과 초등학교 저학년 교육환경 평가 척도 개발 예비연구」, 『초등교육연구』 12권 1호.

이원희(1984), 「교육과정 평가방법의 적용과 문제점」, 『학생지도연구』 6권 단일호.

이인제 외(1997), 『제7차 국어과 교육과정 개발 연구』, 한국교육개발원

이인제(2005), 「제7차 국어과 교육과정의 평가와 개선 방향」, 『국어교육학연구』 제23집.

이재승(1992), 「통합 언어의 개념과 국어 교육에의 시사점」, 『국어교육』.

이종승(1988), 「교육과정 질적 관리를 위한 평가 연구」, 『충남대 교육발전연구소 교육발전논총』 8-1.

이주섭(1999), 「국어과 수준별 교육과정의 효율적 운영 방안」, 『청람어문학』 제1집.

이주헌(1997), 「교육개혁 프로그램 시행에 따른 한국 교육현장의 변화과정에 대한 평가 연구」, 한양대 박사논문.

이지호(1998), 「국어과 통합 교육의 논리」, 『국어교육』 98호.

이지호(2000), 「제7차 국어과 교육과정과 수준별 교육」, 『한국초등국어교육연구』 16집.

이창수(2002), 「교육과정과 교과서 견주어 보기」, 『중등교육연구』 14, 경상대학교 중등교육연구소.

이창수(2003), 「국어, 그 뜻매김」, 『한국초등국어교육연구』 22집.
이창수(2005), 「국어과 교육과정이 교과서에 반영되는 유형에 관한 연구」, 『우리말글교육』 7집, 우리말글교육학회.
이창수(2005), 「국어과 교육과정이 교과서에 반영되는 유형에 관한 연구」, 『우리말글교육』 7집.
이창수(2007), 「국어과 교육과정 평가 준거 연구」, 경상대 박사논문.
이춘식(2005), 「제7차 교육과정의 실과 교육내용 적정성 평가」, 『한국실과교육학회지』 제18권 1호.
이해명(2000), 『교육과정 이론』, 교육과학사.
이해영(1999), 「통합성에 기초한 교재 개작의 원리와 실제」, 『한국어 교육』 10권 2호.
이희원·김영수(2004), 「과학교사의 가르치는 능력에 관한 평가 준거 개발」, 『한국생물교육학회지』 32권 4호.
임영주(2004), 「중등학교 국어과 교과서의 국어지식 영역에 관한 연구 : 국어과 교육과정과의 상관성을 중심으로」, 강원대 석사논문.
임진아(2001), 「초등학교 학교교육과정 평가실태와 개선 방안에 대한 교사의 인식」, 이화여대 석사논문.
장명희(2002), 「실업계 고등학교 학교교육과정 평가 방안」, 『교육과정연구』 20권 2호.
장정수(1992), 「초등학교 국어과 교육과정 변천」, 단국대 석사논문.
전은주(2003), 「국어과 수준별 교육과정의 실행에 나타난 문제점과 개선 방향」, 『국어교육』 110호.
정대영 외(1998), 『국어과 교육과정 국제 비교』, 국립특수교육원.
정범모(1997), 『교육과 교육학』, 배영사.
정성봉·김종우(1999), 「실과 교육과정 평가의 기본 모형과 평가 영역에 관한 연구」, 『실과교육연구』 5권 2호.
정원식(1974), 『교육환경론』, 교육출판사.
정원식·박성수 편(1999), 『한국교육문제론』, 교육과학사.
정은숙(2005), 「국어 영역의 통합 방안 연구」, 숙명여대 석사논문.

정혜승(2001), 「제7차 국어과 교육과정의 비판적 검토」, 『교육과학연구』 32권 1호.
정혜승(2002), 『국어과 교육과정 실행 연구』, 박이정.
정혜승(2002), 「국어과 교육과정 실행 요인의 작용 양상에 관한 연구 : 제6~7차 중학교 교육과정을 중심으로」, 고려대 박사논문.
정혜승(2002), 「국어과 교육과정이 교과서에 반영되는 방식에 관한 연구」, 『한국어학』 15호, 한국어학회.
정혜승(2005), 「제7차 국어과 교육과정의 비판적 분석과 대안 모색」, 『국어교육학연구』 제23집.
정혜승(2006), 「국어과 교육과정 개정의 쟁점과 개선 방향」, 『2006춘계 학술대회 및 국제 심포지움 발표 자료』, 한국교육과정학회.
조규태(1983), 「교육과정에 대한 연구(1)」, 『배달말교육』 1권 단일호.
조규태(1984), 「교육과정에 대한 연구(2)」, 『배달말교육』 2권 단일호.
조규태(1988), 「말하기 교육의 지도 내용에 대하여」, 『배달말교육』 6권 단일호.
조규태(1991), 「'언어'영역의 지도 내용에 대하여」, 『배달말교육』 9권 단일호.
조규태(2003), 「표준어 교육과 지역 언어 교육」, 『한글』 262호.
조영남(2000), 「교사 자질 선정 및 평가 준거에 관한 기초 연구」, 『한국교사교육』 제17권 3호.
조영남(2001), 「초등교사의 교사효과성 평가 준거 개발에 관한 연구」, 『초등교육연구』 14권 3호.
진영은(2003), 『교육과정 이론과 실제』, 서울: 학지사.
채선희(1999), 「교육평가의 새로운 이론체계 확립을 위한 시도 : 교육평가의 구성요소와 구조적 관계」, 『교육학 연구』 제37권 2호.
천경록(2005), 「국어과 내용의 영역 구분과 성격 규명」, 『청람어문교육』 제32집.
천병식(1973), 「국어과 교육과정 및 교과서에 관한 연구」, 『국어교육』 21호.
천지연(2005), 「제7차 국어과 교과서의 교육과정 구현 양상 연구 : 중학교 '쓰기' 영역을 중심으로」, 홍익대 석사논문.
최미숙(1999), 「제7차 교육과정과 국어과 수행평가」, 『초등교과교육연구』 3권.
최순정(2003), 「제7차 국어과 교육과정 분석 : 중학교 교육과정을 중심으로」, 원광대 석사논문.
최은정(1993), 「국어과 쓰기 평가 기준에 관한 연구」, 전북대 석사논문.
최한성(1994), 「국어과 교육과정에 지시된 말하기 영역의 목표와 내용에 관한 연구」, 한국교원대 석사논문.
최현숙(1996), 「중학교 국어과 교육과정과 교과서 짜임 연구」, 경북대 석사논문.
최호성(1992), 「교육과정 평가와 개념 분석론(I)」, 『교육이론과 실천』 2호.
최호성(1993), 「교육과정평가의 모형정립과 목표의 평가 기준 설정 및 타당화」, 경북대 박사논문.
최호성(2002), 「시·도 교육청의 제7차 교육과정 실행 지원 체제 분석」, 『교육과정 연구』 20권 1호.
탁수동(1997), 「초등학교 교육과정 평가 척도의 개발」, 경남대 석사논문.
하정애(1999), 「초등학교 국어과 교육 과정의 국어 지식 영역 연구」, 진주교육대 석사논문.
한국교원대학교교육연구원(1991), 『교육과정 평가도구 개발 연구(I)』, 한국교원대학교 교육연구원.
한국교원대학교 교육연구원(1991), 『교육과정 평가도구 개발 연구(II)』, 한국교원대학교 교육연구원.
한국교육과정학회 편(2002), 『교육과정 : 이론과 실제』, 교육과학사.
함수곤 외(2003), 『교육과정 개발의 이론과 실제』, 교육과학사.
허경철 외(1986), 『고등학교 교육과정 적절성 평가 연구』, 한국교육개발원.
허경철(2000), 「21세기 교육평가, 어떻게 할 것인가」, 『창립 2주년 기념 세미나 자료집』, 한국교육과정평가원.
허숙(1987), 「교육과정의 탐구 관점과 교육과정 평가」, 윤팔중 외 편, 『교육과정 이론의 쟁점』, 교육과학사.
허형 외(1996), 『한국의 교육과정 평가모형 개발 연구』, 국립교육평가원.
홍성윤 외(1994), 『교육과정 개발론』, 교육과학사.
홍후조 외(1999), 『초등학교 교육과정 실행 방안 연구』, 한국교육과정평가원.
홍후조(2003), 『교육과정의 이해와 개발』, 문음사.
황정규 외(1997), 『초·중·고등학교 학교 평가 절차 및 기준 개발』, 서울대학교

사범대학 교육연구소.
황정규(1978), 『내적·외적 평가의 타당도 분석 기준, 교육과정 개발의 원리』, 한국교육개발원.

Allan C. Ornstein & Francis P. Hunkins(1988), 김인식 역(1992), 『교육과정 : 원리·과제·전망』, 교육과학사.
Bae(1987), *A cross-national study of teachers' conceptions of effective teaching, Dotoral dissertation*, State University of New York at Albany.
Beauchamp, G. A.(1968), *Curriculum theory*(Second ed.), Illinois : The Kagg Press.
Bishop, K. D., Amate, S. L., & Villalobos, R. J.(1995), Postsecondary considerations. In M. A. Falvey(Ed.), *Inclusive and heterogeneous schooling: Assessment, curriculum and instruction*, Baltimore: Paul H. Brookes.
Borich, G.(2000), *Effective teaching methods*(4th ed). New Jersey : Prentice-Hall.
Brady, L.(1981), The relationship Between School Based Curriculum Development and Organizational Climate, PhD thesis, Sydney: Macquarie University.
Butler K. A. (1986), *Learning and teaching style: In theory and practice*. Columbia, CT : Learner's Dimension.
Butt, N., & Scoott. E. M.(1994), "Individual education programmes in secondary schools", *Support For Learning* 9, 9~15.
Campbell, R. F., John, E. Corbally Jr., & John A. Ramseyer(1968), *Introduction to educational administration*, Boston: Allyn and Bacon Inc.
Castaldi, B.(1977), *Educational facilities*, Boston, MA : Allyn and Bacon.
Chelimsky, E., & Shadish, W. R.(1997), *Evaluation for the 21st Century : A Handbook*, Thousands Oaks, CA : Sage.
Chelimsky, E.(1989), *Program Evaluation : Patterns and Directions : ASPA*, Public Administration Library.
Cronbach, L. J.(1963), "Evaluation for course improvement", *Teachers College Record* 64.
David, T. G., & Weinstein, C. S.(1987), "The built environment and children's

development", In C. S. Weinstein and T. G. David(Eds.), *Spaces for children: The built environment and child development*, New York : Plenum Press.

Dick, W., & Carey, L.(1990), *The systematic design of instruction*(3rd ed.), Glenview, IL : Scott Foresman.

Englemann, S.(1996), *Direct instruction*, Unpublished Paper University of Oregon.

Entwistle, D.(1960), "Evaluations of study skills courses : A review", *Journal of Educational Research* 53, 243~251.

Fiscus, E. D., & Mandell, C. J.(1983), *Developing individualized education programs*, St. Paul, STATE : West Publishing Company.

Gagné, R. M. & Briggs, L. J.(1978), 김인식·권요한 역(1995), 『수업 설계의 원리』, 교육과학사.

George J. Posner(1992), 김인식·박영무·최호성 공역(1994), 『교육과정 비평』, 교육과학사.

Hammond. R.(1969), "Context evaluation of instruction in local school districts", *Educational Technology* 9.

Hosford, P. L.(1973), *An instructional theory : A beginning*, Englewood Cliffs, New Jersey : Prentice-Hall.

Lyle F. Bachman & Adrian S. Palmer(1996), 최인철·김영규·정향기 역(2004), 『언어테스팅의 설계와 개발』, 범문사.

Marsh, C. (1992), *Key concepts for understanding curriculum*, London : The Falmer Press.

Marsh, C. J., & Wills, G.(1999), *Curriculum: Alternative approaches, ongoing issues*(2nd ed.), Upper Saddle River, NJ : Merrill, Prentice Hall.

Marzano, R. J., Pickering, D., & McTighe, J.(1993), *Assessing student outcomes: Performance assessment using the dimensions of learning model*. Alexandria, VA : Association for Supervision and Curriculum Development.

McCormick R., & James, M.(1983), *Curriculum evaluation in schools*, London: Croom Helm.

McGreal, T. L.(1983), *Successful teacher Evaluation*, ASCD.

Myint Thein(2001), *Revisiting curriculum evaluation: formative exploration of a new model*,

The Pennsylvania State University, Degree of Doctor of Philosophy.

Nagle, J. M., & Niemi, J. A.(1979), "Learners, agencies, and program development in adult and continuing education", Chapter 6 in P. D. Langerman, and D. H. Smith(Eds.), *Managing adult and continuing education programs and staff* (pp. 135~171). Washington : National Association for Public Continuing and Adult Education(NAPCAE).

Owen, J. M(1993), *Program Evaluation: Forms and Approaches*, London: sage.

Pauline Rea-Dickins & Kevin Germaine(1992), 김지홍 뒤침(2003), 『평가』, 범문사.

Posner G. J.(1992), 김인식·박영무·최호성 역(1996), 『교육과정 이론과 분석』, 교육과학사.

Provus, M.(1971), *Discrepancy evaluation for educational program improvement and assessment*, Berkeley, Calif. : McCutchan.

Quay, H. C.(1979), "Classification", In H. C. Quay & J. S. Werry(eds.), *Psychopathological disorders of childhood*(2nd ed.), New York : Wiley.

Richey, R. S.(1986), *The theoretical conceptual bases of instructional design*, London : Kogan Page.

Rosenshine, B., & Stevens, R.(1986), "Teaching functions", In M. C. Wittrock(Ed.), *Handbook of research on teaching*(3rd ed., pp. 376~391), New York : Macmillan.

Saylor J. G., & Alexander W. M.(1974), *Planning Curriculum for Schools*, New York : Holt, Rinehart and Winston Inc.

Schwab, J. J.(1978), *Science, curriculum, and education*, The University of Chicago Press : Chicago.

Schwab, J. J.(1978), "The practical : Translation into curriculum", In Westbury, I. & Wikof, N. J.(Ed.), *Science, curriculum and liberal education*, Chicago : University of Chicago Press, 365~383.

Shirley M. Hord, William L. Rutherford, Leslie Huling-Austin, & Gene E. Hall(1987), 김경자 역(1993), 『교육과정 혁신』, 교육과학사.

Shubert, W. H.(1986), *Curriculum: perspective, paradigm, possibility*, New York : Macmillan Publishing Company.

Stak, R. E.(1967), "The countenance of educational evaluation", *Teachers College Record* 8, 523~540.

Stufflebeam D.(1982), "Explorations in the evaluation of teacher education", In S. Hord, T. Savage, L. Bethel(eds), *Toward Strategies for Teacher Education Program Evaluation*, University of Texas R & D Center for Teacher Education, Austin, Texas.

Stump, C. S.(1995), *Contextualized assessment and the assessment dimension system*, Unpublished manuscript, San Francisco State University.

Tyler, R. W.(1942), "General statement on evaluation", *Journal of Educational Research* 35, 492~501.

Tyler, R. W.(1949), *Basic principles of curriculum and instruction*, Chicago : University of Chicago Press.

Wheeler, D. K.(1974), *Curriculum Process*, London : University of London Press.

William H. Schubert(1986), 방선욱 외 역(1997), 『교육과정 이론』, 양서원.

Worthen, B. R., & Sanders. J. R.(1987), *Educational evaluation: Theory and practice*, Belmont, California : Wadsworth.

Zais, R. S.(1976), *Curriculum: principles and foundations*, New York : Harper & Row.